Gerhard A. Ritter

Über Deutschland

Die Bundesrepublik in der deutschen Geschichte

Gerhard A. Ritter

Über Deutschland

Die Bundesrepublik in der deutschen Geschichte

Verlag C. H. Beck München

Die Deutsche Bibliothek – CIP-Einheitsaufnahme

Ritter, Gerhard A.:
Über Deutschland : die Bundesrepublik in der deutschen Geschichte / Gerhard A. Ritter. – München : Beck, 1998
ISBN 3 406 44039 8

ISBN 3 406 44039 8

Satz: Janß, Pfungstadt
Druck und Bindung: Spiegel, Ulm
Gedruckt auf säurefreiem, alterungsbeständigem Papier
(hergestellt aus chlorfrei gebleichtem Zellstoff)
Printed in Germany

Den Demonstranten
in Leipzig
und anderen Städten der DDR,
die eine Diktatur
zum Einsturz brachten

Inhalt

Vorwort

Dieses Büchlein – ein zu lang geratener Essay – versucht, den Ort der drei deutschen Staaten – der alten Bundesrepublik, der DDR und der Bundesrepublik nach der Vereinigung – in der deutschen Geschichte zu bestimmen. Dabei werden anhand verschiedener Themenfelder aus Politik, Wirtschaft und Gesellschaft die vielen Kontinuitäten zu älteren Institutionen und Ideen, vor allem aber auch der umfassende Wandel nach den Zäsuren von 1945 und 1989/90 herausgearbeitet.

Die Darstellung von Geschichte kann – meiner Ansicht nach – auch einen Beitrag leisten zu der Aufgabe der Gegenwart, die Identität der Deutschen neu zu bestimmen und eine angemessene Rolle für Deutschland in Europa und der Welt zu finden. Das Buch will zur ständigen weiteren Auseinandersetzung mit Deutschlands Geschichte und Gegenwart anregen und wendet sich gegen die weit verbreiteten Strömungen von Wehleidigkeit und Pessimismus; unser Gemeinwesen ist keine bloße Schönwetterdemokratie. So sehr der Blick in die deutsche Vergangenheit immer wieder den aggressiven Nationalismus, der letztlich in die nationalsozialistische Barbarei führte, oder die obrigkeitsstaatlichen Traditionen in den Vordergrund rückt, soll hier auch auf andere Entwicklungslinien aufmerksam gemacht werden. Die Rechtsstaatlichkeit, die Idee sozialer Solidarität, der Föderalismus und der Parlamentarismus haben tiefe Wurzeln in der deutschen Geschichte, die für ihre Entfaltung in der Bundesrepublik von Bedeutung waren. Nichts liegt dem Verfasser ferner, als die Verbrechen des Nationalsozialismus zu verharmlosen oder die Lehre zu ignorieren, daß die ständige Wachsamkeit aller Demokraten geboten ist, um einen Rückfall in eine Diktatur zu verhindern. Das deutsche Erinnerungsvermögen darf sich aber nicht allein auf die NS-Zeit und ihre wirkliche oder vermeintliche Vorgeschichte reduzieren. Auch die Bundesrepublik hat eine demokratische Vorgeschichte, ohne die ihre politische Stabilität und soziale Integrationskraft nicht hinreichend zu erklären ist.

Das Buch versucht, um Verständnis für die Menschen im Osten Deutschlands zu werben, die die Folgen der NS-Verbrechen, die Last der Niederlage und die Konsequenzen der Teilung viel stärker als die im Westen zu tragen hatten. Die Demonstranten in Leipzig und anderen Städten im Osten Deutschlands, denen dieses Buch gewidmet ist, haben bewiesen, daß auch eine mit der NS-Zeit mehr als fünf Jahrzehnte währende Diktatur den Wunsch der Menschen nach Freiheit und Selbstbestimmung nicht dauerhaft unterdrücken kann. Sie waren es, die, neben dem Massenexodus aus der DDR, der Veränderung der internationalen Situation und dem resoluten Ergreifen der gebotenen Chancen durch die Bundesrepublik und die Vereinigten Staaten, die Vereinigung Deutschlands möglich machten. Dieser zum Erfolg zu verhelfen ist eine Aufgabe sowohl der West- wie der Ostdeutschen. Sie erfordert, daß nicht nur die ökonomische Leistungsfähigkeit der neuen Länder gesteigert wird, sondern auch, daß psychologische Barrieren und Vorurteile – die «Mauer in den Köpfen der Menschen» – genauso beseitigt werden wie im Herbst 1989 die Mauer an der Grenze der beiden deutschen Staaten. Dabei sollten die Westdeutschen, deren Institutionen und Werte erhalten blieben und die nicht die gewaltige Anpassungsleistung der Menschen im Osten Deutschlands zu erbringen haben, mit gutem Beispiel vorangehen.

Das Buch entstand in mehreren Anläufen. Erste Grundideen habe ich Ende November 1989 in einer schlaflosen Nacht in Tel Aviv für einen Vortrag am folgenden Tag konzipiert. Sechs Jahre später wurde eine erweiterte Fassung als Fritz-Thyssen-Lecture im Center for German and European Studies der University of California, Berkeley zur Diskussion gestellt. Konkreter Auslöser für die Abfassung des Buches wurde schließlich ein Vortrag über «Kontinuität und Wandel in Staat und Gesellschaft in Deutschland nach 1945 und nach 1989/90» in der Bayerischen Akademie der Wissenschaften im März 1997. Ich würde jedoch wahrscheinlich noch immer Ideen und neues

Material für dieses Buch sammeln, wenn der Verleger Wolfgang Beck, sein Cheflektor Ernst-Peter Wieckenberg, meine Lektorin Christine Zeile, aber auch meine Frau – die sonst immer der Meinung ist, daß ich als Emeritus viel zu viel arbeite – mich nicht immer wieder dazu gedrängt hätten, aus dem Vortrag ein Buch zu machen, das hoffentlich die Diskussion über die historischen Wurzeln der Bundesrepublik anregen wird.

Ich danke meinem Kollegen Hans Günter Hockerts für wichtige Anregungen, Ulrike Haerendel und Christine Zeile für stilistische Korrekturen und Christiane Reuter-Boysen, Petra Schulz und Marian Rappl für ihre Hilfen bei der Beschaffung von Material und der technischen Herstellung des Manuskripts.

Berg, Im Juni 1998 *Gerhard A. Ritter*

I
Kontinuitäten und Diskontinuitäten in staatlichen und gesellschaftlichen Institutionen Westdeutschlands nach 1945

«Bonn ist nicht Weimar». Dieser Titel eines berühmten Buches des Schweizer Journalisten Fritz René Allemann von 1956[1] wird immer wieder zitiert, um die stabile, lebensfähige zweite deutsche Demokratie mit der politisch brüchigen, ökonomisch schwachen und sozial gespaltenen Weimarer Republik, die zu Hitler führte, zu kontrastieren. Allemanns Feststellung richtete sich gegen die seinerzeit weit verbreitete These, daß die Bundesrepublik im wesentlichen auf einer Restauration älterer obrigkeitsstaatlicher Elemente des politischen, ökonomischen und sozialen Systems Deutschlands beruhe. Diesen Vorwurf erhob erstmals im Herbst 1946 der Schriftsteller Hans Werner Richter, der Initiator und Organisator der in der deutschen Nachkriegsliteratur so einflußreichen «Gruppe 47», in der Zeitschrift «Der Ruf».[2] Er bedauerte, daß es in Deutschland nicht zu der notwendigen revolutionären Neuordnung nach Kriegsende gekommen sei. Diese Kritik wurde von Marxisten, aber auch von linkskatholischer Seite aufgenommen. So beschrieb der Publizist Walter Dirks im September 1950 in den von ihm herausgegebenen «Frankfurter Heften» die politische und soziale Wirklichkeit der Bundesrepublik, aber auch ganz Westeuropas, unter dem Titel «Der restaurative Charakter der Epoche» und äußerte seine Furcht vor einer Restauration nach dem Vorbild der Heiligen Allianz nach den napoleonischen Kriegen.[3] 1952 sekundierte ihm sein Mitherausgeber Eugen Kogon, der in einem vor allem auf der politischen Linken viel beachteten Artikel über «Die Aussichten der Restauration»[4] mit der Entwicklung in Westdeutschland nach 1945 scharf ins Gericht ging. Insbesondere beklagte er die Wiederherstellung des Kapitalismus, die Neubelebung autoritär-obrigkeitsstaatlicher Tendenzen sowie das Versäumnis, eine deutsche Demokratie durch ein enges Bündnis von christlichen Reformern und humanitären Sozialisten in enger Bindung an ein vom Sozialismus geprägtes Europa aufzubauen.

Aus anderen Wurzeln kommend griff 1965 Rolf Badstübner, einer der führenden ostdeutschen Historiker, das Stichwort in seinem Buch über «Restauration in Westdeutschland» wieder auf.[5] Dabei wurde die «antifaschistisch-demokratische Umwälzung» in der DDR zum Maßstab einer negativen Bewertung der Nachkriegsepoche in den Westzonen gemacht. Angeblich gegen den Willen der Bevölkerungsmehrheit habe nur das Zusammenspiel von Besatzungsmächten, verfehlter antikommunistischer Politik der Sozialdemokratie und «großbürgerlicher Reaktion» eine ähnliche Neuordnung wie in der DDR verhindert.

Diese und ähnliche Thesen fanden vor allem in der Zeit des Aufbruchs der sogenannten «Studentenrevolte» und der weitverbreiteten Proteste gegen das «juste milieu» der Adenauerzeit am Ende der 1960er und zu Beginn der 1970er Jahre ein vielfältiges Echo auch in der Bundesrepublik, ohne daß allerdings die DDR als fortschrittliche Alternative akzeptiert wurde. Der Vorwurf der Restauration richtete sich dabei insbesondere gegen die amerikanische Besatzungsmacht, die eine Sozialisierung der Grundstoffindustrien und eine weitergehende Mitbestimmung der als revolutionär angesehenen Arbeiterklasse verhindert und unter Mitwirkung der amerikanischen Gewerkschaften die deutschen Gewerkschaften gezähmt habe.

Dieser Begriff von Restauration war tendenziös, wurde sehr unterschiedlich gebraucht und nie klar definiert. Eine *Restauration* des Kapitalismus konnte es gar nicht geben, da Deutschland trotz der massiven Eingriffe von Staat und NSDAP in die Wirtschaft der NS-Zeit immer eine im wesentlichen auf dem Privatbesitz aufbauende kapitalistische Wirtschaft behalten hatte. Auch war nicht klar, an welchem Modell sich die angebliche Restauration ausrichtete: an dem der NS-

Zeit, der Weimarer Republik oder an obrigkeitsstaatlich-autoritären Elementen des Kaiserreiches?

Auch war die These vom revolutionären Potential der deutschen Nachkriegsgesellschaft und insbesondere der Arbeiterschaft offensichtlich falsch. Die relative Stärke sozialistisch-planwirtschaftlicher Ideen läßt sich durch die Notwendigkeit der Kriegsfolgenbewältigung, der Verteilung des Mangels und der Organisation des Neuaufbaus erklären. Für die Masse der Menschen in Deutschland stand das nackte Überleben angesichts von Trümmern, Hunger, Wohnungsnot, Flucht, Warten auf verschollene Angehörige und Kriegsgefangene, aber auch Schuld und Verstrickung im Vordergrund, nicht die Schaffung einer neuen, antikapitalistischen Ordnung. Für die spätere Zeit nach der Gründung der Bundesrepublik wird der Begriff der Restauration, der bewußt Stagnation und Inflexibilität impliziert, nicht dem Wandel gerecht, der im politischen System eingetreten ist, vor allem aber Wirtschaft und Gesellschaft und schließlich auch die Verhaltensweisen und die Mentalität der Menschen von Grund auf verändert hat.

Inzwischen ist in der Forschung die sterile Fixierung auf die Restaurationsthese aufgegeben worden. Es wird von fast allen Historikern, wie auch von Politikwissenschaftlern und Soziologen, akzeptiert, daß nicht die Restauration älterer Strukturen und Mentalitäten, sondern vielmehr eine umfassende, bereits in den 1950er Jahren einsetzende Modernisierung das eigentliche Kennzeichen der Bundesrepublik ist.[6] Allerdings wird die zunächst positive Beurteilung von «Modernisierung» inzwischen von vielen in Frage gestellt, die den Verlust traditioneller Lebensstile und Werte, die Gefahr eines ungebremsten Individualismus und vor allem den Raubbau an den natürlichen Ressourcen der Erde, insbesondere durch die westlichen Industriegesellschaften, als Konsequenzen der Industrialisierung und der damit verbundenen Ideologie des ständigen Wirtschaftswachstums beklagen.

In der deutschen Geschichte stellt zweifellos das Jahr 1945 die wichtigste Zäsur seit der Zeit Napoleons dar. Allerdings ist die oft mit der Restaurationsthese verbundene, aber auch zeitgenössisch verwendete Formel von der «Stunde Null» inzwischen aufgegeben worden. Insbesondere das große Werk des Instituts für Zeitgeschichte «Von Stalingrad zur Währungsreform»[7] betont übergreifende Aspekte der Epoche von 1943 bis 1948 in der Sozialgeschichte, aber auch in der Erinnerung der damals lebenden Deutschen.

Zeitgenössische Schilderungen zeigen jedoch auch die Veränderungen, die in diesem Leben zwischen Trümmern, beginnendem wirtschaftlichen Aufbau und langsamer politischer Konsolidierung vor allem durch die Präsenz der Besatzungsmächte bewirkt wurde. In Wolfgang Koeppens Roman «Tauben im Gras»[8], der wie in einem Kaleidoskop die verschiedensten Ereignisse und Personen an einem einzigen Tag im Leben der Stadt München im Jahre 1949 widerspiegelt, zeigt sich das Miteinander von Altlasten des Krieges und neuem Leben mit Elementen amerikanischer Lebenskultur. Vor der Kulisse der Ruinen des Krieges gibt es neben den alten Bierkellern Jazz-Lokale, entsteht eine Filmszene und blüht die Prostitution. Die freigesetzte Sexualität steht zwischen den Spannungspolen des Verlustes der Männer und Väter im Krieg und der neuen Attraktivität der Besatzungssoldaten, die den «Fräuleins» zudem zu Nylonstrümpfen, Schokolade und Zigaretten verhelfen. Gezeigt werden aber auch die von erotischer Anziehung wie von rassischen Vorurteilen geprägten Spannungen zwischen weißen Frauen und schwarzen Soldaten und die Feindschaft, auf die die «Nigger» bei vielen Deutschen treffen. Der Neuaufbau ist doppelbödig. Immer wieder gibt es Reminiszenzen an das «Dritte Reich». Typisch ist die Gleichzeitigkeit des Ungleichzeitigen, das Nebeneinander von Brüchen und Kontinuitäten. Neben Limehouse-Blues, «Candy-I-call-my-sugar-Candy» aus den Kofferradios amerikanischer Soldaten und dem Bemühen deutscher Kapellen, auch Jazz-Musik zu spielen, findet schließlich im lärmdröhnenden Bierlokal der «Badenweiler Marsch», mit dem Hitler seinen Einzug in Versammlungsäle inszeniert hatte, seine Wiederaufführung – mit betrunkenen Deutschen und naiven Amerikanern Arm in Arm.

Das Kennzeichen der neuen Zeit, das Nebeneinander von Altem und Neuem, die komplizierte spezifische Mischung von Kontinuität und Veränderung sind hier bereits präsent. Solche Mischungsverhältnisse haben auch die Geschichte der Bundesrepublik geprägt, wobei der Wandel – auch mit dem Wechsel der Generationen – schließlich immer mehr dominierte. Wir dürfen dabei freilich nicht vergessen, daß dieser Wandel, etwa in der Struktur von Wirtschaft und Gesellschaft, vielfach nur säkulare Tendenzen beschleunigte und daß es viele Parallelen zur deutschen Entwicklung in den anderen westlichen Industriegesellschaften gibt.

Allerdings ist die Bundesrepublik fest in der deutschen Geschichte verortet. Wenn wir die Elemente der Kontinuität in der deutschen Geschichte analysieren, so müssen wir jedoch betonen, daß diese nicht auf autoritäre, militaristische und andere undemokratische Institutionen, Ideen und Mentalitäten, die den Weg für den Nationalsozialismus bereiteten und diesen keineswegs nur zu einem «Betriebsunfall» machten, reduziert werden dürfen.[9] Wir müssen auch auf die bewußten Versuche nach 1945 zur Neubelebung älterer Traditionen des Parlamentarismus, der Rechtsstaatlichkeit, des Föderalismus und der Sozialstaatlichkeit, die ebenfalls tief in der deutschen Geschichte verwurzelt sind, hinweisen, auch wenn diese Traditionen nach 1933 verdrängt oder pervertiert wurden. Wir müssen zudem die weitreichenden Veränderungen im Laufe der Geschichte der Bundesrepublik unterstreichen, die bereits am Anfang der 1960er Jahre – also noch vor der in ihrer Bedeutung oft überschätzten Studentenrebellion der Jahre nach 1968 – einen weithin anderen Charakter hatte als zuvor.[10]

Für die sowjetische Besatzungszone bzw. die DDR war der Bruch mit den deutschen Traditionen 1945–49 viel schärfer; aber auch hier gab es, wie wir noch sehen werden, langfristige Entwicklungen, die zunächst nicht geplant und vorhergesehen wurden und zum Teil die Krise und den schließlichen Zusammenbruch dieses Staates mitbewirkten, aber auch das Zusammenwachsen der beiden Teile Deutschlands nach 1989/90 noch immer erschweren.

Kontinuitätsbrüche in Westdeutschland

Es gab in Westdeutschland einige eindeutige Brüche mit der Vergangenheit. Mit dem Verlust der Ostprovinzen an Polen und die Sowjetunion und der Teilung Deutschlands hatte die Bundesrepublik *erstens* ein anderes Staatsgebiet als das frühere Deutsche Reich. Die Bundesrepublik wurde dadurch in ihrer ökonomischen und sozialen Struktur viel homogener als der deutsche Staat vor 1945. Die Junker, die Besitzer der großen Güter in Ostelbien, die bereits durch den Krieg und in einigen Familien auch aufgrund ihrer Verfolgung als Widerstandskämpfer nach dem 20. Juli 1944 dezimiert worden waren, verloren die ökonomische Basis ihrer Stellung als politische und soziale Elite durch die Bodenreform in der sowjetischen Besatzungszone. Die überlebenden Mitglieder der preußischen Aristokratie, die ein mächtiges Hindernis für die politische Demokratisierung und die ökonomische und soziale Modernisierung im Bismarckreich und in der Weimarer Republik dargestellt hatten, haben in der Bundesrepublik keine besondere Rolle mehr gespielt. Das hat die Kräfte des Konservativismus geschwächt.

Zweitens bildete die Niederlage 1945 das Ende des deutschen Militarismus, der vorher einen so verhängnisvollen Einfluß auf Politik und Gesellschaft gehabt hatte. Die Bundeswehr, die in den 1950er Jahren neu aufgebaut wurde, war – anders als die Armeen von Großbritannien, Frankreich und den Vereinigten Staaten – vollständig in die übernationale Organisation der NATO integriert. Sie hatte keinen Generalstab und keine spezifisch deutsche Strategie. Die Bundesrepublik akzeptierte zudem eine Begrenzung des Umfangs ihrer Truppe und verpflichtete sich, keine atomaren, biologischen und chemischen Waffen auf ihrem Gebiet herzustellen. Beim Aufbau der Bundeswehr mußten alle höheren Offiziere der Wehrmacht sich vor ihrer Anstellung einer Prüfung ihrer Vergangenheit und ihrer demokratischen Gesinnung durch einen unabhängigen Personalgutachterausschuß unterwerfen. Die Bundeswehr wurde als eine Armee des Parlaments geschaffen. Es war der Bundestag, der 1956 – gegen den Willen Adenauers – den Oberbefehl durch den Verteidigungsminister regelte, die Grundlagen der Auswahl der Offiziere festlegte, den Wehrbeauftragten zum Schutz der Grundrechte der Soldaten und als Hilfsorgan zur parlamentarischen Kontrolle der Bundeswehr schuf und dem Verteidigungsausschuß auf Dauer die Rechte und Pflichten eines Untersuchungsausschusses gab.

Die soziale Basis des Offizierskorps war viel breiter als im Kaiserreich und in der Weimarer Republik. Die Konzepte des «Staatsbürgers in Uniform» und der «Inneren Führung», die zunächst von Vertretern älterer Traditionen im Offizierskorps abgelehnt worden waren, wurden schließlich allgemein akzeptiert. Besonders wichtig war, daß es nie einen ernsthaften Zweifel an der engen politischen Kontrolle der Streitkräfte gegeben hat, die in noch viel stärkerem Maße als in anderen demokratischen Staaten unter die Verantwortung nicht nur des politischen Ministers, sondern auch des Parlaments fällt. Im Gegensatz zum Kaiserreich und zur Weimarer Republik hat das Militär keine eigenständige Rolle in der westdeutschen Politik gespielt. Es gibt auch kein Zeichen eines Militarismus im zivilen Leben. Kaum ein Offizier trägt heute seine Uniform in der Oper oder bei einer Hochzeit, wie das vor 1945 die Regel war.

Drittens hat sich die Beziehung zwischen den Konfessionen und die Rolle der Kirchen in der Gesellschaft dramatisch verändert. Die Trennung zwischen Katholiken und Protestanten war ein entscheidender Faktor der deutschen Geschichte seit der Reformation, der zu furchtbaren Kriegen und einer tiefen Spaltung der deutschen Gesellschaft führte. Diese Trennung war auch ein konstituierendes Element des deutschen Parteiensystems, in dem die katholische Minorität bis 1933 weitgehend in einer separaten Partei, dem Zentrum oder im Bayern der Weimarer Republik der Bayerischen Volkspartei, organisiert war, die quer zu den sozialen, ökonomischen und politischen Spaltungen lag, die im protestantischen Deutschland das Parteiensystem prägten. In der Bundesrepublik erreichten die Katholiken in etwa die Parität mit den Protestanten, was die Bildung einer überkonfessionellen Partei, der CDU bzw. der CSU in Bayern, erleichterte. Besonders in der Zeit der Kanzlerschaft Konrad Adenauers hatten die Katholiken eine sehr viel stärkere Stellung im Staat als in der Vergangenheit.

Gesellschaftlich war die vorher bestehende scharfe Trennung von Protestanten und Katholiken, besonders in Kleinstädten und auf dem Land, durch die Massenevakuierung von Frauen und Kindern aus den bombengefährdeten Städten und vor allem durch das Einströmen von vielen Millionen Flüchtlingen beendet worden. In Bayern z. B. kamen viele evangelische Schlesier in früher rein katholische Dörfer Niederbayerns, und katholische Sudetendeutsche wurden auch in überwiegend evangelischen Gemeinden Mittelfrankens untergebracht. Von den 1939 bestehenden 1424 rein katholischen Gemeinden Bayerns waren 1946 nur noch 9 übriggeblieben, während keine der 140 Gemeinden mit einer ursprünglich rein evangelischen Bevölkerung ihre vollständige konfessionelle Homogenität behaupten konnte.[11] Die sehr viel stärkere Durchmischung der Konfessionen spiegelt sich auch in der Zunahme des Anteils der sog. Mischehen zwischen Protestanten und Katholiken von etwa 10 % 1913 auf über 30 % 1970 wider.[12]

Noch bedeutsamer war, daß die sozialen Milieus, die mit den Konfessionen – vor allem dem Katholizismus – verbunden waren, sich weitgehend auflösten.[13] Teilweise als Reaktion auf die scharfe Auseinandersetzung des preußisch-deutschen Staates mit der katholischen Kirche und ihrer politischen Vertretung, der Zentrumspartei, in den ersten Jahrzehnten des Kaiserreiches hatte die Kirche bis 1933 ein engmaschiges Netz von Organisationen für ihre Mitglieder in nahezu allen Bereichen des gesellschaftlichen Lebens aufgebaut: von katholischen Jugend-, Frauen-, Gesellen- und Arbeitervereinen bis hin zu den allerdings formell interkonfessionellen, weitgehend aber katholisch geprägten Christlichen Gewerkschaften, die in der NS-Zeit aufgelöst oder teilweise gleichgeschaltet wurden. Die Kirche selbst konzentrierte sich nach dem Konkordat mit dem

Staat 1933 weitgehend auf den Schutz und die Bewahrung der Integrität der eigenen Religionsgemeinschaft, machte aber wenig Anstalten, sich als Anwalt verfolgter Minderheiten, vor allem der Juden, einzusetzen.

Nach dem Krieg haben die Bischöfe, denen die Unabhängigkeit der mit der Kirche verbundenen gesellschaftlichen Organisationen oft zu weit gegangen war, keinen wirklich ernsthaften Versuch zur Neubelebung des katholischen Vereinswesens gemacht.[14] Selbst der 1891 begründete «Volksverein für das katholische Deutschland», die wichtigste und vor allem für die Sozialpolitik einflußreichste gesellschaftliche Massenorganisation des deutschen Katholizismus, wurde nach 1945 nicht reaktiviert. Zwar gab es – besonders in der Regierungszeit Adenauers – über die Person des Kanzlers und die CDU/CSU die Möglichkeit, wirksam Einfluß auf die Politik auszuüben. Insgesamt ging jedoch die Präsenz des Katholizismus in der Gesellschaft der Bundesrepublik nach einem Zwischenhoch in den ersten Nachkriegsjahren zurück, zumal sich nach 1945 die in der katholischen wie in der evangelischen Kirche weitverbreitete Hoffnung auf eine dauerhafte innere christliche Erneuerung als Reaktion auf den Nationalsozialismus nicht erfüllte.

Eines der letzten Fundamente des Konfessionalismus brach zusammen, als im Bereich der Grundschulen in den 1960er Jahren die konfessionell getrennten Bekenntnisschulen auch in den überwiegend katholischen Ländern durch überkonfessionelle Gemeinschaftsschulen abgelöst wurden. Als ich auf dem Höhepunkt der Auseinandersetzungen über die Konfessionsschule 1965 an die Universität in der katholischen Hochburg Münster berufen wurde, erzählten mir meine beiden Söhne, die damals 10 und 8 Jahre alt waren, daß sie beim Fußball nach der Schule nicht mitspielen durften, da sie Protestanten waren. Schon zwei Jahre später wäre das undenkbar gewesen. Selbstverständlich spielte bei dieser Entwicklung nicht nur der bewußte Verzicht auf den Aufbau von Sonderorganisationen und die zunehmende Einbettung des Katholizismus in eine pluralistische Gesellschaft, sondern auch der fortschreitende Prozeß der Säkularisierung eine entscheidende Rolle.

Auch nachdem auf Versuche zur Abschottung des Katholizismus von der Gesamtgesellschaft verzichtet worden war und das katholische Sozialmilieu sich weitgehend auflöste, blieben Konfessionen – wie im Kaiserreich und in der Weimarer Republik – auch in der Bundesrepublik noch ein wichtiger, wenn auch an Bedeutung abnehmender Faktor für das Wahlverhalten.[15] Katholiken – vor allem solche mit starker Kirchenbindung – tendieren zur Wahl der CDU/CSU, und auch bei den Protestanten, die deutlich seltener CDU/CSU wählen, steigt der Anteil dieser Partei mit dem Grad der Kirchenbindung der Wähler. Umfragen unmittelbar nach dem Wahlakt bei der Bundestagswahl am 16.10.1994 haben ergeben, daß 74 % der Katholiken, die jeden Sonntag zur Kirche gehen, die CDU/CSU, die im Bundesdurchschnitt auf 41,5 % der Stimmen kam, gewählt haben; diese kirchlich stark gebundenen Katholiken machten aber nur noch 14 % der Wähler der Unionsparteien in Deutschland aus.[16]

Die evangelischen Kirchen haben vor 1933 in Deutschland nie versucht, eine eigene politische Partei oder ein von der Gesamtgesellschaft teilweise abgetrenntes spezifisches Sozialmilieu aufzubauen. Sie wurden aber, obwohl die Versuche zur völligen Gleichschaltung der protestantischen Kirche gescheitert waren und sich die Bekennende Kirche strikt gegen nationalsozialistische Irrlehren verwahrt hatte, durch den Nationalsozialismus stärker als die katholische Kirche in ihrem Innersten erschüttert und in weiten Teilen – vor allem durch die Bewegung der «Deutschen Christen» und die vielen NSDAP-Mitglieder unter den Pfarrern – auch kompromittiert.

Als Reaktion auf den Nationalsozialismus kam es nach 1945 zu einer Neubesinnung im Verhältnis von Kirche und Staat, in der vor allem die Eigenständigkeit und die Unabhängigkeit der Kirche betont wurden.[17] Die Umgestaltung der kirchlichen Organisation, in der die synodalen Elemente gestärkt wurden, wurde selbständig durchgeführt, und nach dem Muster der katholischen Kirche kam es in einigen Bundesländern zum Abschluß von Kirchenverträgen. Im November 1949 beschloß der Rat der Evangelischen Kirche in Deutschland die Ernennung eines Bevollmächtigten bei der Bundesregierung, der – ebenso wie die schon während der Zeit des Parlamentarischen Rates errichtete Verbindungsstelle der deutschen katholischen Bischöfe – eine erhebliche Bedeutung für die Gestaltung der Beziehungen von Staat und Kirche erlangte.

Die Betonung der Eigenständigkeit gegenüber dem Staat war in der evangelischen Kirche verbunden mit einer Verstärkung der Einwirkung auf das öffentliche Leben. Kennzeichnend dafür sind die Gründung evangelischer Akademien in den ersten Jahren nach Kriegsende, die Veranstaltung evangelischer Kirchentage seit 1949, in denen nach dem Muster der schon seit 1848 bestehenden katholischen Kirchentage nun auch die Laienbewegung in der evangelischen Kirche ein sichtbares und in der Öffentlichkeit wirksames Forum fand. Ferner öffnete man die Kirche der ökumenischen Bewegung und überwand damit die nationale und territoriale Isolierung der protestantischen Landeskirchen. Viel öffentliche Beachtung fanden die großen Erklärungen und Denkschriften, in denen zu aktuellen Fragen Stellung genommen wurde. Erinnert sei an die allerdings innerkirchlich heftig umstrittene Stuttgarter Erklärung vom Oktober 1945, in der die Kirche sich anklagte, im Kampf gegen das nationalsozialistische Gewaltregiment «nicht mutiger bekannt, nicht treuer gebetet, nicht fröhlicher geglaubt und nicht brennender geliebt» zu haben.[18] Dieses vor allem im Ausland stark beachtete «Schuldbekenntnis», das in Deutschland als angebliche Anerkennung der These von der Kollektivschuld des deutschen Volkes auf viel Ablehnung stieß, öffnete den Weg zur Zusammenarbeit mit ausländischen Kirchen im Rahmen der Ökumene. Berühmt wurden die kritischen Stellungnahmen zur Wiederaufrüstung und zur Atombewaffnung und vor allem die Denkschrift von 1965 über «Die Lage der Vertriebenen und das Verhältnis des deutschen Volkes zu seinen östlichen Nachbarn»[19]. Hier trat man für eine Versöhnung mit den östlichen Völkern ein, was – ebenso wie der wenig später folgende Briefwechsel der katholischen Bischöfe Polens und Deutschlands –[20] wesentlich zur Änderung des Meinungsklimas beitrug, die die spätere Ostpolitik möglich machte.

Doch kommen wir nach diesem Exkurs über den Wandel im Verhältnis der Konfessionen, die weitgehende Auflösung des katholischen Milieus und die Inanspruchnahme eines öffentlich-gesellschaftlichen Mandats durch die großen christlichen Kirchen in Deutschland zurück zu den Bereichen, in denen nach 1945 ein eindeutiger Bruch mit den vorangegangenen Verhältnissen erfolgte.

Als *vierter* Punkt wäre die Zerschlagung Preußens zu nennen. Preußen umfaßte drei Fünftel Deutschlands und war der Hegemonialstaat im Kaiserreich. In der Weimarer Republik standen die Regierungen Preußens häufig in Rivalität zur Reichsregierung. Die Zerstückelung Preußens veränderte den Charakter des deutschen Föderalismus, in dem nun kein Land mehr eine eindeutige Dominanz ausüben konnte, grundlegend.

Fünftens kann die Bedeutung der Integration der Bundesrepublik in die westliche Allianz und die Europäische Union, die in scharfem Gegensatz zu dem Schwanken zwischen Ost- und Westorientierung der deutschen Politik vor 1933 steht, kaum überschätzt werden. Die eindeutige Westbindung der Bundesrepublik, die auch nach der Wiedervereinigung erhalten blieb, ergab sich zunächst nach 1945 aus der Präsenz der westlichen Besatzungsmächte. Nach Beginn des sich auf deutschem Boden zuspitzenden Kalten Krieges kam die Notwendigkeit, sich zum Schutz der eigenen Freiheit unter den Schirm der westlichen Allianz und vor allem der Vereinigten Staaten zu stellen, hinzu. Die Westbindung wurde – selbst um den Preis der Einschränkung der Möglichkeiten einer aktiven Politik der Wiedervereinigung – zu einer bewußten Wahl. Sie stellt inzwischen – jedenfalls in den alten Bundesländern – einen zentralen Bestandteil der Identität der Nation dar.

Anknüpfung an ältere Traditionen und neue Akzente in der Wirtschaft

Neben diesen grundlegenden Diskontinuitäten gibt es aber auch offensichtliche Kontinuitäten. Wohl am wichtigsten ist, daß die Bundesrepublik trotz der nach 1945 in fast allen politischen Lagern bestehenden starken Tendenzen zur Sozialisierung und Planwirtschaft eine kapitalistische Marktwirtschaft mit einem nach der Beseitigung nationalsozialistischer Elemente im wesentlichen unveränderten Rechtssystem[21] und einem im Kern gleichen Steuersystem[22] geblieben ist. Das von Ludwig Erhard als Direktor für Verwaltung der Wirtschaft des Vereinigten Wirtschaftsgebietes und später als Bundeswirtschaftsminister weitgehend durchgesetzte und mit seinem Namen verbundene neoliberale Konzept der sozialen Marktwirtschaft, das mit vielen Schattierungen bereits vor 1945, nicht zuletzt in Auseinandersetzung mit dem nationalsozialistischen Kollektivismus, entwickelt wurde[23], betonte gegen die Planungseuphorie der Zeit die Bedeutung der Märkte für den wirtschaftlichen Neuaufbau. Indem die soziale Marktwirtschaft jede Verzerrung des freien Wettbewerbs durch die Konzentration politischer und ökonomischer Macht in der Wirtschaft ablehnte und eine Öffnung des deutschen Marktes zu einem möglichst freien Weltmarkt forderte, wandte sie sich gleichzeitig gegen die in der deutschen Tradition so mächtigen Kartelle und das von den Nationalsozialisten und Teilen der deutschen Industrie vertretene Konzept einer auf bestimmte Großräume und ökonomische Blöcke konzentrierten Wirtschaft. Die soziale Komponente der sozialen Marktwirtschaft wurde von ihren Vertretern durchaus unterschiedlich akzentuiert. Einige erwarteten den «Wohlstand für alle» – so der programmatische Titel einer Aufsatzsammlung Erhards von 1957 –[24] von der Wirkung des freien Wettbewerbs und wünschten nur eine staatliche Grundsicherung der Schwachen und Behinderten. Andere wollten dagegen die Wirksamkeit der Gesetze des Marktes im Bereich der Produktion durch soziale Interventionen des Staates in der Sphäre der Verteilung ergänzt sehen und erstrebten einen relativ großzügigen Ausbau des Systems der sozialen Sicherheit für die Mehrheit der Bevölkerung. Trotz der Entwicklung einer auf dem Privateigentum aufbauenden kapitalistischen Wirtschaft und der stärkeren Durchsetzung marktwirtschaftlicher Prinzipien bestand eine Kontinuität in dem – etwa im Vergleich zu den Vereinigten Staaten –

unverändert großen Einfluß des Staates auf die Prägung der sozialen und ökonomischen Ordnung.

Bürokratie und Beamtenschaft

Eng verbunden mit dieser wichtigen Rolle des Staates ist die Eigenart und Stärke der staatlichen Bürokratie. Die Alliierten haben sich intensiv bemüht, den herausgehobenen Status der Beamtenschaft als traditionell wichtigster Gruppe der «Staatsdiener» in Deutschland abzuschaffen und den öffentlichen Dienst von Grund auf zu reformieren. Sie waren der Überzeugung, daß der «Kadavergehorsam» die Beamten zu blinden Werkzeugen der verbrecherischen Politik des NS-Regimes gemacht habe und ihre autoritäre Gesinnung eine Untertanenmentalität bei der Bevölkerung hervorriefe und damit eine Demokratisierung Deutschlands erschwere. Sie kritisierten den «reaktionären Korpsgeist» der Beamten, ihre scharfe Abhebung von den Arbeitern und Angestellten des öffentlichen Dienstes und die hierarchische Gliederung der Beamtenschaft mit der Abschottung zwischen einfachem, mittlerem, gehobenem und höherem Dienst.[25] Die Briten mit ihrer Tradition der strikten parteipolitischen Neutralität der Beamten bestritten darüber hinaus das Recht der Beamten zur parteipolitischen Betätigung.[26] Die Entnazifizierung wurde auch als ein Mittel angesehen, um eine Neuordnung des öffentlichen Dienstes zu erzwingen.

Während es in der sowjetischen Zone zur völligen Abschaffung der Beamtenschaft kam, sind die geplanten Reformen in den Westzonen und in der frühen Bundesrepublik gescheitert. Woran lag das? Die westlichen Alliierten hatten kein klares gemeinsames Reformprogramm; die Notwendigkeit der Aufrechterhaltung einer funktionsfähigen Verwaltung lag mit den radikalen Reformbestrebungen im Widerstreit; die jeweiligen spezifischen Traditionen der Besatzungsmächte ließen sich nicht bruchlos auf Deutschland übertragen und boten zudem keine angemessene Antwort auf die deutsche Situation nach dem Krieg; vor allem fanden sich auf deutscher Seite keine starken Partner mit gleichen oder ähnlichen Vorstellungen. Die Sozialdemokraten und die Gewerkschaften teilten zwar im Grundzug die Kritik an der bestehenden Beamtenschaft, waren aber mehr an dem von den Amerikanern abgelehnten sozialistischen Umbau der Wirtschafts- und Gesellschaftsordnung interessiert, für den sie eine starke Verwaltung benötigten. Sie befürchteten zudem, mit einem Eingehen auf die Vorstellungen der Alliierten ihre Klientel unter den einfachen und mittleren Beamten zu verlieren.

Einige der Reformvorstellungen der Besatzungsmächte fanden ihren Niederschlag in Ländergesetzen der US-Zone, nach denen z. B. in Hessen Beamte und Angestellte in einem gemeinsamen öffentlichen Dienst aufgehen sollten. Eine entscheidende Rolle in der Reform sollte in Hessen ein Personalamt als oberste Verwaltungsbehörde spielen, das nicht nur die Qualifikation, sondern auch die demokratische Einstellung der Anwärter überprüfen und eine massenhafte Rückkehr von zunächst entlassenen Mitgliedern der NSDAP nach ihrer Entnazifizierung verhindern sollte. Ein bayerisches Gesetz hat jedoch schon damals sehr viel stärker an der Eigenständigkeit des deutschen Beamtentums festgehalten.

Die Versuche der Briten und Amerikaner, die am 1. Januar 1947 in Frankfurt geschaffene Zweizonenverwaltung zum Instrument einer Reform zu machen, wurden von deutscher Seite verzögert und faktisch blockiert. Als sich bei den Verhandlungen des Parlamentarischen Rates abzeichnete, daß das Grundgesetz – auch unter dem Einfluß der Organisationen der Beamtenschaft – das Berufsbeamtentum wiederherstellen werde[27], haben Briten und Amerikaner schließlich am 18. Februar 1949 im Gegenzug für alle Bediensteten der Bizonenverwaltung – ca. 750 000 Personen einschließlich des Personals von Bahn und Post – das Militärregierungsgesetz Nr. 15 erlassen[28]. Es beseitigte den Unterschied zwischen Beamten und Angestellten, öffnete den Zutritt zum öffentlichen Dienst für Außenseiter, schränkte das weitgehende Juristenmonopol im höheren Dienst wesentlich ein und erleichterte die Anstellung von Frauen. Es ersetzte das Laufbahnprinzip durch das Leistungsprinzip und verbot die politische Betätigung der Beamten, die nicht Herren, sondern Diener der Bevölkerung sein sollten.

Mit der Auflösung der Bizonenverwaltung nach der Gründung der Bundesrepublik blieb das Gesetz ohne größere Wirkung. Nachdem die Alliierten noch in einer Note vom 28. 9. 1949 darauf bestanden hatten, daß das Gesetz auch auf die Bundesbeamten anzuwenden sei[29], haben sie jedoch schließlich im Frühjahr 1952 formell den Deutschen in der Beamtengesetzgebung wieder freie Hand gewährt. Schon vorher war das Militärregierungsgesetz Nr. 15 – wenn auch nur für einen begrenzten Zeitraum – suspendiert worden. Mit dem Bundespersonalgesetz von 1950, vor allem aber mit einem 1951 angenommenen Gesetz zur Ausführung des Artikels 131 des Grundgesetzes, wurde das Berufsbeamtentum in der überkommenen Form wiederhergestellt. Artikel 131 hatte den nach Kriegsende aus anderen als beamtenrechtlichen Gründen ausgeschiedenen und inzwischen nicht oder nicht ihrer früheren Stellung entsprechend weiterverwendeten Mitgliedern des öffentlichen Dienstes eine Regelung ihrer Rechtsverhältnisse versprochen. Mit dem Gesetz hatten die meisten, der wegen ihrer Mitgliedschaft in der NSDAP entlassenen Beamten, aber auch die Beamten unter den Flüchtlingen und Vertriebenen ein wirksames Instrument zur Wiedereinstellung erhalten. Diese Entwicklung wurde durch das Bundesbeamtengesetz vom 14. Juli 1953 abgeschlossen.

Das 131er-Gesetz[30] sah zur beruflichen Wiedereingliederung der betroffenen Personen, zu denen auch die Berufssoldaten und die zur Wehrmacht eingezogenen ehemaligen Beamten gehörten, eine Unterbringungspflicht für die öffentlichen Betriebe und Verwaltungen auf allen Ebenen vor. Insgesamt waren durch das Gesetz mindestens 430000 Personen, darunter 345000 Beschäftigte und 85000 Pensionäre (und Hinterbliebene), betroffen. Berufssoldaten, Vertriebene und Flüchtlinge aus der DDR, unter denen natürlich auch viele frühere Mitglieder der NSDAP waren, sowie 55000 im Rahmen der Entnazifizierung entlassene Beamte stellten die Hauptkontingente.[31] Das Gesetz legte fest, daß die öffentlichen Arbeitgeber mindestens 20% aller Planstellen und ihres Besoldungsaufwandes für nicht wieder angestellte Angehörige des öffentlichen Dienstes vorsehen mußten. Sofern sie dieser Auflage nicht nachkamen, mußten sie eine Ausgleichsabgabe an den Bund leisten. Bis zu ihrer Unterbringung erhielten die Betroffenen ein Übergangsgehalt. Gleichzeitig wurden die Versorgungsansprüche der Pensionäre und Hinterbliebenen anerkannt. Zweifelsohne hat das Gesetz trotz der Ausnahmen bei politisch belasteten Personen, so z. B. ehemaligen Angehörigen der GESTAPO und der Waffen-SS, die nicht «von Amts wegen» in diese Organisationen versetzt worden waren, die Rückkehr früherer NSDAP-Mitglieder in die Verwaltung bis in die höheren Ränge der Ministerialbürokratie erleichtert. Die im Zuge der Denazifizierung entlassenen Beamten erhielten zwar keinen Rechtsanspruch auf Wiedereinstellung; faktisch wurden sie jedoch in der Mehrzahl von ihren früheren Arbeitgebern wieder angestellt, um Übergangsgehälter zu vermeiden. Daneben hat das Gesetz die Integration der Flüchtlinge gefördert, aber auch den nach 1945 ohne entsprechende Vorbildung neu eingestellten Beamten und Angestellten die Sicherheit ihres Arbeitsplatzes garantiert.

Die Entnazifizierung

Der Rückstrom der zunächst als NSDAP-Mitglieder entlassenen Beamten hatte allerdings schon lange vorher eingesetzt. Nachdem die ersten sehr rigorosen und schematischen Entnazifizierungsbestimmungen in der US-Zone zur Entlassung fast sämtlicher Inhaber von Schlüsselstellungen im öffentlichen Dienst geführt hatten – die Briten und auch die Franzosen gingen vorsichtiger vor – und es in Wirtschaft und Verwaltung zu teilweise chaotischen Zuständen gekommen war, schlug man nach dem «Gesetz zur Befreiung vom Nationalsozialismus und Militarismus» vom 5. März 1946 einen anderen Weg ein. Deutsche Stellen nahmen eine individuelle Überprüfung der Belastung nach vorgegebenen Kategorien (I. Hauptschuldige; II. Belastete; III. Minderbelastete; IV. Anhänger/Mitläufer; V. Entlastete) vor. Dazu kamen pauschale Amnestien für

Jugendliche, Personen mit geringen Einkommen und Kriegsheimkehrer. Für die Masse der Betroffenen war damit das bestehende «Berufsverbot» aufgehoben.

Die Entnazifizierung, die schließlich zur «Mitläuferfabrik» geworden ist[32], mußte aus verschiedenen Gründen scheitern. Sie ignorierte die starke Verschränkung von Partei, Staat und Gesellschaft in der NS-Zeit und verscherzte sich durch die ungleiche Behandlung ähnlicher Fälle in den verschiedenen Besatzungszonen, aber sogar auch innerhalb einer Zone ihre Glaubwürdigkeit. Das zunächst verfolgte Konzept des Austauschs der Eliten, auch wenn diese minder- oder gar nicht belastet waren, widersprach dem Gerechtigkeitsgefühl in großen Teilen der deutschen Gesellschaft und stieß vor allem bei den Kirchen auf scharfen Widerspruch[33]. Zudem ließ der ständige Kurswechsel der Alliierten – besonders der Amerikaner – keine klare politische Linie erkennen.

Die personelle Kontinuität in der Verwaltung und besonders innerhalb der Elite der Beamtenschaft ist von der historischen Forschung intensiv untersucht worden. Die Ergebnisse können hier nur an einigen Beispielen wiedergegeben werden. In der Zweizonenverwaltung, in der eine scharfe Überprüfung der politischen Vergangenheit der Bewerber stattfand, waren Ende 1948 von 87 leitenden Beamten 85 unbelastet, d. h. im Sinne des «Befreiungsgesetzes» nicht betroffen, also auch nicht einfache Mitglieder der NSDAP gewesen. Eine ganze Reihe von ihnen war 1933 oder später zwangsweise entlassen und verfolgt worden. Insgesamt waren allerdings von über 4100 Verwaltungsangehörigen (Beamte, Angestellte und Arbeiter) in der Zweizonenverwaltung immerhin 35 % betroffen, aber inzwischen von Spruchkammern entlastet worden.[34] Die Mehrzahl der Angehörigen der Bizonenverwaltung ist trotz der deutlichen Distanz Adenauers zu deren Arbeit und Personal nach der Gründung der Bundesrepublik in die für ihren Kompetenzbereich gebildeten neuen Ministerien, neben denen vier weitere Ministerien mit neuen Aufgaben errichtet wurden, überführt worden.[35]

Etwa 15–20 % der höheren Beamten der Bonner Ministerien rekrutierten sich nach einer internen Statistik vom November

1949 aus Beamten der Reichsministerien, die bisher in der Frankfurter Zweizonenverwaltung gearbeitet hatten.[36] Diese zunächst nur begrenzte personelle Kontinuität vor allem in der höheren Beamtenschaft zwischen «Drittem Reich» und Bundesrepublik änderte sich mit dem Ausbau der Bundesverwaltung. Bereits im August 1950 waren 47 % der Abteilungsleiter frühere Reichsbeamte, und 23 % waren in Länderministerien oder nachgeordneten Verwaltungen in der NS-Zeit tätig gewesen.[37] Dieser Anteil stieg weiter an, wobei zunehmend auch Beamte angestellt wurden, die schon im «Dritten Reich» höhere Positionen eingenommen hatten. Waren im August 1950 etwas über ein Viertel der Abteilungsleiter Parteimitglieder gewesen, so hatten etwa 60 % der bis Februar 1953 *neu ernannten* Abteilungsleiter der NSDAP angehört.[38] Besonders groß war die Kontinuität zum «Dritten Reich» und der Anteil ehemaliger NSDAP-Mitglieder bei dem vom Korpsgeist stark geprägten Neuaufbau des Auswärtigen Dienstes 1951/52. Von den 84 Referatsleitern des Auswärtigen Amtes hatten 64 dem Auswärtigen Dienst bereits vor 1945 angehört, und etwa zwei Drittel der höheren Beamten vom Referatsleiter aufwärts waren früher «Parteigenossen» gewesen.[39] Allerdings dauerte es bis 1951, ehe mit dem Marburger Oberbürgermeister Theodor Bleek (FDP) das erste Ex-Parteimitglied zum Staatssekretär berufen wurde, dem im nächsten Jahr ein zweiter folgte.

Trotz dieser starken personellen Kontinuität und des hohen Anteils von NSDAP-Mitgliedern ist es nicht zu einer Renazifizierung der bundesdeutschen Beamtenschaft gekommen. Wenn man von dem noch näher zu behandelnden Justizwesen, aber auch einigen führenden Beamten der deutschen Besatzungsbehörden im Osten, deren vorherige Funktion offenbar nur wenigen bekannt war, absieht, wurde darauf geachtet, daß herausgehobene Nazi-Eliten keinen Eingang in die neue Verwaltung fanden. Noch wichtiger war jedoch, daß die Beamten, von denen sich viele in Spitzenpositionen den neuen Parteien – besonders der CDU/CSU und FDP – anschlossen[40], den neuen Komment – Bejahung der Bundesrepublik und Verzicht auf neonazistische Betätigung – übernahmen und ihre politische Kontrolle durch die aus dem Parlament rekrutierten Minister

– im Gegensatz zu vielen Beamten der Weimarer Republik – nicht in Frage stellten. Der neue parlamentarische Staat wurde so von den Beamten loyal akzeptiert und damit – wenn auch zu dem hohen Preis der Übernahme von Teilen der NS-Eliten in die Verwaltung unterhalb der Spitzenebene – die politische Stabilität der frühen Bundesrepublik gefestigt. Für die zunehmende, auch innere Anpassung der Beamten an die neue Demokratie war, neben der offensichtlichen Stabilität des politischen Systems und der Furcht vor der DDR-Alternative einer völligen Abschaffung der Beamtenschaft, außerdem die großzügige Berücksichtigung der materiellen Interessen der Beamten durch den neuen Staat von entscheidender Bedeutung.

Eine noch stärkere personelle Kontinuität bestand bei anderen Eliten. Die Kirchen hatten aufgrund der weitgehenden Behauptung ihrer Autonomie und ihrer anfangs wohl überschätzten Resistenz gegenüber dem Nationalsozialismus ein hohes Ansehen bei den westlichen Besatzungsmächten und wurden bei der Rekrutierung deutschen Führungspersonals, besonders in den ersten Monaten nach Kriegsende, von ihnen zu Rate gezogen. Sie vermittelten materielle Hilfe und geistige Orientierung. Insbesondere die evangelische Kirche, von deren Pfarrern etwa in Bayern immerhin 25 % ein Spruchkammerverfahren wegen Mitgliedschaft in der NSDAP durchlaufen mußten[41], machte sich zur Speerspitze der Kampagne gegen die Entnazifizierungsmaßnahmen der Alliierten und später auch der deutschen Stellen.

Während in der evangelischen Kirche die Kreise, die sich durch die Zusammenarbeit mit den Nationalsozialisten zu sehr kompromittiert hatten, in den Hintergrund gedrängt wurden, bestand in der katholischen Kirche eine zunächst fast völlige personelle Kontinuität. Unter den katholischen Geistlichen hatte es nahezu keine NSDAP-Mitglieder gegeben und es gab auch kein Pendant zu den regimenahen «Deutschen Christen» in der evangelischen Kirche. Die innere Akzeptanz der neuen demokratischen Ordnung und die Bereitschaft, in dieser eine politische Mitverantwortung zu übernehmen und sich als Teil einer pluralistischen Gesellschaft zu verstehen, war – wie bereits gezeigt wurde – eine Lehre, die letztlich die evangelische und katholische Kirche aus dem Nationalsozialismus zogen, die aber, vor allem in der evangelischen Kirche, auch durch den Wechsel der Generationen am Anfang der 1960er Jahre gefördert wurde.

Das Schulwesen

Im Erziehungswesen, vor allem in den Schulen, haben die Alliierten, besonders die Amerikaner, ein wesentliches Instrument zur Umerziehung (Reeducation) der deutschen Jugend und zur dauernden Demokratisierung der deutschen Gesellschaft gesehen.[42] In einer ersten Phase befand sich das Schulwesen durch die Zerstörung von Schulgebäuden im Bombenkrieg, das Fehlen von «entnazifizierten» Schulbüchern und die extreme Überbelegung der Klassen, vor allem aufgrund der Massenentlassungen der früheren NSDAP-Mitglieder unter den Lehrern, in einem katastrophalen Zustand und mußte materiell und personell zunächst wieder aufgebaut werden. Seit Ende 1946 folgten dann massive Versuche zur strukturellen Reform des Schulwesens und der Unterrichtsinhalte. Durch die Einführung einer 6-jährigen Grundschule und – darauf aufbauend – einer differenzierten Einheitsschule mit gemeinsamem Kernunterricht für alle Kinder sollten gleiche Bildungschancen für alle eröffnet werden. Die der Schichtenstruktur der deutschen Gesellschaft angepaßte Dreigliederung des Schulwesens in Gymnasien, Real- oder Mittelschulen und Volksschulen, die man für den Kastengeist und die Förderung einer obrigkeitsstaatlichen Gesinnung in der deutschen Gesellschaft mitverantwortlich machte, wollte man beseitigen. Der Plan scheiterte am Widerstand der deutschen Behörden, die das als leistungsmindernde Gleichmacherei ansahen. Dagegen gelang es den Amerikanern z. B. in Bayern, wo es in der Schulpolitik zu besonders scharfen Auseinandersetzungen zwischen den Vertretern der Besatzungsmacht auf der einen und den Kirchen und der deutschen Kultusbürokratie auf der anderen Seite kam[43], Schulgeld- und Lernmittelfreiheit auch in den höheren Schulen durchzusetzen und die traditionelle Volksschullehrerbildung unter Abschaffung der konfessionellen Lehrerbildungsanstalten stärker wissenschaftlich auszurichten. Eine dauerhafte Reform lag auch in der stärkeren Beteiligung der Eltern und – über die Einführung der Schülermitverwaltung – der Schüler an der Gestaltung des Unterrichts und des Lebens der Schule. Ein großer Erfolg wurden die seit Ende 1948 – parallel zur offiziellen Abkehr von strukturellen Eingriffen in das deutsche Schulwesen – von den Amerikanern forcierten Austauschprogramme, die einer zahlenmäßig begrenzten, später aber oft höchst einflußreichen Elite von Schülern einen unmittelbaren Eindruck von amerikanischen Schulen, amerikanischer Gesellschaft und amerikanischer Politik vermittelten und sehr populär waren. So ist es kennzeichnend, daß von den 16 Mitgliedern des Kabinetts von Helmut Schmidt 1974 allein 7 im Rahmen eines solchen Austauschprogramms in den Vereinigten Staaten gewesen sind.[44]

Eine weitgehende personelle Kontinuität der Lehrerschaft entstand durch die spätere Wiederanstellung fast aller zunächst im Zuge der Entnazifizierung entlassenen Lehrer. Die Verbreiterung der Bildungschancen und die weitgehende Beseitigung des elitären Charakters der höheren Schulen als exklusive Ausbildungsstätten der Oberschichtkinder traten zwar nicht als Ergebnis von Strukturreformen, aber als Konsequenz der «Bildungsrevolution» vor allem seit den 1960er Jahren ein. Hatten 1950 nur 6,4 % der Schulabgänger eine weiterführende Schule (Mittelschule und Höhere Schule) besucht, so waren es 1970 bereits 37 % und 1987 fast 67 %.[45] Noch immer waren unter diesen aber Kinder von Arbeitern unter-, Kinder von mittleren und höheren Angestellten und den entsprechenden Beamtenkategorien überrepräsentiert. Ebenso wichtig wie der zunehmende Besuch von Mittel- und Oberschulen war, daß die ein- oder zweiklassigen Volksschulen («Zwergschulen»), die nach 1945 zunächst vor allem in den Dörfern noch eine große Rolle spielten, in den 1960er Jahren mit der Reform des Landvolksschulwesens verschwanden.

Dieser Erweiterung des Angebots an höherer Bildung entsprach auch eine rapide Expansion der Universitäten und Fachhochschulen, deren Studentenzahl heute die der Lehrlinge übertrifft.[46] In den Universitäten wurden 1945 die von den Nationalsozialisten ernannten Rektoren abgesetzt und das Führerprinzip in der Organisation der Universitäten durch die Rückkehr zur traditionellen akademischen Selbstverwaltung beseitigt. Die personelle Kontinuität des Lehrkörpers der Universitäten blieb weitgehend erhalten. Als Ergebnis der Entnazifizierungsmaßnahmen waren zunächst Professoren suspendiert worden – etwa 35–50 % des Lehrkörpers in der amerikanischen, 10 % in der britischen und 12–15 % in der französischen Zone[47]. Bis auf einzelne, die sich zu weit mit dem NS-System und seiner rassistischen Ideologie eingelassen hatten oder von den Nationalsozialisten neu errichtete Fächer wie die Rassenkunde vertreten hatten, kehrten sie nach spätestens drei bis sechs Jahren wieder zurück. Der Verlust an akademischem Niveau durch die Massenentlassungen von jüdischen Professoren und solchen, die den demokratischen Parteien nahestanden, im Jahre 1933[48], die Abschottung vom Ausland und die unterschiedlich erfolgreichen Versuche zur ideologischen Gleichschaltung der Universitäten durch die Nationalsozialisten konnten nicht wettgemacht werden, zumal nur relativ wenige der Emigrierten nach Deutschland zurückkehrten.[49] Beim Neuaufbau der Sozialwissenschaften, besonders aber einzelner Fächer wie der politischen Wissenschaft, haben zurückgekehrte Emigranten eine wesentliche Rolle gespielt. Die westdeutschen Universitäten wurden allerdings bis zum Mauerbau 1961 durch die Flucht von Wissenschaftlern aus der Sowjetzone und der späteren DDR gestärkt. Einschneidende Änderungen in der Zusammensetzung der Lehrkörper brachte erst der rapide Ausbau der Universitäten seit den 1960er Jahren, der nach dem Ausscheiden der weitgehend noch vom Kaiserreich und von der Weimarer Republik geprägten Vorkriegsgeneration und aufgrund der radikalen Dezimierung der folgenden Generation durch den Krieg, von einer neuen, meist entscheidend durch das Studium oder durch Forschungen im westlichen Ausland, vor allem in den Vereinigten Staaten, Großbritannien und Frankreich, geprägten Nachkriegsgeneration getragen wurde.

Pläne zur Änderung der Struktur und der Aufgaben der Universitäten durch die Entmachtung der Oligarchie der Lehrstuhlinhaber, die stärkere Öffnung der Universitäten zur Gesellschaft durch die Errichtung von Hochschulbeiräten und die Betonung der erzieherischen Funktion der Universität gegenüber der Forschung sowie der Ausbildung von Spezialisten, wie sie vor allem von der britischen Militärregierung vertreten wurden[50], blieben letztlich ohne wesentliche Ergebnisse. Die Autonomie der Universitäten, die die Nationalsozialisten unterminiert hatten, und die akademische Selbstverwaltung als Schutz der Wissenschaftsfreiheit wurden nun als Waffen benutzt, um Eingriffe in die Universitäten von außen abzuwehren. Insgesamt wurde im Zuge des Wiederaufbaus nach dem Krieg die relative Unabhängigkeit der Universitäten vom Staat, auch im Vergleich zum Kaiserreich und zur Weimarer Republik, gestärkt. Zugleich förderten die allerdings bald wieder an Bedeutung verlierenden Vorlesungen für Hörer aller Fakultäten, öffentliche Vortragsveranstaltungen sowie der Austausch von Professoren, Nachwuchswissenschaftlern und Studenten mit ausländischen Universitäten die allgemeinbildende Funktion der Universitäten und deren vorsichtige Öffnung zu ihrem sozialen Umfeld, vor allem aber zum Ausland. Die wohl entscheidende Veränderung im inneren Charakter der Universitäten brachte dann allerdings erst der Übergang von der Eliten- zur Massenuniversität, die am Anfang der 1960er Jahre einsetzte und durch die Studentenrevolte am Ende des Jahrzehnts noch weiter vorangetrieben wurde.

Für den Bereich der Forschung außerhalb der Wirtschaft und der Universitäten sei als prominentes Beispiel die vom alliierten Kontrollrat aufgelöste Kaiser-Wilhelm-Gesellschaft hier herausgegriffen. Sie wurde mit nachdrücklicher und tatkräftiger Unterstützung führender britischer Gelehrter und der britischen Besatzungsmacht schon am 11.9. 1946 zunächst als Auffanggesellschaft für die britische Zone unter dem neuen

Namen Max-Planck-Gesellschaft (MPG) wiedergegründet, wobei der international respektierte Atomforscher und Nobelpreisträger Otto Hahn für die Übernahme des Präsidentenamtes gewonnen wurde.[51] Während der von den Sowjets und der «Gruppe Ulbricht» unterstützte Versuch Dr. Robert Havemanns, der zum «vorläufigen Leiter» der Kaiser-Wilhelm-Gesellschaft bestellt wurde, das Vermögen und Prestige der Gesellschaft für die sowjetische Besatzungszone zu aktivieren, scheiterte[52], gelang 1948 nach der Überwindung der zunächst sehr starken Bedenken der Amerikaner die Ausdehnung der MPG auf die amerikanische und 1949 auch auf die französische Zone. Es war der engen persönlichen Verbindung zwischen führenden deutschen und britischen Wissenschaftlern zu verdanken[53], daß die bedeutendste und international angesehenste deutsche Forschungseinrichtung nach einer relativ kurzen Übergangszeit in den Westzonen mit einer weitgehend ungebrochenen personellen und organisatorischen Kontinuität – wenn auch unter anderem Namen – wiederaufgebaut werden konnte.

Weitere führende Institutionen der Forschungsförderung wie der 1949 wiederbegründete, von der Wirtschaft getragene Stifterverband für die Deutsche Wissenschaft[54] oder die Deutsche Forschungsgemeinschaft, die 1951 aus einem Zusammenschluß der Notgemeinschaft der Deutschen Wissenschaft und des Deutschen Forschungsrates entstand, knüpften unmittelbar an die in der Weimarer Republik geschaffenen Institutionen an. Das bedeutete auch das Scheitern der alternativen Konzeption des Physikers und Nobelpreisträgers Werner Heisenberg, der mit dem auf seine Initiative gegründeten Deutschen Forschungsrat ein Instrument zur Durchsetzung einer stärker verwissenschaftlichten Politik und ein Sprachrohr für eine bewußt in die Politik und die öffentliche Diskussion eingreifende Wissenschaft schaffen wollte. Diese Politisierung der Wissenschaft war sowohl von den meisten Hochschullehrern, die den Mißbrauch der Wissenschaft durch die Nationalsozialisten vor Augen hatten, wie auch von den Ländern, die der Orientierung Heisenbergs und seiner Organisation auf den Bund kritisch gegenüberstanden, abgelehnt worden.[55]

Allerdings erhielt der Bund mit dem auf Anregung einer Forschergruppe um Heisenberg[56] in das Grundgesetz aufgenommenen Recht zur konkurrierenden Gesetzgebung für «die Förderung der wissenschaftlichen Forschung» in Artikel 74,13 der Verfassung ein Instrument, das ihm, unter Zurückdrängung der Länder, einen wesentlichen Einfluß auf die weitere Entwicklung der Forschung erlaubte. Dieser Einfluß wurde ausgebaut durch die 1969 erfolgte grundgesetzliche Verankerung von «Gemeinschaftsaufgaben» des Bundes und der Länder, zu denen auch der «Ausbau und Neubau von Hochschulen, einschließlich der Hochschulkliniken» und das «Zusammenwirken von Bund und Ländern bei der Bildungsplanung und bei der Förderung von Einrichtungen und Vorhaben der wissenschaftlichen Forschung von überregionaler Bedeutung» gehörten.[57] Eine wichtige neue Institution zur Kooperation von Bund und Ländern in Fragen der Universitäts- und Forschungspolitik, aber auch zur Selbststeuerung der Wissenschaft, wurde der 1957 geschaffene Wissenschaftsrat, der z. B. mit seinen «Empfehlungen zur inhaltlichen und strukturellen Entwicklung der Hochschulen, der Wissenschaft und der Forschung» den Ausbau der deutschen Universitäten in den 1960er Jahren entscheidend mitbestimmte.[58]

Daneben entstanden neue Forschungsinstitutionen in der Fraunhofer-Gesellschaft zur Förderung der angewandten Forschung 1949[59] und den zunächst im Zusammenwirken von Wirtschaft, Ländern und Bund errichteten, aber inzwischen zu 90 % vom Bund finanzierten Großforschungseinrichtungen.[60] Die ersten dieser Institutionen, deren Etat am Ende der 1970er Jahre fast dreimal so hoch wie der der Max-Planck-Institute war, entstanden 1956 als «Reaktorstationen» zur Förderung der zivilen Nutzung der Atomenergie. Sie haben sich seitdem auf viele andere Bereiche ausgedehnt, wie die Luftfahrt- und Weltraumforschung, die Informationstechnik und Datenverarbeitung, die Umwelt- und Gesundheitsforschung, die Meeres- und Polarforschung sowie die neuen Technologien, darunter vor allem die Biotechnologie.

1955 wurde unter Franz Josef Strauß das Bundesministerium für Atomfragen, die Keimzelle des heutigen Bundesministeriums für Bildung, Wissenschaft, Forschung und Technologie, errichtet. Eine eigentliche Bundesforschungspolitik außer in den Bereichen der Atom- und Raumfahrtforschung, in denen die Zusammenarbeit auf europäischer Ebene eine große Rolle spielte, entwickelte sich allerdings erst im Zusammenhang mit der ökonomischen Krise 1966/67 als Antwort auf die sog. «amerikanische Herausforderung» mit einer ausgeprägten konjunkturpolitischen Komponente.[61]

Neben den Kontinuitäten in der bewußten Anknüpfung an alte Institutionen, die man vom Einfluß der Nationalsozialisten zu reinigen versuchte, gab es also viele Neuanfänge, die bereits in den 1950er und 1960er Jahren die traditionelle Universitäts- und Forschungslandschaft der Bundesrepublik grundlegend veränderten.

Die Massenmedien

Wesentliche und auch dauerhafte Veränderungen im Vergleich zur Weimarer Republik und zum «Dritten Reich» erfolgten im Ausbau der Massenmedien. Der Rundfunk, der sich als besonders effektives Instrument der Nazipropaganda erwiesen hatte, wurde von den Alliierten, die allerdings angesichts der unterschiedlichen Strukturen des Radios in den Vereinigten Staaten, Großbritannien und Frankreich kein gemeinsames Konzept hatten, in öffentlich-rechtlichen Anstalten neu organisiert und sein Personal weitgehend ausgewechselt. Die neue Organisationsform, für die vor allem die British Broadcasting Corporation (BBC) ein Modell bildete, sollte die Unabhängigkeit vom Einfluß der Regierungen, aber auch von privaten ökonomischen Interessen sichern.[62] Es konnte aber nicht verhindert werden, daß die Länderregierungen und Rundfunkräte, in denen die mächtigen politischen, ökonomischen und sozialen Interessen vertreten sind, bei der Auswahl des leitenden Personals, zum Teil auch bei der Gestaltung der Programme nicht nur von journalistischen, sondern auch von parteipolitischen Gesichtspunkten wesentlich mitbestimmt wurden. Die herkömmlichen, relativ rigiden Programmstrukturen wurden unter dem Einfluß der Konkurrenz der besonders bei den Jugendlichen sehr populären Militärsender, vor allem des AFN in der amerikanischen Zone, und von Radio Luxemburg, die entscheidend zur Popularität des amerikanischen Jazz und dem Siegeszug des Rock 'n' Roll beitrugen,[63] aufgeweicht. Eine Bereicherung des Angebots brachte auch die Möglichkeit zur Ausstrahlung regional spezifischer Programme nach der Einführung des UKW. Der Inhalt der Sendungen wurde weniger von oben diktiert und nahm mehr Rücksicht auf die Wünsche der Hörer. Am Ende der 1950er Jahre, mit einer Verzögerung von etwa fünf bis sechs Jahren gegenüber den Vereinigten Staaten und Großbritannien, hielt das Fernsehen Einzug in die deutschen Wohnzimmer und veränderte die Lebensgewohnheiten der Menschen noch sehr viel stärker, als das vorher Rundfunk und Kino getan hatten.

Auch im Fernsehen erhielt sich eine vom Bund unabhängige föderalistische Struktur. Nachdem schon am Anfang der 1950er Jahre der Versuch Adenauers, einen regierungsabhängigen Bundesrundfunk zu erhalten, gescheitert war[64], stoppte schließlich das Bundesverfassungsgericht mit seinem berühmten Fernsehurteil 1961[65] auch die Absicht, mit einer eigenen Gesellschaft als Träger eines zweiten Programms der Bundesregierung einen direkten Zugriff auf dieses so wirksame Massenmedium zu geben.[66] Seit den 1980er Jahren ist dann durch die Schaffung einer Vielzahl kommerzieller Sender die deutsche Fernsehlandschaft der der Vereinigten Staaten sehr viel ähnlicher geworden.

Der Wiederaufbau der Presse im Nachkriegsdeutschland stand zunächst unter der engen Kontrolle der Alliierten. Diese vergaben Lizenzen zu Zeitungsgründungen nur an ausgewählte Journalisten, deren demokratische Gesinnung sorgfältig überprüft wurde. Das konnte entweder – wie in der amerikanischen Zone – eine Gruppe von Journalisten sein, die die wichtigsten politischen Richtungen vertraten und bei der Herausgabe einer politisch engagierten, aber von den Parteien unabhängigen Zeitung zusammenarbeiten sollten. Im anderen Fall – in der britischen Zone – handelte es sich um einzelne Journalisten, die mit den entstehenden politischen Parteien eng verbunden waren und so neben dem unabhängigen Rundfunk den unterschiedlichen demokratischen Kräften und der Vielfalt der Meinungen Ausdruck geben sollten. Seit 1948 wurden unabhängige Zeitungen auch in der britischen Zone zugelassen. In der französischen Zone entstand unter der bis 1949 besonders engen Kontrolle der Besatzungsmacht eine Mischung dieser beiden Pressetypen: zunächst politisch unabhängige Presseorgane, die später durch Parteizeitungen ergänzt wurden.[67]

Als Vorbild für den angestrebten neuen Typ einer demokratischen Zeitung galt in der amerikanischen Besatzungszone – aber mit Ausstrahlung auf die anderen Westzonen – die «Neue Zeitung», die von dem österreichischen Emigranten und amerikanischen Major Hans Habe aufgebaut[68] und im Zusammenwirken mit einigen der bekanntesten deutschen Schriftsteller gestaltet wurde. Sie bot auf hohem Niveau ein lebendiges Forum für die Diskussion politischer, ökonomischer und gerade auch kultureller Fragen. Kennzeichnend war die strenge Scheidung von sachlich präsentierten Nachrichten und dem wertenden Kommentar sowie die Einbindung der Leser durch die Schaffung einer auch für die Provinzzeitungen verbindlich gemachten Rubrik für Leserbriefe, die großes Interesse fand.

Abgesehen von der Förderung einer demokratischen Presse wollten die Alliierten auch die Herausbildung einer großen Zahl kleiner, ökonomisch schwacher regionaler und lokaler Heimatblätter verhindern, die in der Weimarer Republik vielfach vom deutschnationalen Hugenberg-Konzern und seinem Materndienst abhängig gewesen waren.[69] Als die Altverleger nach dem Ende des Lizenzsystems im September 1949 wieder in den Zeitungsmarkt drängten[70], entstanden tatsächlich viele derartige Heimatblätter oft unter ihrem alten Namen. Ihr Erfolg war jedoch begrenzt, da diese Zeitungen den Flüchtlingen und jungen Lesern wenig boten und die Lizenzpresse, die im allgemeinen ein höheres journalistisches Niveau hatte, vor allem durch die Publikation zusätzlicher lokaler Ausgaben ihrer Blätter weitgehend erfolgreich um die Behauptung ihrer Marktanteile kämpfte. Für die weitere Entwicklung war der Zusammenbruch der Parteipresse und ein starker Konzentrationsprozeß, der neben steigenden Produktionskosten vor allem durch den mörderischen Konkurrenzkampf um Anzeigen vorangetrieben wurde, kennzeichnend. Hatten Anzeigen 1950 erst 30 % der gesamten Einnahmen der Presse ausgemacht, so waren es 1965 bereits 70 %.[71]

Unter den Journalisten in Rundfunk und Presse spielten zunächst die innerdeutschen Gegner des Naziregimes, zurückgekehrte Emigranten und junge, erst nach dem Krieg eingestellte Journalisten eine dominierende Rolle, und sie bestimmten in den ersten Nachkriegsjahren den Tenor eines an demokratischen Vorstellungen ausgerichteten neuen Systems der Massenmedien. Auch in der langfristigen Entwicklung war die Meinungsfreiheit sehr viel stärker bedroht durch den Druck ökonomischer Interessen und der Pressekonzentration als durch die Rückkehr von Journalisten, die in der NS-Zeit die Ideen des Regimes vertreten hatten.

Die Eliten der Wirtschaft

In der Wirtschaft war der Austausch der funktionalen Eliten der Eigentümer und Manager, aber auch der Geschäftsführer von Industrie- und Handelskammern, von Branchenorganisationen und von zentralen Verbänden noch begrenzter als in der staatlichen Bürokratie. Neuere Studien zeigen, wie intensiv sich die deutschen Industriellen angesichts der sich abzeichnenden Niederlage auf die Zeit nach dem Krieg vorbereitet hatten.[72] Nachdem sie in den ersten Monaten der Besatzung faktisch nicht angetastet worden waren und daher auf eine pragmatische Zusammenarbeit mit einer vermeintlich «aufbauwilligen» Militärverwaltung zählten, waren sie schokkiert, als viele führende Vertreter der Schwerindustrie Anfang September und am 1. Dezember 1945 verhaftet und in Gefängnisse geworfen wurden.[73] Die meisten wurden nach einigen Monaten wieder entlassen und konnten später ihre früheren Positionen erneut einnehmen. Nur diejenigen, die gegen die Interessen der Industrie und den «Komment» der Gruppe durch ihre besonders intensive Verstrickung mit den Nationalsozialisten verstoßen hatten oder durch ihre Flucht 1945 mangelnde Loyalität zu ihren Unternehmen gezeigt hatten, wurden dauerhaft entlassen.

Die Zeit des Statusverlusts und der Demütigung durch die Gefängnishaft bildeten jedoch auch für viele andere eine Schlüsselerfahrung ihres Lebens. Nicht selten verbesserte sich das Verhältnis der Unternehmer zu den nach Kriegsende wieder entstandenen Betriebsräten aufgrund des gemeinsamen Kampfes gegen Demontagepläne der Alliierten oder der Bereitschaft mancher Betriebsräte, in Spruchkammerverfahren bei der Entnazifizierung – auch im Interesse der Erhaltung eines leistungsfähigen, die Arbeitsplätze sichernden Managements – für die Leiter der Unternehmen auszusagen, wenn es sich nicht um besonders üble Nazis bzw. brutale oder arrogante Personen handelte. Das bedeutet natürlich nicht, daß der Geist der Sozialpartnerschaft, der zunächst auch von vielen Gewerkschaftern als Verschleierung letztlich unüberbrückbarer Macht- und Interessengegensätze abgelehnt wurde, von der Masse der Unternehmer praktiziert und eine Zusammenarbeit mit den Gewerkschaften gesucht worden wäre. Viele Unternehmer der älteren Generation – vor allem in der zunächst noch dominierenden Schwerindustrie – hielten an einem autoritären Herr-im-Hause-Standpunkt fest und kämpften gegen jede echte Mitbestimmung der Arbeitnehmer in den Betrieben und den Einfluß der Gewerkschaften vor allem in der Politik sowie gegen die von den Alliierten geforderte Entflechtung und die Dekartellisierung der Wirtschaft.[74]

Diese Haltung verlor jedoch durch die zunehmende Exportorientierung der deutschen Industrie, die eine große Flexibilität erforderte und durch den Strukturwandel der Wirtschaft an Boden. Das relative Gewicht und damit auch der Einfluß der ökonomisch gebeutelten Schwerindustrie ging gegenüber den traditionell weniger autoritären und weniger gewerkschaftsfeindlich eingestellten Branchen der chemischen Industrie, der elektrotechnischen Industrie und der Automobilindustrie zurück.[75] Noch entscheidender aber war das Aufkommen einer neuen Generation von Unternehmern[76], die, oft durch Auslandserfahrungen geprägt, ebenso wie einige ältere und viele neue Gewerkschaftsführer, nicht mehr in den Kategorien des Klassenkampfes dachten. Unter der Voraussetzung, daß die Spielregeln einer allerdings sozial geprägten Marktwirtschaft anerkannt wurden, suchten sie – bei aller Härte in der Vertretung ihrer spezifischen Interessen – letztlich einen Ausgleich mit den Gewerkschaften.

Schon vorher hatten die Wirtschaftsführer trotz aller scharfer Kritik an einzelnen Gesetzen, wie z. B. dem Gesetz über die Verankerung einer paritätischen Mitbestimmung von Arbeitgebern und Arbeitnehmern in der Montanindustrie vom 21. 5. 1951, das bestehende politische und soziale System – im Unterschied zur Weimarer Republik – nicht ernsthaft in Frage gestellt. Freilich gab es jedoch Versuche, das politische Geschehen mit zu beeinflussen, so als sich der Bundesverband der Deutschen Industrie an dem gescheiterten Unterfangen beteiligte, die Regierung Brandt 1972 zu stürzen.[77] Im allgemeinen unterstellte sich die Wirtschaft aber dem Primat der Politik. Auch das von Ludwig Erhard durchgesetzte Antikartellgesetz[78] wurde – wenn auch von vielen nur zähneknirschend – akzeptiert. Es ließ zwar noch zahlreiche Ausnahmen zu, beseitigte aber doch Wettbewerbsbeschränkungen, öffnete und liberalisierte die traditionell von starken Verbänden und Konzernen kontrollierte deutsche Wirtschaft und stärkte die mittelständischen Unternehmen.

Die Funktionsträger der NSDAP

Im politischen Bereich im engeren Sinn hat die gesamte Gruppe der hohen Funktionäre der NSDAP und ihrer Hilfsorganisationen, die vielfach für zwei bis drei Jahre in Internierungslager oder Gefängnisse kamen, ihre politischen Ämter und den sozialen Status, der damit verbunden war, verloren. Vielen gelang es später, eine neue Existenz, oft in einer anderen Region, aufzubauen und die Berufe wieder aufzunehmen, die sie vor der Naziherrschaft ausgeübt hatten.[79] Kaum einer von ihnen, wenn man von einigen regionalen Führern der Hitlerjugend absieht, hat später eine größere Rolle in den neuen politischen Parteien gespielt. Einige Ausnahmen gibt es jedoch: so den zeitweise einflußreichen Beraterkreis von NSDAP-Funktionären um den langjährigen Staatssekretär und designierten Nachfolger von Goebbels, Werner Naumann, beim Landesvorsitzenden der FDP in Nordrhein-Westfalen, Friedrich Middelhauve, und die rechtsradikalen Einflüsse in der niedersächsischen FDP in den frühen 1950er Jahren[80].

Die Verarbeitung historischer Erfahrungen im Grundgesetz

Die ursprünglichen Führungsgruppen der neuen Parteien setzten sich vor allem aus Personen zusammen, die bereits in der Weimarer Republik politisch aktiv waren. Sie und einige wenige neue, wie z. B. Carlo Schmid in der Sozialdemokratie, haben unter der Kontrolle der Alliierten die Länderverfassungen und später das Grundgesetz der Bundesrepublik Deutschland von 1949 ausgearbeitet. Das Grundgesetz, das auf den Prinzipien der parlamentarischen Demokratie beruhte, war ein bewußter Versuch, mit dem Nationalsozialismus zu brechen, aber auch, unter Berücksichtigung der schlechten Erfahrungen der Weimarer Republik, ein stabiles und leistungsfähiges Regierungssystem zu schaffen.[81] Die weitgehende Ablehnung plebiszitärer Elemente, die Schwächung der Position des Bundespräsidenten zur Verhinderung der Wiederentstehung des Weimarer Dualismus zwischen präsidentieller und parlamentarischer Regierung, die ausdrückliche Anerkennung der wichtigen Rolle der politischen Parteien bei der politischen Willensbildung, aber auch die Möglichkeit, undemokratische Parteien durch das Bundesverfassungsgericht zu verbieten und die Stärkung der Machtstellung des Bundeskanzlers, u. a. durch die Einführung eines konstruktiven Mißtrauensvotums, sind einige der Bestimmungen, die diesem Ziel dienen sollten. Rein destruktive Mehrheiten, wie sie in der Endphase der Weimarer Republik bei einem Zusammengehen von Nationalsozialisten und Kommunisten bestanden, sollten die Regierung nicht lahmlegen können. Der Gefahr der Erschütterung der politischen Stabilität durch ständige

Neuwahlen sollte durch das Verbot der Selbstauflösung des Bundestages begegnet werden, was allerdings 1972 und 1983 durch die vom Bundespräsidenten und vom Bundesverfassungsgericht nicht gebremsten fingierten Mißtrauensvoten in der politischen Praxis umgangen werden konnte.

Die Verfassungsgeber verstanden das Grundgesetz bewußt als ein Provisorium für einen Teil Deutschlands, das Wege zur Einheit mit der zunächst ausgeschlossenen sowjetischen Besatzungszone, der späteren DDR, offenhalten sollte, sowohl den bei der Wiedervereinigung 1990 gewählten Weg eines Beitritts zur Bundesrepublik nach Artikel 23 wie auch die Möglichkeit, eine neue gemeinsame Verfassung nach Artikel 146 zu schaffen.

Die Bundesrepublik sah sich in der Rechtsfolge des Deutschen Reiches. Das bedeutete, daß sie nicht nur das Vermögen des Reiches, sondern auch dessen Verpflichtungen übernehmen mußte. Diese Entscheidung war alles andere als selbstverständlich und war in der Staatsrechtslehre, aber auch in der politischen Praxis, zunächst heftig umstritten.[82] Von den Alliierten war sie in ihrer Berliner Deklaration vom 5. Juni 1945, die die «supreme authority» auf die Besatzungsmächte übertrug, in der Schwebe gelassen worden.[83] Der bedeutende, 1940 in die Vereinigten Staaten emigrierte österreichische Staatsrechtslehrer Hans Kelsen, der zeitweilig als Berater der amerikanischen Regierung für Probleme der Nachkriegspolitik tätig war, hat 1944/45 argumentiert, daß das Reich mit dem Ende des Zweiten Weltkrieges als Völkerrechtssubjekt untergegangen sei. Die gleiche Auffassung wurde von der bayerischen Staatsregierung und dem Münchner Staatsrechtslehrer Hans Nawiasky, der einen starken Einfluß auf die bayerische Verfassung vom Dezember 1946 hatte, vertreten. Nachdem der ursprüngliche Verfassungsentwurf vorgesehen hatte, daß Bayern einem Deutschen Bund – also einem Staatenbund statt einem Bundesstaat – beitreten werde, sah die auf Druck der Amerikaner geänderte Verfassung noch immer vor, daß ein künftiger deutscher demokratischer Bundesstaat vom «freiwilligen Zusammenschluß der deutschen Einzelstaaten» (Artikel 178) abhängig sei.[84] Bayern ging es vor allem darum, einen entscheidenden Einfluß der Länder auf den neuen deutschen

Staat, der stark föderalistisch, wenn nicht staatenbündisch geprägt sein sollte, zu sichern.

Die schließlich durchgesetzte Auffassung von der Rechtskontinuität zwischen Deutschem Reich und Bundesrepublik und damit auch einer gemeinsamen Staatsangehörigkeit aller Bürger des früheren Deutschen Reiches, aber auch der vertriebenen Volksdeutschen, hatte weitgehende politische Konsequenzen. Sie stärkte die Rechtsstellung der Beamten; sie gab außerdem den Flüchtlingen einen klaren Rechtsanspruch auf Gleichbehandlung und förderte so deren Integration. Rechtskontinuität bedeutete aber auch, daß die Bundesrepublik – im Gegensatz zur DDR, die jede Kontinuität zum Deutschen Reich ablehnte – die deutschen Auslandsschulden, deren Rückzahlung im Londoner Schuldenabkommen von 1952 geregelt wurde, übernehmen mußte und sich zur wenigstens materiellen Wiedergutmachung für die Opfer des Nationalsozialismus bekannte[85]. Gegenüber der DDR bedeutete dieses Festhalten an einem gesamtdeutschen Staatsangehörigkeitsrecht eine wichtige Rahmenbedingung für den Massenexodus aus der DDR in die Bundesrepublik 1989/90 und war somit ein wichtiger Faktor für die deutsche Vereinigung 1990.

Es ist schwierig, den Einfluß der westlichen Besatzungsmächte auf die politische Neuordnung in den Verfassungen der westdeutschen Länder und vor allem im Grundgesetz genau zu bestimmen. Schon bei der Beratung der Länderkonstitutionen standen die Alliierten vor dem Problem, daß ihre Verfassungsexperten einerseits sehr detaillierte, meist aus der Praxis des eigenen Landes kommende Vorstellungen über die «richtigen» Verfassungen der deutschen Länder hatten, andererseits im Interesse der Akzeptanz der Verfassungen durch die großen deutschen Parteien und die deutsche Bevölkerung vor deren Oktroyierung zurückschreckten. Der Einfluß wurde daher vor allem über informelle Kanäle, beim Grundgesetz besonders über die Büros von Liaison Officers, ausgeübt.[86] Bei der Beratung der bayerischen Verfassung, die nach den Worten des stellvertretenden amerikanischen Militärgouverneurs Lucius D. Clay in «einer Atmosphäre von Freiheit» stattfinden sollte, intervenierten die Amerikaner vor allem, um Sonderentwicklungen, die die zukünftige Struktur eines deutschen Staates präjudizieren konnten, zu verhindern. Im übrigen fanden ihre Vorstellungen vor allem dann Berücksichtigung, wenn sie nicht die komplizierten Kompromisse zwischen der CSU und der SPD gefährdeten oder, wie die Ablehnung der Planwirtschaft, von einer der beiden Parteien bewußt aufgegriffen wurden.[87]

Bei der Entstehung des Grundgesetzes haben die Alliierten mit den Frankfurter Dokumenten vom 1. Juli 1948 den Rahmen gesetzt[88] und später im Sinne einer Stärkung des föderalistischen Elementes, vor allem in der Finanzverfassung, gewirkt. Auch hier kam es ihnen aber darauf an, die Verfassung nicht als Diktat der Siegermächte erscheinen zu lassen. Bei allen Differenzen in Einzelfragen, aber auch in den Vorstellungen vom Gewicht föderalistischer Elemente waren sich jedoch die Alliierten und die Väter und Mütter des Bonner Grundgesetzes in dem Wunsch zur Schaffung eines leistungsfähigen, demokratisch-parlamentarischen Rechtsstaates einig, der sich gegen Angriffe von links- und rechtsextremen Kräften zur Wehr setzen könnte und die Freiheit der Gesellschaft, aber auch des einzelnen Bürgers sichern würde.

Die Grundrechte und das Bundesverfassungsgericht

Von großer langfristiger Bedeutung war das Prinzip, daß die in der Verfassung niedergelegten Grundrechte für die Gesetzgebung, die Exekutive und die Gerichte unmittelbar bindendes Recht waren. Darin bestand ein grundlegender Unterschied zur Weimarer Republik, in der die viel ausführlichere Aufzählung von «Grundrechten und Grundpflichten der Deutschen» als eine Art politisches und soziales Programm verstanden wurde und – zumal viele der Grundrechtsartikel erst durch Gesetze ausgefüllt werden sollten – faktisch ignoriert werden konnten. Sie wurden so auch vom Weimarer Staatsrecht häufig als «leerlaufend» bezeichnet.[89] Jetzt wurde zur Überprüfung der Verfassungsmäßigkeit von Gesetzen, zur Klärung von Auseinandersetzungen zwischen verschiedenen

Verfassungsorganen, aber auch zur Durchsetzung der Grundrechte des Einzelnen ein Bundesverfassungsgericht vorgesehen und durch Gesetz von 1951 errichtet.[90] Dieses Gericht und seine Kompetenzen hatten einige Wurzeln in der älteren deutschen Rechtstradition, in der Frage der richterlichen Kontrolle der Verfassungsmäßigkeit von Gesetzen, die in der Weimarer Zeit viel diskutiert worden war und den seit dem 19. Jahrhundert bestehenden Beispielen einer besonderen Staatsgerichtsbarkeit.[91] Gleichwohl handelte es sich im Kern um eine neue, nur teilweise vom Modell des amerikanischen Supreme Court beeinflußte Institution von großer politischer Bedeutung.

Das Verfassungsgericht hat z. B. die faktische Durchsetzung der Gleichberechtigung von Männern und Frauen im Familienrecht entscheidend gefördert, die rechtliche Stellung unehelicher Kinder verbessert und eine stärkere Berücksichtigung der finanziellen Kosten von Kindern im Steuerrecht erzwungen. Es verhinderte, wie schon erwähnt, eine stärkere Kontrolle des Fernsehens durch die Bundesregierung und verpflichtete die Parteien, ihre Finanzen offenzulegen. Es besteht allerdings in Deutschland die Gefahr, daß die Entscheidung auch genuin politischer Fragen, selbst solcher der Verteidigungs-, Außen- und Europapolitik, auf das Verfassungsgericht übertragen wird, wenn die politischen Kräfte sich nicht einigen können. Die Tendenz zur Verrechtlichung politischer Konflikte hat dabei in Deutschland eine Tradition, die bis in das Alte Reich im 16. Jahrhundert – man denke an die Rolle des Reichskammergerichts – zurückgeht.

Die älteren, typisch deutschen Tendenzen zum «*Rechtswegestaat*» wurden nach 1945 durch die Möglichkeit, jeden belastenden Verwaltungsakt aufgrund einer Generalklausel überprüfen zu lassen[92], noch verstärkt. In die gleiche Richtung wirkten die Rechtsprechung des Bundesverfassungsgerichts und die bedeutende Rolle, die das Arbeitsrecht bei der Begrenzung und Lösung sozialer Konflikte spielt.[93] Ein Mangel an Flexibilität, eine oft übervorsichtige Bürokratie und lange Verzögerungen, z. B. bei der Genehmigung des Baus von Fabriken und Straßen, sind der Preis, den wir für diese im Vergleich zu anderen westlichen Demokratien sehr weitgehende Verrechtlichung des politischen, ökonomischen und sozialen Lebens zahlen.

Föderalismus

Der Föderalismus, ein anderes zentrales Prinzip des Grundgesetzes, ist seit dem späten Mittelalter tief in der deutschen Geschichte verwurzelt. Allerdings hat sich der Charakter des deutschen Föderalismus, bei dem es sich um ein dynamisches und nicht ein statisches Prinzip handelt, über die Jahrhunderte immer wieder gewandelt[94]. Dabei hatten lange Zeit partikulare Kräfte und von der Schaffung des Deutschen Bundes 1815 bis zur Reichsgründung 1871 staatenbündische Tendenzen gegenüber bundesstaatlichen Elementen die Oberhand. Im Bismarckreich war der Föderalismus durch die Hegemonie des preußischen Staates, dessen Bevölkerung etwa drei Fünftel der Gesamtbevölkerung ausmachte und dessen politische Institutionen eng mit denen des Reiches verschränkt waren, gekennzeichnet. Der Föderalismus sollte aber auch politisch als eine Barriere gegen die Weiterentwicklung der Verfassung von einer auf dem Dualismus von Regierung und Parlament aufgebauten konstitutionellen Monarchie zu einem parlamentarischen Staat, in dem die Regierung vom Vertrauen des Parlaments abhängig war, dienen.

In der Weimarer Republik wurden die unitarischen Elemente erheblich verstärkt: durch die Volkswahl des Reichspräsidenten, den allerdings nicht konsequenten Übergang zu einem parlamentarischen System, die Ausdehnung der Gesetzgebungskompetenzen des Reiches vor allem zur Bewältigung der wirtschaftlichen und sozialen Kriegsfolgen, die Zentralisierung des Finanz- und Steuerwesens, die das Reich von einem Kostgänger der Länder zu deren Financier machte, aber auch durch die Übernahme der Eisenbahnen von den Einzelstaaten auf das Reich. In der NS-Zeit fanden diese Tendenzen zur Unitarisierung und Zentralisierung mit der völligen Gleichschaltung der Länder und der Proklamierung des Einheitsstaates, der allerdings nicht die Satrapenherrschaft einzelner Gauleiter der

NSDAP und Reichsstatthalter in ihren Gebieten verhindern konnte, ihren Abschluß.

Nach 1945 kam es in den Westzonen und später in der Bundesrepublik zu einer Renaissance des Föderalismus, wenn sich auch die neu gebildeten Länder, bis auf die Hansestädte Hamburg und Bremen sowie Bayern, das aber die Rheinpfalz verlor, nicht mit den alten Ländern deckten. Der Wiederaufbau des Föderalismus beruhte einmal auf den Interessen der Besatzungsmächte, die auch durch ein System föderativer «Checks and Balances» eine Machtkonzentration verhindern und die Position des deutschen Staates in Europa schwächen wollten. Diesem Ziel diente auch die Zerschlagung Preußens, in dem man den eigentlichen Hort von Militarismus, Autoritarismus und Großmachtpolitik in Deutschland schon seit der Zeit vor dem Ersten Weltkrieg gesehen hatte. Der Föderalismus wurde aber auch durch die Bedingungen des Wiederaufbaus nach 1945 gestärkt, bei dem vor allem in der amerikanischen und der französischen Zone die Ministerpräsidenten der Länder, die Verwaltung der Länder, die Landesparteien, nicht aber die erst später entstehenden zentralen Organisationen zunächst die politischen Hauptakteure stellten[95]. Langfristig noch wichtiger war aber wohl, daß der Föderalismus der tief verwurzelten Beziehung zur Heimat und der Bindung an die eigene Region der meisten Deutschen Rechnung trägt[96] und dem Interesse der Mehrheit an einem hohen Grad von Dezentralisierung, besonders auf den Gebieten der Kultur, des Erziehungswesens, aber auch der regionalen Wirtschaftsförderung durch einzelne Länder, entspricht. Es ist daher gleichfalls kennzeichnend, daß man in den Monaten nach dem Fall der Mauer bei Fahrten durch die DDR, besonders in Sachsen und Thüringen, neben bundesdeutschen Fahnen überall die alten Landesfahnen sah und noch vor der Vereinigung die in der DDR 1952 abgeschafften Länder neu entstanden.

Der deutsche Föderalismus unterscheidet sich allerdings grundlegend von dem anderer Staaten. Während z. B. in den Vereinigten Staaten eine weitgehende Abgrenzung der Kompetenzen, der Institutionen und auch der Verwaltungen auf der Ebene des zentralen Staates und der Einzelstaaten vorliegt, gibt es in Deutschland eine weitgehende Verschränkung von Bundesstaat und Ländern. Das zeigt sich etwa in der Finanzverfassung, dem Nebeneinander von Bundes- und Landesfinanzbehörden und dem System des Finanzausgleiches durch Zuweisungen des Bundes oder von finanzkräftigen an finanzschwache Länder. Weitere Beispiele liegen in der Ausführung der Bundesgesetze durch die bei den Ländern liegende regionale Verwaltung, in dem weiten Bereich der konkurrierenden Gesetzgebung von Bund und Ländern, vor allem aber in der spezifisch deutschen Institution des Bundesrates als Vertretung der Regierungen der Länder.

Diese Institution, die an den Bundestag nach 1815 anknüpfte, geht auf die Verfassungen des Norddeutschen Bundes 1867 bzw. des Deutschen Reiches 1871 zurück. Der Bundesrat sollte die Mitwirkung der deutschen Bundesstaaten an der Exekutive und der Gesetzgebung des Deutschen Reiches sicherstellen und, indem er die Interessen der einzelstaatlichen Regierungen an die Verhinderung eines Machtzuwachses des tendenziell unitarischen Reichstages band, eine Parlamentarisierung der Reichverfassung entscheidend erschweren. In der Weimarer Verfassung blieb diese Institution unter dem Namen Reichsrat, in dem sich die Länder vor allem durch ihre Spitzenbeamten vertreten ließen, mit allerdings beschränkten Kompetenzen erhalten. Die Schaffung eines Bundesrates ist bei den Beratungen des Grundgesetzes durch einen parteipolitisch bedingten Handstreich des bayerischen CSU-Ministerpräsidenten Hans Ehard mit dem Verfassungsexperten der Sozialdemokratie, Walter Menzel, gegen die Opposition von Adenauer, der nach amerikanischem Vorbild einen Senat als Vertretung der Länder wünschte, durchgesetzt worden.[97] Das hatte zur Folge, daß die Oppositionsparteien im Bund, die bisher immer eine wichtige Rolle in den Länderregierungen spielen konnten, die Möglichkeit haben, an der Gestaltung der Bundesgesetze und ihrer Anwendung mitzuwirken. Es hat damit ihre politische Isolierung und Radikalisierung verhindert. Der Bundesrat fördert die Suche nach breitem Konsens, da die Bundesregierung die besonderen Interessen der Länder berücksichtigen muß, während die Opposition im Bund zu bedenken hat, daß eine

Politik der Obstruktion auch den Länderregierungen schaden kann, die von der eigenen Partei geführt werden. Allerdings besteht aufgrund der Konstruktion des Bundesrates auch die Gefahr des politischen Immobilismus. Diese zeigt sich besonders, wenn die im Bund regierende Koalition, wie während der sozialliberalen Koalition der 1970er Jahre und der Regierung Kohl seit Frühjahr 1991, keine Mehrheit im Bundesrat hat und parteitaktische Gründe – etwa im Vorfeld einer wichtigen Landtags- oder einer Bundestagswahl – gegen eine Kooperation von Bundesregierung und Oppositionsmehrheit im Bundesrat sprechen.

Die Entwicklung des Föderalismus in Deutschland seit der Gründung der Bundesrepublik 1949 ist durch vier Haupttendenzen gekennzeichnet:

Erstens: Vor allem in den Bereichen, die im Grundgesetz allein den Ländern zugeordnet werden – wie dem Schulwesen – ist ein sog. «kooperativer Föderalismus»[98] entstanden, zu dessen Kennzeichen die Selbstkoordination der Länder – etwa durch Verhandlungen und Beschlüsse der Kultusministerkonferenz – und die Tendenzen zur Angleichung der Gesetzgebung und Verwaltungspraxis der Länder gehören. Die Schattenseiten dieses «kooperativen Föderalismus» liegen in der Schwerfälligkeit der Koordinationsmaschinerie und der Aushöhlung parlamentarischer Mitwirkungs- und Kontrollfunktionen in den Ländern, deren Landtage – im Unterschied zu den Landesregierungen – überhaupt zu den Verlierern der Verfassungsentwicklung seit 1949 gehören.[99]

Zweitens: Im Vergleich zur ursprünglichen Kompetenzverteilung hat der Bund über die konkurrierende Gesetzgebung und das Recht zur Rahmengesetzgebung immer mehr Aufgaben an sich gezogen. Die unter dem Druck der Alliierten in das Grundgesetz hineingenommene Bestimmung, die die Ausübung der konkurrierenden Bundeskompetenz von bestimmten Bedürfnissen abhängig machte, ist unter Mitwirkung des Bundesverfassungsgerichts faktisch ignoriert worden.[100]

Drittens: Eine Änderung der Verfassung vom 12. 5. 1969 legte «Gemeinschaftsaufgaben» von Bund und Ländern fest, die etwa die Mitwirkung des Bundes beim Aus- und Neubau von Hochschulen, bei der Verbesserung der regionalen Wirtschaftsstruktur, der Verbesserung der Agrarstruktur, der Bildungsplanung und der Forschungsförderung vorsehen.[101]

Viertens: Ein Gegengewicht zur Ausdehnung der Bundeskompetenzen liegt darin, daß der Anteil der Gesetze, die nur mit Zustimmung des Bundesrates beschlossen werden können (Zustimmungsgesetze) – in anderen Fällen kann ein Einspruch des Bundesrates mit der absoluten Mehrheit der Mitglieder des Bundestages zurückgewiesen werden – von den etwa 10 %, mit denen man zunächst rechnete, auf über die Hälfte der Gesetze, darunter fast alle wichtigen Gesetze, angestiegen ist.[102] Das hat die Machtstellung des Bundesrates entscheidend verstärkt.

Durch eine Grundgesetzänderung vom Dezember 1992 (neuer Artikel 23) haben die Länder sogar erreicht, daß der Bundesrat an der Willensbildung des Bundes in Angelegenheiten der Europäischen Union, soweit die Interessen der Länder berührt werden, beteiligt werden muß.[103] Das wird zwar die Aushöhlung der Kompetenzen des Bundes und der Länder durch die Verlagerung immer weiterer Aufgaben auf die Europäische Union nicht verhindern, gibt aber den Ländern über den Bundesrat eine verfassungsrechtlich nicht unbedenkliche Mitwirkung in zentralen Fragen der deutschen Außenpolitik.

Eine 1949 ebenfalls kaum voraussehbare Entwicklung war, daß die Länder immer stärker eine entscheidende Rolle bei der Rekrutierung des Führungspersonals in der Bundesregierung spielen. Seit dem Rücktritt von Ludwig Erhard als Bundeskanzler 1966 haben nahezu alle Kanzler und die Kanzlerkandidaten der führenden Oppositionspartei ihr politisches Ansehen in einer Regierungsposition der Länder – besonders als Ministerpräsidenten eines Landes oder Bürgermeister in einem der Stadtstaaten – gewonnen. Denken wir im Falle der Bundeskanzler an Kurt Georg Kiesinger, der vorher Ministerpräsident von Baden-Württemberg war, an Willy Brandt, der als Regierender Bürgermeister von Berlin den Grundstein seiner politischen Karriere legte, an Helmut Schmidt, der als tatkräftiger Innensenator von Hamburg (1961–65) in der Flutkatastrophe 1962 bundespolitische Prominenz erhielt und an Helmut Kohl, der als Ministerpräsident von Rheinland-Pfalz

(1969–1976) zunächst 1973 Parteivorsitzender der CDU wurde, ehe er 1976 zum Kanzlerkandidaten und 1982 zum Kanzler aufstieg. Auch die Kanzlerkandidaten der SPD – Rau, Lafontaine, Engholm, Scharping und Schröder – wurden bis auf Hans Jochen Vogel, der immerhin auch für kurze Zeit Regierender Bürgermeister von Berlin war, aus dem Kreis der Ministerpräsidenten der Länder rekrutiert.

Kommunalverfassung und Kommunalverwaltung

Betrachten wir im folgenden die unterhalb der Länder liegende Ebene der Gemeinden. Die lokale Selbstverwaltung, die allerdings häufig das Privileg kleiner bürgerlicher Oligarchien war, hat in Deutschland vor allem in den Reichsstädten eine lange Tradition. Insbesondere die Liberalen des 19. Jahrhunderts sahen in einer lebendigen, in ihrem Bereich weitgehend autonomen Gemeindeselbstverwaltung ein notwendiges Element eines modernen Verfassungsstaates. Allerdings wurde ihr ursprüngliches Ideal einer überparteilichen, bürgerlichen Honoratiorenverwaltung in der Stadt immer mehr durch die Ausweitung der kommunalen Daseinsvorsorge seit dem Ende des 19. Jahrhunderts und die damit parallel gehende Ergänzung der Ordnungs- durch eine Leistungsverwaltung[104] sowie die Politisierung der Gemeindevertretungen durch die Parteien, vor allem in den größeren Städten, obsolet. Die Machtübernahme der Nationalsozialisten bedeutete auch für die in den einzelnen Ländern und Regionen Deutschlands sehr unterschiedlich strukturierte kommunale Selbstverwaltung eine tiefe Zäsur. Nachdem schon in der Weltwirtschaftskrise nach 1929, vor allem durch die finanzielle Überforderung der Gemeinden infolge der Massenarbeitslosigkeit[105], ihre Stellung erschüttert worden war, wurde ihre noch bestehende relative Autonomie durch die Gleichschaltungspolitik und den Totalitätsanspruch des Staates und der NSDAP beseitigt und dem Einfluß der gewählten Gemeindevertretungen durch die Übernahme des Führerprinzips der Boden entzogen.[106]

Trotzdem waren die lokalen Verwaltungen zunächst die Institutionen, die unter der Kontrolle der Siegermächte nach dem Austausch der Bürgermeister, Landräte und eines Teils ihres durch die Mitgliedschaft in der NSDAP belasteten Personals fast sofort nach Kriegsende ihre Arbeit wieder aufnehmen konnten.[107] Die Demokratisierungspläne der westlichen Alliierten räumten dann den Gemeinden als Trägern einer Dezentralisierung, aber auch als einem Ort, an dem die Deutschen in ihrer unmittelbaren Lebenswelt demokratische Verhaltensweisen einüben konnten, einen hohen Stellenwert ein. Auch Wahlen wurden auf lokaler Ebene als erster erlaubt. Die Wirkungen der Eingriffe der Militärregierungen waren jedoch in der amerikanischen Zone, in der die Direktwahl der Bürgermeister und Landräte und daneben Bürgerversammlungen durchgesetzt wurden, und in der französischen Zone relativ begrenzt. Die traditionelle Kommunalverwaltung, wie sie in einer Vielzahl von Ausprägungen vor der nationalsozialistischen Deutschen Gemeindeordnung vom Januar 1935 bestanden hatte, wurde weitgehend wiederhergestellt; Änderungen ergaben sich vor allem durch die Zerschneidung der alten Ländergrenzen.[108]

Die Briten haben dagegen versucht, ihr Modell einer demokratischen kommunalen Selbstverwaltung in ihre Zone zu exportieren.[109] Sie erzwangen gegen den passiven Widerstand der deutschen Beamten, die die Vorstellungen der britischen Besatzungsoffiziere als wirklichkeitsfremd und unvereinbar mit deutschen Traditionen ansahen, eine strikte Trennung der Funktionen, die traditionell in der Hand des deutschen Landrats oder Bürgermeisters verbunden waren: diese wurden nun aufgeteilt zwischen einem unpolitischen leitenden kommunalen Verwaltungsbeamten, dem Oberstadt- bzw. Oberkreisdirektor, und dem von den Kommunalparlamenten gewählten ehrenamtlichen Bürgermeister oder Landrat, der ausschließlich politische und repräsentative Aufgaben wahrnehmen sollte.[110] Im Gegensatz zu den Erwartungen der Briten führte das schnell zu einem Übergewicht der kommunalen Bürokratie und zur Parteipolitisierung der letztlich dominierenden leitenden Verwaltungsbeamten. Die spätere Gesetzgebung in den Ländern der britischen Zone hat die meisten dieser Reformen wesentlich modifiziert. Der Dualismus zwischen Gemeinderat/ehrenamtlichem Bürgermeister einerseits und Oberstadtdirektor andererseits sowie den entsprechenden Institutionen auf der Ebene der Landkreise blieb aber in Nordrhein-Westfalen und Niedersachsen bestehen und hat sich teilweise negativ auf die Bürgernähe der lokalen Verwaltung ausgewirkt.

Das System der Arbeitsbeziehungen und seine Träger

Wie die Grundsätze des Rechtsstaates, der kommunalen Selbstverwaltung und des Föderalismus beruht auch das im Grundgesetz, wie in der bayerischen Verfassung von 1946, verankerte Konzept des Sozialstaates[111] in Deutschland auf einer mehr als hundertjährigen Tradition. Die Grundlagen des modernen Systems der sozialen Sicherheit wurden bekanntlich – im Vergleich der Industriestaaten – zuerst in Deutschland mit den Sozialversicherungsgesetzen der 1880er Jahre gelegt. Das deutsche System der Arbeitsbeziehungen und des kollektiven Arbeitsrechts, das weitgehend auf Flächentarifverträgen zwischen Gewerkschaften und Arbeitgeberorganisationen für verschiedene Industriezweige beruht, hat ebenfalls seine Wurzeln im Kaiserreich und wurde 1918/19 vereinheitlicht und wesentlich ausgebaut. Bereits in der Weimarer Republik durch die zunehmende Praxis der Zwangsschlichtung von Arbeitsstreitigkeiten unterminiert[112], wurde es später ebenso wie die Gewerkschaften von den Nationalsozialisten vollständig zerstört. Es mußte nach dem Zweiten Weltkrieg völlig neu aufgebaut werden. Eine der Lehren der Weimarer Republik, in der der Staat durch die direkte Intervention in Arbeitskonflikten überfordert wurde, war die Betonung der Tarifautonomie.

Die Machtposition der Gewerkschaften wurde im Vergleich zu Weimar und zu anderen europäischen Ländern, wie Frankreich und Italien, durch die Vereinigung der früher in verschiedene politische Richtungen gespaltenen Gewerkschaften in großen Industrieverbänden mit dem Deutschen Gewerkschaftsbund (DGB) als gemeinsamem Dachverband wesentlich verstärkt.[113] Allerdings schließt diese Organisation nicht alle

Angestellten oder die Masse der Beamten ein, die sich eigene Organisationen schufen. Die Gewerkschaftsführer wurden durch die Erfahrungen des Exils vor allem in Großbritannien und den Vereinigten Staaten, aber auch durch intensive Kontakte mit den amerikanischen Gewerkschaften nach Kriegsende[114], geprägt. Das trug zum Abbau marxistischer Positionen und zur Ablehnung der Idee einer zentralistischen Einheitsgewerkschaft aller Arbeitnehmer bei.

Die Vorstellungen über Betriebsverfassung und Mitbestimmung knüpften allerdings an deutsche Traditionen an. Die mit Vorläufern im Kaiserreich seit einem Gesetz vom 4. 2. 1920 bestehende Betriebsverfassung, die Betriebsräten erhebliche Mitwirkungsrechte in sozialen und personellen Fragen, aber nur Beratungsrechte in wirtschaftlichen Angelegenheiten gegeben hatte, wurde von den Nationalsozialisten beseitigt. An die Stelle der von Arbeitern und Angestellten in getrennten Abteilungen frei gewählten Betriebsräte traten nach dem «Gesetz zur Ordnung der nationalen Arbeit» vom 20. 1. 1934[115] – dem Grundgesetz des «Dritten Reiches» über die Arbeitsverfassung – die nach einer Einheitsliste nunmehr gemeinsam von Arbeitern und Angestellten gewählten sogenannten «Vertrauensräte» als Vertreter der «Gefolgschaft», die den «Betriebsführer» aber lediglich beraten durften.

Nach dem Kriegsende sind Arbeiterausschüsse und Betriebsräte neu entstanden. Die Alliierten trugen dieser Entwicklung und der weitgehenden Restauration des Betriebsrätegesetzes von 1920 mit ihrer Politik Rechnung. Auch die Neuordnung im Betriebsverfassungsgesetz von 1952, das auf der Grundidee der Sozialpartnerschaft von Unternehmern und Arbeitnehmern beruhte, knüpfte an die Rechtslage in der Weimarer Republik an.[116] Unter Ablehnung der sehr viel weitergehenden Forderungen der Gewerkschaften blieben die Planungs-, Organisations- und Leitungskompetenzen der Arbeitgeber unangetastet und wurden die in sozialen Fragen mitentscheidenden, in personellen Fragen immerhin wesentlichen Mitwirkungsrechte der Betriebsräte in wirtschaftlichen Angelegenheiten auf ein Informations- und Beratungsrecht beschränkt. Entgegen den gewerkschaftlichen Vorstellungen wurden – im Unterschied zur Weimarer Republik – die Angestellten des öffentlichen Dienstes aus dieser Regelung für die Privatwirtschaft herausgenommen. Ein spezifisches Personalvertretungsgesetz vom 5. 8. 1955 näherte ihre arbeitsrechtliche Stellung derjenigen der Beamten an.

Die Gewerkschaften haben das Betriebsverfassungsgesetz von 1952 vor allem auch deshalb abgelehnt, weil es ihrer Forderung nach einer Verallgemeinerung der paritätischen Mitbestimmung als wesentlichem Element einer Demokratisierung der Betriebe und damit der Wirtschaft u. a. durch die Beschränkung der Arbeitnehmervertretung in den Aufsichtsräten auf ein Drittel nicht entsprach. Für den Bereich der Montanindustrie hatten sie nach erbitterten politischen Auseinandersetzungen 1951 die paritätische Mitbestimmung, u. a. durch die Androhung von Streiks, festschreiben können.[117] Bereits 1948 war sie im Rahmen der von den Alliierten geforderten Entflechtung der Eisen- und Stahlindustrie durch Absprachen von Unternehmern und Gewerkschaften eingeführt worden.[118] Später hat ein Mitbestimmungsgesetz der sozialliberalen Koalition von 1976 die Mitbestimmungsrechte der Arbeitnehmer in Großbetrieben mit mehr als 2000 Beschäftigten auch in wirtschaftlichen Fragen erweitert, ohne daß sie allerdings volle Parität mit den Kapitaleignern erhielten.

Die Rechte der Arbeitnehmer in den Betrieben wurden auch in anderen Bereichen ausgeweitet. Das zeigt sich besonders in der «Erfindung» des Sozialplans. Sozialpläne wurden schließlich im Betriebsverfassungsgesetz von 1972 verankert[119], nachdem Ansätze bereits im Betriebsrätegesetz von 1920 und dem Betriebsverfassungsgesetz von 1952 bestanden hatten. Sie wurden durch die Rechtsprechung des Bundesarbeitsgerichts[120], das die Bestimmungen zur Mitwirkung der Betriebsräte beim Personalabbau extensiv auslegte, vor allem aber durch Modelle beim Abbau von über 300 000 Arbeitsplätzen im Bergbau zwischen 1957 und 1968 gefördert.[121] Seither hat der Betriebsrat in allen mittleren und großen Unternehmen die Möglichkeit, bei sogenannten «Betriebsänderungen» die Verabschiedung von Sozialplänen, d. h. vor allem von größeren Abfindungszahlungen, zum Ausgleich oder zur Milderung der wirtschaftlichen Nachteile, die den Arbeitnehmern entstehen, zu erzwingen.

Typisch für Deutschland im Vergleich zu anderen Industrienationen ist der hohe Grad der rechtlichen Regelung der Betriebsverfassung, der individuellen Rechte des Arbeitnehmers und der Arbeitsbeziehungen durch Gesetze und die Rechtsprechung der Arbeitsgerichte. Das gilt auch für Streiks und Aussperrungen, für die die Rechtsprechung des Bundesarbeitsgerichts detaillierte Rahmenbedingungen geschaffen hat.[122] Streiks sind so nur als Mittel zur Lösung von Tarifkonflikten, nicht aber zur Regelung von Streitigkeiten zwischen einzelnen Arbeitnehmern und ihren Firmen zulässig. Weiterhin gelten politische Streiks und «wilde», d. h. nicht von den Gewerkschaften nach ihren Satzungen ausgerufene Streiks wie auch Streiks über Fragen der Betriebsverfassung, die allein durch Einigungsstellen und Arbeitsgerichte zu entscheiden sind, als rechtswidrig. All das, ebenso wie die immer weitergehende Kodifizierung der Betriebsverfassung, hat zur Differenzierung und Begrenzung von Konflikten und so zum sozialen Frieden beigetragen und damit das wirtschaftliche, soziale und indirekt auch das politische System der Bundesrepublik stabilisiert. Allerdings stärkt diese weitgehende Verrechtlichung der Arbeitsbeziehungen auch die Tendenzen zur Inflexibilität der deutschen Wirtschaft und gefährdet deren Wettbewerbsfähigkeit auf den immer stärker internationalisierten Märkten.

Die Organisation der Unternehmer stellt sehr viel stärker als die der Gewerkschaften ein Element der Kontinuität in der deutschen Geschichte des 20. Jahrhunderts dar. Die Nationalsozialisten hatten den Unternehmerverbänden den Einfluß auf die Tarifpolitik genommen, die Entlassung von Juden und die Anstellung von NS-nahen Personen in der Leitung der Verbände erzwungen und versucht, die Verbände in die Deutsche Arbeitsfront als der neuen Einheitsorganisation von Arbeitnehmern und Arbeitgebern einzuverleiben. Die Verbände haben sich jedoch einer völligen Zerstörung oder Gleichschaltung entziehen können. So wurden die öffentlich-rechtlichen Industrie- und Handelskammern zwar nach dem Führerprinzip organisiert, mit den Kammern von Landwirtschaft und

Handwerk in einer Reichswirtschaftskammer zusammengefaßt und der Kontrolle des Reichswirtschaftsministeriums unterstellt; sie blieben aber in ihrer Spitzenorganisation, dem in «Arbeitsgemeinschaft der Industrie- und Handelskammern in der Reichswirtschaftskammer» umbenannten Deutschen Industrie- und Handelstag, bis zu einer Organisationsänderung 1942 relativ selbständig.[123] Auch die freien Verbände der Unternehmer haben im Rahmen der Ende 1934 zur Vorbereitung eines «organischen Aufbaus» der gewerblichen Wirtschaft geschaffenen «Organisation der gewerblichen Wirtschaft» als Wirtschaftsgruppen und Fachgruppen eine teilweise auch personelle Kontinuität bewahren können.

Nach 1945 wurden zunächst anstelle der alle Kammern zusammenfassenden Reichswirtschaftskammer wieder voneinander unabhängige Industrie- und Handelskammern, Handwerkskammern und Landwirtschaftskammern neu gebildet. Sie erhielten in steigendem Maße Selbstverwaltungsaufgaben und übernahmen die Vermögenswerte, die Geschäftsstellen und das Personal der aufgelösten nationalsozialistischen Wirtschaftskammern. 1949 sind schließlich auch die Spitzenorganisationen der Kammern neu entstanden.[124]

Als Interessenvertretungen der Unternehmer wurden zunächst nur regionale, fachliche Organisationen für einzelne Branchen von den Alliierten zugelassen. Erst 1949/50 konnten, an vorher gegründete Arbeitsgemeinschaften anknüpfend, mit dem Bundesverband der Deutschen Industrie (BDI) und der Bundesvereinigung der deutschen Arbeitgeberverbände (BdA) wieder schlagkräftige Spitzenverbände gegründet werden. Der Grad der personellen Kontinuität in den Unternehmerverbänden war recht erheblich. Von den (Haupt-) Geschäftsführern von 48 Verbänden der gewerblichen Wirtschaft waren 1950 mindestens 22 schon vor 1945 in Verbänden tätig gewesen, davon 14 in der Weimarer Zeit, 20 in der NS-Zeit und mindestens 14 kontinuierlich von der Weimarer Republik bis 1945.[125]

Trotz der scharfen Ablehnung der Mitbestimmung und auch der Dekartellisierung sowie der Anklänge an den alten Herr-im-Hause-Standpunkt in den frühen Programmen der nach 1945 gegründeten Unternehmerverbände haben diese – am eindeutigsten wohl die Bundesvereinigung der deutschen Arbeitgeberverbände – schließlich die soziale Marktwirtschaft und auch die Zusammenarbeit mit den Gewerkschaften in der Tarifpolitik und in den Organen der Sozialversicherung akzeptiert. Mittelfristig trugen sie damit zur Domestizierung des deutschen Kapitalismus bei, der – wie schon erwähnt – auch durch Strukturveränderungen der bundesdeutschen Wirtschaft wesentlich gefördert wurde.

Soziale Sicherheit

Im Bereich der sozialen Sicherheit hat es im Unterschied zu dem der Arbeitsbeziehungen ein relativ hohes Ausmaß an Kontinuität selbst über die Zeit der NS-Herrschaft hinweg gegeben. Allerdings wurde das System den rassischen und gesundheitspolitischen Zielen des Regimes angepaßt, die Selbstverwaltung durch die Einführung des Führerprinzips beseitigt und das Personal der Versicherungen sowie die zur Kassenpraxis zugelassene Ärzteschaft nach rassischen und politischen Gesichtspunkten «gesäubert». Die Struktur der Organisation und das System der Leistungen – mit Ausnahme der Leistungen bei Arbeitslosigkeit – behielt man jedoch, trotz rivalisierender Konzepte der nationalsozialistischen Deutschen Arbeitsfront, bei und baute sie sogar in einzelnen Bereichen aus. So erhielten Rentner einen gesetzlichen Krankenschutz, Unfälle auf dem Weg zur Arbeit wurden dem Versicherungsschutz unterworfen und ein «Gesetz über die Altersversorgung für das Deutsche Handwerk» bezog erstmals eine große Gruppe von Selbständigen in eine obligatorische Rentenversicherung ein.[126]

Nach dem Zweiten Weltkrieg haben die Alliierten in Westdeutschland vergeblich versucht, das traditionelle System der nach sozialen Gruppen und Risiken getrennten Versicherungszweige durch eine einheitliche Volksversicherung zu ersetzen. Ihre Pläne scheiterten an der Opposition der betroffenen Interessengruppen der Ärzte, Angestellten, Handwerker, Landwirte und privaten Versicherungen, aber auch an der großen

Komplexität der Materie. Dies sicherte den am deutschen System festhaltenden Sozialversicherungsexperten, die ihre Position vielfach von der Weimarer Republik über den NS-Staat bis in die frühe Bundesrepublik hinein kontinuierlich behaupten konnten, einen erheblichen Einfluß. Aber auch die Gewerkschaften der britischen Zone, die im Einklang mit den Traditionen der deutschen sozialistischen Arbeiterbewegung grundsätzlich zu einer Einheitsversicherung tendierten, lehnten die mit den Neuordnungsplänen der Alliierten verbundene Absicht, die Leistungen zu verringern, ab.[127]

Während in der sowjetischen Besatzungszone eine schließlich den Gewerkschaften unterstellte Einheitsversicherung für Arbeiter und Angestellte eingeführt wurde, sind die zunächst eingeschlagenen Sonderwege in der Organisation des Systems der sozialen Sicherheit in der französischen Besatzungszone[128] und in Westberlin[129] nach der Gründung der Bundesrepublik in den 1950er Jahren wieder verlassen worden.

Nur in der Rechtsprechung über Fragen der Sozialversicherung kam es zu einer Neuordnung. Während bisher das Reichsversicherungsamt die Spitze der Verwaltung und zugleich auch der Rechtsprechung in der Sozialversicherung gebildet hatte, wurden, unter Ablehnung der Vorstellungen der Gewerkschaften, die für eine Einheit von Arbeits- und Sozialgerichtsbarkeit eintraten, gesonderte Sozialgerichte für Fragen der Sozialversicherung und der Versorgung – mit einem am 11.9. 1954 in Kassel eröffneten Bundessozialgericht als oberster Instanz – geschaffen.[130] Das bedeutete sowohl eine nach rechtsstaatlichen Prinzipien wünschenswerte Abtrennung der Rechtsprechung von der Sozialverwaltung wie auch eine Trennung der Sozialgerichtsbarkeit von der allgemeinen Verwaltungsgerichtsbarkeit.

Die nach dem Ende der Notzeit der Nachkriegsjahre seit 1953 verfolgten Pläne einer umfassenden Neuordnung des Systems der sozialen Sicherheit verengten sich schließlich auf die kurz vor der Bundestagswahl 1957 erfolgte weitreichende Reform der Rentenversicherung.[131] In dieser wurde erstmals in der Welt das Prinzip der «dynamischen Rente», das die aus dem Arbeitsleben ausgeschiedenen Rentner am ökonomischen

Wachstum partizipieren läßt, eingeführt. Die Finanzierung der Rente beruht dabei auf dem sogenannten Generationenvertrag, nach dem aufgrund eines Umlageverfahrens die jeweils erwerbstätige Generation die Renten der vorangegangenen Generation aufbringt – in der Erwartung, daß nach ihrem Ausscheiden aus dem Arbeitsleben ihre Renten von der folgenden Generation bezahlt werden. Die Rentenreform von 1957 hat sofort zu einer erheblichen Verbesserung der Lebensverhältnisse der Rentner, die bis dahin am «Wirtschaftswunder» kaum partizipiert hatten, geführt und damit den Teufelskreis von Alter und Armut für die Masse der deutschen Bevölkerung wirksam durchbrochen.

1961 wurde auch die Sozialhilfe mit dem Bundessozialhilfegesetz auf eine neue Grundlage gestellt. Es knüpfte mit dem Prinzip der Subsidiarität, also der Nachrangigkeit gegenüber Hilfsleistungen der Familie und der Leistungen der Gemeinde gegenüber denen der Freien Wohlfahrtspflege sowie mit der Abstimmung auf den Einzelfall an ältere Vorstellungen der Armenhilfe und Fürsorge in Kaiserreich und Weimarer Republik an. Das Gesetz ging aber mit der Gewährung eines Rechtsanspruches der Bedürftigen auf Unterstützung und vor allem mit dem Grundsatz, daß diese nicht nur ein Existenzminimum sichern, sondern dem Empfänger der Hilfe ein Leben ermöglichen sollte, «das der Würde des Menschen entspricht» (§ 1, Abs. 2), weit über frühere Regelungen hinaus.

Die weitere Entwicklung des Systems der sozialen Sicherheit war durch die erhebliche Erhöhung der Leistungen und die Differenzierung und Ausdehnung des Systems auf immer weitere soziale Gruppen und immer mehr soziale Risiken gekennzeichnet. Inzwischen sind die meisten Selbständigen, vor allem auch die Bauern, in das System einbezogen worden. Im Gegensatz zur Weimarer Republik, in der nur die Arbeitnehmer von der Sozialversicherung erfaßt wurden, sind mittlerweile auch die Interessen des größten Teils des selbständigen Mittelstandes mit dem System eng verbunden.

Das gilt insbesondere auch für die als neue – nach der Kranken-, Unfall-, Renten- und Arbeitslosenversicherung – fünfte Säule des Systems der Sozialversicherung am 1. Juni 1995 geschaffene und zum 1. Juli 1996 ausgebaute Pflegeversicherung.[132] Die Pflegeversicherung trägt der zunehmenden Alterung unserer Gesellschaft Rechnung. Diese führt aber – zusammen mit dem rapiden Rückgang der Kinderzahl seit dem Ende der 1960er Jahre und der seit der wirtschaftlichen Krise 1973/74 anhaltenden, in den 1990er Jahren verschärften Massenarbeitslosigkeit – zu der Konsequenz, daß die Grundlage der Finanzierung des Systems der sozialen Sicherheit, der Generationenvertrag, zusammenzubrechen droht. Von immer weiteren Kreisen ertönt daher – wie noch zu erörtern sein wird – die Forderung nach einem grundlegenden Umbau, wenn nicht sogar einem weitreichenden Abbau des deutschen Sozialstaates.

Das Parteiwesen

Wie bei den Arbeitsbeziehungen und der sozialen Sicherheit gibt es auch im deutschen Parteiensystem nach 1945 eine Mischung von Kontinuitäten zum Kaiserreich und zur Weimarer Republik und weitreichendem Wandel, der allerdings in diesem Bereich im Unterschied zu vielen anderen sofort nach Kriegsende einsetzte. In allen vier Besatzungszonen haben die Alliierten – allerdings mit einem unterschiedlichen Fahrplan besonders in der Zulassung zonaler und zentraler Organisationen – vier Parteien lizensiert: die CDU bzw. CSU, die SPD, die Kommunistische Partei und eine zunächst unter verschiedenen Namen auftretende liberale Partei, die spätere FDP. In einigen Ländern wurden zusätzliche Parteien regionalen Charakters zugelassen.

Die CDU als überkonfessionelle Partei versuchte vor allem die katholischen Wähler des früheren Zentrums sowie betont protestantische und konservative Kräfte, die ihre Hochburgen vor allem im nördlichen Deutschland hatten, zu gewinnen. Obwohl die Idee der Schaffung einer solchen Partei schon im Kaiserreich und in der Weimarer Republik immer wieder erörtert wurde, war es doch eine neue, erstaunlich erfolgreiche Partei. Ihre Gründung als eine Sammlung christlich gesinnter Demokraten rechts von der Sozialdemokratie ging von ehemaligen Zentrumspolitikern, christlichen Gewerkschaftern, aber auch protestantischen Zirkeln aus, die sich in verschiedenen Gebieten – vor allem in Frankfurt am Main, Berlin und im Rheinland – zusammengeschlossen hatten.[133] Das Schwergewicht der Partei, in der starke regionale Unterschiede, vor allem in der programmatischen Orientierung, aber auch der sozialen und konfessionellen Zusammensetzung der Mitglieder und Wählerschaft bestanden, lag zunächst bei den Landesverbänden, neben denen im Westen nur in der britischen Zone eine landesübergreifende Organisation entstand. Im Herbst 1946 wurde mit der Arbeitsgemeinschaft der CDU/CSU Deutschlands eine lockere Dachorganisation der Landesverbände, zu denen bis 1948 auch die Organisationen der sowjetischen Zone gehörten, geschaffen. Obwohl sich mit der Bildung eines Generalsekretariats und einer 1948 gegründeten Konferenz der Landesvorsitzenden unter dem Vorsitz Adenauers die Tendenzen zur besseren Koordinierung der Unionspolitik verstärkten, dauerte es bis zum Sommer 1950, ehe die Bundespartei der CDU formell gegründet wurde. Inzwischen waren die Ideen eines christlichen Sozialismus, die in der Frühphase der Partei eine erhebliche Rolle gespielt hatten[134], zugunsten marktwirtschaftlicher Ideen zurückgedrängt worden.

Der Erfolg der CDU beruht auf dem Prinzip der Bildung einer umfassenden Volkspartei, die nicht nur die Mitglieder der christlichen Konfessionen, sondern auch die großen sozialen Gruppen von den Arbeitnehmern und Bauern über die kleinen Selbständigen in Handwerk und Handel und die mittelständischen Unternehmer bis hin zu den Eigentümern und Managern der Großindustrie in einer Partei integrierte. Der Ausgleich der von ihnen repräsentierten, sehr unterschiedlichen Interessen war nur möglich, da die Bedeutung kollektiver Bindungen an ein bestimmtes soziales Milieu und der von diesem repräsentierten Berufe und Schichten im Vergleich zur Zeit vor 1933 zurückgegangen war.

Die CDU hat es verstanden, in wenigen Jahren die kleineren «bürgerlichen» Parteien neben ihr, mit Ausnahme der FDP, aufzusaugen und die vor allem in Rheinland und Westfalen als Organisation katholischer Wähler zunächst wiederentstandene

Zentrumspartei[135] zu verdrängen. In ihrer inneren Organisation war die CDU anfangs ein auf den ersten Bundeskanzler Adenauer zugeschnittener «Kanzlerwahlverein», der sich erst in der Zeit der Opposition nach 1969 zu einer modernen Massenpartei mit einer vom Regierungsapparat unabhängigen, leistungsfähigen, zentralen Organisation entwickelte.[136]

Auch in Bayern entstand mit der CSU eine interkonfessionelle Sammlungsbewegung, die allerdings zunächst von massiven persönlichen Gegensätzen in der Parteiführung erschüttert wurde. Zudem hatte sie mit der Schwierigkeit zu kämpfen, das fränkisch-protestantische, stärker industriell geprägte und bundesstaatlich orientierte Nordbayern und das bäuerlich-katholische Altbayern, das an die partikularistisch durchsetzte, extrem föderalistische Tradition der Bayerischen Volkspartei in der Weimarer Republik anknüpfte, in einer Partei zu vereinen.[137] Seit dem Ende der 1940er Jahre sah sich die CSU außerdem in den altbayerischen Gebieten der massiven Konkurrenz der Bayernpartei gegenüber.[138] Diese brach schließlich jedoch wegen parteiinterner Querelen und der bewußten Betonung des bayerischen Charakters von Seiten der CSU, die sich seit 1957 zu einer sehr erfolgreichen Massenpartei mit einem starken Parteiapparat entwickelte[139], wieder zusammen.

Die SPD stand sehr viel stärker in der Parteitradition des Kaiserreiches und der Weimarer Republik. Die Partei wurde strukturell durch die Teilung Deutschlands, mit der sie ihre alten Hochburgen in Thüringen und Sachsen verlor, geschwächt, aber auch durch die bald erfolgende faktische Ausschaltung der kommunistischen Konkurrenz gestärkt. Die SPD, die bereits Anfang Oktober 1945 in Wennigsen bei Hannover eine erste «Reichskonferenz» abhielt, wurde entscheidend durch Kurt Schumacher geprägt, der sich mit Unterstützung des noch amtierenden Londoner Exilvorstandes der Partei – gegen die Vertreter des Berliner Zentralausschusses um Otto Grotewohl – mit seiner Linie einer klaren Abgrenzung der SPD von der KPD durchsetzen konnte.

Das Konzept Schumachers, in den Westzonen – in der Ostzone hatte die Sozialdemokratie bereits Anfang 1946 durch die

Zwangsvereinigung mit der KPD zur SED ihre selbständige Existenz verloren – ist allerdings zunächst nicht verwirklicht worden. Er wollte nicht die alte sozialdemokratische Partei mit ihrer starken ideologischen Prägung durch den Marxismus wieder errichten, sondern sie für andere im Christentum, in der klassischen deutschen Philosophie und im Humanismus wurzelnde weltanschauliche Positionen öffnen und ihre soziale Basis über die Arbeiterschaft hinaus bewußt zu einer mehrheitsfähigen, demokratischen, linken Volkspartei erweitern.[140] Während die Wähler der SPD die Mehrheit verweigerten, knüpften die Organisationen der SPD auf der mittleren und unteren Ebene weitgehend wieder an die «Traditionskompagnie» der alten Funktionäre an[141] und bremsten damit den Erneuerungswillen der aus den Konzentrationslagern der Nationalsozialisten und dem Exil kommenden Führungskreise.

Nur in wenigen Regionen, wie dem Ruhrgebiet, hat es intensivere Versuche gegeben, das spezifische soziale Milieu der Sozialdemokratie des Kaiserreiches und der Weimarer Republik wiederzubeleben. Sofern Restbestände der mit der Arbeiterbewegung verbundenen Kultur- und Sportorganisationen die NS-Zeit überlebten, sind sie in den 1950er Jahren, andere Elemente der tradierten sozialdemokratischen Lebensgemeinschaft spätestens in den 1960er Jahren, zusammengebrochen.[142] Die Sozialdemokratie hat trotzdem das Konzept des Klassenkampfes nicht völlig aufgegeben. Das erschwerte, neben antibürgerlichen Affekten und antikirchlichen Tönen in den Reden Schumachers und anderer führender Parteimitglieder, den Zugang zu den Selbständigen, den neuen Mittelschichten der Angestellten und Beamten und der katholischen Bevölkerung.

Aufgrund der rapiden Veränderung der deutschen Sozialstruktur, in der bei einem Rückgang der Arbeiterschaft die Angestellten und Beamten einen immer größeren Anteil an der Gesamtbevölkerung stellten, wäre die SPD in eine hoffnungslose Minderheitsposition geraten, wenn sie diesem Wandel nicht in ihrer Politik und ihrer Organisation Rechnung getragen hätte. Wichtige Etappen eines einsetzenden Transformationsprozesses der Partei zu einer Volkspartei waren eine Organisationsreform von 1958, die den traditionellen Vorrang der

Parteiorganisation bei der Bestimmung der Parteipolitik zugunsten der Bundestagsfraktion aufhob und sie damit gleichsam «parlamentarisierte»[143], sowie vor allem das Godesberger Programm von 1959, das trotz der Herausstellung der Grundwerte Freiheit, Gerechtigkeit und Solidarität auf jede weltanschauliche Festlegung der Partei verzichtete. Zusammen mit dem Bekenntnis zum wirtschaftlichen Wettbewerb sowie der ein Jahr später erfolgenden Akzeptanz der Westintegration der Bundesrepublik und der weiteren Grundlagen der Außen- und Deutschlandpolitik der vorangegangenen Regierungen wurden damit der Sozialdemokratie neue Mitglieder- und Wählerkreise erschlossen.

Der Partei gelang es, aus dem «Turm» von gut 30 % der Wähler auszubrechen und bei der Bundestagswahl 1972 mit fast 46 % der Wähler zur stärksten Fraktion des Bundestages zu werden. Wahlanalysen und Erhebungen über die Berufsstruktur der Mitgliedschaft der Partei zeigen, daß der SPD vor allem unter den Beamten und Angestellten, aber auch in der katholischen Bevölkerung, hier allerdings mehr bei den Wählern als bei den Mitgliedern, erhebliche Gewinne gelangen, daß sie aber unter den Selbständigen und den Bauern weiterhin unterrepräsentiert blieb.[144] Nach ihrem Höhepunkt in der Zeit der sozialliberalen Koalition ist die Partei bei den Bundestagswahlen von 1983–94 wieder auf deutlich unter 40 % zurückgegangen, wobei sie vor allem in den Altersgruppen bis 25 Jahre viele Wähler an DIE GRÜNEN verloren hat.[145] Eine Überalterung zeigt sich inzwischen auch in der Mitgliedschaft der Partei.

Die KPD[146] konnte die Stärke, die sie am Ende der Weimarer Republik mit etwa 1/6 der Wähler erreichte, in den Westzonen bzw. der Bundesrepublik nie wieder gewinnen. Nachdem sie bei den Landtagswahlen 1946 noch in Ländern wie Hessen, Bremen und Hamburg und im Gebiet des späteren Baden-Württemberg auf etwa 10 %, in Nordrhein-Westfalen im April 1947 sogar auf 14 % der Stimmen gekommen war, ist ihr Anteil in der Bundestagswahl 1949 auf 5,7 % gefallen und lag in allen Ländern bei diesen Wahlen deutlich unter 10 %, in einigen sogar unter 5 %. 1953 fiel sie bei den Bundestagswahlen weit unter 5 % und war damit im Bundestag nicht mehr vertreten. Auch aus den Landtagen war die KPD bis auf Bremen und das Saarland verschwunden und bereits politisch tot, als sie vom Bundesverfassungsgericht 1956 verboten wurde.

Mit der FDP hat der politische Liberalismus in Deutschland erstmals seit seiner Spaltung 1866/67 wieder eine einheitliche Partei erhalten. Wie bei der CDU ging die Gründung der FDP in Westdeutschland von regionalen Zirkeln und den unter verschiedenen Namen in den Ländern entstehenden liberalen Parteiorganisationen aus.[147] Nachdem im Frühjahr 1948 die zunächst bewußt gesuchte Zusammenarbeit mit der bereits im Juni 1945 gebildeteten ostzonalen Liberal-Demokratischen Partei Deutschlands an deren schrittweiser Gleichschaltung durch die SED gescheitert war, haben sich am 10. November 1948 die westdeutschen Landesverbände in Heppenheim unter dem Namen Freie Demokratische Partei (FDP) zusammengeschlossen und den späteren Bundespräsidenten Theodor Heuss zu ihrem ersten Vorsitzenden gewählt. Die Hoffnung der FDP zu einer großen bürgerlichen Sammlungspartei zu werden, erfüllte sich jedoch nicht, da diese Rolle erfolgreich von der CDU, in deren Sog die FDP als kleiner Koalitionspartner der übermächtigen Kanzlerpartei geriet[148], übernommen wurde. Innerhalb der FDP gab es starke Spannungen zwischen Landesverbänden, wie denen von Baden-Württemberg oder Hamburg, die sich eher der linksliberalen Tradition der Weimarer DDP verpflichtet fühlten, und Landesorganisationen wie denen von Nordrhein-Westfalen, Hessen oder Niedersachsen, die einen rechtsbürgerlichen, zeitweise sogar einen betont nationalen Kurs steuerten.

Die FDP, die in vielen Bundesländern immer wieder ihre parlamentarische Vertretung verlor, da sie bei Landtagswahlen weniger als 5 % der Stimmen gewann, ist im Bundestag als einzige Partei neben den großen Volksparteien CDU/CSU und SPD regelmäßig mit 6–13 % der Mandate vertreten gewesen. Wegen ihrer Schlüsselposition für die Gewinnung der Mehrheit des Bundestages hat sie bis zur Bildung der Großen Koalition aus SPD und CDU/CSU 1966–69 als Koalitionspartner der CDU/CSU in den meisten Kabinetten Adenauers und im

Kabinett Erhard, dann von 1969–82 in der Sozialliberalen Koalition mit der SPD und seit 1982 in den Kabinetten Kohls einen über ihren Anteil an der Wählerschaft hinausgehenden, erheblichen politischen Einfluß ausgeübt.

Die Geschichte des westdeutschen Parteiensystems war bis 1980 durch einen Prozeß der demokratischen Konsolidierung und der Konzentration gekennzeichnet und unterschied sich damit grundlegend von der tiefgreifenden und bis 1930 noch zunehmenden Fragmentierung des Weimarer Parteiensystems. Von den 10 Parteien des ersten Bundestages von 1949 waren 1961 bis 1980 nur noch drei – CDU/CSU, SPD und FDP – geblieben. Die beiden großen Parteien, die 1949 zusammen etwa 60 % der Wählerstimmen erhielten, konnten ihren Anteil bei der Bundestagswahl 1976 auf über 90 % erhöhen.[149]

Die Tendenzen zur Stärkung der großen Parteien, die wesentlich durch die Prosperität und die Verbreiterung des Konsenses in der Gesellschaft gefördert wurden, sind dabei in Norddeutschland zunächst auch vom Wahlsystem der Länder und der Kommunen in der britischen Zone unterstützt worden.[145] Zwar übernahmen die Länder das britische Modell des relativen Mehrheitswahlrechts, also der Direktwahl aller Abgeordneten in einzelnen Wahlkreisen ohne irgendeine Form der Verrechnung der Stimmen der unterlegenen Kandidaten, nicht zur Gänze. Dennoch wurde das Prinzip der Direktwahl und ein nur unvollständiger Ausgleich der für die unterlegenen Bewerber abgegebenen Stimmen eingeführt, so daß die Stärke der Parteien in den Landtagen erheblich vom Anteil der Parteien an den Wählerstimmen abwich. Dadurch wurde in Hamburg, Schleswig-Holstein und Niedersachsen die SPD, in Nordrhein-Westfalen die CDU begünstigt.[151] Die Briten wollten mit dem neuen Wahlrecht die Verbindung zwischen Wählern und Gewählten stärken, eine Parteizersplitterung, die – auf das reine Verhältniswahlrecht der Weimarer Republik zurückgeführt – von vielen als eine wesentliche Ursache des Zusammenbruchs der Republik angesehen wurde, verhindern und die Bildung politisch geschlossener, arbeitsfähiger Regierungen erleichtern.

Die Haltung der großen deutschen Parteien zum Wahlrecht in der britischen Zone war wesentlich von ihren machtpolitischen Interessen in den einzelnen Ländern bestimmt. So setzte sich die CDU generell für ein Mehrheitswahlrecht ein, das in Nordrhein-Westfalen ihre zunächst ohnehin gute Stellung noch weiter stärkte. In den anderen drei Ländern der britischen Zone hat der mangelnde Ausgleich für die Stimmen unterlegender Kandidaten bewirkt, daß zur Verhinderung einer Alleinherrschaft der SPD als stärkster Partei die kleinen «bürgerlichen» Parteien praktisch gezwungen wurden, sich mit der CDU zu Wahlblöcken zu vereinigen. Die Herausbildung der CDU als dominierender «bürgerlicher» Partei in den nördlich-protestantischen Gebieten ist also durch das Wahlrecht, das in den 50er Jahren sukzessive dem der anderen westdeutschen Länder und dem Bundestagswahlrecht angeglichen wurde, entscheidend gefördert worden.

Die SPD war in ihrer Haltung gespalten. Während die Gesamtpartei und die Landespartei in Nordrhein-Westfalen für den Grundsatz des Verhältniswahlrechts mit gewissen – vor allem gegen die KPD und die Entstehung einer Flüchtlingspartei gerichteten – Sperrklauseln zur Ausschaltung kleinerer Parteien von der parlamentarischen Vertretung eintraten, war die Sozialdemokratie in Schleswig-Holstein und Hamburg aufgrund ihrer Interessenlage in diesen Ländern zunächst für ein Mehrheitswahlrecht bzw. die Beibehaltung der ursprünglichen, den Verhältnisausgleich stark einschränkenden Wahlsysteme. Gleichzeitig versuchte die Partei, die Bildung von Bürgerblökken gegen sie durch detaillierte Wahlrechtsbestimmungen zu verhindern. Als sich jedoch zeigte, daß das Verbot der Blockbildung umgangen werden konnte und das bestehende Wahlrecht die Partei in die politische Isolation brachte, haben auch die beiden sozialdemokratischen Landesparteien im Norden ihre Haltung geändert und die Grundsätze eines modifizierten Verhältniswahlrechts akzeptiert.

Dieses setzte sich für die Bundestagswahlen aufgrund des Einflusses der SPD, die mit Unterstützung der kleinen Parteien eine politische Dominanz der CDU/CSU verhindern wollte, durch.[152] Bei der Bundestagswahl 1949 hatten die Wähler nur eine Stimme, mit der in Wahlkreisen 60 % der Abgeordneten und über Parteilisten die restlichen 40 % gewählt wurden; die

Vertretung der Parteien im Parlament entsprach aber durch den Abzug der Direktmandate von ihren über die Landesliste gewonnenen Mandaten in etwa den Anteilen der für sie im Bundesgebiet abgegebenen Stimmen. Es wurden dabei im jeweiligen Bundesland bei der Vergabe von Mandaten nur die Parteien berücksichtigt, die in diesem Land mindestens 5 % der Stimmen erhielten oder ein Direktmandat gewannen. Da zum Beispiel die KPD in einigen Ländern unter 5 % geblieben war, erhielt sie so mit 5,7 % der Stimmen nur 3,7 % der Mandate. Seit der Bundestagswahl von 1953 hat der Wähler zwei Stimmen. Mit der ersten wählt er einen Wahlkreiskandidaten, mit der Zweitstimme die Landesliste einer Partei, wobei die Stärke der Parteien im Bundestag – wenn man von der Möglichkeit absieht, in einzelnen Ländern Überhangmandate zu gewinnen – allein von der Verteilung der Zweitstimmen abhängt. Dieses sogenannte personalisierte Verhältniswahlrecht ist in den ersten Jahrzehnten der Bundesrepublik immer wieder diskutiert worden. So hatte die Große Koalition 1966–1969 ursprünglich auch eine Wahlrechtsänderung zur Ausschaltung des politischen Einflusses der FDP vorgesehen. Inzwischen ist das personalisierte Verhältniswahlrecht aber im Bund und mit einigen Abweichungen – vor allem hinsichtlich der Vergabe von einer oder zwei Stimmen – auch in den Ländern akzeptiert worden.[153]

Es wird ergänzt durch eine Sperrklausel, die vorsieht, daß Parteien, die im gesamten Bundesgebiet weniger als 5 % der Zweitstimmen erhalten, wenn sie nicht mindestens ein oder seit 1957 drei Direktmandate gewinnen, von der Vertretung im Bundestag ausgeschlossen werden. Diese 5 %-Hürde, die es inzwischen auch in allen Ländern gibt, hat bisher weitgehend erfolgreich einer Zersplitterung des Parteiensystems entgegengewirkt.

Am Anfang der 50er Jahre hatte es zunächst den Anschein, daß der Block der Heimatvertriebenen und Entrechteten (BHE)[154] als Partei der Flüchtlinge einen wichtigen Platz im deutschen Parteiensystem einnehmen würde. Aufgrund der Furcht der Alliierten vor einem deutschen Revanchismus konnte der BHE erst nach der Aufhebung des Lizenzierungszwangs für Parteien durch die Alliierten 1950 gegründet werden. Die Partei gewann auf Anhieb bei den Landtagswahlen in Schleswig-Holstein, dem Land mit dem höchsten Flüchtlingsanteil, am 9. 7. 1950 einen Anteil von 23,4 % der Stimmen und lag damit nur wenig hinter der SPD (27,5 %) und noch vor der CDU (19,8 %) an zweiter Stelle. Auch in Niedersachsen (14,9 %) und in Bayern (12,5 %), die ebenfalls nach 1945 besonders viele Flüchtlinge aufnehmen mußten, konnte der BHE bei Landtagswahlen im Mai 1951 bzw. November 1950 sehr gute Ergebnisse erzielen. Die Partei gelangte 1953 mit einem Stimmenanteil von 5,9 % auch in den Bundestag und war in der neugebildeteten Regierung vertreten. Bereits bei der Bundestagswahl von 1957 verfehlte der BHE jedoch mit 4,6 % knapp den Einzug in den Bundestag und verschwand als Zeichen der inzwischen erfolgten weitgehenden Integration der Flüchtlinge spätestens am Anfang der 1960er Jahre aus allen Landtagen.

Das Gleiche gilt für die aus der Niedersächsischen Landespartei hervorgegangene Deutsche Partei[155], eine konservative Partei mit einem eindeutigen regionalen Schwerpunkt in den norddeutschen Ländern. Sie wurde schließlich von der CDU aufgesogen, mit der sie seit 1949 in der Regierungskoalition zusammenarbeitete. Schon 1953 und 1957, als sie unter 5 % blieb, war sie nur mit Wahlhilfe der CDU, die in einigen Wahlkreisen auf die Aufstellung eigener Kandidaten verzichtete, durch die Gewinnung von Direktmandaten in den Bundestag gekommen.

Besonders kennzeichnend ist, daß es nur einer nationalistischen Partei, und zwar der Deutsch-Konservativen Partei-Deutsche Rechtspartei (DKP-DRP), 1949 gelungen ist, mit 1,8 % der Wähler im Bundesgebiet über ihren Erfolg in Niedersachsen (8,1 %) mit 5 Abgeordneten in den Bundestag zu gelangen. Die Partei verband dabei konservativ-deutschnationale mit radikalen nationalsozialistischen Anhängern, die schließlich im Oktober 1949 nach ihrem Ausschluß aus der DKP-DRP mit der Sozialistischen Reichspartei (SRP)[156] eine eigene Partei gründeten, die an nationalsozialistische Traditionen anknüpfte. Diese Partei konnte bei Wahlen vom Mai bzw. Oktober 1951 in den niedersächsischen Landtag und die Bremer Bürgerschaft einziehen, hatte aber ihren Höhepunkt schon überschritten, als sie im Oktober 1952 vom Bundesverfassungsgericht verboten wurde.

Nachdem die Deutsche Reichspartei (DRP)[157] als wichtigste rechtsradikale Partei von 1952 bis zum Beginn der 1960er Jahre 1951 und 1955 in den Landtag von Niedersachsen und 1959 in den von Rheinland-Pfalz eindringen konnte, hat in der Mitte und am Ende der 1960er Jahre die nationalistische Nationaldemokratische Partei Deutschlands (NPD)[158] vorübergehend größere Erfolge erzielen können. Ihr gelang der Einzug in die Landtage von Schleswig-Holstein, Niedersachsen, Bremen, Hessen, Rheinland-Pfalz, Baden-Württemberg und Bayern. Bei der Bundestagswahl von 1969 blieb sie jedoch mit 4,3 % unter der 5 %-Hürde und machte dadurch die Sozialliberale Koalition, die sonst keine parlamentarische Mehrheit erreicht hätte, überhaupt erst möglich. Aus den Landtagen ist sie am Anfang der 1970er Jahre wieder herauskatapultiert worden. Auch die Republikaner und die Deutsche Volksunion (DVU) haben zwar den Einzug in einige Landtage (DVU: Bremen 1991, Schleswig-Holstein 1992; Sachsen-Anhalt 1998; REP: Berlin 1989, Baden-Württemberg 1992 und 1996) und im Falle der Republikaner 1989–1994 sogar in das Europäische Parlament geschafft, sie blieben aber bei Bundestagswahlen immer deutlich unter 5 %. Diese Schwäche rechtsradikaler, nationalistischer Parteien kontrastiert mit der sehr viel größeren Stärke nationalistischer, fremdenfeindlicher Parteien in anderen europäischen Ländern wie etwa Frankreich.

Bei der Bundestagswahl von 1983 konnte erstmals wieder eine neue Partei, DIE GRÜNEN[159], in den Bundestag einziehen, in dem sie sich seitdem, mit der Ausnahme der Legislaturperiode von 1990 bis 1994, behaupten konnte. Diese Partei hat ihre wichtigste soziale Basis unter jungen Wählern, vielfach Studenten, die in ihrer Wahlentscheidung nicht primär von sozialen und ökonomischen Interessen, sondern von sogenannten «postmateriellen» Werten[160], wie z. B. der Qualität des Lebens oder dem Schutz der Natur, bestimmt werden. DIE GRÜNEN haben inzwischen ihre soziale Basis verbreitert und sind in einer Reihe von Ländern Regierungskoalitionen mit der

SPD eingegangen. Sie stehen aber vor dem Problem, daß mit der Massenarbeitslosigkeit materielle Interessen wieder eine größere Bedeutung erlangt haben.

Der Anteil der beiden Hauptparteien CDU/CSU und SPD an den Wählerstimmen ist durch das Aufkommen der GRÜNEN und seit 1990 auch der PDS, vor allem aber durch die Abnahme der Parteibindung der Wähler, bei den Bundestagswahlen 1990 und 1994 auf 78 % zurückgegangen und liegt bei den meisten Landtagswahlen noch viel niedriger. Ob sich hier, zusammen mit den Erfolgen der PDS in den neuen Bundesländern, eine Entwicklung abzeichnet, die zu einem weniger stabilen politischen System in Deutschland führen wird, ist im vierten Kapitel zu erörtern.

II
Wirtschaft und Gesellschaft der Bundesrepublik im Wandel

Die Änderung der Wirtschafts- und Sozialstruktur

Der hohe Stabilitätsgrad des westdeutschen Systems der Parteien und Interessenvertretung bis in die 1980er Jahre ist um so erstaunlicher, wenn wir den so außerordentlich weitgehenden Wandel der ökonomischen und sozialen Struktur der Bundesrepublik betrachten.

Der Anteil der Erwerbstätigen in der Landwirtschaft, der von 1882–1939 im Deutschen Reich langsam von 43 % auf 25 % zurückgegangen war, ist in den knapp vier Jahrzehnten von 1950 bis 1987 drastisch von 23 % auf 3 % gefallen.[1] Die wirtschaftliche Marginalisierung der allerdings politisch weiterhin sehr einflußreichen Landwirtschaft war mit einer weitgehenden Strukturveränderung verbunden. Hatten sich zunächst im Zeichen der extremen Nahrungsmittelknappheit am Ende des Krieges und in der Schwarzmarktzeit der ersten Nachkriegsjahre auch unrentable Höfe in den Nischen der Tausch- und Schattenwirtschaft halten können, so änderte sich das mit dem Übergang zur Marktwirtschaft und dem Anschluß Deutschlands an den Welthandel.[2] Obwohl die Bauern, die in der NS-Zeit unter der rigiden Zwangswirtschaft für Agrarprodukte[3] gelitten hatten, es dank ihrer sehr effektiven Interessenvertretung verstanden, die Protektion und Subventionierung der Landwirtschaft in der Bundesrepublik und später im Rahmen der Europäischen Gemeinschaft durchzusetzen, so sahen sie sich doch – im Vergleich zu anderen sozialen Gruppen – als zumindest relative Verlierer des Wirtschaftsaufschwungs nach 1948/49 an.

Der Übergang von einer arbeitsintensiven zu einer kapitalintensiven Wirtschaftsweise in der Landwirtschaft ließ Hunderttausende von Kleinbauern, die den nun erst voll einsetzenden Rationalisierungs-, Mechanisierungs- und Chemisierungsprozeß in der Landwirtschaft wegen des geringen Umfangs ihres Besitzes und des Mangels an Kapital nicht mitmachen konnten, ihre Höfe verlieren. Ihre insgesamt erfolgreiche Integration in den Arbeitsmarkt, unter anderem durch die Verlagerung von Gewerbebetrieben auf das Land, aber auch die Arbeit früherer Kleinbauern als Pendler in der Stadt, war eine der großen Leistungen der 1950er und 1960er Jahre. Mit der Konzentration des Besitzes war eine erstaunliche Steigerung der Produktivität der Landwirtschaft, die immer weniger Arbeitskräfte für eine stark wachsende Produktion landwirtschaftlicher Güter benötigte, verbunden.

Parallel zu dieser wirtschaftlichen Modernisierung erfolgte ein geradezu «revolutionärer» Wandel der traditionellen ländlichen Sozialstruktur und – mit einigen Verzögerungen – auch der Verhaltensweisen und Mentalitäten der Dorfbewohner.[4] Die ersten Einbrüche in die in den 1930er Jahren – trotz der großen Erfolge der Nationalsozialisten bei der politischen Eroberung des Landes – sozial noch weitgehend abgeschlossene Welt der Dörfer erfolgte durch den Einsatz von Kriegsgefangenen und Fremdarbeitern und vor allem durch die Millionen von Frauen und Kindern, die aus den bombardierten Städten auf das Land evakuiert wurden.[5] Später mußten vor allem die ländlichen Regionen, die vom Bombenkrieg verschont worden waren, das große Heer der Vertriebenen und Flüchtlinge aus den Siedlungsgebieten der Deutschen in Mittel-Osteuropa und aus den verlorenen Ostgebieten Deutschlands aufnehmen. Diese stießen als Menschen mit anderen Lebensgewohnheiten, einem anderen Dialekt und oft auch einer anderen Konfession auf viel Ressentiment bei den Einheimischen, zumal sie, zu etwa 40 % aus Groß- und Mittelstädten kommend[6], in den landwirtschaftlichen Arbeitsprozeß nur schwer eingegliedert werden konnten. Besonders die gemeinsame Küchenbenutzung von einheimischen Familien und Flüchtlingsfamilien und der Ersatz der wegen ihrer Mitgliedschaft in der NSDAP entlassenen Dorflehrer durch Lehrer aus den Reihen der Flüchtlinge führten zu scharfen Spannungen. Die Flüchtlinge bildeten zunächst das ländliche Proletariat, brachten aber, da sie vielfach als Pendler in benachbarten Städten arbeiteten, auch früh urbane Einflüsse auf das Land.

Mit der Entbäuerlichung der Dörfer, dem Verschwinden des traditionellen Gesindes und dem Absterben des Landhandwerks haben schließlich die meisten Dorfbewohner in Gewerbe- oder Dienstleistungsbetrieben gearbeitet und sind vielfach täglich zwischen ihrem Arbeitsplatz in der Stadt und ihrem Wohnort im Dorf gependelt. Diese «Verstädterung» des Dorfes ist neben dem wirtschaftlichen Strukturwandel und dem zunehmenden Kauf industrieller Konsumgüter auf dem Land durch die steigende Mobilität der Dorfbewohner, die in wachsendem Maße auch auf Motorroller, Motorrad und Auto zurückgreifen konnten, sowie durch die Ausbreitung der Massenmedien Radio, Film und vor allem Fernsehen auf das Land beschleunigt worden. All das führte zu einer Erweiterung des Erfahrungshorizonts und zu einer zunehmenden Ausrichtung an urbanen Verhaltensmustern zunächst bei der Jugend, dann auch bei den älteren Generationen.

Diese Entwicklung hat schließlich die Integration der Flüchtlinge, sofern sie nicht ohnehin mit dem Beginn des Wirtschaftsaufschwungs in die Städte und Industriezentren umgesiedelt wurden, gefördert. Hatten die Flüchtlinge zunächst zur Vertretung ihrer lokalen Interessen, allerdings meist nicht sehr erfolgreich, eigene Organisationen aufbauen müssen und fanden sie – wenn man von den allerdings immer wichtiger werdenden Sportvereinen absieht – kaum Zugang zur traditionellen Vereins- und Festkultur des Dorfes, etwa in den Schützenvereinen und Schützenfesten, so änderte sich das in den späten 1950er Jahren. Auch die Kontrolle der dörflichen Politik, die zunächst bei den Großbauern gelegen hatte, ging allmählich auf andere soziale Schichten, vor allem Angestellte, aber auch Angehörige akademischer Berufe, über. Dazu trugen die Veränderungen der Wirtschafts- und Sozialstruktur des Dorfes ebenso wie die Tendenzen zur Professionalisierung der gemeindlichen Verwaltung im Zuge des Ausbaus der dörflichen Infrastruktur und der Zusammenfassung vieler Dörfer in größeren Gemeinden durch die Kommunalreform bei. Schließlich änderte sich auch das Heiratsverhalten. Der traditionelle Grundsatz, daß Acker zu Acker kommen soll und die Ehepartner möglichst aus dem gleichen Dorf, der gleichen sozialen Schicht und der gleichen Konfession stammen sollten, verlor zunächst bei den Unter- und Mittelschichten immer mehr an Bedeutung, und die individuelle, von Besitz und Familie unabhängige Partnerwahl nach Liebe und Neigung wurde häufiger.[7] Auch die Großbauern, die es immer schwieriger fanden, eine Frau für die schwere Arbeit einer Bäuerin zu gewinnen, blieben von diesen Entwicklungen nicht unberührt. Die Zahl der Ehen zwischen Einheimischen und Flüchtlingen, zwischen Bewohnern verschiedener Dörfer, zwischen Stadt- und Landbewohnern, zwischen Angehörigen verschiedener Konfessionen und verschiedener sozialer Schichten nahm stark zu.

Dieses Bild des Umbruchs der dörflichen Sozialstruktur und der ländlichen Verhaltensweisen setzt sich natürlich wie ein Mosaik aus vielen kleinen Steinchen, die vor allem auf der Ebene des einzelnen Dorfes zu erfassen sind, zusammen. Der Gesamtprozeß wird aber deutlich, wenn man sieht, wie etwa Bayern, auch durch die Politik aller bayerischen Regierungen unterstützt, in wenigen Jahrzehnten von einem typischen Agrarland zu einem bevorzugten Standort modernster Industrien und zu einem Zentrum wissenschaftlicher Forschungen geworden ist.

Auch im industriellen Sektor der Wirtschaft kam es zu erheblichen Veränderungen der Produktions- und Beschäftigtenstruktur. Die alten Industrien – Bergbau, Eisen und Stahl, Textilien und Nahrungsmittelherstellung –, die die Industrialisierung im 19. Jahrhundert vor allem getragen hatten, wurden abgebaut. Als Führungsbranchen erwiesen sich in den Jahrzehnten nach 1950 vor allem die chemische Industrie, die Maschinenbauindustrie und die elektrotechnische Industrie, die schon in den letzten Jahrzehnten vor 1914 den industriellen Wandel in Deutschland geprägt hatten, und die später aufkommende, nun aber rapide expandierende Autoindustrie. Der Anteil dieser Industriezweige an den Beschäftigten des verarbeitenden Gewerbes stieg von 25 % 1950 auf 46 % 1986, also fast auf das Doppelte, an.[8] Verbunden mit dem Strukturwandel war eine weit überproportionale Steigerung des deutschen Exports und eine auch im internationalen Vergleich besonders hohe Zunahme der Arbeitsproduktivität. Dabei haben grundlegende technische Neuerungen offenbar eine relativ geringe Rolle gespielt.[9] Entscheidend war die Fähigkeit der deutschen Industrie, technisch anspruchsvolle Produkte von langer Lebensdauer und hoher Qualität termingerecht liefern zu können. Erst seit etwa der Mitte der 1960er Jahre stieg die Besorgnis über die «technologische Lücke» Deutschlands wie der anderen westeuropäischen Staaten gegenüber Amerika und später auch Japan, etwa im Bereich der Mikroelektronik, der Computerherstellung und anderer neuer Technologien, die für die weitere Entwicklung der Wirtschaft als entscheidend angesehen wurden. Das trug dazu bei, daß die Ausgaben für Forschung und Entwicklung von 1962 4,5 Milliarden auf 1971 19 Milliarden oder von 1,25 auf 2,38 % des Bruttosozialproduktes gesteigert wurden.[10]

Insgesamt stieg der Anteil der Erwerbstätigen im industriellen Sektor von 1950 43 % zunächst auf 1970 49 % an. In den folgenden Jahrzehnten hat jedoch dieser sogenannte «sekundäre» Sektor der Wirtschaft zugunsten des seit der Jahrhundertwende ständig expandierenden «tertiären» Sektors (Handel, Transport, Kommunikation und Dienstleistungen), in dem 1955 33 % und 1989 bereits über 55 % der Erwerbstätigen beschäftigt waren, an Bedeutung verloren. Die Bundesrepublik wurde so von der für moderne Gesellschaften typischen Entwicklung von einer Industrie- zu einer Dienstleistungsgesellschaft mit einem kleinen agrarischen und einem weiterhin bedeutenden industriellen Sektor voll erfaßt.

Der Strukturwandel der Wirtschaft spiegelt sich in der veränderten Berufsstruktur. Der Anteil der Selbständigen und der mithelfenden Familienangehörigen – meist Frauen – fiel von 29 % 1950 auf 10 % 1987 um fast zwei Drittel. Im gleichen Zeitraum sank auch der Anteil der Arbeiter von über 50 % auf 40 %. Beamte und Angestellte, deren Anteil im gleichen Zeitraum von 20 % auf 50 % stieg, bilden nun anstelle von Arbeitern die größte Berufsgruppe.

Für die Parteipolitik hatte das – wie schon erwähnt – die

Konsequenz, daß die Sozialdemokratie mit ihrer traditionellen Stärke unter den protestantischen Industriearbeitern und ihren geringen Erfolgen bei Selbständigen einen erheblichen Teil der Angestellten und Beamten gewinnen mußte, wenn sie ihre Position bei Wahlen behalten und ausbauen wollte. Nach Untersuchungen der Wahlforschung ist zwischen 1953 und 1972 der Anteil der CDU/CSU an den Stimmen der Angestellten und Beamten bei Bundestagswahlen von ca. 50 % auf unter 40 % zurückgegangen, während der der SPD von 26 % auf knapp 47 % stieg.[11] Seit 1976 lag dann die CDU/CSU bei dieser sozialen Gruppe wieder vor der SPD.

Das Bruttosozialprodukt ist von 1950 bis 1989 nominell um das 23fache gestiegen.[12] Das ist ein dramatischer Zuwachs, selbst wenn man bedenkt, daß im gleichen Zeitraum die Erwerbstätigen um mehr als ein Drittel und die Lebenshaltungskosten um etwa das Dreifache zunahmen. Die Erhöhung der Reallöhne, also der Kaufkraft der Löhne, um das Dreieinhalbfache[13] war eine Folge der dynamischen Steigerung der Produktivität der Wirtschaft. Diese grundlegende Verbesserung des Lebensstandards war für die Arbeitnehmer eine völlig neue Erfahrung, wenn wir bedenken, daß die Realwochenlöhne von 1880 bis 1913 nur um etwa 60 % und in der Zeit der Weimarer Republik und der nationalsozialistischen Herrschaft zusammen nur um etwa 15 % gestiegen sind.[14] Ein kennzeichnender Ausdruck des zunehmenden Wohlstandes war die Veränderung der Ausgabenstruktur der Haushalte. 1950 entfielen noch mehr als die Hälfte aller Verbrauchsausgaben eines Vier-Personen-Arbeitnehmerhaushalts mit mittlerem Einkommen auf Ausgaben für Nahrungsmittel, 1988 nur noch ein knappes Viertel. Da nach einem bereits 1857 von dem bedeutenden preußischen Statistiker Ernst Engel aufgestellen «Gesetz» der Anteil der Ernährungsausgaben mit zunehmendem Einkommen sinkt, während die Ausgaben für langlebige Konsumgüter steigen, spiegelt sich in dieser Veränderung der wachsende Wohlstand wider. Besonders deutlich wird das auch in der Zunahme des Anteils der Ausgaben für typische Freizeitgüter von 3 % auf 18 % vom Anfang der 1950er Jahre bis 1988.[15]

Die Entstehung der Konsumgesellschaft

Die Bundesrepublik wurde in der Zeit von der Mitte der 1950er Jahre bis zur Rezession von 1973 zu einer modernen Konsumgesellschaft. Die Anzahl der Autos stieg von weniger als 300000 1948 auf mehr als 15 Millionen 1971, als etwa jeder vierte Deutsche einen Wagen besaß.[16] 1988 entfiel mit 28,9 Millionen PKWs auf fast jeden zweiten ein Auto.[17] Erst in den 1950er Jahren setzte auch die Mechanisierung des Haushalts ein. Noch am Ende der 1940er Jahre kam bei uns in Berlin-Dahlem regelmäßig im Sommer ein Pferdewagen, aus dem ein Mann mit einer Lederschürze große Eisstücke holte, sie mit einem Eispickel zerkleinerte und in den Eisschrank trug. Einige Jahre später gehörten elektrische Kühlschränke und bald auch Waschmaschinen zur Standardausrüstung der Wohnungen. Ich erinnere mich, daß 1956, als unsere besten Freunde ihr drittes Kind bekommen hatten, wir zuerst in den Keller gingen, um die neue Waschmaschine zu bewundern, ehe wir das Baby ansahen.

Entscheidend verbesserten sich die Wohnverhältnisse. Nachdem bei Kriegsende mehr als 20 % des Wohnraums zerstört waren, während sich die Bevölkerungszahl Westdeutschlands durch den Zustrom der Vertriebenen und Flüchtlinge um etwa ein Fünftel erhöhte, mußten sich 1950, statistisch gesehen, drei Haushalte zwei Wohnungen teilen, und nur etwa die Hälfte der Haushalte verfügte über eine eigene Kochstelle.[18] Lebten vor dem Krieg vor allem alleinstehende Personen – wie zum Beispiel die Studenten – als Untermieter, so traf dieses Schicksal nun auch Millionen mehrköpfiger Familien, die, meist vom Wohnungsamt zwangsweise eingewiesen, im allgemeinen mit wenig Verständnis bei ihren Vermietern rechnen konnten. Der Wunsch nach den eigenen vier Wänden stand daher, nachdem es seit 1948/49 genügend zu Essen gab und wenig später auch die oft abgewetzte Kleidung ersetzt werden konnte, an oberster Stelle. Bis 1960 wurden etwa 5,7 Millionen neue Wohnungen gebaut, davon 3,2 Millionen mit massiver staatlicher Unterstützung im sozialen Wohnungsbau[19] für untere und mittlere Einkommensgruppen. Die durchschnittliche Größe der neugebauten Wohnungen stieg von 1953 bis 1960 von 55 auf 70 Quadratmeter.[20] Noch wesentlicher war, daß seit dem Zweiten Weltkrieg die neu gebauten Wohnungen nicht mehr durch Kachelöfen beheizt, sondern im allgemeinen einer Zentralheizung angeschlossen waren, daß Gas- und Elekroherde die Kohlenherde ersetzten und daß im Gegensatz zu früher, als noch oft mehrere Parteien eine Toilette auf dem Hof oder an der Treppe teilen mußten, nun der Einbau eines Bades und einer Toilette mit Wasserspülung in jeder Wohnung selbstverständlich war. Am Ende der 1980er Jahre war trotz der Verkleinerung der durchschnittlichen Haushalte die Wohnfläche der neugebauten Wohnungen auf rund 100 qm gestiegen. Hatten 1950 nur 10 % der Wohnungen eine Zentralheizung und 20 % ein Bad, so waren es nun 73 % bzw. 95 %.[21] In den 1950er Jahren waren Hotelzimmer mit einem eigenen Bad noch eine seltene Ausnahme. Knapp zwei Jahrzehnte später gehörten Bad und Toilette im Zimmer schon zur Standardausrüstung jeder besseren Pension. Noch Anfang der 1960er Jahre hatten nur 14 % der Haushalte ein Telefon, 1988 waren es 93 %.[22]

Die Änderung der Konsumgüter und ihres Verkaufs und die Herausbildung eines neuen Konsumverhaltens[23] zeigt sich gerade auch im täglichen Leben der Hausfrau. Die Anschaffung von Staubsaugern, Kühlschränken, Waschmaschinen, elektrischen Küchenmaschinen und neuen Gasherden oder elektrischen Herden, später auch von Geschirrspülmaschinen und Tiefkühltruhen, erleichterte die Arbeit der Hausfrau, die nun kein Dienstmädchen, wie noch fast jeder «bürgerliche» Haushalt vor dem Krieg, mehr hatte. Dadurch wurde verheirateten Frauen – sofern die Kinder im Kindergarten, in der Schule oder ganz aus dem Haus waren – ebenfalls Berufsarbeit ermöglicht, die allerdings nach wie vor mit einer starken Mehrbelastung durch die gleichzeitige Versorgung des Haushalts verbunden ist.

Die Ernährungsweise und die Art der Nahrungsmittel änderten sich. An die Stelle von Kaffee-Ersatz trat der «echte Bohnenkaffee», wie überhaupt die «Ersatzstoffe» aus der «schlechten Zeit» der Kriegs- und Nachkriegsjahre aus dem täglichen Speisezettel verschwanden. Auch der Verbrauch von

Kartoffeln, Roggenbrot, Mehl, Gries, Nudeln und Hülsenfrüchten nahm ab und der von Honig, Süßigkeiten, Quark, Südfrüchten, Schinken, Geflügel und Bier nahm stark zu.[24] Fast nur noch die ältere Generation der Hausfrauen lagerte Kartoffeln über den Winter und machte Obst und Gemüse selbst ein. Die Jüngeren griffen immer häufiger zu Obst- und Gemüsekonserven oder später zur Tiefkühlkost, zu Puddingpulver, zu Suppenwürfeln und schließlich zu Fertiggerichten, die nur noch aufgewärmt werden mußten.

Das Einkaufen wandelte sich grundlegend. An die Stelle des Ladens an der Ecke, in dem man einen Schwatz mit der Nachbarin halten und sich vom Kaufmann bei der Auswahl der Waren beraten lassen konnte, trat das unpersönlichere Selbstbedienungsgeschäft, später auch der Supermarkt, in denen das Angebot viel größer war, man aber selbst die Qual der Wahl hatte. Diese von den Amerikanern propagierte neue Form des Warenverkaufs, die zunächst von den Organisationen des Einzelhandels abgelehnt wurde[25], setzte sich durch, weil sie Personal, das immer teurer wurde, einsparte und den Umsatz steigerte. Sie führte jedoch dazu, daß viele der Einzelhändler, die sich auf die neue Art des Verkaufs nicht umstellen wollten oder nicht das nötige Kapital für den Umbau ihrer Läden hatten, ihre selbständige Existenz verloren und die großen Einzelhandelsketten, aber auch die Produzenten von Markenartikeln, ihre Stellung auf dem Markt wesentlich stärken konnten.

Die Entwicklung zur Konsumgesellschaft in Deutschland hat natürlich nur eine Entwicklung nachvollzogen, die in den Vereinigten Staaten sehr viel früher, seit den späten 1920er Jahren, eingesetzt hatte und für die es viele Parallelen in west-, nord- und schließlich auch südeuropäischen Ländern und seit etwa den 1970er Jahren sogar in Osteuropa gab. Kennzeichnend waren der Übergang von individuellen zu standardisierten, industriell hergestellten Konsumprodukten bei gleichzeitiger Steigerung des Angebots, die Kommerzialisierung des Konsums durch den weitgehenden Verzicht auf den direkten Kontakt zwischen Produzenten und Konsumenten und die Veränderung des Handels durch Selbstbedienungsläden und Warenhäuser. Damit verbunden waren die «Entdeckung» der Jugendlichen und der Alten, schließlich auch der Kinder als besonderer Käufergruppen, die weitgehende Abschaffung der Hierarchie zwischen gehobenem und einfachem Konsum und des Unterschiedes zwischen Stadt und Land durch die Markenartikel, die sich an alle Verbraucher wandten, sowie Tendenzen zur Internationalisierung des Konsums durch zunehmende Angebote aus anderen Ländern. Typisch war ferner die außerordentlich gestiegene Bedeutung der Werbung, die erst den Massenabsatz von Markenartikeln sicherte.[26]

Freizeit und Massentourismus

Parallel zur Konsumgesellschaft entwickelte sich in der Bundesrepublik eine Gesellschaft, in der die Freizeit eine immer größere Rolle spielte. Das wurde möglich durch die Reduzierung der wöchentlichen Arbeitszeit, die Durchsetzung des freien Sonnabends für die Masse der Arbeitnehmer gemäß der populären in den Kindermund gelegten Gewerkschaftsparole «Samstags gehört Vati uns» und die Verlängerung des erst in der Weimarer Republik und in der NS-Zeit auch für die Arbeiter eingeführten, zunächst sehr kurzen Jahresurlaubs. Allerdings dauerte es bis 1963, ehe in einer bundesgesetzlichen Regelung der Mindesturlaub bis zur Vollendung des 35. Lebensjahres auf 15, für die Älteren auf 18 Tage festgelegt wurde.[27] Ein Spiegel dieser Entwicklung ist auch die langfristige Änderung der Einstellung zur Arbeit. Nach Meinungsumfragen aus den Jahren 1953 und 1979 stieg der Anteil der Männer, die keine Arbeit hatten. Noch wichtiger war jedoch, daß der Anteil derer, die keine Arbeit hatten, aber eine Arbeit intensiv suchten, von 18 % auf 7 % zurückging.[28] Gleichzeitig zeigte die immer geringer werdende Bereitschaft, für eine Arbeit den Wohnort zu wechseln, daß der Wert der Arbeit, die Arbeitszufriedenheit und die Bedeutung, die man der eigenen beruflichen Karriere zumaß[29], besonders für Männer mit der Steigerung des Lebensstandards und der Ausdehnung der Freizeitaktivitäten stark zurückgegangen sind. Das hat sich allerdings in den letzten Jahren der steigenden Arbeitslosigkeit auch in Westdeutschland – in Ostdeutschland hat Arbeit traditionell immer einen hohen Stellenwert im Leben des Einzelnen gehabt – wieder geändert.

Am Ende der 1950er Jahre beginnt der Massentourismus in Westdeutschland. Reisen zu machen war schon 1953 ein ausgeprägter Wunsch von 56 % der Westdeutschen, 1979 waren es sogar 73 %.[30] Allerdings gingen die meisten Reisen vor den 1960er Jahren zunächst in andere deutsche Regionen oder nach Österreich und allenfalls nach Italien[31], dessen Romantik in dem etwas schmalzigen, aber sehr populären Lied «Die Caprifischer» mit der Anfangszeile «Wenn bei Capri die rote Sonne im Meer versinkt» von Millionen Deutschen besungen wurde. Später führte ihre Leidenschaft für Auslandsreisen die Deutschen in immer fernere europäische Länder und auch andere Erdteile. Von 1962 bis 1988 nahm die Zahl der Urlaubsreisen von 12,4 auf 39,8 Millionen zu. Dabei stieg der Anteil der Auslandsreisen von knapp 42 % auf über 68 %.[32]

Einen wesentlichen Anteil an dieser Entwicklung hatte die Massenmotorisierung. Noch 1957 benutzte die Mehrheit der Urlaubsreisenden die Eisenbahn und nur ein Viertel ein Auto. Bis zur Mitte der 1960er Jahre hatte sich dieses Verhältnis umgekehrt.[33] Der Jahresurlaub, daneben aber auch der zusätzliche Urlaub zum Wintersport und Kurzurlaube an langen Wochenenden oft im eigenen Campingwagen nahmen stark zu. Seit dem Ende der 1960er Jahre machten schließlich pauschale Flugreisen und Schiffspassagen dem Verreisen mit dem eigenen Wagen immer mehr Konkurrenz.

Der Individualverkehr im eigenen Wagen änderte auch die Lebensweise der Menschen. Er führte Stadt und Land zusammen, förderte die Entprovinzialisierung des dörflichen Lebens und damit die Auflösung des geschlossenen ländlichen Sozialmilieus, erleichterte den vielen Pendlern den Übergang von der Landwirtschaft in die Industrie oder in Dienstleistungsberufe und unterstützte die Tendenz von immer mehr Menschen, ihre Wohnung und vor allem ihre Eigenheime oft weit von ihrer Arbeitsstätte entfernt in den Vororten der Stadt oder in einer nahegelegenen ländlichen Gemeinde zu suchen.

Die neuen Massenmedien

Mindestens ebenso bedeutsam waren die Wirkungen der neuen Massenmedien. Rundfunk und Kino hatten bereits in der Weimarer Republik im Leben der Menschen – vor allem allerdings in den Städten – eine zunehmende Rolle gespielt. Die Nationalsozialisten, die mit der Produktion des billigen «Volksempfängers» die Massen zu erreichen versuchten, haben vor allem den Rundfunk, in oft subtilerer Weise auch Filme, bewußt und systematisch zur Verbreitung ihrer Ideologie, zur Rechtfertigung ihrer Politik und zur Beeinflussung der Mentalitäten und Verhaltensweisen der «Volksgenossen» eingesetzt. Die 1950er Jahre waren zunächst der Höhepunkt des Rundfunkhörens. UKW verbreitete sich schnell in Westdeutschland, dem im Kopenhagener Wellenplan 1948 nur wenige halbwegs gute Mittelwellenfrequenzen zugesprochen worden waren. So erreichte man aus der Notsituation heraus in den frühen 1950er Jahren eine internationale Spitzenstellung im UKW[34], hatte die Qualität der Wiedergabe verbessert und die Auswahl der Sender erhöht. Schon in der Mitte der 1950er Jahre waren fast alle westdeutschen Haushalte mit einem Rundfunkgerät ausgestattet, das sie in der Zeit nach der Währungsreform neu angeschafft hatten.[35]

Diente der Rundfunk zum alltäglichen Gebrauch, so war, wie ich mich gut erinnern kann, der tagelang vorher besprochene, gemeinsame Kinobesuch der Familie im «Flohkino» an der nächsten Ecke oder aber – festlicher – in einem der großen Filmpaläste in der Innenstadt der Höhepunkt der Woche. Die Zahl der Kinobesuche erreichte 1956 mit 818 Millionen im Jahr ihren höchsten Stand.[36] Dann kam ein tiefer Einbruch durch das Fernsehen, das mit 5–6 Jahren Verspätung gegenüber den Vereinigten Staaten und Großbritannien die deutschen Haushalte erreichte und die Lebensgewohnheiten der Menschen in kurzer Zeit wesentlich veränderte. Nachdem die meisten Menschen ihre erste Bekanntschaft mit dem neuen Medium durch die Übertragung von sportlichen oder anderen Großereignissen – wie etwa der Fußballweltmeisterschaft in Bern 1954 – in Gaststätten gemacht hatten, drangen die langsam billiger werdenden Fernsehgeräte seit Mitte der 1950er Jahre auch in die Wohnstuben ein. Im Februar 1955 wurde die Marke von 100 000 Fernsehteilnehmern überschritten, Ende der 1950er Jahre gab es bereits 3 Millionen, im September 1963 8 Millionen und 1970 16 Millionen gemeldete Fernsehgeräte.[37]

Damit änderte sich auch der häusliche Feierabend. Der Gaststättenbesuch vor allem der Männer ging zurück; statt der gemeinsamen, um den Tisch eingenommenen Mahlzeit der Familie wurden am Abend Schnittchen vor dem Fernsehgerät verzehrt, und der Verbrauch von Bier und Knabbergebäck stieg. Das Fernsehprogramm, das zunächst nur am späten Nachmittag und Abend ausgestrahlt wurde, etablierte sich als die mit Abstand wichtigste Abendunterhaltung der Familie nach der Arbeit. Am stärksten war davon das Kino betroffen. Obwohl die Kinobesitzer mit großen Werbeaktionen, unter anderem mit dem Plakat «Mach Dir ein paar schöne Stunden, geh ins Kino», den Trend aufzuhalten versuchten, ging die Zahl der Kinobesuche schon 1962 auf 443 Millionen oder wenig mehr als die Hälfte des Standes von 1956 zurück[38] und fiel bis 1985 auf 104 Millionen.[39] Das «Flohkino» an der Ecke wurde zum Selbstbedienungsladen, und die großen Filmpaläste versuchten sich durch die Aufteilung in viele kleine Kinos, die verschiedene Filme zeigten, mühsam über Wasser zu halten. Immer seltener ging die Familie gemeinsam ins Kino, das von großen, aufwendigen «Filmspektakeln» abgesehen, vor allem ein Medium für Jugendliche und einen kleinen Kreis von Cineasten wurde. Auch der Besuch von Gaststätten, Tanzlokalen und das Radiohören, besonders am Abend, ging zurück, während die Konzerte, die Volkshochschulen und mit gewissen Einbußen auch die Theater sich gegen die Konkurrenz des Heimkinos behaupten konnten.[40]

Die geschilderten Tendenzen in Richtung auf eine Konsum-, Freizeit- und Fernsehgesellschaft sollten allerdings nicht darüber hinwegtäuschen, daß das Leben der Menschen weiterhin vor allem von ihrer Arbeit bestimmt wurde. Insbesondere in den frühen 1950er Jahren haben wir es noch mit einer Mangelgesellschaft zu tun, und der höhere Lebensstandard erreichte zunächst die Ober- und Mittelschichten und erst seit Ende der 1950er bzw. Anfang der 1960er Jahre zunehmend auch die Masse der Arbeiter und einfachen und mittleren Angestellten sowie die Rentner. Auch sollten die Kosten dieser Entwicklung nicht übersehen werden. Die erst mit der ökonomischen Krise seit 1973/74 gebremste Erwartung eines ständigen wirtschaftlichen Wachstums und einer unaufhaltsamen weiteren Erhöhung des Lebensstandards verdrängte in Westdeutschland, wie in anderen westlichen Industrieländern, lange die Einsicht, daß die Ressourcen der Natur begrenzt sind und nicht alles im Leben käuflich ist. Auch in der Politik gibt es zunehmend Tendenzen, selbst die Demokratie für ein Warenhaus zu halten, in dem man sich die besten Angebote heraussucht, und die Politiker nach ihrem Unterhaltungswert und ihrer, von modernsten Marketingstrategien aufpolierten Werbewirksamkeit, nicht aber nach ihren Leistungen und ihren Konzeptionen zu beurteilen.

Die neuen Konsum- und Lebensformen hatten eine nivellierende und – wenn man so will – egalitäre und demokratisierende Tendenz. Wie schon vorher Massensportveranstaltungen waren Kino, Rundfunk und Fernsehen nicht schichtenspezifisch, wenn auch in der Auswahl der Filme und Sendungen die unterschiedliche Bildung und der kulturelle Hintergrund eine Rolle gespielt haben mag. Auch die Massenartikel im Supermarkt wurden von Konsumenten aus allen Schichten gekauft. Gewiß gab es weiterhin große Unterschiede im Einkommen und noch mehr in der Verteilung der Vermögen, in der Größe und Ausstattung der Wohnungen und der Autos, die für viele zu einem Statussymbol wurden, wie schließlich auch in der Art des Reisens. Insgesamt haben sich aber – vor allem im Vergleich zum Kaiserreich, zur Weimarer Republik und zur NS-Zeit – die Lebensstile und Mentalitäten der verschiedenen sozialen Schichten und Gruppen durch den Einfluß von Massenkonsum, ähnlichen Freizeitaktivitäten und Massenmedien angeglichen.

Der Abschied von der «Proletarität»

Im Falle der Arbeiter spricht man von einem «Abschied von der Proletarität»[41], dem Ende des spezifischen Lebensstils und der spezifischen Wertvorstellungen der Arbeiter und der Auflösung des besonderen Arbeitermilieus, das vor allem in protestantischen Großstädten das Rückgrat der Sozialdemokratie, der Kommunisten und der sozialistischen Gewerkschaftsbewegung gebildet hatte. Dieses spezifische Arbeitermilieu hatte sich prägend in der Zeit des Kaiserreiches – nicht zuletzt durch die Verfolgung der Sozialdemokratie und der sozialistischen Freien Gewerkschaften während des Sozialistengesetzes 1878–1890 – herausgebildet. Es entstand eine große, weltanschaulich geprägte Solidargemeinschaft, in der neben der Sozialdemokratischen Partei und den sozialistischen Gewerkschaften die auf dem Genossenschaftsprinzip aufbauenden Konsumvereine und eine große Zahl von Kultur-, Bildungs-, Freizeit- und Sportorganisationen, unterstützt durch eine eigene, um die Feier des 1. Mai zentrierte, proletarische Festkultur, den Arbeiter in seinem gesamten Leben gleichsam von der Wiege bis zur Bahre zu erfassen versuchten. Unabhängig von der Arbeiterbewegung gab es daneben einen proletarischen Lebensstil, der in der Wohnweise in Mietskasernen und besonderen Arbeiterwohnvierteln, in weitgehend von den Arbeitern als Kunden abhängigen Gaststätten, Tabak- und Lebensmittelläden, in Ansätzen eines eigenen Konsumverhaltens und in arbeiterspezifischen Werten – vor allem dem der Solidarität – zum Ausdruck kam.[42]

Diese Arbeiterbewegungs- und Arbeiterkultur war nie von der Gesamtgesellschaft, die vor allem über die Schulen, die Militärzeit, die Kirchen und später die Organe der Sozialversicherung[43], aber auch durch die Popularität nationaler Ideen, Bewegungen und Symbole auf die Arbeiterschaft einwirkte, getrennt; sie hat auch nie die gesamte Arbeiterschaft erfaßt. Während die in der Reichsgründungszeit noch starke liberale Arbeiterbewegung schnell an Boden verlor[44], die Landarbeiter gegen den Einfluß der sozialistischen Organisationen durch Gutsbesitzer, Bauern und die Organe der örtlichen staatlichen

Verwaltung und Polizei im Kaiserreich weitgehend erfolgreich abgeschirmt wurden, außerdem nationale und wirtschaftsfriedliche Arbeiterorganisationen auf den Plan traten[45], blieb vor allem auch ein Großteil der katholischen Arbeiter im Bannkreis des Zentrums, der christlichen Gewerkschaften[46] und des um die katholische Kirche zentrierten katholischen Vereinswesens. Auch war die Solidarität zwischen ungelernten Arbeitern und Facharbeitern, ausländischen und deutschen Arbeitern, zwischen männlichen Arbeitern und den oft als lohndrückende Konkurrenz angesehenen weiblichen Arbeitern keineswegs ungetrübt.

In der Weimarer Republik haben einerseits die Demokratisierung und der soziale Ausbau des Staates, die Zusammenarbeit der Sozialdemokraten mit bürgerlichen Parteien bei der Bildung von Regierungen auf Reichs- und Landesebene, aber auch die Entstehung neuer Formen des Massenkonsums, der Freizeitindustrie, der nicht schichtenspezifischen Massenmedien Film und Rundfunk und einer weltanschaulich nicht gebundenen Massenkultur die Tendenzen zur Integration der Arbeiter in die Gesamtgesellschaft verstärkt. Andererseits ist aber als Konsequenz der politischen Spaltung der sozialistischen Arbeiterbewegung in Sozialdemokraten und Kommunisten vor allem in den letzten Jahren der Weimarer Republik auch die Einheit der sozialistischen Arbeiterbewegungskultur aufgelöst worden.[47] Vor allem in der Massenarbeitslosigkeit der Weltwirtschaftkrise ist zudem die politische durch eine soziale Spaltung der Arbeiterschaft verschärft worden: Die ungelernten Arbeiter und die Arbeitslosen orientierten sich mehrheitlich an den Kommunisten, die Facharbeiter an der Sozialdemokratie und viele der politisch und gewerkschaftlich nicht organisierten Arbeiter, besonders die Landarbeiter und die kleingewerblichen Arbeiter, an der NSDAP.[48]

Die Nationalsozialisten haben nicht nur alle selbständigen Arbeiterorganisationen von den Parteien über die Gewerkschaften bis zu den mit der Arbeiterbewegung verbundenen Kultur-, Bildungs- und Sportvereinen zerschlagen, sondern durch «Verführung und Gewalt»[49] wurden auch das kollektive Selbstverständnis, tradierte Lebensformen und spezifische

Werte der Arbeiterfamilien zerstört oder doch zumindest entscheidend geschwächt.[50] Viele Arbeiter wurden vom Konzept der allerdings real nicht verwirklichten klassenlosen «Volks- und Betriebsgemeinschaft» und der Usurpation und geschickten Umdeutung von Arbeitertraditionen und Arbeitersymbolen, wie der Feier des erst 1933 zum «nationalen Feiertag» erhobenen 1. Mai, angezogen. Vielfach registrierten sie aufgrund der Überwindung der Massenarbeitslosigkeit durch die Arbeitsbeschaffungsprogramme und die Aufrüstung, des Ausbaus der betrieblichen Sozialpolitik zur Bindung von Facharbeitern und der Freizeitangebote der von der Deutschen Arbeitsfront (DAF) nach italienischem Vorbild geschaffenen populären Organisation Kraft durch Freude (KdF) eine Verbesserung ihrer sozialen Position. Im Krieg erhöhten sich durch die Unterschichtung der Arbeiterschaft durch Kriegsgefangene, KZ-Häftlinge und ausländische Arbeiter die Aufstiegschancen vor allem der deutschen Facharbeiter in einer allerdings insgesamt verelendenden Gesellschaft.

Nach dem Krieg wurden, wie schon erwähnt, keine ernsthaften Versuche zum Wiederaufbau der Kultur- und Freizeitorganisationen der Arbeiterschaft gemacht. Die Konsumvereine, die zunächst noch erhalten blieben, sind nach einer anhaltenden Krise schließlich mit wenigen Ausnahmen am Anfang der 1970er Jahre in zentralisierte Aktiengesellschaften überführt worden.[51] Auch die lokale Geschlossenheit des Arbeitermilieus war durch die Verlagerung von kriegswichtigen Betrieben auf das Land, die Massenevakuierung von Frauen und Kindern im Zeichen des Bombenkrieges und den später um 1950 einsetzenden massenhaften Zuzug von Flüchtlingen und Vertriebenen – dem neuen Proletariat – aufgebrochen worden und ist in den von vornherein sozial durchmischten Neubaugebieten erst gar nicht entstanden.

Die Enge der proletarischen Existenz wurde überwunden: durch die dramatische Steigerung des Lebensstandards, die Explosion der Reallöhne, die Überwindung der Altersarmut der Arbeiter mit der Einführung der dynamischen Rente, durch die Annäherung – wenn auch nicht Gleichsetzung – des sozial- und arbeitsrechtlichen Status von Angestellten und Arbeitern, der sich zum einheitlichen Status eines Arbeitnehmers zu entwickeln begann, und die Erweiterung der Bildungschancen für Arbeiterkinder vor allem seit den 1960er Jahren. Zudem kam es zu einer erneuten Unterschichtung der Arbeiter durch ausländische «Gastarbeiter» und zur zunehmenden Differenzierung der Arbeiterschaft nach ihren unterschiedlichen Qualifikationen. All das, wie auch die Entproletarisierung der Mitglied- und Wählerschaft der Sozialdemokratie, haben bewirkt, daß der «klassenbewußte Industriearbeiter» nicht mehr – wie im Kaiserreich und in der Weimarer Republik – der Normalfall war, sondern die Ausnahme wurde. Selbstverständlich gibt es weiterhin Besonderheiten der Arbeiterexistenz in den Betrieben und in der Sozialpolitik, aber – wenn man von Sonderfällen wie einigen Bergarbeitervierteln absieht – kaum noch im privaten Leben. Dieses wird, ebenso wie das anderer Berufsgruppen, vom Fernsehen, dem Massentourismus, einem ähnlichen Konsumverhalten und von einer trotz regionaler Unterschiede insgesamt ähnlichen Erfahrungswelt geprägt und hat aufgehört, spezifisch proletarisch zu sein.

Die Angestellten

Der besondere Status der Angestellten, die sich vor allem in ihren mittleren und oberen Gruppen traditionell mehr mit den Beamten als mit den Arbeitern identifizierten, hat viel von seiner rechtlichen und mentalen Bedeutung in der Bundesrepublik verloren. Der Prozeß der Herausbildung der Angestellten als einer von den Arbeitern abgehobenen sozialen Gruppe, als «neuer Mittelstand», zu dem meist auch die Beamten gerechnet wurden, war von der Gesetzgebung 1911 mit der Schaffung einer gesonderten Renten- und Hinterbliebenenversicherung der Angestellten mit höheren Beiträgen und Leistungen[52] gefördert worden – damit beschritt man in Deutschland (und Österreich) einen Sonderweg. Der Wunsch staatlicher Stellen und der «bürgerlichen» Parteien, durch die Privilegierung der Angestellten diese gegen die Agitation der Sozialdemokratie und der sozialistischen Freien Gewerkschaften zu immunisieren und für den Staat bzw. die eigene Partei zu gewinnen, hatte dabei eine zentrale Rolle gespielt. In der Weimarer Republik wurde in allen großen sozialpolitischen Gesetzgebungswerken – mit Ausnahme der 1927 geschaffenen Arbeitslosenversicherung – die Sonderstellung der Angestellten im Sozial- und Arbeitsrecht auch als Ergebnis einer sehr wirksamen Interessenvertretung der inzwischen vergewerkschafteten Angestelltenverbände weiter ausgebaut.[53]

In der NS-Zeit wurde dieser Prozeß gestoppt und – allerdings nur in einigen Teilbereichen – unter dem Druck der Nationalsozialistischen Betriebszellen-Organisation (NSBO) und der Einheitsorganisation der Deutschen Arbeitsfront rückgängig gemacht.[54] Eine berufsständische Ordnung, die den Sonderstatus der Angestellten garantierte und ihren Organisationen die Kontrolle über den Zugang zu Angestelltenberufen gab, zog der NS-Staat – entgegen den Erwartungen der Angestelltenschaft – nicht einmal ernsthaft in Erwägung. Die Angestelltenorganisationen wurden, wenn auch mit einiger Verzögerung gegenüber den Arbeitergewerkschaften, gleichgeschaltet. Viele Angestellte empfanden die technisch-organisatorische Rationalisierung der Verwaltungen und der Büroarbeit, die nach 1933 und vor allem im Kriege zur Freisetzung von Arbeitskräften forciert wurde, als Bedrohung. Die gesonderte Vertretung der Angestellten durch einen eigenen Angestelltenrat im Rahmen der 1920 geschaffenen Betriebsräte wurde durch das «Gesetz zur Ordnung der nationalen Arbeit» vom Januar 1934, das gemeinsame «Vertrauensräte» für Angestellte und Arbeiter schuf, aufgehoben. Mit der Lohnfortzahlung an gesetzlichen Feiertagen und einer Urlaubsregelung erhielten auch die Arbeiter bisherige Sonderrechte der Angestellten.

Auch ideologisch griffen vor allem NSBO und DAF den «Standesdünkel» der Angestellten immer wieder an, während gleichzeitig die Arbeiter, die sich nicht mehr als Proletarier fühlen sollten, in der Propaganda des Regimes aufgewertet wurden. Allerdings blieben die Versuche zur Nivellierung der Unterschiede zwischen Arbeitern und Angestellten in Ansätzen stecken, da alle Bemühungen der DAF und des linken Flügels der NS-Bewegung, die Rentenversicherung der Arbeiter und Angestellten organisatorisch und in ihren Leistungen zu vereinheitlichen, am Widerstand der Arbeitgeber und der konservativen Ministerialbürokratie scheiterten.

In der frühen Bundesrepublik ist zunächst die Sonderstellung der Angestellten im Arbeits- und Sozialrecht beibehalten und im Mitbestimmungsgesetz von 1976 durch eine eigene Vertretung der «leitenden Angestellten» im Aufsichtsrat sogar erweitert worden. Insgesamt lief jedoch die Entwicklung auf eine Verringerung der Unterschiede zwischen Angestellten und Arbeitern in der Art der Arbeit, in der politischen Orientierung und in der Selbsteinschätzung hinaus. Durch Mechanisierung, Automatisierung und Rationalisierung sowohl in der Produktion wie auch in den Verwaltungen und der Büroarbeit sind die Arbeitsplätze ähnlicher geworden. Wenn man von ungelernten Arbeitern einerseits und den leitenden Angestellten andererseits absieht, haben sich die Unterschiede in den Einkommen verringert, das Konsum- und Freizeitverhalten näherte sich an; im Sozial- und Arbeitsrecht ist der Status der Arbeiter und Angestellten weiter angeglichen worden. Die Unterschiede im Leistungsrecht der Rentenversicherungen wurden 1957 beseitigt, und durch Gesetze von 1964 und 1969 wurde ein Finanzausgleich zwischen den weiterhin separaten Rentenversicherungen der Arbeiter und Angestellten herbeigeführt.[55] In der Pflegeversicherung sind Angestellte und Arbeiter, wie auch die Beamten, gleichgestellt.

Durch die zunächst von den Gewerkschaften, u. a. nach einem Streik in der Metallindustrie Schleswig-Holsteins 1956/57, in Tarifverträgen erkämpfte Lohnfortzahlung im Krankheitsfall, die schließlich durch ein Gesetz von 1969 verankert wurde, erhielten die Arbeiter ein wichtiges Privileg der Angestellten.[56] Die neuesten Bemühungen, diese Lohnfortzahlungen wieder einzuschränken, treffen auf den erbitterten Widerstand der Gewerkschaften, die in keinem Fall eine erneute Sonderstellung der Angestellten zulassen wollen.

In ihrer politischen Haltung weichen Arbeiter und Angestellte, wenn wir von den leitenden Angestellten absehen, nur noch wenig voneinander ab. Obwohl es immer noch gewisse

Unterschiede in der Inanspruchnahme von Bildungschancen und auch im Sozialprestige von Arbeitern und Angestellten gibt, sehen sich doch die Angestellten heute in ihrer weit überwiegenden Mehrheit als Arbeitnehmer und haben sich in ihrem sozialen Verhalten und in ihren sozialen Interessen weitgehend denen der Arbeiter angenähert.[57]

Die Selbständigen im Handwerk und Handel

Der Anteil der Selbständigen unter den Erwerbstätigen ist in Deutschland von 1882 bis 1939 von 28 % auf gut 13 %, also weniger als die Hälfte, zurückgegangen. Nachdem schon aufgrund einer Agrarkrise viele Bauern ihre Höfe – unter anderem durch Zwangsversteigerungen in den späten 1920er Jahren – verloren hatten, sind in der Weltwirtschaftskrise seit 1929 auch Betriebe des selbständigen gewerblichen Mittelstandes – vor allem in Kleinhandel und Handwerk – in ihrer Existenz schwer bedroht worden. Auch aus diesen Gründen konnten die Nationalsozialisten schon vor 1933 eine besonders starke Klientel im «alten Mittelstand» gewinnen[58], dessen Angehörige im Fall des Handels von der Verdrängung der Juden aus dem Wirtschaftsleben bis 1938/39 stark profitierten. Im Gegensatz zu den Angestellten behaupteten die Angehörigen des «alten Mittelstandes» ihre zwar politisch gleichgeschalteten und dem Primat der Aufrüstung unterworfenen, aber sonst selbständig bleibenden Interessenvertretungen. Auf ältere protektionistische Tendenzen und Ideologien aufbauend, ist es mittelständischen Lobbyisten gelungen, nach der Aufhebung des zunächst verhängten Verbots der Neuerrichtung von Einzelhandelsgeschäften, die Vergabe von neuen Konzessionen an einen «Sachkundenachweis» zu knüpfen. Im Handwerk wurde ebenfalls mit der Errichtung von Pflichtinnungen und der Hürde des «großen Befähigungsnachweises» die zentrale, an zünftige Vorstellungen anknüpfende Forderung der Ende der 1870er Jahre aufgekommenen deutschen Handwerkerbewegung durchgesetzt.[59]

Der Kampf gegen die Gewerbefreiheit im Kleinhandel und

besonders im Handwerk wurde trotz der entgegenstehenden Politik vor allem der amerikanischen Militärregierung[60] auch in der frühen Bundesrepublik[61] fortgesetzt und hat dazu geführt, daß bei der Gestaltung der Berufsordnungen (Handwerkerordnung, Einzelhandelsgesetz) auch sozialprotektionistische Intentionen ihren Niederschlag fanden. 1951/52 hat es zudem im Handwerk sehr weitgehende, sogar zur Bildung eines deutschen Mittelstandsblocks führende Radikalisierungstendenzen gegeben, die die politische Integration des Handwerks und anderer Gruppen des «alten Mittelstandes» durch die Regierungsparteien in Frage stellten. Durch die verbesserte Vertretung besonders der Repräsentanten des Handwerks im Bundestag und die zunehmende Berücksichtigung mittelständischer Interessen vor allem in der Steuer- und Sozialgesetzgebung, aber auch durch die Zunahme der größeren Betriebe und den allgemeinen wirtschaftlichen Aufschwung konnten diese Tendenzen zur politischen Instrumentalisierung berufsständischer Interessen und zu einer Renaissance des Sozialprotektionismus jedoch schließlich aufgefangen und zurückgedrängt werden.

Dem entsprach ein Konzeptionswechsel bei der Führung der Handwerkerschaft, die ihre Politik zunehmend mit marktkonformen, an der Idee des freien Wettbewerbs ausgerichteten politischen Argumenten vertrat und bewußt die Zusammenarbeit mit der mittelständischen Industrie suchte. Mit dieser Entwicklung, die sich später und weniger eindeutig auch bei den Interessenvertretern des Einzelhandels zeigen läßt, war eine Erosion berufsständischen Denkens verbunden. Die bereits für den Katholizismus und die sozialistische Arbeiterbewegung festgestellte Lockerung, Schrumpfung und Auflösung geschlossener traditioneller Milieus gilt so auch für den gewerblichen Mittelstand. Damit stieg die Integrationskraft des politischen Systems der Bundesrepublik.

Während der Anteil der Selbständigen (einschließlich der Bauern) an den Erwerbstätigen bis 1989 auf etwa 9 % zurückging, hat sich das Handwerk durch seine wichtige Rolle bei der Lehrlingsausbildung, im Verkauf, in der Wartung und der Reparatur von langlebigen, gewerblichen Konsumgütern insgesamt gut behaupten können. Dabei half der vermehrte Einsatz von Werkzeugmaschinen und elektrischem Handwerkszeug. Der Einzelhandel hat dagegen durch Einkaufsgenossenschaften und Einzelhandelsketten sehr viel von seiner früheren Selbständigkeit verloren und schwer unter dem Konkurrenzdruck von Warenhäusern, Filialunternehmen, Supermärkten und Versandhäusern gelitten.

Politisch blieb der gewerbliche Mittelstand, wie die Bauern, auf die bürgerlichen Parteien – vor allem die CDU/CSU – fixiert. Sozialhistorisch gesehen, haben im Durchschnitt die Einzelhändler und die selbständigen Handwerker ein deutlich höheres Einkommen als die Arbeiter sowie die einfachen und mittleren Angestellten behaupten können.[62] Auch die für den alten Mittelstand typische personelle und räumliche Verflechtung zwischen Familie und Betrieb hat sich in den Nachkriegsjahren zunächst sogar verstärkt. Gerade in einer Zeit steigender Löhne und Lohnnebenkosten hat offenbar der Familienbetrieb, bei dem meist vor allem die Frau für den Kontakt zu den Kunden, die Buchführung und Rechnungslegung verantwortlich ist, sich wegen seiner größeren Flexibilität als relativ krisenfest erwiesen.

Die Integration der Flüchtlinge

Man spricht viel vom sogenannten «Wirtschaftswunder» in der Geschichte der Bundesrepublik. Wahrscheinlich stellte jedoch die zunächst sehr schwierige, aber letztlich erfolgreiche ökonomische, soziale und politische Integration von etwa 12 Millionen Flüchtlingen aus Osteuropa, aus den verlorenen Ostprovinzen Deutschlands und später aus der sowjetischen Besatzungszone bzw. der DDR ein noch größeres «Wunder» dar. Die politische Integration der zunächst als unnütze Esser und Konkurrenten um den knappen Wohnraum mit großem Ressentiment angesehenen Flüchtlinge[63] war teilweise ein Erfolg der großen Parteien, die bewußt versuchten, die Stimmen der Flüchtlinge durch ein Eintreten für deren spezifische Interessen zu gewinnen. Sie hing aber auch damit zusammen, daß die Führer der Interessenorganisationen der Flüchtlinge klar erkannten, daß sie für eine wirksame Politik mit allen Parteien und nicht nur mit der kurzfristig erfolgreichen Partei der Flüchtlinge, dem BHE, zusammenarbeiten mußten. Gesetze wie das Soforthilfegesetz von 1949 und das Lastenausgleichsgesetz von 1952, durch die vom 1. 9. 1949 bis 31. 12. 1995 etwa 140 Milliarden Mark aufgebracht wurden[64], wie auch die Wiedereinstellung der Beamten unter den Flüchtlingen haben die Situation der Flüchtlinge verbessert. Noch entscheidender war, daß der anhaltende ökonomische Aufschwung und die Umsiedlung der Flüchtlinge aus den Landgebieten in Gebiete mit einem großen Bedarf an Arbeitskräften deren Integration in den Arbeitsmarkt, der soziale Wohnungsbau ihre Verwurzelung in den Wohngemeinden zur Folge hatten. Gemischte Ehen zwischen Flüchtlingen und Einheimischen wurden von der Ausnahme zur Regel.[65] Allerdings lag noch 1971 der soziale und berufliche Status der Flüchtlinge unter dem westdeutschen Durchschnitt.[66] Viele waren als ungelernte Arbeiter beschäftigt und nur relativ wenige der Selbständigen unter den Flüchtlingen hatten es wieder zu einem Bauernhof oder einem eigenen Gewerbebetrieb gebracht.

Der Massenzustrom von Flüchtlingen, die als soziale Gruppe besonders mobil[67], besonders flexibel und auch besonders leistungsorientiert waren, da sie ihre Existenz neu aufbauen mußten, hat seit den 1950er Jahren mittel- und langfristig den Strukturwandel und den Prozeß der Modernisierung der deutschen Wirtschaft beschleunigt und damit deren Wettbewerbsfähigkeit im internationalen Vergleich gesteigert. Das gilt im besonderen Maße für die dreieinhalb Millionen Flüchtlinge aus der sowjetischen Besatzungszone und der DDR[68], die im Durchschnitt jünger, beruflich qualifizierter und aktiver als die Gesamtbevölkerung waren und für die Bundesrepublik einen Gewinn und für die DDR nicht nur einen Verlust an politischer Legitimation, sondern auch einen schweren ökonomischen Aderlaß bildeten. Neben den vertriebenen Flüchtlingen sind zwischen 1950 und 1996 etwa 3,6 Millionen sogenannte «Aussiedler»[69], die als «Volksdeutsche» einen Anspruch auf die deutsche Staatsangehörigkeit hatten, vor allem aus der Sowjetunion, Polen und Rumänien nach Deutschland gekommen.

Noch bevor mit dem Bau der Mauer 1961 der Zustrom von Arbeitskräften aus der DDR versiegte, wurden seit 1955 in zunehmendem Umfang Fremd- oder, wie man später sagte, «Gastarbeiter» zunächst aus Italien, dann vor allem aus Jugoslawien, der Türkei und Griechenland rekrutiert. Man hatte zunächst erwartet, daß die ausländischen Arbeiter nicht dauerhaft in der Bundesrepublik leben, sondern mit ihren Ersparnissen nach zwei bis drei Jahren freiwillig in ihre Heimatländer zurückkehren würden. Die Arbeitgeber hatten jedoch ein Interesse daran, gute Arbeiter länger zu halten, und diese selbst wollten oft in Deutschland bleiben. Von den etwa 4 Millionen Ausländern in der Bundesrepublik waren 1973 2,6 Millionen (65 %) erwerbstätig. In der ökonomischen Krise von 1973 hat die Bundesrepublik jedoch die Rekrutierung ungelernter ausländischer Arbeiter aus Ländern außerhalb der Europäischen Gemeinschaft gestoppt, aber den in Deutschland lebenden ausländischen Arbeitern erlaubt, ihre Familien nachkommen zu lassen.[70] Inzwischen (1996) sind von den 7,2 Millionen Ausländern nur noch etwa ein Drittel erwerbstätig, und deren Arbeitslosenquote ist etwa doppelt so hoch wie die der Deutschen.[71] Die Bundesrepublik ist heute trotz der Bestrebungen, abgelehnte Asylbewerber und Bürgerkriegsflüchtlinge aus Bosnien in ihre Heimat zurückzuschicken, eines der größten Einwanderungsländer der Welt.

Frauen im Berufsleben, der Gesellschaft und der Familie

Ein weitreichender Wandel erfaßte die Rolle der Frauen in Wirtschaft, Gesellschaft und Politik der Bundesrepublik. Frauen haben traditionell in Deutschland seit dem Ende des 19. Jahrhunderts etwa ein Drittel aller Erwerbstätigen gestellt.[72] Dieser Anteil hat sich zunächst weder in der NS-Zeit noch in der frühen Bundesrepublik, in der 1950 36 % und 1970 35,8 % der Erwerbspersonen Frauen waren[73], wesentlich verändert. Die Erwerbsquote der Frauen, d. h. der Anteil der

Frauen, die eine Erwerbsarbeit (einschließlich Ausbildung) ausübten oder als Arbeitslose suchten, ist dabei von 1950 bis 1960 von 30,2 % auf 33,4 % gestiegen, danach in der Vollbeschäftigung bis 1972 wieder auf 30,2 % gefallen, um dann kontinuierlich und signifikant auf 37,1 % bis 1989 zuzunehmen.[74]

Am bemerkenswertesten war dabei die veränderte Einstellung zur Erwerbstätigkeit verheirateter Frauen. Nach traditionellen, in das 19. Jahrhundert und weiter zurückreichenden Vorstellungen wurde vor allem von Frauen der Unter- und Mittelschichten erwartet, daß sie bis zur Heirat eine Erwerbsarbeit ausübten. Typische Frauenberufe waren dabei die Tätigkeit als Dienstmädchen in einem bürgerlichen Haushalt oder als Magd auf einem Bauernhof. Seit der zweiten Hälfte des 19. Jahrhunderts haben Frauen zunehmend gewerbliche Arbeit, besonders in der Textil- und Bekleidungsindustrie, schließlich auch Beschäftigungen als Verkäuferinnen, Stenotypistinnen, Telefonistinnen und Volksschullehrerinnen gefunden. Nach ihrer Eheschließung haben Frauen in großer Zahl etwa auf dem Bauernhof, in der Gastwirtschaft, dem Handwerksbetrieb oder dem Ladengeschäft ihres Mannes als sogenannte «mithelfende Familienangehörige», manchmal auch als Heimarbeiterinnen weiter gearbeitet. Die *außerhäusliche* Erwerbstätigkeit von Ehefrauen, vor allem nach der Geburt des ersten Kindes, war aber nicht nur schwer zu organisieren, sondern außerdem verpönt, da man befürchtete, daß das Familienleben und auch die «Sittlichkeit» darunter leide und daß der Mehrverdienst für die Familie durch schlechte häusliche Wirtschaftsführung und zusätzliche Ausgaben für die Beaufsichtigung kleiner Kinder verlorengehe.[75] Frauen nahmen die Erwerbstätigkeit im allgemeinen erst dann wieder auf, wenn sie als Witwen oder geschiedene Frauen mit unzureichenden Mitteln dazu gezwungen waren.[76] Nachdem wegen des großen Bedarfs an Arbeitskräften in den späten 1930er Jahren die Erwerbsquote verheirateter Frauen unter 60 Jahren auf etwa ein Drittel gestiegen war, ist sie 1950 auf 26 %, also wenig mehr als ein Viertel zurückgegangen.[77] Die Mehrheit der verheirateten erwerbstätigen Frauen war zudem weiterhin als «mithelfende Familienangehörige» tätig. In den folgenden Jahren hat sich das grundlegend geändert. 1970 waren bereits 41 % der verheirateten Frauen zwischen 15 und 65 Jahren, 1992 sogar 55 % berufstätig oder suchten aktiv eine Erwerbstätigkeit. Die alten Bundesländer näherten sich damit der Situation der DDR, in der Berufstätigkeit nach der Heirat den Normalfall bildete und fast 80 % der Ehefrauen zwischen 15 und 65 im Jahre 1992 als Erwerbspersonen eingestuft wurden.[78]

Noch kennzeichnender war der Wandel im Charakter der weiblichen Erwerbstätigkeit. Bis zum Zweiten Weltkrieg waren mehr als ein Drittel aller berufstätigen Frauen – 36 % im Jahre 1939 – als mithelfende Familienangehörige im Betrieb des Ehemanns, Vaters oder eines anderen nahen Verwandten beschäftigt, weitere 10 %, etwa 1,3 Millionen, waren Dienstmädchen. 1987 gab es kaum noch Hausmädchen und der Anteil der mithelfenden Familienangehörigen war auf unter 4 %, also weniger als ein Neuntel, zurückgegangen.[79] Heute arbeiten die weitaus meisten Frauen außer Haus vor allem als angestellte Arbeitnehmer. So ist allein im öffentlichen Dienst der Anteil der Frauen an den Beschäftigten von 28 % im Jahr 1960 auf 47 % 1993 – mit einer allerdings deutlichen Unterrepräsentation von nur 27 % im höheren Dienst – gestiegen.[80] Der grundlegende Wandel in der weiblichen Erwerbstätigkeit wurde gefördert durch die bessere Ausbildung der jungen Frauen, den dramatischen Rückgang der Geburten seit dem Ende der 1960er Jahre, die steigenden Scheidungsziffern, aber auch durch den Wunsch von immer mehr verheirateten Frauen, über ein vom Ehemann unabhängiges, eigenes Einkommen zu verfügen.

Auch das Wahlverhalten der Frauen hat sich wesentlich verändert. Bis zur Bundestagswahl von 1969 haben Frauen regelmäßig etwa zehn Prozentpunkte mehr Stimmen als die Männer für die CDU/CSU abgegeben und haben damit entscheidend zur Dominanz dieser Parteien in den Regierungen der Bundesrepublik während der ersten beiden Jahrzehnte beigetragen. In den folgenden Bundestagswahlen von 1972 und 1976 war der Unterschied im Wahlverhalten von Männern und Frauen sehr viel geringer und 1980, als Franz Josef Strauß gegen Kanzler Helmut Schmidt kandidierte, haben sogar etwas mehr Männer als Frauen die CDU/CSU gewählt. Seitdem ist die Differenz in der Parteipräferenz von Männern und Frauen nur noch marginal.[81]

Die Rolle der Frauen in der Familie, der Gesellschaft, aber auch ihr Selbstverständnis hat sich grundlegend gewandelt.[82] Während des Zweiten Weltkrieges und unmittelbar danach wurde die Position der Frauen, die wegen dessen Abwesenheit oft den Betrieb des Mannes oder einen Bauernhof zu führen hatten, die Kinder allein erzogen und in erster Linie für die Deckung der notwendigen Lebensbedürfnisse und den Zusammenhalt der Familie zu sorgen hatten, gestärkt. Diese Stärkung gilt übrigens – im Gegensatz zu einer weitverbreiteten zeitgenössischen Kritik – auch für die Institution der Familie, die das Überleben in der Notzeit sehr viel besser sicherte als eine ungebundene Einzelexistenz.

Nach dem Krieg fanden es viele der zurückkehrenden Soldaten schwer, die neue Unabhängigkeit ihrer Ehepartnerinnen zu akzeptieren.[83] Die Arbeit von Frauen mit kleinen Kindern außer Haus, die oft zur Bestreitung des Lebensunterhaltes notwendig war, traf nun auf weitgehende gesellschaftliche Ablehnung[84], die in dem Begriff der «Schlüsselkinder» ihren Ausdruck fand. In der Zeit der Massenarbeitslosigkeit in den späten 1940er und den frühen 1950er Jahren gab es – wie in der Weltwirtschaftskrise und in den frühen Jahren der NS-Herrschaft – starke Tendenzen Frauen aus ihren Arbeitsstellen zu verdrängen, um die Plätze für Männer – vor allem die zurückkehrenden Kriegsgefangenen oder die im Zuge der Entnazifizierung entlassenen bzw. aus den Ostgebieten vertriebenen Beamten und öffentlichen Angestellten – frei zu machen. Betroffen waren *erstens* Frauen, die etwa in der metallverarbeitenden Industrie oder im Baugewerbe beschäftigt waren, wie die zeitgenössisch so auffälligen und in der Folklore über die Nachkriegszeit so oft bemühten «Trümmerfrauen». Sie arbeiteten häufig unter Suspendierung oder Ignorierung von spezifischen Arbeiterschutzbestimmungen für Frauen in typischen Männerberufen. *Zweitens* handelte es sich um Frauen, die etwa als Schaffnerinnen oder Briefträgerinnen in der Kriegs- und Nachkriegszeit Arbeiten verrichteten, die früher für Männer reserviert waren, ohne daß es dafür einleuchtende Gründe gegeben hätte. *Drittens* gab es vor allem im öffentlichen Dienst eine regelrechte Kampagne gegen die Weiterbeschäftigung verheirateter Frauen, deren Männer einen Arbeitsplatz hatten, als sogenannte Doppelverdiener.[85]

Dabei konnte man sich zunächst auf die Gesetzgebung der späten Weimarer Republik und der NS-Zeit stützen. Die Weimarer Reichsverfassung hatte zwar ausdrücklich im Artikel 128 bestimmt, daß alle Staatsbürger – also auch die Frauen – ohne Unterschied zu den öffentlichen Ämtern zuzulassen sind und alle Ausnahmebestimmungen gegen weibliche Beamte beseitigt werden. Dieser Grundsatz ist jedoch bereits beim Personalabbau im öffentlichen Dienst 1924 häufig ignoriert und 1932 durch ein mit verfassungsändernder Zweidrittel-Mehrheit angenommenes Gesetz beseitigt worden. Nach diesem Gesetz konnten weibliche Reichsbeamte entlassen werden, wenn ihre wirtschaftliche Versorgung durch ihren Ehemann sichergestellt war.

Die Nationalsozialisten haben diese Regelung auf Landes- und Kommunalbeamte ausgedehnt und durch eine «Zölibatsklausel» im Deutschen Beamtengesetz von 1937 verschärft, die die automatische Entlassung weiblicher Beamter und später auch anderer Angehöriger des öffentlichen Dienstes bei ihrer Verheiratung vorsah.[86] Auch in der Privatwirtschaft haben die Nationalsozialisten durch die Gewährung von relativ hohen Ehestandsdarlehen für Heiratswillige, wenn die Frau mit der Verheiratung einen Arbeitsplatz freimachte, den Abbau der Massenarbeitslosigkeit fördern, aber auch ihrem Leitbild von der Frau als Hausfrau und Mutter entsprechen wollen. Die Tilgungssumme für das Darlehen verminderte sich je geborenem Kind in der Ehe um 25 %, war also nach vier Geburten «abgekindert».[87] Vor allem im Krieg gab es dann allerdings wieder Bestrebungen, angesichts der Knappheit von Arbeitskräften für die Kriegswirtschaft, Frauen auch durch eine Dienstpflicht zur Erwerbsarbeit zu zwingen, und die Bestimmungen über die Entlassung von Beamtinnen bei ihrer Heirat wurden ebenfalls abgemildert bzw. suspendiert.

Solche Bestimmungen traten aber nach 1945 wieder in Kraft.

Trotz der Bemühungen vor allem der amerikanischen Militärregierung, die Diskriminierung von verheirateten Frauen bei der Anstellung für den öffentlichen Dienst zu beseitigen, und trotz des im Grundgesetz (Art. 3) von 1949 verankerten Grundsatzes der Gleichheit von Männern und Frauen blieb die Rechtslage unklar. Obwohl die Gewerkschaften, führende Politiker der SPD und bestimmte Frauenorganisationen dagegen protestierten, wurden verheiratete Frauen, vor allem auch Volksschullehrerinnen, aufgrund dieser Bestimmungen immer wieder entlassen. Erst das Bundesbeamtengesetz von 1953 hat gegen den hinhaltenden Widerstand der Mehrheit der CDU/CSU-Fraktion die gesetzlichen Beschränkungen für die Anstellung verheirateter weiblicher Beamter endgültig beseitigt. Es ist jedoch kennzeichnend, daß katholische Frauenorganisationen (unter ihnen die Organisationen katholischer Lehrerinnen und Sozialarbeiterinnen), die die Vereinbarkeit des Dienstes für das Gemeinwohl und für die Familie bestritten, im Bundestag eine Schlüsselrolle in diesem letztlich vergeblichen Kampf gegen die Reform spielten.[88]

Auch die meisten verheirateten Frauen selbst haben eine Berufstätigkeit in den 1950er Jahren nur als eine Übergangsphase akzeptiert, die für den Kauf von Möbeln, eines Autos, für den Bau eines Hauses oder die bessere Erziehung der Kinder notwendig sein konnte.[89] Diese Einstellung hat sich langsam geändert, und für Mädchen, die in der Bundesrepublik aufwuchsen, wurde es im Gegensatz zum Kaiserreich und zur Weimarer Republik üblich, daß sie wie ihre Brüder von den Eltern eine Berufsausbildung, vielleicht sogar ein Studium finanziert erhielten und nicht einfach auf eine Versorgung durch eine Ehe warten und bis dahin ungelernte Tätigkeiten ausüben mußten. Mit dem steigenden Bedarf an weiblichen Arbeitskräften seit der zweiten Hälfte der 1950er Jahre wurden auch die mentalen Hindernisse gegen die Beschäftigung verheirateter Frauen abgebaut, und die soziale Akzeptanz der Berufstätigkeit von Müttern nahm signifikant zu.

Die Durchsetzung der vollen rechtlichen Gleichstellung der Frauen hat in Deutschland den größten Teil des 20. Jahrhunderts in Anspruch genommen. Mit der Weimarer Reichsverfassung erhielten die Frauen das Stimmrecht und «grundsätzlich dieselben staatsbürgerlichen Rechte und Pflichten» (Artikel 109). Das bedeutete aber, daß die im Bürgerlichen Gesetzbuch (BGB) verankerte Benachteiligung der Frauen im Familienrecht nicht angetastet wurde. Die Nationalsozialisten haben dann bekanntlich die Stellung der Frau im Erwerbsleben einschränken, sie aus der politischen und öffentlichen Sphäre verdrängen und auf ihre Rolle als Hausfrau, Mutter und Helferin des Mannes im Familienbetrieb begrenzen wollen.[90]

Bei der Beratung im Parlamentarischen Rat und in seinen Ausschüssen gab es scharfe Differenzen über die Regelung des Gleichheitsgrundsatzes. Die schließlich in Artikel 3 angenommene, von der sozialdemokratischen Anwältin Elisabeth Selbert mit großer Energie vertretene Formulierung «Männer und Frauen sind gleichberechtigt» wurde dreimal – zweimal im Grundsatzausschuß und einmal im Hauptausschuß – abgelehnt, bis sie schließlich nach heftigen öffentlichen Protesten von Gewerkschafterinnen, einzelnen Organisationen der Gewerkschaftsbewegung, weiblichen Abgeordneten, Journalistinnen, Frauenausschüssen und Frauenvereinen in das Grundgesetz aufgenommen wurde.[91]

Die Gegner der Regelung hatten – ähnlich wie in der Weimarer Republik – die Gleichheit auf die staatsbürgerlichen Rechte und die Gleichheit vor dem Gesetz beschränken und damit vor allem das bestehende Familienrecht unangetastet lassen wollen. Für dessen Anpassung an den Gleichheitsgrundsatz wurde im Grundgesetz eine Frist bis zum 31. 3. 1953 eingeräumt. Gleichzeitig wurde in Artikel 6 festgelegt, daß «Ehe und Familie unter dem besonderen Schutz der staatlichen Ordnung» stehen. Man hat teilweise argumentiert[92], daß die Artikel 3 und 6, wenn nicht im Widerspruch, so doch zumindest in einem Spannungsverhältnis stehen, da Artikel 3 im Einklang mit feministischen Positionen die Frau als Individuum, Artikel 6 sie aber vor allem als Teil der Familie in Beziehung zu Ehemann und den Kindern sieht und daher gegen die Konsequenzen einer vollen Gleichberechtigung der Frauen instrumentalisiert werden kann.

Die weitere Entwicklung der rechtlichen Gleichstellung der

Frauen ist entscheidend durch das Bundesverfassungsgericht vorangetrieben worden. Am 18. 12. 1953 stellte es in einem Urteil fest[93], daß auch ohne das noch nicht verabschiedete Anpassungsgesetz der Gleichheitsgrundsatz geltendes Recht sei; auch später forderte es immer wieder die Einhaltung des Gleichheitsgrundsatzes. Mit einer Verzögerung von vier Jahren hat der Bundestag am 18. 6. 1957 ein Gleichberechtigungsgesetz verabschiedet, das einen Teil der Benachteiligung der Frauen im Familienrecht aufhob, die Leistungen der Frauen und Mütter bei Unterhaltszahlungen besser berücksichtigte und die Zugewinngemeinschaft in der Ehe – sofern nicht Gütertrennung vereinbart worden war – gesetzlich verankerte. Das Entscheidungsrecht des Ehemanns in allen ehelichen Angelegenheiten wurde aufgehoben, dem Ehemann aber zunächst ein Stichentscheid bei Nichteinigung zugebilligt. Das Bundesverfassungsgericht hat jedoch 1959 diesen Kompromiß als grundgesetzwidrig aufgehoben.[94] Weiter hielt das Gesetz von 1957 daran fest, daß die Frau in der Ehe den Familiennamen des Mannes führt. Das Recht des Ehemanns, ein Arbeitsverhältnis seiner Frau ohne deren Einverständnis zu kündigen, wurde beseitigt, aber verlangt, daß die Erwerbstätigkeit der Frau mit ihren Aufgaben in Haushalt und Familie vereinbar sein müsse. Das Gesetz war, wie sich unschwer erkennen läßt, noch weitgehend vom Modell der traditionellen Familie mit familiärer Arbeitsteilung zwischen dem Mann als «Ernährer» und der Frau als Hausfrau und Mutter bestimmt. Erst 1977 ist dieses Modell durch ein Gesetz zur Reform des Familien-, Ehe- und Scheidungsrechts abgelöst worden. An seine Stelle trat die Vorstellung einer partnerschaftlichen Ehe, in der beide Eheleute gemeinsam für Haushalt und Kindererziehung verantwortlich sind. Im Scheidungsrecht wurde 1976 das Schuldprinzip durch das Zerrüttungsprinzip, das auf die bisher zentrale Frage nach der individuellen Schuld der Partner beim Scheitern einer Ehe verzichtete, ersetzt. Im gleichen Jahr beseitigte ein neues Namensrecht das bisherige Monopol des Mannes auf den Familiennamen. Ein Gesetz von 1970 verbesserte schließlich die Rechtsstellung der unehelichen Kinder, indem deren Verwandtschaft mit dem Vater und damit auch ihre Erbberechtigung anerkannt wurde; gleichzeitig wurde die bisher bestehende obligatorische Amtsvormundschaft für uneheliche Kinder beseitigt und den Müttern das elterliche Sorgerecht zuerkannt.[95] Ab 1.7. 1998 gilt ein neues Sorgerecht, nach dem bei Scheidungen das Sorgerecht für die Kinder nicht mehr allein bei einem Elternteil – meist der Mutter – liegt, sondern gemeinsam von beiden Eltern ausgeübt wird. Bei unehelichen Kindern liegt das Sorgerecht weiter bei der Mutter, sofern nicht beide Eltern ein gemeinsames Sorgerecht beantragen.

Die über die formale Gleichberechtigung der Frauen hinausgehende Forderung, daß der Staat aktiv für die *faktische* Gleichberechtigung der Frauen sorgen sollte, statt sie nur zu dekretieren, ist schließlich in eine nach der Vereinigung vorgenommene Änderung des Grundgesetzes von 1994 eingegangen. Nun heißt es ergänzend zu der Feststellung der Gleichheit von Männern und Frauen in Artikel 3, Absatz 2: «Der Staat fördert die tatsächliche Gleichberechtigung von Frauen und Männern und wirkt auf die Beseitigung bestehender Nachteile hin».[96]

Trotz der bereits bei der Beratung des Grundgesetzes unbestrittenen Auffassung, daß Gleichberechtigung von Männern und Frauen auch den gleichen Lohn für die gleiche Arbeit bedeutet, ist dieser Grundsatz bis heute nicht voll verwirklicht worden. Der Deutsche Gewerkschaftsbund hatte in einem Musterprozeß vor dem Bundesarbeitsgericht in Kassel gegen die weiterhin unterschiedliche Bezahlung von Männern und Frauen ein Urteil vom 15. 1. 1955 erwirkt, in dem – mitbegründet durch die Entstehungsgeschichte des Grundgesetzes – ausdrücklich festgesetzt wurde, daß der Gleichheitsgrundsatz auch für Tarifverträge verbindlich sei und Abschläge bei der Entlohnung von Frauen, die die gleiche Arbeit wie Männer leisteten, verfassungswidrig und nichtig wären.[97] Dieses Urteil ist jedoch faktisch umgangen worden, indem in künftigen Tarifverträgen sogenannte «Leichtlohngruppen» neu eingeführt wurden, die zwar nicht zwischen Männern und Frauen, sondern zwischen körperlich schwerer und leichterer Arbeit unterschieden, aber doch faktisch in erster Linie für Frauen gedacht waren.[98] Trotz der Proteste der Gewerkschafterinnen ist diese Praxis, die geschlechterspezifische Lohnunterschiede vor allem für ungelernte Arbeit in weiten Bereichen der Industrie festschrieb, bis heute beibehalten worden.

Auch der im Grundgesetz (Artikel 6) verankerte besondere Schutz der Familie ist trotz gewisser steuerlicher und anderer Privilegien besonders für kinderreiche Familien und der schließlich eingeführten Zahlung von Kinder- und Erziehungsgeld in Deutschland nur sehr unvollkommen verwirklicht worden. Das zeigt vor allem der Vergleich der Bundesrepublik mit Frankreich. Nach einem Lebensstandardindex für Familien verschiedener Kinderzahl lag unter Berücksichtigung der Steuererleichterungen und staatlichen Hilfen 1957 der Lebensstandard von Familien mit drei Kindern in der Bundesrepublik bei 65 % der Familien ohne Kinder, in Frankreich bei 91 %.[99] Diese Situation dürfte sich seitdem nicht wesentlich gebessert, möglicherweise sogar wegen der stark zunehmenden Berufstätigkeit kinderloser verheirateter Frauen noch verschlechtert haben.

Das generative Verhalten ist allerdings durch die staatliche Familienpolitik, die zudem in der Bundesrepublik bewußt jede Kontinuität zu der rassenpolitisch motivierten, pronatalistischen Bevölkerungspolitik der Nationalsozialisten ablehnt, nur wenig zu beeinflussen. Der oft als «Pillenknick» bezeichnete Rückgang der Zahl der Geburten auf 1000 Einwohner von 17,6 auf 9,5 zwischen 1966 und 1975[100] ist wohl vor allem auf den starken Rückgang von großen Familien zurückzuführen. Familien mit vier und mehr Kindern wurden seit Anfang des 20. Jahrhunderts mehr und mehr von den Zweikinderfamilien verdrängt, neben die jetzt zunehmend kinderlose Paare und Einkinderfamilien getreten sind. Dieser Umbruch kann in seiner Bedeutung als Ausdruck neuer Lebensformen kaum unterschätzt werden, weil er die bewußte Einschränkung der Kinderzahl zugunsten der Berufstätigkeit von Frauen, die Erhaltung eines hohen Lebensstandards und bessere Wahrnehmung der vielfältigen Freizeitangebote, aber auch die von der Unterstützung durch eigene Kinder unabhängige Altersversorgung widerspiegelt. Familien mit zwei katholischen Ehepartnern und Landwirtsfamilien haben aber auch in der Bundesrepublik im Durchschnitt deutlich mehr Kinder als der Rest der Bevölkerung.[101] Höchst kennzeichnend ist jedoch, daß die alte Regel nicht mehr stimmt, welche besagt, daß mit steigender beruflicher Stellung und steigendem Einkommen die durchschnittliche Kinderzahl abnimmt. Demnach würden etwa höhere und gehobene Beamte, Selbständige (mit Ausnahme der Bauern), Angestellte und besonders qualifizierte Facharbeiter weniger Kinder als einfache Beamte und ungelernte Arbeiter haben.[102] Tatsächlich zeigt eine Erhebung von 1971[103] aber, daß Familien, in denen der Mann eine gehobene berufliche Stellung einnimmt, also etwa höherer Beamter oder Angestellter mit Führungsaufgaben ist, inzwischen im Durchschnitt mehr Kinder haben als Familien, in denen der Mann in untergeordneter Position tätig ist. Bei den Arbeitern war allerdings die Kinderzahl der ungelernten und angelernten Arbeiter durchschnittlich noch immer etwas höher als die der Facharbeiter, Vorarbeiter und Meister.

Die hier beschriebenen Entwicklungen, vor allem in der Stellung der Frau, spiegeln sich auch in der Veränderung der Mentalitäten. In einer Meinungsumfrage von 1953 äußerten 61 % der jungen Männer, aber nur 28 % der jungen Frauen den Wunsch, beruflich voranzukommen. 26 Jahre später, 1979, wurde ein solcher Wunsch von nun 43 % der jungen Frauen, aber nur noch 41 % der jungen Männer geäußert.[104] Auch die Auffassungen über die Partnerschaft in der Ehe änderten sich zugunsten einer stärkeren Beteiligung der Männer an Haushaltspflichten. Dabei handelt es sich vor allem um eine Generationenfrage, da Männer und Frauen der älteren Generation selbst bei Berufstätigkeit der Frau noch meist an dem eingeübten Rollenverständnis, nach dem die Frau fast allein für den Haushalt und die Kindererziehung zuständig ist, in der Praxis festhalten.

Ein dramatischer Wechsel fand in der Haltung zur vorehelichen Sexualität statt. In den späten 1950er Jahren fanden es nur 27 %, in den 1970er Jahren jedoch bereits 90 % der jungen Frauen in Ordnung, daß unverheiratete junge Männer und Frauen zusammenleben.[105] Selbst in der Familienbindung zeichnen sich Änderungen ab. 1953 wünschten 35 % der befragten Frauen, aber nur 22 % der Männer mehr Zusammensein in der Familie;[106] 1979 lagen in diesem Wunsch die Männer mit 30 % vor den Frauen (24 %). Die Frauen werden aktiver im außerhäuslichen Bereich, besonders im Beruf, während für Männer der Stellenwert des Berufes abnimmt. Die Kirchenbindung ist für beide Geschlechter stark zurückgegangen. Sowohl Männer wie Frauen legen großen Wert auf Reisen, aber auch auf die Geselligkeit und die Sozialbindungen in ihrem unmittelbaren Umfeld. Aus Furcht, diese zu verlieren, sind sie immer weniger bereit, im Interesse weiteren beruflichen Fortkommens, umzuziehen.[107] Das hängt natürlich ebenfalls damit zusammen, daß immer mehr Frauen einen eigenen Beruf haben und es nicht mehr als selbstverständlich ansehen, bei einem beruflich bedingten Ortswechsel des Mannes, diesem zu folgen und damit ihre eigene Arbeitsstelle aufzugeben.

Die Scheidungsrate ist stark gestiegen. Nichteheliche Lebensgemeinschaften haben eine immer größere Bedeutung erlangt. Gleichzeitig kommt es immer häufiger vor, daß die Partner nicht zusammenleben, sondern als Ausdruck der zunehmenden Individualisierung in unserer Gesellschaft separate Wohnungen unterhalten.[108] 1993 bestanden 35,2 % der Privathaushalte nur noch aus einer Person.[109] Für viele Singles ist das Leben im eigenen Haushalt nicht mehr eine Übergangsstufe zur Ehe oder doch zu einer festen Partnerschaft mit gemeinsamem Haushalt, sondern ein bewußt gewählter, alternativer Lebensentwurf. Das gilt insbesondere für Männer im mittleren Lebensalter. Der Anteil der nichtverheirateten Männer im Alter zwischen 37 und 42 Jahren ist von 13 % im Jahre 1925 und 12 % 1950 auf 24 % 1991 um das Doppelte gestiegen. Von den allein lebenden Männern sind nun 60 % ledig, 25 % geschieden und getrennt lebend und 15 % verwitwet.[110] Der durch die hohe Zahl der gefallenen Männer nach den beiden Weltkriegen erzeugte Frauenüberschuß und die damit erzwungene Ehelosigkeit vieler Frauen – 1950 kamen auf 100 Frauen der Altersgruppe zwischen 25 und 45 Jahren nur 77 Männer – ist inzwischen einem Überschuß von Männern (1982: 106) gewichen.[111] Der Anteil der Ledigen an den nicht verheirateten Frauen ist mit 30 % nur halb so hoch wie der der Männer. Auch sind nur 15 % geschieden oder getrennt lebend, aber mit

55 % fast viermal so viel verwitwet. Das hängt mit dem meist höheren Lebensalter der Männer bei der Eheschließung, vor allem aber mit der um etwa sieben Jahre höheren Lebenserwartung der Frauen zusammen. Alleinsein im Alter ist nach wie vor ein Frauenschicksal. Während 75 % der Männer im Alter zwischen 70 und 75 Jahren und noch 55 % der über 80jährigen verheiratet sind, gilt das nur für 36 % bzw. 10 % der Frauen des entsprechenden Alters.[112] Frauen haben auch nach wie vor die Hauptlast der Kindererziehung zu tragen. Während der Anteil der Familien mit nur einem Elternteil an den Familien mit Kindern unter 18 Jahren in Deutschland 1993 bei knapp 20 % lag, war in 84 % dieser Familien die Alleinerziehende eine Frau.[113]

Wesentlich verändert hat sich auch das Verhältnis zwischen alten und jungen Menschen in der Bevölkerung. Kamen noch 1950 in Deutschland auf 6,7 Millionen Menschen im Alter von über 65 Jahren mehr als 15 Millionen Kinder, so gab es 1991 mit etwa je 12 Millionen ebenso viel Alte über 65 Jahre wie Kinder unter 14 Jahre. Immer mehr Kinder wachsen ohne Geschwister auf und viele entwickeln eine oft sehr enge Bindung nicht nur zu den Eltern, sondern auch zu den Großeltern.

Der Wandel der gesellschaftlichen Werte in den Jahrzehnten nach dem Zweiten Weltkrieg hatte starke Auswirkungen auf die Erziehungsziele. Nach einer Umfrage von 1951 wurden «Ordnungsliebe und Fleiß» von 41 % als Erziehungsziele genannt, 28 % entschieden sich für «Selbständigkeit und freier Wille» und immerhin noch 25 % für «Gehorsam und Unterordnung». 1995 waren «Selbständigkeit und freier Wille» mit 65 % zum eindeutig am häufigsten genannten Erziehungsziel geworden, während noch immer 33 % «Ordnungsliebe und Fleiß», aber nur noch 9 % «Gehorsam und Unterordnung» angaben. Der Umbruch der Einstellungen erfolgte dabei seit der Mitte der 1960er Jahre.[114]

Hinter diesen Zahlen verbirgt sich eine größere Bereitschaft, Kindern und vor allem Jugendlichen mehr Selbständigkeit und einen größeren eigenen Lebensraum zuzugestehen. Das zeigt sich vor allem in der Herausbildung einer eigenen Teenager- und Jugendkultur, die stark durch amerikanische Vorbilder –

die Lässigkeit amerikanischer Filmstars, die Jeans als wichtigster, zunächst generationsspezifischer Teil der Kleidung, die Begeisterung für Jazz, Rock 'n' Roll und amerikanische Schlager und Schlagersänger – geprägt ist.

Die Amerikanisierung der bundesdeutschen Gesellschaft

Diese Amerikanisierung, für die es natürlich viele Parallelen in anderen westlichen und inzwischen auch osteuropäischen Ländern gibt, war in der Bundesrepublik besonders ausgeprägt. Sie hängt wesentlich mit der Faszination durch amerikanische Technik und eine Gesellschaft, die im Vergleich zu Deutschland nach 1945 im Überfluß und Wohlstand zu leben schien, zusammen.

Die Vereinigten Staaten hatten die Vorstellungswelt der Deutschen schon im 19. und frühen 20. Jahrhundert als «Land der unbegrenzten Möglichkeiten» und Ziel einer Massenauswanderung, als abgelehntes oder bewundertes Vorbild einer egalitären Demokratie, aber, gerade in Kreisen der Wirtschaft, auch als Land, in dem man die eigene spätere Entwicklung gleichsam vorher ablesen konnte, stark beschäftigt. In der Zwischenkriegszeit gab es eine intensive, in ihren Wurzeln auf die Jahre vor 1914 zurückgehende Debatte über die Amerikanisierung des deutschen Lebens, bei der es sich weitgehend um eine Auseinandersetzung mit Erscheinungsformen der Modernisierung handelte. Viele der deutschen Unternehmer standen den aus Amerika kommenden Ideen der Rationalisierung und Steigerung der Produktion durch den schon vor 1914 propagierten «Taylorismus» mit seiner exakten Steuerung der Arbeitsabläufe und danach den «Fordismus» mit seiner Einführung des Fließbandes und der Standardisierung der Produktion durchaus positiv gegenüber.[115] Ähnliches gilt für den Wohlfahrtskapitalismus und die «Werksgemeinschaft» von Unternehmern und Arbeitern, die in einigen großen Unternehmen der Vereinigten Staaten in den 1920er Jahren praktiziert wurden und mit betrieblicher Sozialpolitik vor allem für die Facharbeiter verbunden waren. Darin sahen deutsche Unternehmer eine Alternative zu den vom Klassenkampf geprägten, stark politisierten Arbeitsbeziehungen in Deutschland. Die Gewerkschaften dagegen, die die Idee der «Werksgemeinschaft» ablehnten und eine Rationalisierung der Produktion nur dann zuzulassen bereit waren, wenn dadurch nicht die Position der Arbeiter geschwächt würde, hofften, daß Rationalisierung und die bewußte Entfesselung des Massenkonsums zu einer Steigerung der Löhne nach dem Beispiel der Vereinigten Staaten und zu einer Verkürzung der Arbeitszeiten führen würden.[116]

Die kulturellen Eliten haben in den ersten Jahrzehnten des 20. Jahrhunderts die Amerikanisierung dagegen mehrheitlich als Ausdruck eines ungehemmten Materialismus, als egalitäre Nivellierung der Kultur auf niedrigem Niveau, als «Verweiblichung» sowie als Überfremdung und als Verlust der eigenen Identität negativ beurteilt.[117] Diese kulturpessimistischen Auffassungen haben jedoch nicht verhindert, daß mit dem Vordringen der modernen Massenkommunikation Amerika in der Unterhaltungsmusik, dem vielfach als «Niggermusik» abgelehnten Jazz, in der Einführung neuer Gesellschaftstänze und besonders im Kino, in dem Hollywoodfilme ein immer breiteres Publikum fanden, den Ton angab. Daher wurde die Freizeit vor allem der jungen Menschen in den Großstädten bis zur nationalsozialistischen Machtergreifung 1933, die aber keinen sofortigen völligen Bruch in diesem Bereich brachte[118], stark von amerikanischen Einflüssen geprägt.

Nach 1945 sind amerikanische Lebensart und amerikanische Werte, wie individuelle Selbstentfaltung, religiöse Toleranz, politischer und sozialer Pluralismus und Emanzipation, vor allem über amerikanische Jugendclubs, Amerikahäuser, die sehr erfolgreichen Austauschprogramme und die Präsenz der Amerikaner durch ihre Soldaten und Soldatensender, ihre Musik, ihre Filme und später auch ihre Fernsehserien vermittelt worden. Dahinter blieben die offiziellen Umerziehungsprogramme und die Versuche, typische Institutionen der deutschen Gesellschaft «von oben» zu demokratisieren, weit zurück. Für viele war Amerika einfach das Land, in dem man freier und vor allem besser leben konnte. So wird häufig vergessen, daß zwischen 1950 und 1960 800000 Deutsche nach

Übersee auswanderten, davon drei Viertel nach den Vereinigten Staaten.[119] Auswanderung als eine Alternative, dem Elend in Deutschland zu entrinnen, war, wie ich mich noch gut erinnern kann, vor allem in den frühen 1950er Jahren ein Thema, das besonders unter Jugendlichen intensiv erwogen wurde.

Selbstverständlich gab es außer der Jugend-, Massen- und Alltagskultur viele andere Bereiche, in denen amerikanischer Einfluß und amerikanisches Vorbild wirksam wurden. Neue Methoden des Managements und die Betonung des freien Wettbewerbs statt der Abschottung der Märkte durch Kartelle wurden von den Amerikanern übernommen und teilweise durch ihre Politik als Besatzungsmacht erzwungen. Der größte Einfluß der Vereinigten Staaten auf die Wirtschaft liegt aber wohl in der fast vollständigen Übernahme der amerikanischen Methoden des Marketing und einer auf den Massenkonsum ausgerichteten verwissenschaftlichten Werbung.[120] Nicht die Steigerung der Produktion, wie das in der NS-Zeit und in der DDR der Fall war, sondern der Absatz wurde zum Mittelpunkt des wirtschaftlichen Handelns.

Gegenläufig zur Annäherung der deutschen Wirtschaft an die der Vereinigten Staaten haben sich aber im Bereich der Arbeitsbeziehungen, in denen die Gewerkschaften in Deutschland eine viel größere Rolle als in den Vereinigten Staaten und nach der Zähmung der britischen Gewerkschaften durch Premierministerin Thatcher auch als in Großbritannien spielen, die Unterschiede seit 1945 verschärft. Während in Deutschland das sozialstaatliche Element gestärkt wurde, wurde es in den Vereinigten Staaten vor allem in den letzten Jahrzehnten geschwächt, so daß die allerdings auch nicht «reine» Marktwirtschaft der Vereinigten Staaten und die «soziale» Marktwirtschaft der Bundesrepublik nun klarer als zwei divergierende Modelle einer kapitalistischen Wirtschaft zu erkennen sind.

Die kulturelle Entwicklung

Im Vergleich zur Massenkultur findet sich in der sogenannten Hochkultur in Deutschland sehr viel mehr Kontinuität zwischen der Nachkriegszeit und älteren Traditionen. Kennzeichnend ist allerdings auch hier für die Nachkriegszeit die Öffnung zur Welt, die sehr bewußte Einbettung der deutschen Kultur in die westliche internationale Kulturszene.

Das Theater erlebte in den ersten Jahren nach Kriegsende einen erstaunlichen Aufschwung. Es war «moralische Anstalt» und angesichts der schwachen Entwicklung des politischen Lebens auch Instrument der Erziehung. Der Titel von Thornton Wilder «Wir sind noch einmal davongekommen» entsprach dem Lebensgefühl der Menschen. Das ungemein lebendige Theaterleben mit Stücken von Sartre, Giraudoux, Brecht, Zuckmayer, Arthur Miller und vielen anderen öffnete das Tor zu einer neuen Welt, die vor allem von Jugendlichen aus bürgerlichen Kreisen geradezu euphorisch begrüßt wurde. Das Theater hat diese fast existentielle Bedeutung auch im Leben von Menschen, die nicht am Theater beschäftigt waren, über die ersten Notjahre hinweg natürlich nicht behaupten können, aber es stand bis in die 80er Jahre hinein im Zentrum von künstlerischen, geistigen und gesellschaftlichen Auseinandersetzungen. Es hat nicht an Versuchen gefehlt, das politische Theater wieder zu entwickeln (Erwin Piscator, Peter Weiss, Rolf Hochhuth). Aber wichtiger und erfolgreicher waren jene Experimente, wie sie etwa die Berliner Schaubühne (Peter Stein) mit der räumlichen Öffnung der Bühne und der kühnen Interpretation auch klassischer Stoffe so kreativ riskierten.

Institutionell blieb der deutsche Typus des öffentlich subventionierten Staats-, Landes- und Stadttheaters mit festem Ensemble und einem größeren Repertoire als Kern der deutschen Theaterkultur bestehen. Im Grunde erstaunlich war, daß schon im Sommer 1945 viele Theater, die oft in Behelfsräume einziehen mußten, ihren im Zuge des totalen Krieges zum 1.9. 1944 eingestellten Spielbetrieb wieder aufnahmen und der Wieder- und Neuaufbau von im Kriege stark beschädigten oder vollständig zerstörten Theatern in fast allen Städten zu den Prioritäten der Nachkriegszeit gehörte.[121] Die jährliche Besucherzahl stieg von 11 Millionen 1949/50 auf 21 Millionen 1961/62, um dann allerdings auf 16 Millionen 1986/87 zurückzufallen.[122] Dieser zum Teil auf das Fernsehen zurückzuführende Einbruch konnte auch dadurch nicht aufgehalten werden, daß das Tournee-Theater, dessen Erfolg von der Popularität einzelner, meist aus Film und Fernsehen bekannter Schauspieler abhängig ist, sich neue Zuschauer in Gemeinden erschloß, die kein eigenes, festes Theater hatten.

Im Musikleben ist in den Institutionen, im Personal und auch in den zur Aufführung kommenden Werken 1945 weitgehend an die vorangehende Zeit angeknüpft worden; nur in der Aufnahme moderner atonaler Musik und der Werke jüdischer Komponisten in die Programme sowie im Engagement jüdischer Künstler wird der Bruch mit dem Nationalsozialismus deutlich. Eine spätere Entwicklung ist die weitgehende Ersetzung der Operetten durch die vor allem aus den Vereinigten Staaten oft in vollständigen Inszenierungen importierten Musicals, die eine breite Popularität erlangten.

Eine scharfe Zäsur bedeutete das Jahr 1945 dagegen in der bildenden Kunst: Zunächst durch die Vermittlung der Siegermächte wurde in großen Ausstellungen die Entwicklung der modernen Kunst seit der Jahrhundertwende verdeutlicht und die von den Nationalsozialisten als «entartet» gebrandmarkte und unterdrückte abstrakte Kunst offiziell gefördert, obwohl es hier immer noch Widerstände in breiten Teilen der Bevölkerung gab. Besonders mit den großen Ausstellungen der Documenta in Kassel seit 1955 konnte man langsam den Anschluß an die westeuropäische und amerikanische Moderne wiedergewinnen und die internationale Isolierung der deutschen bildenden Kunst überwinden. Das starke Engagement der Künstler der Bundesrepublik in der abstrakten Kunst und der Gegensatz zum Sozialistischen Realismus der DDR war auch Teil des Ost-West-Konfliktes, ein Bekenntnis zur künstlerischen «Sprache der westlichen Welt» und Ausdruck des geistigen und politischen Erneuerungswillens der Nachkriegszeit.[123]

Wie für die moderne Kunst und das Theater war auch für die Literatur zunächst die Öffnung nach außen kennzeichnend. So wurden in der Spielzeit 1950/51, neben 232 deutschen, 293 Stücke ausländischer Autoren – davon 86 von Franzosen, 83 von Briten und 32 von Amerikanern – aufgeführt; unter den zwischen 1950 und 1960 am meisten verkauften Romanen kam erst an neunter Stelle mit Thomas Mann ein deutscher Autor.[124] Es war die Zeit, in der die «gebildeten» Deutschen die großen Romane von William Faulkner, Ernest Hemingway, Thomas Wolfe, Tennessee Williams und Theodore Dreiser und die modernen französischen Autoren wie André Gide, Antoine de Saint-Exupéry, Albert Camus, Paul Claudel und Jean Anouilh für sich entdeckten. In der deutschsprachigen Literatur spielte neben Schriftstellern der älteren Generation – Thomas Mann, Hermann Hesse, Rainer Maria Rilke, Ernst Wiechert, Bert Brecht, Werner Bergengruen, Ernst Jünger, Hugo von Hofmannsthal, Franz Kafka, Stefan Zweig, Gottfried Benn und später auch Robert Musil, Max Frisch und Friedrich Dürrenmatt – die jüngere Generation zunächst noch keine größere Rolle für ein breiteres Lesepublikum. Dennoch gab es eine deutsche Nachkriegsliteratur, in der nicht nur die älteren Autoren wie Wolfgang Koeppen, Karl Krolow und Günther Eich, sondern zunehmend auch die Vertreter einer jüngeren Generation von 30jährigen – Heinrich Böll, Siegfried Lenz, Ingeborg Bachmann, Ilse Aichinger, Martin Walser und später Günter Grass – in den Vordergrund rückten. Sie waren auch in der von Hans Werner Richter initiierten «Gruppe 47», in die die aus der Emigration zurückgekehrten deutschen Schriftsteller keinen Eingang fanden, tonangebend. Kennzeichnend für diese Gruppe, insbesondere für die auch international stark beachteten Werke von Böll, Walser und Grass, wurde immer mehr die scharfe kritische Auseinandersetzung mit der Bundesrepublik. In den späten 1960er und den 1970er Jahren haben gerade viele Schriftsteller auch versucht, die Einheit der deutschen Literatur und der Kulturnation trotz der Abschottung von der DDR zu bewahren und für die Rezeption der Werke von DDR-Autoren im Westen zu werben. Die bundesdeutsche Literatur-Verlagsszene wurde dabei zu einem Resonanz- und Bezugsfeld für literarische Diskussionen in der DDR.[125]

Auf dem Buchmarkt traten vor allem durch einen Konzentrationsprozeß im Verlagswesen, das Aufkommen der Taschenbücher, die vermehrte Produktion von Sachbüchern für einen breiten Leserkreis, das Verschwinden der kommerziellen Leihbüchereien und die verstärkte Stellung der Buchgemeinschaften große Änderungen ein.[126] Der Konkurrenz des Fernsehens versuchte man vor allem durch die Produktion von Bestsellern, die oft von Ghostwritern für Stars aus den Bereichen Politik, Kultur und Sport geschrieben und mit einem hohen Werbeaufwand propagiert wurden, zu begegnen.

Eine recht zwiespältige Entwicklung nahm der deutsche Film. In der NS-Zeit wurde er bewußt als Instrument zum Transport der NS-Ideologie, zur Stärkung des Willens zur Weiterführung des Krieges, aber auch zur subkutanen Beeinflussung von alltäglichen Verhaltensweisen[127], zur Ablenkung von der Alltagswirklichkeit von Bombenkrieg, Wohnungsnot, Lebensmittelknappheit und den Sorgen um nahe Angehörige eingesetzt. In der ersten Nachkriegszeit entstanden zunächst einige Filme wie «In jenen Tagen», «Über uns der Himmel», «Berliner Ballade», «Liebe 47», die sich mit den Problemen der Nachkriegszeit, den zerstörten Städten und der Not der Menschen auseinandersetzten.[128] Allerdings haben die «Trümmerfilme» nicht das Niveau der neorealistischen Meisterwerke Italiens der Zeit erreicht, und die in einigen Filmen durchaus erfolgende kritische Auseinandersetzung mit der NS-Zeit wich der Schuldfrage und der Suche nach den tieferen Ursachen der verhängnisvollen Entwicklung aus.

Mit dem Ende der alliierten Filmzensur 1949 treten die starken personellen Kontinuitäten in der Filmindustrie[129], in der die schon in der NS-Zeit aktiven Regisseure, Schauspieler, Kameramänner die Filmszene bestimmten, noch deutlicher hervor. Zwar gab es auch in den 1950er Jahren gesellschaftskritische Kassenschlager wie «Die Halbstarken» (1956) von Georg Tressler über die Probleme der Großstadtjugend, «Das Mädchen Rosemarie» (1958) von Rolf Thiele, die Zeitsatire «Wir Wunderkinder» (1958) von Kurt Hoffmann oder den bewegenden Antikriegsfilm «Die Brücke» (1959) von Bernhard Wicki. Typisch für die Zeit waren jedoch die vielen Heimatfilme, die insbesondere die Gefühlswelt der Vertriebenen anzusprechen versuchten, Schlager- und Musikfilme sowie die «Sissi» – und andere historische Filme, die eine heile Welt vortäuschten und in einer Art von Eskapismus jeder Auseinandersetzung mit der eigenen Gegenwart auswichen.

Das änderte sich, als eine junge Generation von «Filmemachern» sich mit dem Oberhausener Manifest vom 28. 2. 1962[130] gegen die «Altfilmer», die etablierte Filmindustrie und die branchenüblichen Konventionen wandte und den Anspruch anmeldete, eine neue Sprache des deutschen Films, unbeeinflußt durch kommerzielle Partner, zu entwickeln. Parallel zu den unsäglichen Lümmel-, Pauker- und Sexfilmen der Zeit ist es dem jungen deutschen Film tatsächlich seit der Mitte der 1960er Jahre gelungen, zur internationalen Avantgarde vorzustoßen. Maßgebend waren dabei Regisseure wie Alexander Kluge, dessen Film «Abschied von gestern» (1966) mit dem Silbernen Löwen in Venedig ausgezeichnet wurde, Volker Schlöndorff, Werner Herzog, Wim Wenders, Edgar Reitz, Ulrich und Peter Schamoni und Rainer Werner Faßbinder, der mit seiner Triologie zur Geschichte Nachkriegsdeutschlands – «Die Ehe der Maria Braun» (1979), «Lola» (1981) und «Die Sehnsucht der Veronika Voss» (1982) – kurz vor seinem Tod am 10. 6. 1982 zum kreativsten Protagonisten des deutschen Films geworden war. Obwohl einige Werke des neuen deutschen Films nicht nur als Ausdruck der Identitätssuche einer «vaterlosen» Nachkriegsgeneration von Cineasten in Paris, London, Rom und New York bewundert und mit internationalen Preisen ausgezeichnet wurden, sondern auch kommerziell erfolgreich waren, haben sie die Dominanz der ausländischen, vor allem der amerikanischen Filme auf dem ohnehin durch das Fernsehen schrumpfenden Filmmarkt der Bundesrepublik nicht brechen können. Die Erhaltung einer kleinen deutschen Filmindustrie, in der der Verkauf von Videokassetten statt der Aufführung in Kinos eine zunehmende Rolle spielte, war nur durch die Filmförderung mit öffentlichen Mitteln, vor allem aber durch die zunehmende Zusammenarbeit mit dem Fernsehen, das z. B. 1985 und 1986 mehr als die Hälfte der in der Bundesrepublik produzierten Filme unterstützte[131], möglich.

Politische Kultur und Auseinandersetzung mit der NS-Zeit

Die politische Kultur eines Landes zeigt sich vor allem im Aufbau und in der Arbeitsweise seiner politischen Institutionen und im Wahlverhalten der Bürger. Man hat aber immer wieder versucht, den Grad der politischen Reife und der demokratischen Gesinnung sowie die politischen Grundüberzeugungen der Westdeutschen auch aufgrund von Umfragen in der Bevölkerung zu messen. Erhebungen der amerikanischen Militärregierung aus den Jahren 1945–49 zeigen das Bild eines Deutschland, in dem es zwar nur noch 15–18 % überzeugte Nationalsozialisten gibt[132], in dem aber typische nationalsozialistische Ansichten noch weite Verbreitung finden. So glaubten nach einem Durchschnitt von 11 Umfragen zwischen November 1945 und Dezember 1946 47 % der Deutschen, daß der Nationalsozialismus eine gute Idee gewesen sei, die nur schlecht ausgeführt wurde.[133] Bis zum August 1948 waren es nach einer deutschen Umfrage sogar 57 %, die eine entsprechende Ansicht äußerten, während 28 % sie ablehnten und 15 % unentschieden waren.[134] Kennzeichnend ist jedoch die bald einsetzende sehr positive Beurteilung der Entwicklung der Bundesrepublik. So begrüßten im Juli 1948 74 % die Währungsreform, während sie nur 16 % ablehnten oder für zu früh hielten. Waren im Januar 1950 nur 38 % der Meinung, daß sich die Flüchtlinge inzwischen gut eingelebt hätten, so waren es im November 1953 bereits 63 %.[135] Signifikant sind auch die Antworten auf die Fragen, wann es Deutschland im 20. Jahrhundert am besten gegangen sei. Im November 1951 optierten 45 % für das Kaiserreich und 40 % für die Friedensjahre des NS-Regimes, aber nur 2 % für die Zeit nach 1945.[136] Im April 1970 hielten nur noch je 5 % das Kaiserreich und die NS-Zeit von 1933–1939, aber 81 % die Gegenwart für die besten Jahre Deutschlands.[137] Bei der Frage nach dem großen Deutschen, der am meisten für Deutschland getan habe, wurde 1950 Bismarck mit 35 % am häufigsten genannt, aber immerhin noch 10 % sprachen sich für Hitler aus. 1967 wurde die Liste eindeutig von Adenauer mit 60 % der Nennungen angeführt, während nur noch 17 % für Bismarck und 2 % für Hitler optierten.[138]

Im Mai 1992 dominierte in den alten Bundesländern noch immer Adenauer mit 34 % vor Hans Dietrich Genscher (11 %), Willy Brandt (9 %), Bismarck (8 %) und Helmut Kohl (6 %). In den neuen Bundesländern lag dagegen Genscher mit 22 % vor Kohl (13 %), Adenauer (9 %) und Bismarck (7 %) an der Spitze. Hitler wurde sowohl in den alten wie in den neuen Bundesländern nur noch von je einem von hundert Befragten genannt.[139] Offensichtlich ist auch das wachsende Verständnis für die Arbeitsweise demokratischer Institutionen. Waren 1953 nur 50 % der Meinung, daß mehrere Parteien besser sind als die Existenz nur einer Partei, für die sich 21 % aussprachen, während fast 30 % keine Meinung hatten, so traten 1979 86 % für und nur 6 % gegen ein Mehrparteiensystem ein und der Anteil der Personen ohne eigene Meinung zu dieser Frage war auf 7 % geschrumpft.[140]

In der alten Bundesrepublik wurde die Auseinandersetzung mit dem Nationalsozialismus und seinen Massenmorden vor allem an den Juden ein zunehmend wichtiger werdendes Element in der Bestimmung der eigenen Identität. Dabei sind deutlich verschiedene Phasen dieser Auseinandersetzung auszumachen. In einer ersten Phase unmittelbar nach Kriegsende trafen die Entnazifizierungsmaßnahmen der Alliierten oder auch der Nürnberger Prozeß gegen die Hauptkriegsverbrecher auf überwiegende Zustimmung.[141] Dabei konnte dieser Prozeß – ähnlich wie in der DDR, wo die Schuld auf die Faschisten und Monopolkapitalisten konzentriert wurde – aber auch als eine Art Entlastung der Mitläufer und der breiten Masse der Bevölkerung empfunden werden. Gemeinsam war – mit wenigen Ausnahmen – die Ablehnung einer Kollektivschuld des deutschen Volkes. Das machte durchaus Sinn, da die Kollektivschuldthese Schuldige und Unschuldige zusammenwarf, die Frage nach der individuellen Verantwortung verwischte und dem unterschiedlichen Grad, in dem die einzelnen in das System verstrickt worden waren oder sich durch Resistenz bzw. «innere Emigration» zumindest teilweise entzogen hatten, nicht gerecht wurde.

Diese zunächst positive Haltung zur Bestrafung der NS-Führer und der NS-Aktivisten auf regionaler und lokaler Ebene, die allerdings das volle Ausmaß der Verbrechen des Regimes und besonders die Kriegsverbrechen im Osten nicht realisierte, änderte sich in einer zweiten Phase mit der zunehmenden Kritik an der rigorosen, oft ungerechten Durchführung der Entnazifizierung, der Empörung über die vielfach mit großer Härte und Opfern verbundenen Vertreibung von über 10 Millionen Deutschen aus den Ostgebieten und der Rückkehr der Kriegsgefangenen. Vielfach wurde im Zeichen des einsetzenden Kalten Krieges die Kritik am Nationalsozialismus durch den Antikommunismus überlagert oder ersetzt. Zudem kam es am Anfang der 1950er Jahre zu einer allerdings nur zeitweisen Verstärkung nationalistischer Tendenzen und Bewegungen. Verbunden damit war vielfach auch die Auffassung, daß ein Schlußstrich unter die Vergangenheit gezogen werden solle, um sich ganz dem Wiederaufbau und der Abwehr der kommunistischen Bedrohung von innen und außen widmen zu können.

Sehr ausgeprägt war die Schlußstrichmentalität bei den besonders stark als Werkzeug der NS-Politik benutzten Berufsgruppen – den Soldaten bis hin zur Waffen-SS, den Beamten, den Juristen und den Ärzten[142], von denen nicht wenige an Menschenversuchen und der Durchführung der rassistischen Gesundheitspolitik des Regimes, wie den Entscheidungen über die Sterilisation angeblich «Minderwertiger», teilgenommen hatten. Im Rechtswesen, das in allen Disziplinen, besonders aber in der Strafgerichtsbarkeit, tief von dem 1945 zunächst oft nur oberflächlich «entnazifizierten», völkisch-rassischen Rechtsvorstellungen des NS-Regimes[143] durchsetzt worden war, ist es nach 1945 aus falsch verstandenem Korpsgeist nicht selten zu einer fatalen Solidarisierung der Richter mit den Kollegen, denen Unrechtsurteile vorgeworfen wurden, gekommen. Nicht ein einziger Richter eines ordentlichen Gerichts, einschließlich der Richter des Volksgerichtshofes und der Sondergerichte, ist in den Westzonen und der Bundesrepublik schließlich von einem deutschen Gericht rechtskräftig verurteilt worden.[144] Zugunsten der Angeklagten, deren Rechtfertigung mit dem Pathos der Pflichterfüllung man oft akzeptierte, wurde in Verformung der bestehenden Rechtslage der Tatbestand der Rechtsbeugung, der ohnehin immer nur von dem vor 1945 geltenden Recht ausgehen mußte, nur dann als gegeben angesehen, wenn ein direkter, bestimmter und nicht nur bedingter Vorsatz dazu vorlag. Man konstruierte also ein sogenanntes «Richterprivileg».[145]

Der Verzicht auf eine strafrechtliche Sühne für die Verbrechen von Richtern in der NS-Zeit war Teil eines Prozesses, in dem der weitgehende Verzicht auf die Verfolgung von NS-Verbrechen und die Amnestie der bereits Verurteilten mit Zustimmung der weit überwiegenden Mehrheit der deutschen Bevölkerung und aller Parteien, außer der KPD, zur offiziellen staatlichen Politik in den Anfängen der Bundesrepublik wurde. Nachdem schon vorher große Gruppen von Mitgliedern der NSDAP wegen ihres jugendlichen Alters, ihres geringen Einkommens oder als Kriegsheimkehrer pauschal amnestiert worden waren[146], wurde durch die «Straffreiheitsgesetze» von 1949 und 1954 die Entnazifizierung weitgehend liquidiert und die weitere Strafverfolgung auf schwere Fälle beschränkt.[147] Auch diese kamen nur selten zur Anklage, da – im Unterschied zu den systematischen Fahndungen nach NS-Tätern durch die Alliierten – vor 1958 die Ermittlungen nur von den Geschädigten, die einen ihrer Peiniger identifizierten, ausgelöst werden konnten.[148]

Weiterhin setzte sich die deutsche Politik, auch unter Inkaufnahme einer Belastung der Beziehungen zu den Vereinigten Staaten, massiv und weitgehend erfolgreich für die Begnadigung und Freilassung der verurteilten Kriegsverbrecher ein und wurde darin von einer recht wirksamen «Gnadenlobby» in der Öffentlichkeit unterstützt.[149] Vielfach wurde versucht, eine Art Junktim zwischen der Rehabilitierung der militärischen, bürokratischen und wirtschaftlichen Eliten als Frage der «nationalen Ehre» und der Westintegration der Bundesrepublik und ihrem Verteidigungsbeitrag zu konstruieren. Auch die mangelnde Sensibilität bei Personalentscheidungen zeugte von der Verdrängung der nationalsozialistischen Vergangenheit. Hervorzuheben ist die Ernennung eines Kommentators der

Nürnberger Rassegesetzgebung von 1935, Hans Globke, zum leitenden Beamten des 1949 neu gebildeten Bundeskanzleramtes und seine Beförderung zum Staatssekretär 1953 oder die Aufnahme des ehemaligen SA-Hauptsturmführers und Gauamtsleiters Theodor Oberländer als Bundesvertriebenenminister in das Kabinett Adenauer 1953 und 1957.

Daneben gab es aber auch andere Tendenzen. So wurde – wie schon erwähnt – 1952 – vier Jahre vor der KPD – die rechtsextreme Sozialistische Reichspartei verboten. Trotz vieler Widerstände wurde 1952 ein Wiedergutmachungsvertrag mit Israel durchgesetzt und die Wiedergutmachung für die Opfer des Nationalsozialismus vorangetrieben.[150] Die Widerstandskämpfer des 20. Juli 1944, die von vielen Deutschen noch als Verräter an der Nation angesehen wurden, galten jetzt als Teil des «anderen» besseren Deutschlands, an dessen Tradition man in offiziellen Feierstunden erinnerte. Allerdings wurden die kommunistischen Widerstandskämpfer, da sie sich nicht für Freiheit und Recht, sondern (so wurde argumentiert) für ein anderes totalitäres Regime eingesetzt hatten, aus dieser positiven Beurteilung des Widerstandes, der natürlich Deutschland auch international entlasten sollte, ausgeklammert.[151]

Mit dem 1949/50 zunächst als «Institut für die Erforschung der nationalsozialistischen Zeit» entstandenen «Institut für Zeitgeschichte», seinen Büchern, seinen seit Anfang 1953 erscheinenden Vierteljahrsheften für Zeitgeschichte und den von Mitarbeitern des Instituts später verfaßten großen Gutachten in Prozessen gegen NS-Täter, entstand eine wissenschaftliche Einrichtung, die zunächst fast ausschließlich von der kritischen Auseinandersetzung mit dem Nationalsozialismus geprägt wurde, ehe später auch andere Bereiche der deutschen und außerdeutschen Zeitgeschichte erforscht wurden. Auch die Bundes- und Landeszentralen für Heimatdienst oder später für politische Bildung, wie ebenso die politischen Akademien und die Akademien der evangelischen und katholischen Kirche, schließlich die Rundfunksender und die von der 1968er Bewegung so scharf angegriffene Springer-Presse, die die Haftungsgemeinschaft der Deutschen und deren Verantwortung für die Morde an den Juden betonte, haben die Diskussion über die

NS-Zeit auch im ersten Jahrzehnt der Bundesrepublik wachgehalten.

Am Ende der 1950er Jahre begann eine neue dritte Phase der Auseinandersetzung mit dem Nationalsozialismus, die durch eine Wiederaufnahme und Verschärfung der weitgehend eingestellten strafrechtlichen Verfolgung von NS-Verbrechern [152] und eine Intensivierung der öffentlichen Debatte über den Nationalsozialismus und die besonders in Osteuropa von Deutschen und ihren Handlangern begangenen Verbrechen gekennzeichnet ist. Zunehmend hat dabei eine junge, durch den Nationalsozialismus persönlich nicht belastete Generation auch die Frage nach der Schuld der Väter und Großväter gestellt. Zum wichtigsten Instrument der Strafverfolgung wurde die 1958 in Ludwigsburg gegründete «Zentrale Stelle der Landesjustizverwaltungen zur Aufklärung nationalsozialistischer Gewaltverbrechen», die eine systematische Ermittlung gegen die an diesen Gewaltverbrechen beteiligten Täter möglich machte. Die Gründung der Stelle ging wesentlich auf das Entsetzen der Öffentlichkeit über den Ulmer Einsatzgruppenprozeß von 1958 zurück, in dem ein Polizeidirektor, der auf seine Wiedereinstellung als Beamter geklagt hatte, des Mordes an 4000 Juden überführt und ebenso wie die von ihm benannten Zeugen zu einer langjährigen Zuchthausstrafe verurteilt worden war. In den Folgejahren haben vor allem die großen Prozesse, wie der Eichmann-Prozeß in Israel 1961, der Auschwitz-Prozeß in Frankfurt am Main 1964/65, der Majdanek-Prozeß 1975–1981 in Düsseldorf, aber auch die auf hohem Niveau stehenden Verjährungsdebatten des Deutschen Bundestages 1965, 1969, 1979[153], schließlich viele Fernsehsendungen, von denen die aus den Vereinigten Staaten kommende Serie über den «Holocaust» die bekannteste und wirksamste war, und Filme wie «Schindlers Liste», die Öffentlichkeit aufgerüttelt.

Auch die deutschen Bundespräsidenten haben sich dafür eingesetzt, daß die NS-Vergangenheit nicht vergessen wird: angefangen mit Heuss, der 1949 von der «Kollektivscham» der Deutschen sprach[154], über die Rede Weizsäckers vom 8. Mai 1985[155] mit der Forderung, die Erinnerung an den Völkermord der Juden «wachzuhalten», bis zu der Erklärung des Bundespräsidenten Herzog vom 3. Januar 1996[156], mit der er den 27. Januar – den Tag der Befreiung des Konzentrationslagers Auschwitz 1945 – zum «Tag des Gedenkens an die Opfer des Nationalsozialismus» machte.

III
Brüche und ältere Traditionen in der DDR

Ausgangsposition und Umwandlung der Wirtschaft

In der sowjetischen Besatzungszone, der späteren DDR, gab es einen sehr viel radikaleren Bruch mit der Vergangenheit als im Westen. In der Landwirtschaft wurden die für weite Gebiete des ostelbischen Preußens und Mecklenburgs typischen großen Güter durch die sogenannte Bodenreform entschädigungslos enteignet und das Land auf Landarbeiter und Flüchtlingsbauern verteilt, die sich allerdings seit Beginn der 1950er Jahre zum Beitritt in Landwirtschaftliche Produktionsgenossenschaften gezwungen sahen.[1] Die Industrie und später auch der Handel wurden Schritt für Schritt sozialisiert. Der verbleibende kleine private Sektor der Wirtschaft bestand schließlich fast ausnahmslos aus Handwerksbetrieben. Nach einer DDR-Statistik für 1985 waren 89 % der Erwerbstätigen in staatlichen Betrieben und weitere 8,6 % in landwirtschaftlichen oder handwerklichen Produktionsgenossenschaften beschäftigt.[2] An die Stelle eines Systems der Marktwirtschaft, wie es mit zwar zunehmenden Eingriffen des NS-Staates bis zum Kriegsende bestanden hatte, trat eine straff zentralistische Planwirtschaft[3], die von den Institutionen der Staatspartei SED und der mit dieser eng verbundenen staatlichen Bürokratie bis ins Detail geleitet wurde.

Die Ausgangsposition der sowjetischen Zone bei Kriegsende war dabei im Vergleich zu Westdeutschland in mancher Hinsicht eher günstig. Das Ausmaß der Zerstörungen durch den Luftkrieg war erheblich geringer. Die industrielle Kapazität war im wesentlichen erhalten geblieben. Im Arbeitskräftepotential gab es – wie im Westen – einen Mangel an qualifizierten Facharbeitern wegen der großen Zahl der gefallenen oder noch kriegsgefangenen Soldaten, die durch Frauen nicht voll ersetzt werden konnten. Letztere folgten in der Regel zunächst dem traditionellen Erwerbsmuster einer Berufstätigkeit nur bis zur Ehe oder bis zur Geburt des ersten Kindes und konnten selten auf eine qualifizierte Ausbildung zurückgreifen. Die etwa 3,6 Millionen Flüchtlinge und Vertriebenen, die in die «Ostzone» kamen und vor allem in den Landgebieten untergebracht wurden, sind wie in Westdeutschland zunächst eher als Belastung denn als Arbeitskräftereservoir aufgefaßt worden, zumal der Anteil der Erwerbsfähigen unter ihnen relativ gering war.

Die Struktur der ostdeutschen Industrie war durch den Mangel an Rohstoffen – vor allem Steinkohle und Eisenerz, bei allerdings sehr reichhaltigem Vorkommen von Braunkohle und Kali – und das Fehlen von Schwerindustrie gekennzeichnet, während die Leichtmaschinenbauindustrie, die Feinmechanik und die optische Industrie stark entwickelt waren und auch international auf hohem Niveau standen. Engpässe lagen in der geringen Leistungsfähigkeit des Verkehrswesens und der schweren und anhaltenden Versorgungskrise, die verhinderte, daß das vorhandene Potential an industriellen Anlagen und Arbeitskräften zweckmäßig eingesetzt werden konnte.[4]

Diese Ausgangsposition wurde durch eine Reihe von Fehlentscheidungen und durch Eingriffe der Besatzungsmacht verschlechtert. Mit dem forcierten Aufbau einer eigenen Grundstoff- und Schwerindustrie unter Vernachlässigung der Konsumgüterindustrie und des Dienstleistungssektors, aber auch der chemischen, feinmechanischen und optischen Industrien, wurden die Weichen des wirtschaftlichen Aufbaus in der Frühphase der DDR falsch gestellt, obwohl der Bedarf der DDR an schwerindustriellen Gütern innerhalb des Rates für Gegenseitige Wirtschaftshilfe (RGW), der Wirtschaftsgemeinschaft der kommunistischen Staaten Osteuropas, sonst nicht zu dekken war. Die Bodenreform hat zu einem Rückgang der Agrarproduktion geführt und damit die schwere Versorgungskrise – bis 1950 war ein erheblicher Teil der Bevölkerung unterernährt[5] – verschärft. Wenn auch der Umfang der Demontagen nicht überschätzt werden sollte[6], hat doch die Ausrichtung der Wirtschaft auf die möglichst kurzfristige Befriedigung der sowjetischen Reparationsansprüche den wirtschaftlichen Aufbau weiter erschwert. So wurde die ohnehin ungenügende Kapazität des Verkehrssystems durch den Abbau der zweiten Gleise auf fast allen Bahnstrecken dramatisch reduziert, und die Engpässe in der Energieversorgung verschärften sich durch die Entnahme von Kohle für die Sowjetunion. Hinzu kam der große Bedarf der sowjetischen Streitkräfte an Facharbeitern vor allem in der Bauindustrie und den metallverarbeitenden Gewerben. Einen großen Aderlaß bedeuteten zunächst auch die Verschleppung bzw. Rekrutierung von Forschern und hochqualifizierten Technikern durch die Sowjetunion und vor allem die Übernahme von ca. 200 besonders wichtigen und großen Betrieben als Sowjetische Aktiengesellschaften (SAG), die etwa 25 % der Industrieproduktion der DDR stellten[7] und nach der Rückgabe ab 1953/54 das Rückgrat der «volkseigenen» Industrie der DDR wurden.

Langfristig noch schwerwiegender war die Errichtung einer zentralistischen Planungsbürokratie. Sie war nach der Überwindung des Wirrwarrs sich überschneidender Kompetenzen und nicht miteinander abgestimmter Pläne in der unmittelbaren Nachkriegszeit seit 1947/48 errichtet worden. Trotz aller späteren, letztlich gescheiterten Reformversuche hat diese durch die Ausrichtung der Wirtschaft am Primat der Politik und die Abkoppelung vom Markt unter weitgehendem Verzicht auf ökonomische Rationalität zu einem gravierenden Verlust an wirtschaftlicher Dynamik und einem Zurückbleiben der technologischen Entwicklung geführt. Statt an Gewinn und Verlust orientierte sich wirtschaftliches Handeln in der DDR an der dominierenden Forderung nach bloßer Steigerung der Produktion ohne klare Kostenrechnung. Dabei war es für die DDR besonders belastend, daß sie nicht nur außenpolitisch in das von der Sowjetunion dominierte System des Warschauer Pakts eingegliedert, sondern auch wirtschaftlich von den westlichen Industrieländern – mit der teilweisen Ausnahme der Bundesrepublik – und den Weltmärkten weitgehend abgeschottet war. Sie mußte sich am Modell der ökonomisch unterentwickelten Sowjetunion und dem an deren Interessen ausgerichteten RGW orientieren.[8]

Eine entscheidende Schwächung der DDR hat der bewußte Austausch der bestehenden Eliten bedeutet, der neben der Zwangskollektivierung der Landwirtschaft, dem Zurückbleiben der wirtschaftlichen Entwicklung hinter der der Bundesrepublik und der mangelnden Freiheit ein wesentlicher Grund für die in verschiedenen Wellen erfolgte Massenflucht war. Es kam hinzu, daß gerade jüngere qualifizierte Kräfte unter den Flüchtlingen aus der DDR in die Bundesrepublik bis zum Mauerbau 1961 überproportional vertreten waren.

Kennzeichnend für die sowjetische Zone war, daß hier die Entnazifizierung, in Ergänzung der Bodenreform und der Enteignung privater Unternehmen, bewußt als Mittel zur revolutionären Veränderung von Staat und Gesellschaft genutzt wurde. Sie konzentrierte sich dabei auf einige Schlüsselbereiche. Dazu zählten vor allem die Verwaltung auf allen Ebenen, die Justiz, die Polizei und das Schulwesen.[9] Willkürliche Enteignungen auch mittelständischer Betriebe unter dem Vorwand, daß der Besitzer in der NSDAP oder einer ihrer Gliederungen Mitglied gewesen sei, kamen hinzu.[10] Andere Bereiche wurden, wenn man von der Verfolgung von NS-Verbrechen oder der Ausschaltung aktiver Nationalsozialisten absieht, weitgehend unangetastet gelassen. So akzeptierte die sowjetische Militäradministration (SMAD), die in der Durchführung der Entnazifizierung eng mit den Kommunisten der «Ostzone» zusammenarbeitete, weitgehend das Prinzip der Selbstreinigung für die evangelischen Kirchen, so daß es in ihnen trotz der vielen NSDAP-Mitglieder unter den Pfarrern auch im Osten zu einer starken personellen Kontinuität zwischen «Drittem Reich» und DDR kam.[11] Auch die Beamten der Reichsbahn und der Reichspost wurden, sofern es sich nicht um besonders aktive Nationalsozialisten oder Inhaber von Führungspositionen handelte, in ihren bisherigen Arbeitsstellen belassen. Großzügig bei der Ignorierung der NS-Belastung war man ebenfalls gegenüber den Ärzten, die einen besonders hohen Anteil an NSDAP-Mitgliedern aufgewiesen hatten, aber – auch wegen der

Flucht vieler Ärzte in den Westen bis zum Mauerbau – dringend gebraucht wurden.[12]

Die Entnazifizierung erfolgte in mehreren Phasen, wobei es zunächst erhebliche Unterschiede zwischen der milderen Praxis in Thüringen und dem viel schärferen Vorgehen etwa in Sachsen oder in Mecklenburg-Vorpommern gegeben hat.[13] Dabei wurden – auch durch Vorgaben der SMAD – immer weniger Ausnahmen für Spezialisten in den von der Entnazifizierung besonders betroffenen Kernbereichen zugelassen. Im Unterschied zu Westdeutschland konzentrierte man sich auf bestimmte Berufsgruppen, aber versuchte kaum – von der Verfolgung von NS- und Kriegsverbrechern abgesehen – den Grad der individuellen Belastung und Schuld festzustellen. Die Entnazifizierung war zudem klar an politischen und nicht an rechtlichen Kriterien ausgerichtet. Insgesamt sind in der sowjetischen Besatzungszone in ca. 520000 Fällen «Maßnahmen» gegen ehemalige Mitglieder der NSDAP erfolgt. Diese «Maßnahmen» schlossen aber neben Entlassungen auch Zurückstufungen in mindere Positionen, Entzug des Wahlrechts oder von Gewerbegenehmigungen ein. Nicht selten gab es mehrere Verfahren gegen dieselben Personen.[14] Die Gesamtzahl der existentiell Betroffenen erfaßt wahrscheinlich weniger als ein Fünftel der etwa 1,5 Millionen Mitglieder der NSDAP in der sowjetischen Zone. Mit einem SMAD-Befehl vom 26. Februar 1948 wurde bis auf die noch laufenden Berufungsverfahren, oder die Fälle, in denen eine gerichtliche Anklage erhoben wurde, die Entnazifizierung beendet. Das bedeutete aber nicht, daß die früheren NSDAP-Mitglieder, die sich in der Zukunft durch besondere politische Loyalität rehabilitieren sollten, ihre alten Positionen wieder einnehmen konnten.

Als Ergebnis der Entnazifizierung fand ein fast vollständiger Austausch der Eliten in Schule, Justiz, Verwaltung und Polizei statt. Von den Lehrern waren über 70% Mitglied in der NSDAP gewesen. Sie wurden durch Junglehrer, die in Schnellkursen von zwei bis zwölf Monaten Dauer für ihren Beruf ausgebildet wurden, ersetzt.[15] Im November 1948 stellten Neulehrer fast 76% des Lehrpersonals an den Grundschulen. Bemerkenswert ist zudem, daß 1949 48 % der Lehrer an Grund – und Oberschulen SED-Mitglieder waren.[16]

In der Justiz, in der etwa 80 % der Richter und Staatsanwälte der NSDAP angehört hatten[17], wurden alle früheren Mitglieder der Partei und selbst die Mitglieder der Hilfsorganisationen mit ganz wenigen Ausnahmen entlassen. Dem Mangel an Richtern und Staatsanwälten begegnete man durch die forcierte Ausbildung von sogenannten Volksrichtern in Schnellkursen, die anfangs nur sechs bis acht Monate, später zwei Jahre dauerten.[18] Die Kandidaten für diese Kurse wurden von den Parteien – vor allem von der SED – benannt, und die richtige politische Gesinnung der neuen Richter sollten ständige Weiterbildungskurse sichern. Die Kurzausbildung von Richtern und Staatsanwälten, neben der die akademische Ausbildung von Juristen weitergelaufen war, wurde im Februar 1953 beendet. Die Teilnehmer der ersten Volksrichterkurse verstanden sich dabei in den etwas pathetischen Worten eines ehemaligen Volksrichters als ein «Stoßtrupp», der den Brückenkopf zur Umwandlung des von NS-Ideen durchsetzten bürgerlichen Rechtswesens in ein stark politisiertes sozialistisches Rechtswesen erkämpfte.[19] Schon Ende 1950 lag der Anteil der Volksrichter an den Richtern bei 58 %, bei den Staatsanwälten sogar bei 74 %, und 89 % aller Staatsanwälte und 63 % aller Richter gehörten der SED an.[20]

In der Verwaltung zielte die Entnazifizierung von Anfang an nicht nur auf die Ersetzung der höheren und mittleren Beamten und Angestellten, die Mitglieder der NSDAP gewesen waren, sondern auf den Aufbau einer völlig neuen Verwaltung als wirksames Instrument zur Durchsetzung der politischen und sozialen Ziele des neuen Regimes. Dabei wurden die Schlüsselpositionen – die Leitung der Polizei und die Kontrolle der Personalämter – sofort von zuverlässigen Kommunisten übernommen, während der Einfluß der Mitglieder der weiteren «antifaschistischen» Parteien in anderen Bereichen zunächst noch geduldet, bald aber systematisch zurückgedrängt wurde. Die Beamtenschaft, eine in der deutschen Geschichte tief verwurzelte Institution, wurde völlig abgeschafft. In der Erweiterung des Begriffs des Faschisten auf die «Junker» – die

Großgrundbesitzer im Osten – die als Kriegstreiber und Monopolkapitalisten diskriminierten Unternehmer sowie die Manager größerer Unternehmen und der Banken zeigt sich besonders deutlich die Instrumentalisierung der Entnazifizierung. Sie sollte als Mittel zur revolutionären Umgestaltung von Staat, Wirtschaft und Gesellschaft eingesetzt werden und auch die nicht der NSDAP angehörenden Mitglieder der alten wirtschaftlichen und sozialen Eliten, in denen man potentielle Feinde der neuen sozialistischen Ordnung sah, ausschalten.

Die DDR verstand sich als ein antifaschistischer Staat, der mit der Ausmerzung der angeblichen Wurzeln des Faschismus und der Inanspruchnahme der fortschrittlichen Traditionen der deutschen Geschichte und des kommunistischen Widerstandes gegen den Nationalsozialismus gleichsam stellvertretend für seine Bevölkerung auch die deutsche Vergangenheit «bewältigt» hatte. Der «Antifaschismus» wurde als Legitimationsideologie der Parteidiktatur geradezu ritualisiert.[21] Es gab aber in der DDR kein Äquivalent zu der intensiven Debatte in der Bundesrepublik über die Verstrickung der Deutschen in den Nationalsozialismus und auch keine Scheu, eine antizionistische, zeitweise sogar mit antisemitischen Elementen durchmischte Politik gegen Israel zu verfolgen und jede Art von Wiedergutmachung an Israel abzulehnen.

Entwicklung des Parteiwesens und der Massenorganisationen

Während die rigorose Entnazifizierung der alten Eliten in den wichtigsten Bereichen von Staat, Wirtschaft und Gesellschaft und deren Ersetzung durch neue, mit der KPD und SED eng verbundene Kader, aber auch die massiven Eingriffe der SMAD[22] der oft vertretenen These von einer relativ offenen Situation in der sowjetischen Besatzungszone bis 1947/48 widersprechen, gab es in der Entwicklung des Parteiwesens zunächst demokratische Anfänge. Die sowjetische Militärregierung hatte schon am 10. Juni 1945 – lange vor der Zulassung von Parteien in den Westzonen – die Bildung antifaschistischer und nach ihrem Verständnis «demokratischer» Parteien für ihre Zone erlaubt. Es entstanden, innerhalb weniger Wochen zwei Arbeiterparteien und zwei «bürgerliche» Parteien: die KPD am 11. Juni 1945, die SPD am 15. Juni, die Christlich-Demokratische Union am 26. Juni, und die Liberal-Demokratische Partei Deutschlands (LDPD) am 5. Juli.[23] Mit den frühen Parteigründungen in der alten Reichshauptstadt Berlin wollte die SMAD offenbar die Entwicklung des Parteiwesens in ganz Deutschland durch die unter ihrer Kontrolle stehenden Organisationen in ihrer Zone präjudizieren und beeinflussen.

Die vier Parteien schlossen sich am 14. Juli 1945 zur «Einheitsfront der antifaschistisch-demokratischen Parteien» zusammen. Der antifaschistische Block, dessen Zentralausschuß sich aus den Führern der Parteien zusammensetzte, sollte der Politik der sowjetischen Militärregierung eine breitere Basis in der Bevölkerung geben. Gleichzeitig sollte er als eine Art Volksfrontorganisation die nichtkommunistischen Parteien und die von ihnen vertretenen politischen und sozialen Kräfte allmählich auf die revolutionären Umgestaltungspläne der KPD einschwören sowie ihre politische Autonomie einschränken und schließlich beseitigen.[24] In der KPD selbst dominierten eindeutig die aus dem sowjetischen Exil zurückgekehrten Kommunisten gegenüber denen, die in Deutschland, zum Teil in den Konzentrationslagern, überlebt hatten oder aus dem westlichen Exil zurückgekehrt waren.

Bei der Gleichschaltung der anderen Parteien[25] war zunächst ein erheblicher Widerstand in der CDU, die u. a. eine entschädigungslose Enteignung der Großgrundbesitzer ablehnte, und in der LDPD, die sich zunächst für den Vorrang des Privat- vor dem Staatseigentum an den Produktionsmitteln der Wirtschaft einsetzte und für ein unabhängiges Berufsbeamtentum und eine unabhängige Justiz eintrat, zu überwinden.[26] Eine entscheidende Etappe auf dem Wege zur Beseitigung der Autonomie der nichtkommunistischen Parteien, die bis etwa 1948, in einzelnen Bereichen bis 1950 dauerte, war die Vereinigung der KPD und der SPD zur SED im April 1946. Der von den westdeutschen Sozialdemokraten unter dem Einfluß Kurt Schumachers erbittert bekämpfte Zusammenschluß konnte sich auf die auch in sozialdemokratischen Kreisen zunächst populäre Idee der Wiederherstellung der organisatorischen Einheit der deutschen Arbeiterbewegung stützen, die sich noch im Gründungsaufruf des Zentralausschusses der SPD vom 15. Juni 1945 niedergeschlagen hatte, aber damals von den Kommunisten abgelehnt worden war. Er fand auch später die freiwillige Unterstützung eines Teils der Mitglieder und der lokalen Organisationen der ostzonalen Sozialdemokratie. Im wesentlichen war der Zusammenschluß aber das Ergebnis eines massiven Drucks, der vor der Verfolgung der Gegner einer Zwangsvereinigung nicht zurückschreckte und von der sowjetischen Militärregierung und ihrem verlängerten Arm, den ostdeutschen Kommunisten, ausging.[27] So haben sich bei einer Urabstimmung der Westberliner Sozialdemokraten 82,6 % gegen und nur 11,9 % für eine sofortige Einigung ausgesprochen. Eine «Zusammenarbeit beider Parteien, welche den Bruderkampf ausschließt», wurde allerdings von 61,5 % befürwortet.[28]

1948 wurden die Demokratische Bauernpartei Deutschlands (DBD) und – als Auffangbecken für kleine Nazis und ehemalige Wehrmachtsoffiziere – die Nationaldemokratische Partei Deutschlands (NDPD) zugelassen. Beide Parteien standen von Anfang an unter kommunistischer Leitung und wurden bewußt als Instrumente zur Vermittlung und Durchsetzung der SED-Politik unter den Bauern und den früheren Mitgliedern nationaler Kreise benutzt.[29] Die SED selbst, in der frühere Sozialdemokraten aus der effektiven Führung der Partei auf allen Ebenen verdrängt wurden[30], entwickelte sich zu einer jede offene Fraktions- und Flügelbildung und jede innerparteiliche Diskussion ablehnenden, immer wieder von wirklichen oder vermeintlichen Oppositionellen gesäuberten stalinistischen Partei.[31] Durch den Kontrollapparat eines im Februar 1950 neu errichteten Ministeriums für Staatssicherheit unterstützt, wurde die SED so zur Staatspartei der DDR, lange bevor ihre führende Rolle als marxistisch-leninistische Partei auch formell in der Verfassung der DDR von 1968 verankert wurde.

Im Unterschied zu den ursprünglichen nichtkommunistischen Parteien (SPD, CDU, LDPD) wurden die 1945–1947 entstehenden Massenorganisationen von vornherein von der KPD bzw. der SED dominiert. Unter ihnen waren die wichtigsten: die 1945 konstituierte Einheitsorganisation des Freien Deutschen Gewerkschaftsbundes (FDGB), in der die sozialdemokratischen, christlichen und liberalen Gewerkschaftler sehr bald mit Hilfe des SMAD entmachtet wurden; der am 8. 8. 1945 gegründete Kulturbund zur demokratischen Erneuerung Deutschlands (KB); die am 7. März 1946 aus antifaschistischen Ausschüssen hervorgegangene Freie Deutsche Jugend (FDJ); Frauenausschüsse, aus denen 1947 der Demokratische Frauenbund Deutschlands (DFB) entstand; die nach Vorläufern auf lokaler Ebene im Mai 1946 gebildete Vereinigung der gegenseitigen Bauernhilfe (VdgB); die am 30. 6. 1947 konstituierte Gesellschaft für Deutsch-Sowjetische Freundschaft (DSF). Diese Organisationen, die einen gewissen Ersatz für das Fehlen autonomer, intermediärer Institutionen in der DDR bildeten, ermöglichten eine Art Pseudopartizipation der in ihr erfaßten Bevölkerungskreise. In erster Linie dienten sie aber als Transmissionsriemen zur Vermittlung der Politik der SED.[32]

Verfassung und Verwaltung der DDR

Die DDR war, wenn wir die Begriffe von Ernst Fraenkels Interpretation der NS-Herrschaft in seiner klassischen Studie «Der Doppelstaat» von 1941 heranziehen[33], nicht, wie der NS-Staat im Deutschen Reich, durch den Dualismus, das Nebeneinander von traditionellen Rechtsnormen und arbiträren Maßnahmen gekennzeichnet, sondern Normen- und Maßnahmenstaat fielen aufgrund der völligen Übernahme des Staatsapparats durch die SED zusammen.

Die erste Verfassung der DDR von 1949, die in ihren Formulierungen vielfach noch der Weimarer Reichsverfassung folgte, hatte wenig Beziehung zu der politischen Realität einer Diktatur, die auf dem Supremat einer allerdings ihrerseits von der Sowjetunion und ihren Vertretern im Land abhängigen SED beruhte. 1952 wurden die fünf ursprünglichen Länder der DDR, die am 20. 10. 1946 ihre eigenen Parlamente gewählt hatten, in denen trotz der Behinderung des Wahlkampfes der beiden «bürgerlichen» Parteien diese im Durchschnitt noch fast 50% der Mandate gewinnen konnten[34], durch 14 Bezirke (ohne Ostberlin) als oberste regionale Verwaltungsebene ersetzt.[35]

Im kommunalen Bereich kam es zunächst zur Wiederherstellung des Prinzips der Selbstverwaltung durch eine neue «Demokratische Gemeindeverfassung» (bald «Demokratische Gemeindeordnung») vom 14.9. 1946, die die Entscheidungsgewalt der als «Gebietskörperschaften» angesehenen und mit einer weitgehenden Autonomie ausgestatteten Gemeinden in die Hand der in der ersten Septemberhälfte gewählten Gemeindevertretungen legte. Diese wählten ihrerseits den Stadtrat und den Bürgermeister oder Oberbürgermeister. Eine ähnliche Regelung traf eine «Demokratische Kreisordnung» für Landkreise, deren Kreistage am 20. 10. 1946, am gleichen Tag wie die Landtage, gewählt wurden.[36] Tatsächlich wurde jedoch die demokratische Selbstverwaltung der Kommunen durch eine Machtverschiebung zugunsten der Magistrate, in der SED-Mitglieder die entscheidenden Dezernate kontrollierten, ausgehöhlt. Dieser Prozeß setzte sich nach der zentralistischen Umgestaltung des politischen Systems und der Verwaltung der sowjetischen Zone 1948/49 durch Eingriffe in die wirtschaftliche Selbstverwaltung, durch die staatliche Steuerung der Polizei und die Einschränkung der Kompetenzen der Gemeinden im Schulwesen weiter fort. 1952/53 wurden die Reste der körperschaftlichen Eigenständigkeit der Gemeinden und Kreise beseitigt, die damit zu bloßen nachgeordneten territorialen Verwaltungseinheiten und Organen der Staatsgewalt ohne einen autonomen, eigenen Kompetenzbereich herabsanken.[37]

An der Spitze des Staates ersetzte nach dem Tod des ersten Präsidenten Wilhelm Pieck 1960 die Institution eines Staatsrates das Präsidentenamt. Als Staatsratsvorsitzender vereinigte jetzt Walter Ulbricht, der Erste Sekretär des Zentralkomitees (ZK) der SED und Vorsitzende des Nationalen Verteidigungsrates, auch formell die entscheidenden Machtpositionen in seiner Hand.

In den späteren Verfassungen der DDR spiegelt sich die veränderte Einstellung zur deutschen Einheit. Zunächst hatte sich die DDR als der einzig legitime deutsche Staat und als das Modell für ein wiedervereinigtes Deutschland verstanden. Noch in der Verfassung von 1968, die mit der Verankerung des Führungsanspruches der SED und der Orientierung an der sowjetischen Verfassung von 1936 einen klaren Bruch mit der deutschen Verfassungstradition bedeutete, wurde die DDR als «sozialistischer Staat deutscher Nation» (Art. 1) bezeichnet.[38] Nach dem Wechsel von Ulbricht, der die Wende zur These von der Nationalität beider deutschen Staaten noch einleitete, zu Honecker als Erstem Sekretär des ZK der SED im Mai 1971 hat der VIII. Parteitag der SED im folgenden Monat eine deutsche Wiedervereinigung ausdrücklich abgelehnt. Entsprechend tilgte die revidierte Verfassung von 1974 alle Hinweise auf eine Wiedervereinigung und auf die deutsche Nation; Artikel 6 verankerte, daß die DDR ein «untrennbarer Bestandteil der sozialistischen Staatengemeinschaft» und «für immer und unwiderruflich mit der Union der Sozialistischen Sowjetrepubliken verbündet» sei. Noch eindeutiger kommt der Wandel in der Haltung zur nationalen Einheit im Parteiprogramm der SED zum Ausdruck. Hieß es im Programm von 1963, daß die SED als Partei der «nationalen Würde und nationalen Einheit ... um die Überwindung der Spaltung der deutschen Nation» kämpfe, so wird im Parteiprogramm von 1976[40] jeder Hinweis auf die nationale Einheit aller Deutschen eliminiert und festgestellt, daß sich mit der sozialistischen Umgestaltung der DDR eine eigene sozialistische Nation herausbilde.

Seit den 1970er Jahre gibt es auch Versuche, mit dem neuen Verständnis der Nation der DDR eine breitere historische Legitimation zu geben. Die DDR hatte schon immer die «progressiven und revolutionären» Traditionen der deutschen Geschichte vom Bauernkrieg bis zur deutschen Arbeiterbewegung als ihr Erbe in Anspruch genommen. Diese selektive Auswahl, die allerdings nie den Verzicht auf das kulturelle Erbe, etwa der Weimarer Klassik, bedeutet hatte, machte nun in der Ideologie der Parteiführung und der Geschichtswissenschaft einer neuen Auffassung Platz, in der fast die gesamte deutsche Geschichte – allerdings ohne die NS-Zeit – als «Erbe und Tradition» gleichsam für die DDR usurpiert wurde.[41] Besonders deutlich wird das in den großen staatlich organisierten Feiern zum 500. Geburtstag Martin Luthers 1983 und der Wiederaufstellung des Reiterstandbildes Friedrich des Großen «Unter den Linden», aber auch in einer neuen, differenzierteren Beurteilung zentraler Figuren der deutschen Geschichte, die vorher als Vertreter der Feudalherrschaft oder der Bourgeoisie scharf verurteilt worden waren. Diese Versuche der DDR, sich auch damit eine eigene Identität als sozialistische deutsche Nation zu geben, wirkten jedoch künstlich.[42] Sie fanden, wie der breite Wunsch nach Wiedervereinigung 1990 zeigte, keine Akzeptanz in der Bevölkerung und sind völlig gescheitert.

Der Ort der DDR in der deutschen Geschichte

Der Ort der DDR in der deutschen Geschichte ist schwer zu bestimmen. Sie kann nur in einem eng begrenzten Maße in die Traditionen der deutschen Arbeiterbewegung gestellt werden, da deren dominante Richtung immer an der politischen Demokratie als Instrument zur sozialen Umgestaltung festgehalten hat. Auch die in einigen Bereichen – wie der bereits behandelten Kommunalverfassung, der Schaffung einer Einheitsgewerkschaft, der Sozialversicherung, dem Gesundheits- und Schulwesen, aber auch in der Auffassung von der Stellung der Frau in der Gesellschaft – zunächst gegebene Anknüpfung an Vorstellungen der deutschen Arbeiterbewegung wurde meist bald durch andere Konzepte und Modelle überlagert. Vielfach haben ökonomische Zwänge, die Bemühungen um Herrschaftstabilisierung der neuen Eliten und die Versuche zur engen Bindung der «Intelligenz» an den Staat die DDR veranlaßt, im Laufe ihrer immerhin vierzigjährigen Geschichte ursprüngliche Positionen der deutschen Arbeiterbewegung aufzugeben.

Obwohl ältere autoritäre Traditionen der deutschen Geschichte in der DDR schließlich in größerem Umfang als in der Bundesrepublik lebendig blieben und zudem – wenn man von ihrer Jagdleidenschaft absieht – auch der Lebensstil und die oft spießigen Ansichten und Vorurteile gerade der führenden Vertreter der DDR etwa in Fragen der Sexualität und des «richtigen», d. h. angepaßten Verhaltens der Jugendlichen deutliche Vorbilder in typisch «kleinbürgerlichen» Lebensweisen und Moralvorstellungen der Zeit vor 1914 fanden, wäre es aber auch falsch, zu enge Parallelen zum Nationalsozialismus oder zum Kaiserreich zu ziehen.

Die DDR war vor allem ein Klientelstaat der Sowjetunion[43], der in vielen und keineswegs nur den politischen Bereichen das sogenannte «Vaterland der Werktätigen» nachzuahmen suchte. Das hat nicht nur die Entwicklung demokratischer Institutionen und Mentalitäten verhindert, sondern durch die Ausrichtung an einem wirtschaftlich und sozial eher zurückgebliebenen Land den Prozeß der ökonomischen und sozialen Modernisierung gehemmt. Zu den spezifischen Kennzeichen der DDR, die sie von anderen Ländern des Ostblocks unterschieden, zählte nicht nur das Fehlen der nationalen Basis, die für die Oppositionsbewegungen in Ungarn, Polen und teilweise auch der Tschechoslowakei eine so entscheidende Rolle spielte, sondern auch die ständige Systemkonkurrenz mit der Bundesrepublik. Diese hat die Geschichte der DDR sehr viel stärker geprägt als die der Bundesrepublik, in der die Konkurrenz mit der DDR seit den 1960er Jahren zunehmend an Bedeutung verlor.

Bildung und Wissenschaft

Besonders deutlich wird die Systemkonkurrenz in der noch zu behandelnden Wirtschafts- und Sozialpolitik. Sie findet ihren Niederschlag aber auch in den Reformen im Schulwesen und in der Universitätsausbildung. Bereits im Mai 1946 wurde in der sowjetischen Besatzungszone gegen den Widerstand der Kirchen, vieler Eltern und von Teilen der «bürgerlichen» Parteien eine sogenannte «demokratische Einheitsschule» eingeführt. Man knüpfte damit an ältere schulpolitische Vorstellungen der KPD und der SPD an, die auch in einem gemeinsamen

Aufruf der beiden Parteien vom 18. Oktober 1945 verdeutlicht wurden[44], sowie an reformpädagogische Konzepte der Weimarer Zeit. Mit der Einführung der Schulgeldfreiheit und der finanziellen Unterstützung von Kindern aus sozial schwachen Familien sowie der institutionellen Verankerung einer für alle Schüler gemeinsamen achtklassigen Grundschule, auf der eine vierklassige Oberschule bzw. eine dreiklassige Berufsschule aufbauten, wollte man mit dem bisherigen Bildungsprivileg der bürgerlichen Schichten brechen und den Zugang von Arbeiterkindern zur Oberschule entscheidend verbessern. Privatschulen wurden verboten und der Religionsunterricht, der aus dem normalen Stundenkanon entfernt wurde, zur alleinigen Angelegenheit der Religionsgemeinschaften erklärt. Als Ziel der Schule, deren Lehrpläne noch keineswegs an kommunistischen Dogmen ausgerichtet waren, wurde angegeben, die «Jugend frei von nazistischen und militaristischen Auffassungen im Geiste des friedlichen und freundschaftlichen Zusammenlebens der Völker und einer echten Demokratie zur wahren Humanität» und zu «selbständig denkenden und zu verantwortungsbewußt handelnden Menschen» zu erziehen.[45]

Seit 1948/49 ersetzte zunehmend die ideologische Orientierung am sowjetischen Vorbild die aus der Reformpädagogik kommenden Vorstellungen.[46] Zudem forderte das Politbüro im Anschluß an die Zweite Parteikonferenz der SED 1952, daß es die Aufgabe der Schule sein müsse, «den Sozialismus aufzubauen und die Errungenschaften der Werktätigen bis zum äußersten zu verteidigen».[47] Nicht nur die Erziehung des neuen sozialistischen Menschen wurde zur zentralen Funktion der Schule erklärt, sondern diese auch immer eindeutiger als Instrument zur Lenkung des Bedarfs an Arbeitskräften angesehen und zur Wirtschaftsplanung in enge Beziehung gesetzt. Nachdem 1951 eine Zehn-Klassen-Schule mit einem zweijährigen Aufbauzweig, die vor allem für spätere Schüler der Ingenieur- und Fachschulen gedacht war, zur Ergänzung des Schulsystems eingeführt worden war, schuf schließlich ein Schulgesetz vom 2. 12. 1959[48] bis zum Herbst 1964 nach sowjetischem Vorbild die zehnklassige «polytechnische Oberschule» als allgemeinbildende Schule für alle Kinder der DDR. Kennzeichen dieses Schultyps waren die enge Verbindung von Bildung und Erziehung mit der wirtschaftlichen Produktion und die Versuche, «die Jugend auf das Leben und die Arbeit im Sozialismus vorzubereiten, sie zu allseitig polytechnisch gebildeten Menschen zu erziehen».[49] Neben der besseren Vorbildung der jungen Menschen für die Anforderungen der Wirtschaft der DDR durch die berufsorientierende und berufsvorbereitende betriebliche Produktion wollte man auch eine modernere Allgemeinbildung in sprachlich-gesellschaftlichen und in naturwissenschaftlichen Fächern vermitteln und die Bundesrepublik bewußt auf dem Bildungssektor überholen.

In der Ausbildung an den Hochschulen hat man zunächst neue Akzente vor allem durch die nach einigen Vorläufern 1949 gegründeten Arbeiter- und Bauernfakultäten[50], die bewußte Förderung von Studenten der Unterschichten gesetzt, während der Zugang zur Universität für Kinder aus dem alten Besitz- und Bildungsbürgertum erschwert wurde. Ferner wurde der Russischunterricht und ein gesellschaftswissenschaftliches Grundstudium für die Studenten aller Fakultäten verbindlich gemacht.

Die Versuche, die Universität von innen her zu erobern, waren zunächst nur in den gesellschafts- und geisteswissenschaftlichen Fächern weitgehend erfolgreich, trafen aber in den medizinischen Fakultäten und bei den Naturwissenschaften auf anhaltenden Widerstand. Im Krisenjahr 1956, das nach den Enthüllungen Chruschtschows über den Terror und die Despotie Stalins auf dem XX. Parteitag der KPdSU seinen Höhepunkt im ungarischen Volksaufstand und dessen Unterdrükkung im Oktober/November fand, waren – anders als beim Aufstand vom 17.6. 1953 – Intellektuelle und Universitäten Zentren der DDR-Opposition. Daher verschärfte eine vom Stellvertreter des Ministers für Staatssicherheit am 3. November 1956 erlassene «Richtlinie über die Abwehr feindlicher Tätigkeit gegen die Universitäten und Hochschulen der Deutschen Demokratischen Republik» das System der Überwachung und Kontrolle der Universitäten und der Studenten.[51] Im Februar 1958 wurden die Kompetenzen des Staatssekretariats für Hoch- und Fachschulwesen erweitert und die Reste der Autonomie der Universitäten, die nun als «sozialistische» Hochschulen galten, fast völlig beseitigt. Die SED-Sekretäre der Fakultäten wurden Mitglieder des Fakultätsrates, und eine neue Senats- und Fakultätsordnung von 1959 bestimmte, daß die Organe der Universitäten und Hochschulen «in allen Fragen mit den Organen der SED, der Gewerkschaft Wissenschaft und der FDJ zusammenarbeiten» sollten.[52]

Eine tiefe Zäsur im Hochschulwesen bedeutete schließlich der Mauerbau 1961. Damit verloren die 1945 übernommenen Professoren[53], die zunehmend durch bereits in der DDR sozialisierte Nachwuchswissenschaftler ersetzt worden waren, auch in der Medizin und den naturwissenschaftlichen Fächern die Alternative, nach Westdeutschland zu fliehen und mußten sich daher stärker als vorher dem System anpassen.

Ein Gesetz vom 25. Februar 1965[54] regelte schließlich das gesamte Bildungssystem der DDR organisatorisch und legte es auf das Ziel der «Bildung und Erziehung allseitig und harmonisch entwickelter sozialistischer Persönlichkeiten»[55] fest. Als grundlegende Bestandteile und Stufen des sozialistischen Bildungssystems wurden die Einrichtungen der Vorschulerziehung – also Kinderkrippen und Kindergärten – die zehnklassige polytechnische Oberschule, die Stätten der Berufsausbildung, die zur Hochschulreife führenden Bildungsinstitute, die Ingenieur- und Fachschulen, die Universitäten und Hochschulen sowie die «Einrichtungen der Aus- und Weiterbildung der Werktätigen» aufgeführt. Kennzeichnend für dieses recht effiziente Bildungssystem ist neben seiner betont politischen Zielsetzung der starke Ausbau der Vorschulerziehung, die die Berufstätigkeit von Müttern ermöglichen sollte, die große Durchlässigkeit zwischen den einzelnen Stufen des Systems, die Betonung der Weiterbildung und zusätzlichen Qualifikation von Erwachsenen und die möglichst enge Ausrichtung an den Anforderungen der Wirtschaft. Zudem hatte die SED ein Interesse, ihre Legitimationsbasis in der Bevölkerung durch die Bildungspolitik zu verbreitern und die «Intelligenz» eng an den Staat zu binden.

Das kommt auch darin zum Ausdruck, daß, u. a. durch die Verschärfung der Leistungsanforderungen, der Anteil der Kinder von Arbeitern und Bauern, die nur noch in der Stipendienvergabe bevorzugt wurden, an den Studenten zugunsten der Kinder der neuen politischen und wirtschaftlich-technischen Eliten, und der deutlichen Tendenzen zur Selbstrekrutierung der «Intelligenz» seit Beginn der 1960er Jahren zurückging.[56] Mit der sogenannten dritten Hochschulreform 1967/68[57], in der jeweils mehrere Institute zu Sektionen zusammengefaßt wurden, sollte die Ausrichtung an den Bedürfnissen von Wirtschaft und Gesellschaft verstärkt und die Kooperation vor allem in der Forschung innerhalb der Universitäten und mit den Forschungseinrichtungen der Akademien und der Wirtschaft verbessert werden. Vermutlich spielte weiter das Motiv eine Rolle, durch diese Reform und den größeren Praxisbezug des Studiums möglichen studentischen Unruhen zuvorzukommen, die 1968 die Universitäten der Bundesrepublik, Frankreichs und der Vereinigten Staaten erschütterten, aber auch in einigen sozialistischen Ländern zu spüren waren. Das Bildungssystem der DDR ist also in viel stärkerem Maße als das der Bundesrepublik umgeformt und auf die spezifischen Bedürfnisse des Staates und seiner Wirtschaft und den Wunsch der SED nach Legitimation ihrer Herrschaft ausgerichtet worden.

Das Rechtswesen

Der rigorose Austausch des Personals im Rechtswesen durch die Entnazifizierung, die Ausbildung von Volksrichtern in Schnellkursen sowie die Politisierung der Justiz, in der die Staatsanwälte schließlich zu fast 100 %, die Richter zu 90 % der SED angehörten[58], fanden bereits Erwähnung. Die Steuerung und Lenkung der Rechtsprechung wurde seit der Bildung der DDR 1949 durch die Schaffung eines obersten Gerichtes, einer obersten Staatsanwaltschaft und durch die Kontrollfunktionen der Ministerien des Inneren und der Justiz ausgebaut und verfeinert. Die Justiz galt als ein nachgeordneter, von Weisungen abhängiger Zweig der Verwaltung, bei dem man auch vor Eingriffen in laufende Verfahren nicht zurückschreckte.[59]

NS-Verbrechen und Kriegsverbrechen wurden in der DDR besonders im ersten Jahrzehnt nach Kriegsende viel schärfer als in der Bundesrepublik verfolgt, wobei allerdings die Verfahren nicht nur der Verurteilung von wirklichen NS-Tätern, sondern auch der Ausschaltung politischer Gegner galten und – wie insbesondere am Beispiel der Waldheimer Prozesse 1950 gezeigt wurde[60] – häufig die individuelle Tatbeteiligung der im Schnellverfahren, meist unter Ausschluß der Öffentlichkeit, zum Tode oder langjährigen Freiheitsstrafen verurteilten Angeklagten nicht nachgewiesen wurde.

Das Rechtswesen der DDR unterschied sich von dem der Bundesrepublik dadurch, daß es aufgrund des Prinzips der Gewalteneinheit statt der Gewaltenteilung nicht unabhängig, sondern weisungsgebunden war, daß es keine verfassungsrechtliche Kontrolle der Einhaltung der Grundrechte durch Exekutive und Legislative, kein Verfassungsgericht und keine Überprüfung der Rechtmäßigkeit von Verwaltungsakten durch eine Verwaltungsgerichtsbarkeit gab.[61] Auch nach der Betonung der «sozialistischen Gesetzlichkeit» in einem Rechtspflegeerlaß aus dem Jahre 1963 hat sich nur der vorher oft rüde Ton der Anweisungen an Richter und Staatsanwälte, nicht aber deren Abhängigkeit von der politischen Kontrolle der SED und den zentralen Kontrollorganen des Staates geändert.[62]

Dieser Kontrolle war auch die Rechtswissenschaft unterworfen. Das wurde auf einer berühmten und berüchtigten Konferenz in Babelsberg vom 2.–4. April 1958 unterstrichen, in der Walter Ulbricht in einer Rede vor 500 geladenen Vertretern aus Wissenschaft, Justiz und Verwaltung prominenten Rechtswissenschaftlern der DDR «Formalismus» und «Revisionismus» vorwarf und sie zur radikalen Selbstkritik zwang.[63] Die Gründe für diesen massiven Angriff lagen wahrscheinlich in dem Versuch, in Abwendung von den Tendenzen zur Liberalisierung in Wissenschaft und Literatur nach Chruschtschows Enthüllungen über Stalins Verbrechen im Februar 1956, die Rechtswissenschaftler – wie die anderen aufmüpfigen Intellektuellen – wieder schärfer an die Parteidisziplin zu binden.

Die Rechtsentwicklung der DDR zeigt eine sukzessive Abwendung von der deutschen Rechtstradition auch in politisch weniger brisanten Bereichen.[64] So wurde das Familienrecht durch das Familiengesetzbuch vom 20. 12. 1965 aus dem BGB ausgegliedert. Kennzeichnend für das in mancher Hinsicht mustergültige Familienrecht der DDR ist der im Vergleich zur Bundesrepublik sehr frühe Bruch mit den patriarchalischen Konzepten des BGB, die vollständige Durchsetzung der rechtlichen Gleichheit von Mann und Frau und die Angleichung der Rechtsstellung der nichtehelichen an die der ehelichen Kinder.[65]

Im Eigentumsrecht hatte sich noch vor der Schaffung des Zivilgesetzbuches vom 19. Juni 1975, das das BGB außer Kraft setzte, ein Sonderprivatrecht für das im Zuge der Bodenreform den Neubauern überlassene Land entwickelt. Die Neubauern erhielten zwar ein «persönliches und vererbbares Eigentum» an dem ihnen zugeteilten Land; dieses war aber – ähnlich wie beim Reichserbhofrecht der Nationalsozialisten – unveräußerlich und unbelastbar, auch Teilungen und Verpachtungen waren unzulässig. Ein neues sozialistisches Wirtschaftsrecht innerhalb des Zivilrechts wurde unter dem Einfluß des Leipziger Zivilrechtlers Heinz Such vor allem für den Rechtsbereich des in der DDR so zentralen Volkseigentums geschaffen. Das konnte eine völlige Umdeutung der tradierten Begriffe und Institutionen einschließen, wenn es zum Beispiel Eigentum ohne konkreten Eigentümer oder Träger von Eigentumsrechten gab.[66]

Am meisten Aufmerksamkeit hat in der Bundesrepublik wohl das Strafgesetzbuch vom 12. Januar 1968[67] gefunden, das nach langwierigen Vorbereitungen und immer wieder aufgrund der Kritik der SED veränderten Entwürfen entstanden war. Es knüpfte in der Betonung des Prinzips der Resozialisierung, der seltenen Verhängung kurzer Freiheitsstrafen, in der Beseitigung der Zuchthausstrafe, der Liberalisierung des Sexualstrafrechts und der vermehrten Aussetzung von Strafen zur Bewährung an zeitgenössische Diskussionen und Gesetze zur Reform des Strafrechts an, wie sie auch in der Bundesrepublik verabschiedet wurden. Kennzeichnend war jedoch vor allem die Verschärfung des politischen Strafrechts. Verbrechen gegen die Souveränität der DDR, den Frieden, die Menschlichkeit und die Menschenrechte, Sammlung von Nachrichten, Sabotage, staatsfeindlicher Menschenhandel und staatsfeindliche Hetze waren Delikte, die zur Verfolgung der «Republikflucht» und jeder Art von Opposition instrumentalisiert werden konnten.[68] Im Strafrecht waren einige Parallelen zur NS-Praxis besonders deutlich – etwa in der Möglichkeit zur Kassation rechtskräftiger Urteile in Strafsachen und zur Korrektur politisch mißliebiger Urteile oder in einem «Tätertypenstrafrecht», nach dem Angeklagte mit einer feindseligen Haltung zur Gesellschaftsordnung sehr viel härter als andere bestraft wurden.[69] Todesstrafen wurden bis 1980 vollstreckt und erst 1987 abgeschafft.

Eine stark von der deutschen Tradition und deren Weiterentwicklung in der Bundesrepublik abweichende Sonderentwicklung nahm in der DDR das Arbeitsrecht, das schließlich im Arbeitsgesetzbuch vom 18. Juni 1977 zusammengefaßt wurde. Während die Kernelemente des kollektiven Arbeitsrechts – das Streikrecht, die Tarifautonomie und die Mitbestimmung gewählter Betriebsräte in den Betrieben – beseitigt wurden, war die soziale Sicherheit der individuellen Arbeitnehmer, sofern sie nicht in Konflikte mit der SED oder der Staatsgewalt gerieten, vor allem durch den fast völligen Schutz vor Kündigungen gewährleistet.[70] Das hat allerdings auch wesentlich dazu beigetragen, daß das neben der sozialen Sicherheit zweite Ziel des Arbeitsrechts – die Erhöhung der Produktivität – vernachlässigt wurde und ein Verlust an wirtschaftlicher Dynamik und Innovationskraft eintrat, an dem die DDR schließlich scheitern sollte. Es ist jedoch interessant, daß in Meinungsumfragen zum Entwurf der Verfassung von 1968 mit Abstand die meisten der Befragten dem Artikel 30 des Entwurfs, der jedem Bürger der DDR das «Recht auf Arbeit» zusicherte, die größte Bedeutung beimaßen.[71] Das Arbeitsrecht der DDR hatte so zweifellos eine «befriedende Wirkung»[72], es hat aber auch die wirtschaftliche Leistungsfähigkeit des Staates gehemmt und Erwartungen geweckt, die bei der Umstellung auf ein anderes Arbeitsrecht nach der Vereinigung nicht erfüllt werden konnten.

Die Ausgangsposition der Wirtschaft der DDR nach Kriegsende mit ihren strukturellen Problemen, aber auch der Belastung durch Demontagen und Reparationen und fehlerhaften wirtschaftspolitischen Weichenstellungen wurde bereits erörtert. Mittel- und langfristig lag die Hauptschwäche der DDR-Wirtschaft in der Abkoppelung vom Markt und in der Ersetzung einer an Gewinn und Verlust orientierten wirtschaftlichen Rationalität durch eine zentralistische, von politischen Vorgaben abhängige inflexible Planungsbürokratie.

Besonders deutlich wird das in den hohen Subventionen für Grundnahrungsmittel, Mieten, öffentlichen Verkehr, Kinderkleidung und Energie, die, nach dem Gießkannenprinzip über Reiche und Arme verteilt, 1989 fast ein Viertel der geplanten Staatsausgaben ausmachten[73], so daß Mittel für Investitionen zur Erhaltung der Altbausubstanz, zur Modernisierung des Verkehrswesens und der Landwirtschaft oder für den Ersatz überalterter Maschinen in den meisten Industriezweigen fehlten. Die Subventionen haben so etwa dazu geführt, daß Brot an Schweine verfüttert wurde, weil es billiger als Viehfutter war, und daß der Energieverbrauch mit 7,9 Tonnen Steinkohleeinheiten pro Kopf der Bevölkerung 1987 erheblich über dem der Bundesrepublik (6,3 Tonnen) lag.[74] Die auf riesigen Flächen im Tagebau abgebaute Braunkohle war ungeachtet ihres niedrigen Heizwertes der mit Abstand wichtigste Primärenergieträger der DDR. Das hat zur Zerstörung großer Landstriche und zur extremen Belastung der Umwelt mit Schmutz und Abgasen sowie zu einem ökologischen Raubbau geführt, der nach der Vereinigung nur langsam mit sehr hohen Kosten korrigiert werden kann.

Eine weitere Schwäche der DDR-Wirtschaft war ihre weitgehende Abschottung von der weltwirtschaftlichen Arbeitsteilung und ihre einseitige Ausrichtung an den im RGW zusammengeschlossenen sozialistischen Ländern im Osten. In den 1960er Jahren wurde mit Förderung Walter Ulbrichts der Versuch unternommen, mit dem «Neuen Ökonomischen System der Planung und Leitung» (NÖS) die Methoden der zentralen

Wirtschaftsplanung aufzulockern, den Betrieben eine größere Autonomie zu geben und unter Abbau von Subventionen eine realistischere Preisgestaltung und ein stärkeres Kostenbewußtsein durchzusetzen. Den noch bestehenden Handwerksbetrieben sollte eine Bestandsgarantie gegeben werden. Diese Reformversuche waren verbunden mit einer Abkehr vom sowjetischen Modell einer einseitigen Orientierung an der «extensiven Produktion» zugunsten einer Anpassung an die Bedingungen der für die sogenannte Zweite Industrielle Revolution typischen «intensiven» Produktion und einer gewissen Öffnung gegenüber der Wirtschaft der kapitalistischen Länder – vor allem der Bundesrepublik.[75] Das Ziel war, die Produktivität zu steigern und mit neuen Methoden, wie das schon der V. Parteitag der SED 1958 gefordert hatte, die Bundesrepublik «ökonomisch zu überholen, ohne einzuholen.»

Die NÖS scheiterte am Widerstand der Traditionalisten in der SED, die in der engen Bindung an die jeweilige Generallinie der KPdSU die entscheidende Voraussetzung für die weitere Existenz der DDR sahen und so den Primat der Außenpolitik gegenüber dem Primat der Wirtschaftspolitik durchsetzten. In der schließlich von Erich Honecker im Dezember 1970 zusammengefaßten Kritik an Ulbricht[76] wurden insbesondere die zu weitgehenden Wirtschaftsreformen der NÖS, die mangelnde Kooperation mit der Sowjetunion, die zu enge Zusammenarbeit mit der Bundesrepublik und die weitgehende Ausschaltung der Bürokratie der SED bei der Formulierung der Politik angeklagt. Der von Honecker, der Parteibürokratie und Breschnew durchgesetzte Sturz Ulbrichts 1971 bedeutete das Ende dieses mit oft diffusen Vorstellungen verbundenen, von Anfang an nur halbherzig betriebenen und politisch sehr heiklen Reformkurses. Man kann hier die nach dem Mauerbau 1961 wichtigste Zäsur in der Geschichte der DDR sehen.

Honecker als Nachfolger Ulbrichts beseitigte die Ansätze zu einer größeren Autonomie der Betriebe zugunsten einer politisch bestimmten zentralistischen Planung, verzichtete bis zum Ende des Regimes auf jede wirkliche Preisreform und den Abbau der Subventionen und löste eine neue Welle der Verstaatlichungen aus, vor allem durch die Überführung der noch existierenden mittelständischen Betriebe mit staatlicher Beteiligung und vieler Genossenschaften des Handwerks in volkseigene Betriebe. Der in der Phase des NÖS gestiegene Einfluß der Wirtschaftsführer und Wissenschaftler wurde wieder zurückgedrängt.

Als wichtigstes Prinzip der neuen Politik wurde 1971 die «Einheit von Wirtschafts- und Sozialpolitik» verkündet. Das Ziel war, durch die erhöhte Produktion von Konsumgütern, den Ausbau von Dienstleistungen, die Anhebung von Mindestlöhnen und Mindestrenten, den Ausbau der Infrastruktur in den Bereichen Bildung, berufliche Qualifikation und Kinderbetreuungseinrichtungen und – seit einem ZK-Beschluß vom Oktober 1973 – mit dem forcierten Neubau von Wohnungen die Bevölkerung an das Regime zu binden und gleichzeitig den Erwerbstätigen einen Anreiz zur Erhöhung ihrer Arbeitsproduktivität zu geben.[77]

Diese Politik ist letztlich gescheitert. Der Ausbau der Sozialpolitik, der vor allem auf die Erwerbstätigen, weniger die Rentner oder gar die Behinderten zielte, hat die Ressourcen des Staates überfordert, zumal – auch wegen der geringen Differenzierung in den Löhnen – die erhoffte Leistungssteigerung nicht eintrat. Hinzu kam ein immer gravierender werdender technologischer Rückstand, der auch durch die u. a. zur besseren Koordinierung von Forschung und Entwicklung erfolgte Zusammenfassung weitgehend selbständiger Betriebe in großen Kombinaten und die immer stärkere Ausrichtung der universitären und außeruniversitären staatlichen Forschungsinstitute auf die Bedürfnisse der Wirtschaft nicht aufgeholt werden konnte.

Obwohl die Bedeutung der «Produktivkraft Wissenschaft» seit den 1960er Jahren in der DDR klar gesehen wurde[78], hat doch eine Reihe von Faktoren die Entwicklung der DDR-Wirtschaft behindert. Zu solchen Faktoren gehörten die schwerfällige zentralistische Planungsbürokratie, die ihre Vorgaben nicht an der tatsächlichen Leistungskraft der Wirtschaft, sondern an politischen Zielen orientierte, der Mangel an Differenzierung in den Institutionen der Gesellschaft[79], die Konzentration der Macht in der Staatspartei SED, die die Generalkompetenz für alle Bereiche von Staat, Wirtschaft und Gesellschaft beanspruchte, die Auswahl auch der funktionalen Eliten vor allem nach dem Kriterium des politischen Wohlverhaltens statt der Leistung und die Tabuisierung jeder Kritik. Die Folge war eine mangelhafte ökonomische Leistungsfähigkeit, die die Legitimität der DDR vor allem seit dem Ende der 1970er Jahre immer mehr aushöhlte. Hinzu kamen erneute ökonomische Fehlentscheidungen. So hat der forcierte Aufbau der Mikroelektronik in den 1970er und den 1980er Jahren viele Milliarden an Investitionen verschlungen, die in anderen Bereichen fehlten, ohne daß ökonomisch der Anschluß an den Weltstandard auch nur annähernd erreicht werden konnte. Die ersten in der DDR hergestellten 256 Kilobyte-Chips kosteten in der Produktion 536 Mark das Stück, von denen die verarbeitenden Betriebe 16 Mark bezahlten – das war das Doppelte des Weltmarktpreises von 8 Mark –, während der Staat sie mit 520 Mark subventionierte.[80]

Eine Achillesferse der DDR-Wirtschaft war der Außenhandel. Da die meisten der in der DDR hergestellten Güter in der DDR selbst und den sozialistischen Staaten wegen des ungenügenden Warenangebots ohne Schwierigkeiten abgesetzt werden konnten, wurde auf Qualität, Vielfalt und Attraktivität der Produkte wenig Wert gelegt. Weil auch das Marketing in der DDR völlig unterentwickelt war, konnten Waren aus der DDR in westlichen Ländern meist nur zu Dumpingpreisen abgesetzt werden, um an die für die Importe dringend benötigten Devisen in westlichen Währungen zu kommen. Der Hauptteil des Außenhandelsumsatzes der DDR erfolgte mit den sozialistischen Staatshandelsländern. Nach der Sowjetunion, auf die 1989 39 % des Außenhandels der DDR entfielen, war aber immerhin die Bundesrepublik mit 19 % der wichtigste Handelspartner, während umgekehrt der Handel mit der DDR für die Bundesrepublik mit nur 1 % des gesamten Außenhandels relativ unbedeutend war.[81] Die hohen Importüberschüsse im Handel mit nicht-sozialistischen Ländern führten schließlich zu einer so großen Verschuldung, daß die DDR nach einer Analyse des Vorsitzenden der staatlichen Planungskommission des Politbüros der SED, Gerhard Schürer, vom 30. 10. 1989[82] vor der

Zahlungsunfähigkeit, dem Staatsbankrott stand. Das Verhältnis der 1989 fälligen Kreditrückzahlungen und Zinsen zum Export, das nach den Grundsätzen der Wirtschaftswissenschaft nicht mehr als 25 % betragen soll, war auf 150 % angestiegen. Ein Abstoppen der weiteren Verschuldung hätte 1990 eine Senkung des Lebensstandards um 25–30 % erfordert und der DDR damit jede Legitimation in der Bevölkerung entzogen und sie wahrscheinlich unregierbar gemacht. Die heutige Krise der Wirtschaft in den neuen Bundesländern, die natürlich durch den weitgehenden Zusammenbruch der Ostmärkte seit 1990/91 verschärft wurde, geht also wesentlich auf Fehlentwicklungen in der DDR zurück, die die internationale Wettbewerbsfähigkeit ihrer Wirtschaft zunichte machten.[83]

Konsum, Lebenshaltung und Freizeit

Die Wirtschaft der DDR war über lange Zeit eine Mangelwirtschaft. Es dauerte bis 1958, ehe Lebensmittelkarten abgeschafft werden konnten. 1964 mußten wegen der unzureichenden Versorgung wichtige Grundnahrungsmittel wie Fleisch, Wurst, Butter und Milch erneut vorübergehend rationiert werden.[84] Erst seit dem Anfang der 1970er Jahre war die Lebensmittelversorgung gesichert. Die Nahrungsmittel waren aber vielfach von minderer Qualität als im Westen und bestimmte Waren wie Südfrüchte, Spargel oder Markenschokolade waren nur in «Westmark» oder zu stark überhöhten Preisen in besonderen Läden zu bekommen. Dasselbe galt für modische Kleidung oder Schuhe hoher Qualität.

Rationierte Güter gab es bereits seit Ende 1948 zu weit überhöhten Preisen – ein Kilo Schweinefleisch kostete etwa im Mai 1949 70 Mark[85] – in den volkseigenen HO-Läden, die zunehmend die privaten, bei der Zuteilung von Waren und durch die Steuergesetzgebung benachteiligten Einzelhandelsgeschäfte verdrängten. Später konnten hochwertige Waren aus dem Westen offiziell in sogenannten «Intershop-Läden» gegen westliche Devisen – vor allem DM – gekauft werden. Auch Handwerker waren vielfach nur dann bereit, die äußerst knappen

Ersatzteile zu liefern und notwendige Reparaturen auszuführen, wenn sie dafür ganz oder zumindest teilweise in Westmark bezahlt wurden. Die DM wurde so zu einer Art zweiten Währung, die diejenigen bevorzugte, die von Verwandten oder Freunden im Westen unterstützt wurden oder die Verfügung über knappe Güter und besonders gesuchte Dienstleistungen hatten. Um einer wirtschaftlichen Spaltung der Gesellschaft zu begegnen, wurde in den 1980er Jahren ein Netz von sogenannten «Delikat-» oder «Exquisit-»Verkaufsstellen eingerichtet, in denen zu weit höheren Preisen Nahrungs- und Genußmittel bzw. Kleidung und Lederwaren guter Qualität auch in Ostmark gekauft werden konnten. Da die Masse der Bevölkerung sich das nicht leisten konnte, entstand aber gerade dadurch im Konsum eine Art Zweiklassengesellschaft.

Industriegüter des gehobenen Bedarfs setzten sich in der DDR zwar mit erheblicher Verzögerung gegenüber der Bundesrepublik durch, wurden aber – mit einigen Ausnahmen – schließlich Allgemeingut. So gehörte seit der Mitte der 1970er Jahre zum typischen DDR-Haushalt ein Kühlschrank, eine Waschmaschine und natürlich ein Fernseher, mit dem man in den meisten Gebieten des Landes, zum Ärger der Regierung und der SED, die sehr populären Westsender empfangen konnte. 1985 gab es auf 100 Haushalte 48 Personenkraftwagen.[86] Damit lag die DDR allerdings noch weit hinter der Bundesrepublik. Trotz der sehr hohen Preise, die für Autos relativ geringer Qualität bezahlt werden mußten, hat die Nachfrage das Angebot immer weit übertroffen. So waren Pkws, die 1974/75 bestellt worden waren, um die Jahreswende 1989/90 noch nicht ausgeliefert worden.[87] Die Konsequenz dieser extrem langen Wartezeiten war, daß gebrauchte Wagen auch nach einigen Jahren einen Preis erzielten, der über dem offiziellen Verkaufspreis für Neuwagen lag, und daß wegen der langen Gebrauchszeit und des Mangels an Ersatzteilen der glückliche Autobesitzer Fähigkeiten als Automechaniker entwickeln mußte, wenn er nicht für die immer wieder notwendigen Reparaturen in D-Mark bezahlen oder Freunde mit Fachkenntnissen gewinnen konnte. 52 % der Wagen in der DDR waren Trabis. Von dieser «Mumie mit Herzschrittmacher», wie der

Trabant im Volksmund hieß, wurden vom Beginn der Produktion 1957 bis zu deren Einstellung am 30. 4. 1991 knapp 3,1 Millionen hergestellt.[88]

1988 hatte erst etwa jeder zweite Haushalt einen der äußerst teuren Farbfernseher. Heimcomputer, Stereoanlagen, Videogeräte waren kaum vorhanden, und auch einen Telefonanschluß besaßen 1989 trotz des großen Bedarfs nur 17 % der Haushalte.[89] Der forcierte Ausbau des Kommunikationsnetzes war daher nach der Vereinigung eine der wichtigsten Aufgaben beim Ausbau der vernachlässigten Infrastruktur. So erinnere ich mich, daß noch im Mai 1991 eine Sekretärin, die von einer Autowerkstatt in Leipzig den ADAC in München erreichen wollte, um die Zustimmung zum kostenlosen Abschleppen meines beschädigten Wagens nach Starnberg zu erhalten, fast zwei Stunden ohne Unterbrechung die Nummer wählen mußte, ehe sie endlich eine freie Leitung erwischte.

Trotz des seit der Mitte der 1970er Jahre bestehenden Programms zum vermehrten Neubau von Wohnungen und der eintönigen, aber kostensparenden Plattenbauweise aus vorfabrizierten Materialien konnte bis zum Ende der DDR der Bedarf an Wohnungen nicht annähernd gedeckt werden. Besonders auffällig war die unzureichende Instandhaltung und mangelnde Modernisierung der Altbauwohnungen. Noch 1989 hatten 1,3 Millionen der Wohnungen kein Bad oder keine Dusche, und 1,7 Millionen oder fast ein Viertel der insgesamt 7 Millionen Wohnungen verfügten über kein Innen-WC.[90]

Der Überhang an Kaufkraft gegenüber dem Warenangebot führte zu einer relativ hohen Sparquote und zu einem Bargeldbestand, der von 1960 bis 1989 von durchschnittlich 1420 Mark auf 11 830 Mark pro Kopf der Bevölkerung anstieg. Von den Rücklagen in einer Gesamthöhe von 198 Milliarden Mark blieben nach der Währungsumstellung vom 1. Juli 1990 rund 120 Milliarden übrig.[91] Die Ausgabe eines erheblichen Teils dieser Gelder für «Westwaren» – Autos, Farbfernseher, Heimcomputer, Videogeräte etc. – hat einen allerdings kurzfristigen Boom in der westdeutschen Wirtschaft in den ersten Jahren nach der Vereinigung ausgelöst.

Die DDR war – trotz der Versorgungslücken – nach der

Überwindung der Nachkriegsmisere keine Elendsgesellschaft, sondern bot ihren Bürgern ein umfassendes System der sozialen Sicherheit und einen Lebensstandard, der deutlich über dem der Bürger der anderen Länder des sozialistischen Ostblocks lag. Ihr Problem war, daß die Referenzgesellschaft, mit der sich ihre Bürger verglichen, nicht die Sowjetunion, nicht Polen oder Ungarn, sondern die wirtschaftlich viel leistungsfähigere Bundesrepublik war.

Das verfügbare Haushaltseinkommen in der DDR, das von 1949 bis 1989 – allerdings ohne Berücksichtigung der in der DDR statistisch nicht einwandfrei zu ermittelnden Preissteigerungen – auf etwa das Sechsfache gestiegen war, lag mit monatlich durchschnittlich 1.711 Ostmark im Jahr 1989 bei 54 % des entsprechenden Einkommens von 3.182 DM in der Bundesrepublik im Jahr 1988.[92] Pro Kopf der Erwerbstätigen befand sich das Einkommen in der DDR noch auf wesentlich niedrigerem Stand. Allerdings gab es erhebliche Unterschiede zwischen den einzelnen Haushaltsgruppen. Im verfügbaren Einkommen pro Haushaltsmitglied schnitten bei einem Durchschnitt von 45 % der verfügbaren Westeinkommen 1988 die Arbeiter mit 64 % am besten, die Selbständigen und Rentner mit 23 % bzw. 30 % am schlechtesten ab.[93] Gerade für die Rentner hat aber die Subventionierung der Mieten und Grundnahrungsmittel in der DDR eine besonders große Bedeutung gehabt.

Die durchschnittliche Arbeitszeit war in der DDR erheblich höher als in der Bundesrepublik. Trotz der Verkürzung der gesetzlichen Arbeitszeit von 48 Stunden bei Kriegsende auf 43 Stunden 1967 ist die tatsächliche durchschnittliche Arbeitszeit, vor allem durch die drastische Reduzierung der Teilzeitbeschäftigung von Frauen, in den Jahrzehnten seit Mitte der 1960er Jahre sogar noch gestiegen. Allerdings war die stillschweigend akzeptierte Praxis, nicht nur Arztbesuche während der Arbeitszeit zu machen, sondern auch in einer verlängerten Mittagspause einzukaufen oder zum Friseur zu gehen, sehr viel weiter verbreitet als im Westen. Daneben verfügten die Frauen über einen freien Haushaltstag im Monat und hatten das Recht, bei Krankheit eines ihrer Kinder unter 14 Jahren von der Arbeit fern zu bleiben. Schließlich sind Fehlzeiten durch Warten auf Arbeitsmaterial offenbar viel häufiger angefallen.

Die liebste Freizeitbeschäftigung der Bewohner der DDR – wie der Westdeutschen – war das Fernsehen. Im Durchschnitt verbrachten damit in der DDR 1990 die Männer 38 % und die Frauen 36 % ihrer gesamten Freizeit. Der Anteil der gesellschaftspolitischen und gemeinnützigen Arbeiten an der Freizeit ging dagegen zwischen 1974 und Mai 1990 von 14 % bei den Männern und 11 % bei den Frauen auf jeweils 3 % drastisch zurück.[94] Dieser Abwärtstrend ist teilweise durch den Zusammenbruch offizieller Organisationen in den Monaten nach dem Fall der Mauer zu erklären; er bringt aber auch die zunehmende Distanz zum Staat sowie den Rückzug ins Familienleben zum Ausdruck.

Der Tourismus hatte in der DDR[95] einen anderen Charakter als in der Bundesrepublik. Er wurde weitgehend von den Betrieben, die eigene Erholungsheime aufbauten und bewirtschafteten, oder den Gewerkschaften organisiert. Daneben spielten der Campingurlaub und seit den 1980er Jahren auch Reisen in die sozialistischen Länder eine zunehmende Rolle, während Urlaubsreisen ins westliche Ausland wegen der Devisenknappheit und der Furcht vor der «Republikflucht» seltene Ausnahmen blieben. Das Hauptverkehrsmittel bei Urlaubsreisen war die Eisenbahn, neben die später das Auto, seit den 1980er Jahren bei Auslandsreisen auch das Flugzeug und die äußerst beliebten, für die Masse der Bevölkerung aber kaum erreichbaren Schiffsreisen traten. Als Wirtschaftszweig war der Tourismus, wie die Gastronomie und das Hotelgewerbe, das vor allem Devisenbringer aus dem Westen anziehen sollte, gemessen an internationalen Standards stark unterentwickelt.

Wirtschafts- und Sozialstruktur

Unterentwickelt war der tertiäre Sektor von Handel, Versicherungen, Banken, Kommunikation, Verkehr und Dienstleistungen. In der Regel ist dessen starke Zunahme auf Kosten des primären Sektors der Landwirtschaft und des sekundären Sektors von Industrie, Handwerk und Baugewerbe ein typisches Kennzeichen einer modernen Wirtschaft. Auch in der DDR nahm der Anteil der Erwerbstätigen im tertiären Sektor zwischen 1950 und 1989 um ein gutes Drittel auf knapp 40 % zu, blieb aber damit noch weit unter den 55 % in der Bundesrepublik. Auch der Rückgang des Anteils der Beschäftigten in der Landwirtschaft von 28 % auf 11 % fiel nicht annähernd so drastisch aus wie in der Bundesrepublik, in der am Ende der 1980er Jahre nur noch gut 3 %, ein Siebtel des Standes von 1950, tätig waren. Im sekundären Sektor stieg der Anteil der Beschäftigten von 44 % 1950 auf 51,5 % 1980 und hielt sich auch 1989 noch bei knapp über 50 %, während er in der Bundesrepublik nach einem Rückgang um etwa ein Sechstel nach 1970 nunmehr bei 41 % lag.[96] Die Wirtschaftsstruktur der DDR hat sich also lange nicht so stark gewandelt wie die der Bundesrepublik und entsprach 1989 etwa der Westdeutschlands um das Jahr 1965. Der dramatische Rückgang der Erwerbstätigkeit in der Landwirtschaft und vor allem in der Industrie nach der Vereinigung ist allerdings nur zum kleineren Teil als nachgeholte Modernisierung, vor allem aber als Konsequenz der schmerzhaften, abrupten Umstellung auf die extrem verschärften Wettbewerbsbedingungen nach dem Übergang von der Plan- zur Marktwirtschaft und der Währungsumstellung im Zusammenhang mit der Vereinigung zu erklären.

Auch die Berufsstruktur der DDR wich von der der Bundesrepublik stark ab. Das zeigt sich einmal in dem noch genauer zu erörternden viel höheren Anteil der berufstätigen Frauen, die in der DDR 1989 fast die Hälfte, in der Bundesrepublik trotz der deutlichen Zunahme der weiblichen Erwerbsquote seit 1972 im Jahr 1987 nur 38 % aller Erwerbspersonen ausmachten.[97] In der DDR gab es keine Beamte, und der Anteil der Selbständigen und mithelfenden Familienangehörigen lag 1989 wegen der kleinen Zahl der nach den verschiedenen Wellen der Verstaatlichung noch übrig gebliebenen Privatbetriebe mit 2 % weit unter den etwa 11 % in der Bundesrepublik. Dabei war auch das schon ein niedriger Wert, auf den diese 1950 fast 30 % der Erwerbstätigen stellenden Berufsgruppen in der Bundesrepublik geschrumpft waren.[98] In der Statistik der DDR wurde nicht zwischen Arbeitern und Angestellten unterschieden, die übrigens auch im Sozial- und Arbeitsrecht als einheitliche Gruppe der Arbeitnehmer völlig gleich behandelt wurden. Allerdings deutet alles darauf hin, daß die Arbeiter und nicht die Angestellten, zu denen man die in der DDR privilegierte wissenschaftliche und technische Intelligenz zu rechnen hatte, die größte Berufsgruppe blieben.

Typisch für die DDR war das relativ hohe berufliche Qualifikationsniveau, das seit einer Qualifikationsoffensive am Beginn der 1960er Jahre zunehmend auch für die erwerbstätigen Frauen galt.[99] Ohne Berufsausbildungsabschluß waren im Juni 1990 nur 4 % der Erwerbstätigen der DDR gegenüber 1987 23 % in der Bundesrepublik.[100] Zum einen stellten die Absolventen von Fachschulen und Fachhochschulen und die Meister mit 23 % einen doppelt so hohen Anteil an den Erwerbstätigen wie in Westdeutschland. Zum anderen wurde die DDR im Laufe ihrer Geschichte immer mehr zu einer Gesellschaft, in der die Facharbeiter die wichtigste wirtschaftliche und soziale Basis bildeten. Sie erhielten ihre oft sehr spezialisierte Ausbildung in einer Fabrik und – im Unterschied zur Bundesrepublik – nur noch sehr selten in einem Handwerksbetrieb. Auch der Begriff Facharbeiter wurde in der DDR anders als in der Bundesrepublik definiert und schloß zum Beispiel auch Facharbeiter im Einzelhandel ein, die in Westdeutschland zu den Angestellten im Dienstleistungsbereich zählen. Unter diesen Voraussetzungen stieg der Facharbeiteranteil von 26 % im Jahre 1955 auf 61 % im Jahre 1988. Von diesen waren allerdings 1985 nur etwa 2,5 % als hochqualifizierte Rationalisierungselite überwiegend in den modernen Schlüsseltechnologien beschäftigt. Der Anteil der An- und Ungelernten an den Erwerbstätigen, der auch Facharbeiter mit einer unterqualifizierten Beschäftigung einschloß, lag 1989 bei 13 % und damit erheblich unter den 23 %, den die Ungelernten in der Bundesrepublik stellten.[101]

Wie in der Bundesrepublik zerfiel auch in der DDR das klassische proletarisch geprägte Arbeitermilieu, und damit schwächten sich die mit ihm traditionell verbundenen politischen Orientierungen und sozialen Verhaltensweisen ab. So ist es kennzeichnend, daß noch vor der Vereinigung bei den freien Volkskammerwahlen vom 18. 3. 1990 die Arbeiter überproportional die CDU, dem Durchschnitt des Wahlergebnisses entsprechend die SPD und weit unterproportional die PDS, die ihre stärkste Stütze bei der sogenannten «Intelligenz» hatte, gewählt haben.[102]

Dem Kleinbürgertum aus Selbständigen wurde in der DDR mit der weitgehenden Verstaatlichung bzw. der genossenschaftlichen Organisation von Handel und Handwerk die ökonomische Grundlage entzogen. Auch die selbständigen Bauern verschwanden bis auf wenige Ausnahmen mit der Bildung der landwirtschaftlichen Produktionsgenossenschaften, die schließlich immer häufiger den Charakter spezialisierter Großbetriebe mit einer industriemäßigen Produktionsweise annahmen. Dagegen blieb in der Bundesrepublik eine kleine, aber politisch einflußreiche Bauernschaft erhalten.

Noch stärker ausgeprägt war der soziale Kontrast zwischen den beiden deutschen Staaten im Bürgertum. Während sich in der Bundesrepublik sowohl das traditionelle Besitzbürgertum, als auch – vor allem in der Beamtenschaft und den an Bedeutung zunehmenden freien Berufen (Ärzte, Anwälte, Steuerberater, Unternehmensberater etc.) – das Bildungsbürgertum unter Anpassung an allerdings stark veränderte Wertvorstellungen und Verhaltensweisen in der Gesellschaft behaupten konnte, verschwand in der DDR das Besitzbürgertum völlig. Vom traditionellen Bildungsbürgertum erhielten sich nur Restbestände, vor allem bei Pfarrern, aber auch bei Ärzten und den Universitätslehrern im Bereich einiger staatlich weniger reglementierter Fächer.[103] Die neue, sehr heterogene soziale Schicht der «sozialistischen Intelligenz», deren Anteil an den Erwerbstätigen man für das Jahr 1985 auf etwa 15 % geschätzt hat[104], war besonders eng mit dem Staat und der Staatspartei verbunden und hatte, wie auch ihre bereits erwähnte Affinität zur SED und später zur PDS zeigt, in ihrer Wertorientierung und ihren Verhaltensweisen kaum noch Gemeinsamkeiten mit dem alten Bildungsbürgertum. Die Auflösung der traditionellen sozialen Milieus ist also in der DDR noch sehr viel weiter gegangen als in der Bundesrepublik.

Sozialpolitik

Die Führung der DDR hat die Legitimation ihres Staates im hohen und zunehmenden Maße in der Sozialpolitik gesucht. Ein Angebotsmonopol sozialer Leistungen beim Staat, die große Bedeutung der volkseigenen Betriebe im System der sozialen Sicherheit sowie das Fehlen eines autonomen, im Rahmen staatlicher Gesetze sich selbst regulierenden Systems der Arbeitsbeziehungen durch vom Staat unabhängige Organisationen der Arbeitgeber und Arbeitnehmer bezeichnen wichtige Charakteristika des sozialen Sektors. Der Begriff «Sozialpolitik» war – nach seiner noch selbstverständlichen Benutzung in den ersten Jahren nach Kriegsende – in den 1950er Jahren vor allem bei den ideologisch fixierten Personen verpönt, da Sozialpolitik als eine Art Lazarettstation für die Opfer des Kapitalismus in einem sozialistischen Staat angeblich nicht gebraucht wurde. Seit Mitte der 1960er Jahre setzte sich dann aber das Konzept einer spezifischen «sozialistischen» Sozialpolitik durch. Dabei wurde seit der Mitte der 1970er Jahre der auch im Westen übliche Begriff der «sozialen Sicherheit» zunehmend durch den der «sozialen Geborgenheit» ergänzt oder ersetzt.[105]

Die DDR stand damit in der deutschen voremanzipatorischen Tradition einer obrigkeitsstaatlich-paternalistischen Sozialpolitik, die staatliche Fürsorge für den Preis des Gehorsams, der Loyalität und des Verzichts auf Konfliktfähigkeit versprach. Diese Politik ermöglichte zum Beispiel jungen Menschen – in der Erwartung einer sicheren Unterstützung beim Studium oder der Berufsausbildung und eines vom Risiko der Arbeitslosigkeit befreiten Erwerbslebens –, früh zu heiraten. Auch im Alter verfügte man in jedem Fall über eine Grundsicherung – wenn auch auf relativ niedrigem Niveau. Diese Sozialpolitik, die zur wirtschaftlichen Stagnation und damit indirekt auch zum Zusammenbruch des Staates wesentlich beitrug, war bei den Betroffenen durchaus populär. So wurde bei einer – mit Vorsicht zu beurteilenden – Meinungsumfrage von Anfang 1972 soziale Sicherheit neben guten Bildungsmöglichkeiten – auch im Unterschied zu der freilich nicht richtig eingeschätzten Bundesrepublik – mit weitem Abstand vor anderen Merkmalen, wie Mitbestimmung am Arbeitsplatz, Achtung der Menschen, Fürsorge im Alter oder Demokratie, als typisches Kennzeichen der DDR genannt.[106] Das Recht auf Arbeit wurde – wie bereits erwähnt – als wichtigste Bestimmung der DDR-Verfassung von 1968 angesehen.

Die «sozialen Errungenschaften» nahm die Bevölkerung gerne in Anspruch. Sie waren aber, wie der Zusammenbruch der DDR und die ungenügende Unterstützung der Idee eines dritten Weges, eines «humanitären demokratischen Sozialismus», 1990 zeigt, nicht stark genug, um eine ausreichende Basis des politischen Gesamtsystems zu bilden. Es kam hinzu, daß selbst im System der sozialen Sicherheit, dessen Entwicklung in beiden deutschen Staaten, besonders aber in der DDR, stark von der Systemkonkurrenz geprägt war, die Bundesrepublik im Vergleich zur DDR deutliche Vorzüge aufzuweisen hatte und vor allem die demokratische Komponente des deutschen Sozialstaates in der DDR – wie vorher im Nationalsozialismus – fehlte.

Die Betriebsräte, die nach Kriegsende in der sowjetischen Zone zunächst versuchten, das durch die Enteignung der meisten früheren Besitzer und die Ausschaltung der Manager entstandene Machtvakuum auszufüllen und die Betriebe von der Basis her neu aufzubauen, wurden in ihrer Wirksamkeit behindert und 1948 aufgelöst.[107] Die Arbeitgeberorganisationen mußten das Feld ebenfalls räumen, und die staatliche Einheitsgewerkschaft des FDGB wurde der politischen Kontrolle der SED unterworfen und als Transmissionsriemen zur Durchsetzung der Politik der Staatspartei instrumentalisiert.[108] Es gab keine frei ausgehandelten Tarifverträge, keinen autonomen Bereich der Arbeitsbeziehungen, und im Gesetzbuch der Arbeit vom April 1961 wurde das in der Verfassung von 1949 noch pro forma verankerte Streikrecht nicht mehr erwähnt. Die einzelnen Verbände des FDGB[109] und vor allem die Gewerkschaftsorganisationen in den Betrieben haben sich seit den 1960er Jahren verstärkt zum Sprachrohr der Interessen ihrer Mitglieder zu machen versucht, blieben aber letztlich an die Richtlinien der politischen Führung und der sie nach unten vermittelnden Zentralorganisationen der Gewerkschaften gebunden.

Die wichtigsten Instrumente einer allerdings begrenzten kollektiven Interessenvertretung der Arbeitnehmer auf betrieblicher Ebene bildeten die Arbeitsbrigaden.[110] Diese nach sowjetischem Vorbild geschaffenen, kollektiven Zusammenschlüsse der Arbeiter einer Arbeitsstätte sollten vor allem der Steigerung der Arbeitsproduktivität, der sozialistischen Schulung und Erziehung der Arbeiter sowie ihrer Disziplinierung und Kontrolle dienen. Sie haben informelle Mechanismen einer Konfliktregelung vor Ort entwickelt, den Arbeitnehmern zum Beispiel bei der Aushandlung von Arbeitsbedingungen und Prämien gewisse Spielräume eröffnet und einen Teil der Funktionen gewählter Betriebsräte übernommen.

In einem Vergleich der Rechtslage und der Praxis bei den innerbetrieblichen Mitwirkungs- und Beteiligungsmöglichkeiten[111] schnitten die Arbeitnehmer in der DDR erheblich schlechter ab als die der Bundesrepublik. Bei Einstellungen und wesentlichen Änderungen des Arbeitsverhältnisses hatten die Arbeitnehmer nach dem Arbeitsgesetzbuch der DDR von 1977 ein Informationsrecht, nach dem Betriebsverfassungsgesetz der Bundesrepublik von 1972 aber wesentliche Mitwirkungsrechte. Auch die Beteiligungsrechte bei Kündigungen waren in der Bundesrepublik stärker ausgeprägt, wobei allerdings das Recht auf Arbeit die Kündigung in der DDR sehr erschwerte. Bei der Regulierung der Arbeitsbedingungen hatten die Gewerkschaftsorganisationen – im Gegensatz zur Bundesrepublik – zwar keinen Einfluß auf die in der DDR staatlich fixierten Löhne; dagegen bestanden für sie erhebliche Mitwirkungsmöglichkeiten auf Betriebsebene bei der Festsetzung von Prämien und der Regelung der betrieblichen Arbeitszeit und des Urlaubs. In wirtschaftlichen Angelegenheiten gab es in der Bundesrepublik echte Mitwirkungsrechte, etwa bei der Durchsetzung eines Sozialplanes, nur dann, wenn wirtschaftliche

Entscheidungen erhebliche Benachteiligungen für die Beschäftigten mit sich brachten. In der DDR ging man dagegen von einer grundsätzlichen Interessenharmonie von Beschäftigten, Betriebsleitung und Gesamtgesellschaft aus, und es hing von der meist eng mit der Betriebsparteiorganisation der SED kooperierenden Betriebsgewerkschaftsleitung ab, ob sie sich zum Sprecher der Interessen einzelner Arbeiter oder bestimmter Arbeitergruppen machte. Dagegen hatten die Arbeiter in der DDR wegen der Vollbeschäftigung und des Mangels an Arbeitskräften neben ihrer rechtlich schwachen eine relativ starke ökonomische Stellung, die vor allem spezialisierten Fachkräften faktisch ein gewisses Verhandlungspotential bei der Festlegung von Prämien, Arbeitsnormen und Arbeitsbedingungen gab.

Seit der Mitte der 1950er Jahre gab es in der DDR offiziell keine Arbeitslosigkeit, aber eine nach der Vereinigung als verdeckte Arbeitslosigkeit deutlich gewordene unökonomische personelle Überbesetzung vieler Betriebe, Verwaltungen und auch der Universitäten und Forschungsinstitute. Die Arbeitslosenversicherung wurde zum 1.1. 1978 auch formell abgeschafft, nachdem sie schon vorher bedeutungslos geworden war.[112] Dagegen gab es, neben der immer eindeutigeren Ausrichtung des Bildungs- und Ausbildungssystems an den wandelnden Bedürfnissen der Wirtschaft, Versuche, den Einsatz der Arbeitskräfte zentral nach den Vorgaben der staatlichen Wirtschaftsplanung zu lenken, was Parallelen zur NS-Politik deutlich macht.[113]

Wie bereits erwähnt, entschied man sich in der sowjetischen Besatzungszone für eine Einheitsversicherung der Arbeiter und Angestellten, die schließlich dem FDGB unterstellt wurde. Daneben gab es seit 1956 die Deutsche Versicherungsanstalt (DVA), die vorher eine Art Monopolunternehmen zur individuellen Versicherung gewesen war. Sie erfaßte den Rest der Erwerbstätigen, 1989 weniger als 10% aller Sozialversicherten[114], vor allem die Mitglieder der landwirtschaftlichen und handwerklichen Produktionsgenossenschaften und die wenigen Selbständigen.

Das Sozialversicherungssystem der DDR unterschied sich

von dem der Bundesrepublik durch die faktische Erfassung der gesamten erwerbstätigen Bevölkerung, das Fehlen von Privatversicherungen, die geringen Differenzen in den Leistungen und das niedrige Niveau der Renten. Das für Privatversicherungen grundlegende Prinzip der Äquivalenz von Beiträgen und Leistungen, das im Sozialversicherungssystem der Bundesrepublik besonders in der Rentenversicherung – dagegen kaum noch in der Krankenversicherung – neben dem Ausgleich zwischen sozial Schwachen und sozial Starken eine wesentliche Rolle spielt, ist in der DDR stark zurückgedrängt worden. Der Beitragssatz der Arbeitnehmer, neben dem es einen zunächst gleich hohen, 1978 auf 12,5 % gesteigerten Beitrag der Arbeitgeber gab, wurde mit 10 % für die gesamte Sozialversicherung sehr niedrig angesetzt. Noch entscheidender war, daß aus politischen Gründen die 1947 auf 600 Mark monatlich festgelegte Beitragsbemessungsgrenze nie erhöht wurde, so daß schließlich fast alle Arbeitnehmer nur für einen immer geringer werdenden Teil ihrer Löhne und Gehälter Sozialversicherungsbeiträge zahlten. Das hat dazu geführt, daß der staatliche Zuschuß ständig erhöht werden mußte und 1989 bei knapp 50 % der Gesamtausgaben lag.[115]

Mit einer Durchschnittshöhe in der Sozialversicherung der Arbeiter und Angestellten von 1971 26,7 % und 1988 37,7 % des Bruttoarbeitseinkommens[116] blieben die Renten – gemessen an westdeutschen Standards – außerordentlich niedrig und haben die Höhe der gezahlten Beiträge und die Dauer der Beitragszahlungen kaum berücksichtigt. Es handelte sich bei der Rentenversicherung also weniger um eine Versicherung als um ein System der Staatsbürgergrundversorgung auf niedrigem Niveau.

Selbst nach der Einführung einer vor allem der Abschöpfung von überschüssiger Kaufkraft dienenden freiwilligen Rentenzusatzversicherung 1968, die 1971 neu geordnet wurde[117], reichten die durchschnittlichen Renten von 1989 – 555 Mark für Angestellte und Arbeiter[118] – nicht annähernd aus, um eine dem bisherigen Lebensstil entsprechende Versorgung bei Invalidität und Alter zu gewährleisten. Es war daher typisch für die DDR, daß nicht wenige – 1972 22,7 % und 1989 immerhin noch 10,5 %[119] – auch nach der Erreichung des Rentenalters (65 Jahren für Männer und 60 Jahren für Frauen) ohne Abzüge an ihrer Rente weiter eine vollbeschäftigte Tätigkeit ausübten. Sie wollten damit ihren Lebensstandard erhalten, sich zusätzliche Konsumwünsche erfüllen oder Ersparnisse für die Zeit nach dem endgültigen Ausscheiden aus dem Arbeitsleben ansammeln. Die niedrige Standardrente wie auch die Verweigerung von Renten für arbeitsfähige Witwen vor der Erreichung des Rentenalters, die seit 1976 für höchstens zwei Jahre eine Übergangsrente erhalten konnten, waren bewußt eingesetzte Mittel, um angesichts der Knappheit an Arbeitskräften eine hohe Erwerbsquote für Männer und Frauen zu erlangen.

Um die Leistungsträger und die mit dem politischen und wirtschaftlichen System besonders eng verbundenen Personengruppen vor Altersarmut zu bewahren und deren politische Loyalität zu sichern, wurden seit 1950 – beginnend mit der sogenannten «technischen Intelligenz» – 27 Zusatzversorgungssysteme eingeführt, unter anderem für die wissenschaftliche, künstlerische und medizinische Intelligenz, die Beschäftigten bei Bahn und Post, die Träger der staatlichen Verwaltung, die Lehrer, die Beschäftigten der wichtigsten volkseigenen Betriebe, die Funktionäre der SED und der anderen Blockparteien sowie der sogenannten gesellschaftlichen Organisationen. Schon 1946 waren zudem die damals in Westdeutschland und der SBZ besonders gesuchten Bergleute, in Anknüpfung an ältere deutsche Traditionen, in ihrer Rente bessergestellt worden.[120] Neben diesen Zusatzversorgungssystemen, die eine Erhöhung der Sozialversicherungsrente mit sich brachten, gab es vier Sonderversorgungssysteme für die nicht der Sozialversicherung angeschlossenen Angehörigen der Nationalen Volksarmee, der Volkspolizei, des Zolls und des berüchtigten Ministeriums für Staatssicherheit.

Zum Zeitpunkt der deutschen Vereinigung verfügten 1,6 Millionen Personen über Anwartschaften aus einem dieser Zusatz- oder Sonderversorgungssysteme, während daraus 350 000 Personen bereits Leistungen bezogen.[121] Statt der in den Vorstellungen der deutschen sozialistischen Arbeiterbewegung wurzelnden Einheitsversicherung für alle Staatsbürger gab es so schließlich einen Fragmentierungsgrad in der Rentenversicherung, der noch über dem der bundesdeutschen Rentenversicherung lag. Das bedeutete im Effekt eine klassenmäßige Scheidung der Gesellschaft in die Masse der Bevölkerung, die mit den niedrigen Standardrenten vorlieb nehmen mußte, und die Privilegierten, die im Alter eine deutlich bessere Versorgung hatten. Zum Teil waren diese Zusatzrenten etwa bei den Lehrern, die im Durchschnitt eher weniger als die Facharbeiter verdienten, allerdings auch eine Kompensation für die fehlende leistungsgerechte Entlohnung.[122]

Die Sozialfürsorge, das Äquivalent der bundesdeutschen Sozialhilfe, spielte, soweit es sich um laufende Hilfe zum Lebensunterhalt und nicht um einmalige Beihilfen handelte, nur in den Nachkriegsjahren und im ersten Jahrzehnt der DDR eine wesentliche Rolle. In dieser Zeit wurden über die Sozialfürsorge evakuierte Familien, Ausgebombte, alleinstehende, nicht erwerbstätige Frauen mit Kindern, zurückgekehrte Kriegsgefangene, Vertriebene, alte und invalide Menschen ohne ausreichende Versicherungsansprüche und Kriegsbeschädigte meist höchst ungenügend unterstützt. Die äußert restriktive Festlegung der Voraussetzungen für einen Fürsorgeanspruch, die starke Ausdehnung der Erwerbstätigkeit der Frauen sowie Mutterschafts- und Familienhilfen haben jedoch dazu geführt, daß die Sozialfürsorge, die man als ein Relikt des Kapitalismus ansah, schließlich völlig marginalisiert wurde. Die Zahl der Empfänger laufender Unterstützungen ging von 1058000 im Jahre 1947, über 166851 (1960) auf 1989 nur noch 5553 zurück[123], so daß nach der Vereinigung das System der Sozialhilfe in den neuen Bundesländern völlig neu aufgebaut werden mußte.[124]

Das Gesundheitswesen hat faktisch die medizinische Grundversorgung der gesamten Bevölkerung gesichert. Allerdings gab es vor allem bis zum Mauerbau 1961 erhebliche personelle Engpässe, da wegen der schlechten Arbeitsbedingungen und der unzureichenden Bezahlung der Ärzte und des Pflegepersonals in der DDR und des großen Bedarfs vor allem an Krankenschwestern in Westdeutschland ein besonders hoher Anteil der Flüchtlinge aus dem Bereich des Gesundheitswesens kam.[125] Auch im Massenexodus 1989/90 waren die relativ meisten Übersiedler in die Bundesrepublik in diesem Bereich tätig gewesen. Die Qualität des Gesundheitswesens lag wegen des Verfalls der Bausubstanz medizinischer Einrichtungen, der ungenügenden medizinisch-technischen Ausstattung und den Mängeln in der Medikamentenversorgung[126] deutlich niedriger als in Westdeutschland.

In der Organisation des Gesundheitswesens knüpfte die DDR sehr viel stärker und dauerhafter als in anderen Bereichen an Konzeptionen der deutschen sozialistischen Arbeiterbewegung an.[127] Die medizinische Versorgung in der Bundesrepublik beruht auf niedergelassenen Ärzten mit einer Privatpraxis und auf Krankenhäusern, die von öffentlichen, aber auch konfessionellen und privaten Trägern finanziert werden. Zusammengebunden wird das Gesundheitswesen in einem komplizierten verbandlichen Vertragssystem, in dem autonome, vielfältig nach beruflichen, regionalen und anderen Kriterien wie der Betriebszugehörigkeit gegliederte Krankenkassen eine wesentliche Rolle neben den Organisationen der Leistungserbringer spielen. In der DDR entstand dagegen ein vereinheitlichtes staatliches Gesundheitswesen mit einer eng an den FDGB, schließlich auch den Staatshaushalt gekoppelten Krankenversicherung. Allerdings bildeten sich, wie in der Altersversorgung, auch im Gesundheitswesen neben der allgemeinen territorial und betrieblich organisierten Gesundheitsversicherung 14 weitere Versorgungssysteme heraus[128], die für spezielle Bevölkerungsgruppen eine meist bessere medizinische Betreuung boten.

In der Bundesrepublik wurden die zunächst noch bestehenden Möglichkeiten zur ambulanten Versorgung durch kasseneigene Einrichtungen mit dem Gesetz über Kassenarztrecht vom August 1955 faktisch beendet und die starke Stellung der niedergelassenen Ärzte und ihrer kassenärztlichen Vereinigungen auch als Teil einer Politik zur Stützung des selbständigen Mittelstandes rechtlich gesichert.[129] Dagegen ging in der DDR aufgrund des systematischen Kampfes gegen die «bürgerlichen» Gesundheitsberufe und ihre rechtlichen und institutionellen Grundlagen, wie die ärztliche Niederlassungsfreiheit und die autonome Interessenvertretung der Ärzte, die Zahl der frei praktizierenden Ärzte radikal zurück. Der Anteil der ambulant tätigen Ärzte, die eine eigene Praxis betrieben, fiel von 2524 (34,7 %) im Jahre 1965, auf 340 (1,7 %) 1989, während 19760 dieser Ärzte, neben denen es natürlich auch die Ärzte in Krankenhäusern gab, als Angestellte in staatlichen, kommunalen oder betrieblichen Gesundheitseinrichtungen tätig waren.[130] Nach der Vereinigung hat sich in wenigen Jahren das Verhältnis wieder völlig umgekehrt und schon Ende 1993 gab es neben über 18000 niedergelassenen Ärzten nur noch 630, die in ambulanten Gesundheitseinrichtungen tätig waren.[131]

Ein weiterer Unterschied zur Bundesrepublik lag in der großen Bedeutung des betrieblichen Gesundheitswesens[132], das auch eine bessere Kontrolle des Krankenstandes der Beschäftigten ermöglichen sollte. Überhaupt spielten die Betriebe und ihre Sozialeinrichtungen in der Sozialpolitik der DDR eine viel wichtigere Rolle als in der Bundesrepublik. Während es ein Merkmal der modernen kapitalistischen Marktwirtschaft ist, daß sich die Sozialbindung vor allem der gewerblich-industriellen Arbeit auf den Austausch von Arbeitsleistungen gegen Lohn reduziert und die sozialen Neben- und Folgekosten der Arbeit, wie sie etwa durch Unfall, Krankheit, Invalidität, Alter und Arbeitslosigkeit, aber auch die Mutterschaft anfallen, auf außerbetriebliche Sozialsysteme verlagert oder in der sozialrechtlichen Fachsprache «externalisiert» werden, sind diese Kosten in der DDR in erheblichem Umfang in die Betriebe zurückverlagert, also «internalisiert» worden.[133] Beispiele dafür sind, neben dem betrieblichen Gesundheitswesen, die Finanzierung von Kuren, die soziale Betreuung der Beschäftigten und der ehemaligen Betriebsangehörigen im Rentenalter, der Aufbau betriebseigener Kinderkrippen, Kindergärten und Kinderhorte, die außerordentliche Schwierigkeit Arbeitnehmern zu kündigen, wie auch die Beschäftigung aus sozialen Gründen und der Bau von Wohnungen für Betriebsangehörige. All das bedeutet, daß betriebliche Entscheidungen, die zudem die Vorgaben der staatlichen Planung beachten mußten, nicht von der überschaubaren Rentabilität des einzelnen Betriebs, sondern von bestimmten gesamtgesellschaftlichen Erwägungen gelenkt wurden. Das galt in viel stärkerem Maße als in der Bundesrepublik, in der allerdings auch etwa im Kündigungsrecht und der Pflicht zur Verabschiedung von Sozialplänen bei Massenentlassungen die Entscheidungsfreiheit der Unternehmer durch die Gesetzgebung eingeschränkt wird.

Der Betrieb hat nicht nur in der Sozialpolitik die Lebensumstände der Menschen in der DDR viel stärker als in der Bundesrepublik geprägt. So wurden aus Mitteln des Kultur- und Sozialfonds, der in allen größeren Betrieben bestand, kulturelle Veranstaltungen, in großen Betrieben sogar eigene Kulturhäuser finanziert.[134] Es gab Betriebssportgemeinschaften und Einrichtungen zur Weiterbildung der Betriebsangehörigen. Vielfach wurde auch der Urlaub in betriebseigenen Erholungsheimen verbracht. Um nicht immer in dieselben Gegenden und Einrichtungen fahren zu müssen und die Unterbelegung außerhalb der Haupturlaubszeiten zu reduzieren, war zwischen den Unternehmen ein Austausch von Urlaubsplätzen organisiert, und es gab auch die Praxis der Vermietung und Verpachtung dieser Einrichtungen.[135] Schließlich waren besonders die Arbeitsbrigaden nicht nur Instrumente einer kollektiven Interessenvertretung und Konfliktregelung auf betrieblicher Ebene, sie waren auch Zentren des korporativen Zusammenhalts, der Kommunikation und oft enger sozialer Kontakte.[136] Man traf sich bei Geburtstagsfeiern und beim Kaffeeklatsch nicht selten schon vor dem offiziellen Feierabend, man organisierte Feste und gemeinsame Ausflüge. All das war natürlich auch mit sozialer Kontrolle und einer Einschränkung der Optionsvielfalt verbunden, wurde aber wohl von den meisten der Brigademitglieder eher als Bereicherung ihres Lebens empfunden. Mit der viel schärferen Ausrichtung der Betriebe an der wirtschaftlichen Rentabilität, vor allem aber mit der Massenarbeitslosigkeit nach der Vereinigung, fielen daher viele DDR-Bürger – besonders alleinstehende Frauen – in ein emotionales Loch, was von der PDS z. B. mit Ersatzangeboten an Freizeitaktivitäten geschickt ausgenutzt wird.

Frauen spielten als Arbeitskräfte der Wirtschaft in der DDR eine viel größere Rolle als in der Bundesrepublik. Die Ausgangsposition in beiden Ländern war mit einer Erwerbsbeteiligung der Frauen im arbeitsfähigen Alter von etwa 44 % 1950 etwa gleich. Während jedoch die Erwerbsquote der Frauen in der DDR bis 1989 auf 80,8 %, also fast das Doppelte anstieg, lag sie in der Bundesrepublik trotz der Zunahme der Erwerbstätigkeit verheirateter Frauen in den letzten Jahrzehnten weit darunter.[137] Besonders deutlich ist der Unterschied in der Berufstätigkeit von Müttern. In der DDR waren so 1988 73,9 % der Ehefrauen mit zwei im Haushalt lebenden Kindern unter 18 Jahren vollzeit- und 17,5 % teilzeitbeschäftigt, während nur 15,8 % bzw. 24,0 % dieser Frauengruppe (mit Kindern unter 18 Jahren) in der Bundesrepublik eine volle bzw. eine Teilzeitbeschäftigung hatten.[138] Auch in der DDR hatte die Teilzeitbeschäftigung zunächst als Einstieg in das Erwerbsleben für Frauen eine große Rolle gespielt und war von vielen Betrieben, die vor den Kosten des Baus und des Unterhalts von Kinderbetreuungsstätten zurückschreckten, sogar gefördert worden. Seit den 1970er Jahren ist jedoch die Teilzeitarbeit der Frauen systematisch zurückgedrängt worden.[139]

Die zunehmende Arbeit von Frauen war vor allem durch den chronischen Mangel an Arbeitskräften, also ökonomisch, bedingt. Sie entsprach aber auch dem politisch-ideologischen Ziel, die wirtschaftliche Unabhängigkeit und Gleichberechtigung der Frauen zu fördern. Deren Stellung in der Gesellschaft wurde nach sozialistischer Auffassung, wie die Sekretärin für Frauenfragen im ZK der SED, Ingeburg Lange, 1969 ausdrücklich betonte[140], durch ihre Rolle im Produktionsprozeß bestimmt. Die Frauen in der DDR haben in ihrer überwiegenden Mehrheit die Berufstätigkeit als Ausdruck einer größeren Unabhängigkeit vom Ehemann, als Schritt zur Emanzipation und vielfach auch als Bereicherung ihres Lebens akzeptiert. Weitaus am häufigsten und mit der Kinderzahl ansteigend wurde unter den Motiven für die Erwerbstätigkeit bei einer Umfrage von 1975 aber der finanzielle Beitrag zum Lebensunterhalt der

Familie genannt.[141] Tatsächlich war das traditionelle Familienmodell des Mannes als «Ernährer» und der Frau als Hausfrau, Mutter und allenfalls Zuverdienerin auch deshalb nicht aufrechtzuerhalten, da selbst für einen durchschnittlichen Lebensstandard zwei Einkommen pro Haushalt notwendig waren und auch die Altersversorgung der Frauen – anders als in der Bundesrepublik – weitgehend auf eigenen, nicht vom Ehemann abgeleiteten Rentenansprüchen beruhte.

Die Politik der DDR war zunehmend auf die Förderung der Erwerbstätigkeit der Frauen und die Vereinbarkeit von Familie und Beruf abgestimmt. Die ursprüngliche Mißachtung der «bürgerlichen» Familie und die Tendenz, die Sozialisationsfunktionen der Familie weitgehend auf gesellschaftliche Institutionen zu übertragen, wurden im Familiengesetzbuch der DDR von 1965 durch ein neues «sozialistisches» Familienideal ersetzt, nach dem die Familie als die «kleinste Zelle der Gesellschaft» und als Ort ausbeutungsfreier Beziehungen der Familienmitglieder unter den Bedingungen des Sozialismus ausdrücklich unter den Schutz des Staates gestellt wurde.[142]

Parallel zur Heranziehung weiblicher Arbeitskräfte wurden seit dem Beginn der 1960er Jahre intensive Bemühungen zur beruflichen Qualifizierung und Weiterbildung der Frauen, die vorher traditionell häufig als an- oder ungelernte Arbeitskräfte tätig waren, unternommen. Die Qualifizierungsoffensive war erfolgreich. Hatten 1971 in der DDR 71 von 100 Männern, aber nur 49 von 100 Frauen eine abgeschlossene Berufsausbildung, so hatten 1989 die Frauen mit einem Anteil von 85 % mit den Männern (89 %) fast gleichgezogen.[143]

Seit den 1970er Jahren ist die Gesellschaftspolitik der DDR durch die Versuche gekennzeichnet, bei Aufrechterhaltung und Steigerung der hohen Erwerbsquote der Frauen gleichzeitig die Reproduktionsfunktion der Familie zu betonen. Eine pronatalistische Sozialpolitik sollte dem auch in der DDR wie in der Bundesrepublik seit Ende der 1960er Jahre einsetzenden drastischen Rückgang der Geburten[144] entgegenwirken. Dazu diente zum Beispiel die Freistellung der Mutter – in Ausnahmefällen auch des Vaters oder der Großmutter – von der Arbeit nach dem Schwangerschafts- und Wochenurlaub für ein weiteres Jahr, das für Alleinerziehende beim Fehlen eines Krippenplatzes bis zu drei Jahren ausgedehnt werden konnte, bei einer Vergütung von 70–90 % des bisherigen Nettodurchschnittsverdienstes. Daneben konnten Frauen zur Pflege erkrankter Kinder bis zum Alter von 14 Jahren daheim bleiben und die wöchentliche Arbeitszeit wurde von 43 Stunden auf 40 Stunden bei vollem Lohnausgleich reduziert, wenn mindestens zwei Kinder unter 16 Jahren im Haushalt lebten. Vor allem aber wurden die Kinderbetreuungsstätten, die eine Ganztagsversorgung mit preiswertem Essen und kostenloser Unterbringung boten, durch die Städte, Landgemeinden, Kirchen und Betriebe großzügig ausgebaut. 1989 gab es in der DDR Krippenplätze für 80 % der Kinder im Alter bis zu drei Jahren, Kindergärten für 95 % der Kinder im Alter von drei Jahren bis zur Einschulung und Kinderhorte für die außerschulische Betreuung für 81 % der Kinder in den ersten vier Schulklassen. Die Vergleichsziffern für die Bundesrepublik, in der die außerhäusliche Erwerbstätigkeit von Frauen mit Kleinstkindern nur als möglichst zu vermeidende Ausnahme angesehen wird, lagen 1986 bei den Krippenplätzen bei 1,6 % und bei den Kinderhorten bei 4,4 % aller Kinder an Grundschulen. Nur bei den Kindergärten war der Abstand zur DDR mit einer Versorgungsquote von 62 % – darunter allerdings nur 9 % Plätze in Ganztagskindergärten – etwas geringer.[145] Diese «Muttipolitik» der DDR hat dazu beigetragen, daß die Geburtenzahl nach 1975 wieder deutlich anstieg, ohne allerdings das Niveau der 1950er und 1960er Jahre wieder zu erreichen.

Kennzeichnend für die Wirkung der rechtlichen und institutionellen Rahmenbedingungen in der DDR war die Veränderung der individuellen Lebensgestaltung der Frauen. Traditionell gab es im Leben der Frauen, wie noch immer überwiegend in der Bundesrepublik, eine deutliche Scheidung zwischen separat aufeinanderfolgenden Phasen der Berufsarbeit bis zur Geburt des ersten Kindes, der Familienarbeit bis zum Schuleintritt des jüngsten Kindes und dem allerdings nur von einem Teil der Frauen – vielfach mit der Aufnahme einer Teilzeitarbeit – danach gesuchten Wiedereintritt in die Berufstätigkeit neben der nun reduzierten Familienarbeit. Die Frauen in der DDR hingegen synchronisierten weitgehend die Bereiche der Berufs- und Familienarbeit. Statt der jeweils deutlichen Konzentration auf Beruf oder Familie in den einzelnen Lebensphasen wurde die Kombination beider Bereiche auch in der Zeit der Erziehung kleiner Kinder typisch.[146] Das führte natürlich zu einer großen Doppelbelastung der Frauen, zumal sich an der überkommenen familiären Arbeitsteilung der Geschlechter, nach der vor allem die Frau für die Kinder und den Haushalt zuständig war, kaum etwas änderte.

Die Politik der DDR verwirklichte früher als die der Bundesrepublik die rechtliche Gleichstellung der Frauen. So wurden die familienrechtlichen Bestimmungen des BGB, die die Berufstätigkeit der Frauen erschwerten, aufgehoben. Das Familiengesetzbuch von 1965 forderte zudem, daß die Aufnahme einer Berufstätigkeit, die Teilnahme an einer Weiterbildungsmaßnahme oder die Übernahme gesellschaftlicher Arbeit durch den Ehepartner unterstützt werden sollte.[147] Auch im Scheidungsrecht ist man eher als in der Bundesrepublik vom Verschuldens- zum Zerrüttungsprinzip übergegangen. Der Anteil der Ehescheidungen in der DDR war mit 37 % der in den 1980er Jahren geschlossenen Ehen außerordentlich hoch und hat sich damit gegenüber dem Anfang der 1970er Jahre, als 16 von 100 der damals geschlossenen Ehen wieder geschieden wurden, mehr als verdoppelt.[148] Die Scheidung war relativ einfach, da man in der DDR angesichts der Berufstätigkeit beider Ehepartner davon ausging, daß mit der Trennung die wirtschaftlichen Beziehungen zwischen den Eheleuten beendet waren und – außer für gemeinsame Kinder – keine Unterhaltszahlungen zu leisten waren.

Man heiratete in der DDR, auch durch zinslose Ehekredite unterstützt, im Durchschnitt früher als in der Bundesrepublik, zumal die Chance, eine eigene Wohnung zugeteilt zu bekommen, mit der Ehe und der Geburt von Kindern erheblich stieg.[149] Nichteheliche Lebensgemeinschaften erlangten wie in der Bundesrepublik schließlich eine immer größere Bedeutung. Im Unterschied zur Bundesrepublik, in der solche Gemeinschaften meist kinderlos waren, überwogen in der DDR, vor allem bei den Frauen der jüngeren Jahrgänge, Partnerschaften mit Kindern, die allerdings in drei Vierteln der Fälle später in eine Ehe mündeten. Die Erklärung für dieses abweichende Verhalten in beiden deutschen Staaten liegt offenbar darin, daß als nicht beabsichtigte Konsequenz der erheblich besseren Unterstützung alleinstehender als verheirateter Mütter es sich ökonomisch «lohnte», nicht zu heiraten.[150]

Die Familien- und Frauenpolitik der DDR war paternalistisch konzipiert. Sie betrieb eine «Emanzipation von oben», in der die Interessen der Frauen, die mit denen der Gesamtgesellschaft gleichgesetzt wurden, durch die Führung von Partei und Staat, nicht aber durch die Frauen selbst definiert wurden.[151] So ist es kennzeichnend, daß es in der DDR keine Frauenbewegung gab. Die «Muttipolitik» legte trotz aller ideologischen Beteuerung der gemeinsamen Verantwortung von Männern und Frauen für Haushalt und Kinder faktisch die Last der Vereinbarung von Beruf und Familie einseitig den Frauen auf. Auch blieb die tatsächliche Emanzipation der Frauen weit hinter ihrer rechtlichen Gleichstellung zurück. Die Spitzenpositionen in Partei, Staat und Wirtschaft blieben vor allem für ältere Männer reserviert; Frauen sind nur in Ausnahmefällen dorthin vorgedrungen.

Auch das Prinzip des gleichen Lohns für gleiche Arbeit wurde nur formell, nicht aber tatsächlich befolgt. In der DDR gab es gleichfalls eine geschlechtsspezifische Segregation der Ausbildung und der Berufe, wobei für frauentypische Berufe – etwa im Sozial-, Bildungs- und Gesundheitswesen – weniger bezahlt wurde als für typische Männerberufe.[152] Auch haben die Betriebe – vor allem wegen der erwarteten Ausfälle der Frauen im Babyjahr – dazu tendiert, Frauen im allgemeinen weniger berufliche Entwicklungschancen als den Männern zu bieten.[153] Insbesondere junge Frauen wurden zudem häufiger als Männer in Stellungen unter ihrer beruflichen Qualifikation beschäftigt.[154] Die Unterschiede im durchschnittlichen Einkommen vollbeschäftigter Männer und Frauen waren zwar in der DDR geringer als in der Bundesrepublik, wo Arbeiterinnen 1988 nur 70 %, weibliche Angestellte 64 % des durchschnittlichen Bruttoverdienstes der Männer erhielten, die Nettoerwerbseinkommen der Frauen lagen aber mit 76 % ebenfalls signifikant unter denen der Männer.[155]

Trotz der Grenzen der Emanzipation bleibt festzuhalten, daß aufgrund der Entwicklung in der DDR auch nach der Vereinigung die Berufstätigkeit einen wichtigen Teil der Identität und des Selbstwertgefühls der Frauen in den neuen Bundesländern ausmacht und daher die – Frauen besonders hart treffende – Massenarbeitslosigkeit tief in deren Lebensplanung eingreift. Die Forderung des 2. Absatzes von Artikel 31 des Einigungsvertrages, daß es eine Aufgabe des gesamtdeutschen Gesetzgebers sei, «angesichts unterschiedlicher rechtlicher und institutioneller Ausgangssituationen bei der Erwerbstätigkeit von Müttern und Vätern die Rechtslage unter dem Gesichtspunkt der Vereinbarkeit von Familie und Beruf zu gestalten»[156], wurde bis heute nicht erfüllt. Die berufstätigen Frauen mit Kindern in den neuen Bundesländern, die deutliche Abstriche an ihren Sonderrechten in Kauf nehmen müssen, gehören zu der Gruppe derer, die, wenn man von der politischen Führungsschicht absieht, nach der Vereinigung die größten Verluste erlitten. Der abrupte Niedergang der Geburtenrate von 12 auf 5–6 pro 1000 Einwohner zwischen 1988 und 1992[157] ist sicher auch als Reaktion auf die Verunsicherung durch die neue Situation und als Versuch der Frauen, im Kampf um Arbeitsplätze die eigenen Chancen zu verbessern, zu werten.

Generationelle Erfahrungen und die Jugend

Von großer Bedeutung waren in der DDR wie auch in der Bundesrepublik unterschiedliche generationelle Erfahrungen.[158] Für die Generation derer, die, aus den Unterschichten kommend, in den 1940er und 1950er Jahren aufwuchsen und nicht – wie so viele ihrer Altersgenossen – den Weg in den «Westen» suchten, sondern sich zum neuen Staat bekannten, hat der Geist des Aufbaus sicher, trotz der Einengung der politischen Freiheit und der Grenzen des Aufschwungs, Möglichkeiten der Identifikation geboten. Die Gründergeneration der DDR vermochte es, das Bild eines «antifaschistischen, sozialistischen Staates», der sich aus der Trümmerlandschaft des Kriegsendes erhebt – «Auferstanden aus Ruinen» in den Worten der Nationalhymne der DDR – wirkungsvoll zu beschwören. Es kam hinzu, daß die Bildungsmöglichkeiten und auch die Aufstiegschancen vor allem für Arbeiterkinder deutlich verbessert worden waren.[159] Viele von ihnen konnten in mittlere und gehobene Führungspositionen – die Spitzenfunktionen wurden durch die Kommunisten des Moskauer Exils und die Protagonisten des kommunistischen Widerstandes in Deutschland besetzt – aufrücken. Für die späteren Generationen verschlechterte sich die Situation. Während der Mauerbau den Ausweg nach dem Westen versperrte, die Kontrastfolie des Nachkriegselends durch die zunehmend vom Fernsehen vermittelte Wohlstands- und Konsumgesellschaft der Bundesrepublik als Vergleich ersetzt wurde, nahmen immer mehr Jugendliche Anstoß an der Forderung nach einem angepaßten Verhalten und an der engen politischen und sozialen Kontrolle schon in der Schule. Viele waren vor allem empört, daß sie nicht frei an der westlichen Jugendkultur der Rockmusik teilnehmen konnten und Reisen ins westliche Ausland sowie einige der spezifischen Konsumgüter der Jugend im Westen ihnen ganz oder lange verschlossen blieben. Der Geist der Unabhängigkeit und der Rebellion gegen den grauen Alltag der DDR fand bereits in den frühen 1970er Jahren seinen bewegenden Ausdruck in dem berühmten Theaterstück von Ulrich Plenzdorf «Die neuen Leiden des jungen W.», besonders markant in der Hymne des «Helden» des Stücks auf die Jeans, die zunächst von den DDR-Behörden als Zeichen der Amerikanisierung verboten worden waren:

Oh, Bluejeans
White Jeans? – No
Black Jeans? – No
Blue Jeans, oh
Oh, Bluejeans, yeah

Oh, Bluejeans
Old Jeans? No

New Jeans? No
Blue Jeans, oh
Oh, Bluejeans, yeah[160]

Im Stück heißt es weiter: «Natürlich Jeans! Oder kann sich einer ein Leben ohne Jeans vorstellen? Jeans sind die edelsten Hosen der Welt … Ich meine Jeans sind eine Einstellung und keine Hosen.»[161]

Die innere Abwendung weiter Teile der Jugend vom Staat wurde dadurch gefördert, daß der Zugang zu den höheren Ausbildungsgängen vor allem für die um 1960 Geborenen wieder beschränkt wurde. Die zunehmende Privilegierung der Nomenklatura und der sozialistischen Dienstklassen erschwerte seither wieder den Aufstieg für Arbeiterkinder. Wegen der Stagnation der Wirtschaft der DDR in den 1980er Jahren blieben zudem selbst die mittleren Positionen der jüngeren Generation weitgehend versperrt, und für die berufliche Karriere nahm die Bedeutung von sozialer Anpassung und unbedingter politischer Loyalität im Vergleich zu Qualifikation und Leistung weiter zu.[162] Die DDR entwickelte, wie gleichzeitig die Sowjetunion bis zur Machtübernahme Gorbatschows, immer stärkere Züge einer Gerontokratie – einer Herrschaft der alten Führungskader –, die wirtschaftliche und soziale Dynamik sowie die Entwicklung neuer Ideen erstickte.

Kulturpolitik und Kultur

Das gilt auch für den Bereich der offiziellen Kulturpolitik.[163] Die Ausbürgerung Wolf Biermanns 1976 löste eine schwere Krise bei den Intellektuellen der DDR aus[164] und verschärfte die Entfremdung von Teilen der Jugend in der DDR. Der Antiamerikanismus der staatlichen Kulturpolitik, die Ablehnung des Rock 'n' Roll, wie überhaupt der Pop-Kultur des Westens widersprach immer mehr dem Lebensgefühl junger Menschen, die sich nicht mit dem sterilen, von der FDJ vermittelten Angebot des Staates zufriedengeben wollten.

In ihrer Kulturpolitik setzte die DDR die deutsche Tradition der subventionierten Theater, Orchester und Opern und der Pflege des nationalen Kulturerbes fort, neben der die Vermittlung russischer Kultur eine besondere Bedeutung erlangte. Dem aus den Traditionen der deutschen Arbeiterbewegung[165] kommenden Versuch, die Massen vor allem durch Subventionierung des Besuchs von Theater, Oper und Museen und das Angebot vergleichsweise preiswerter Buch-Ausgaben pädagogisch zu formen, entsprach in den Jahrzehnten der politischen Abgrenzung wenigstens eine bewegte Kultur-Szene.

Schon am 26. Juni 1945 hatte das inmitten der Trümmer des Stadtzentrums erhalten gebliebene Deutsche Theater seine Pforten mit der Aufführung einer älteren Inszenierung wiedereröffnet. Ein Bekenntnis zur Toleranz und zur Abkehr von den Rassenvorstellungen des Nationalsozialismus bedeutete dann am 7.9. 1945 eine eindrucksvolle Neuinszenierung von Lessings «Nathan der Weise». Die Rekonstruktion des zerstörten Nationaltheaters in Weimar und des Schauspielhauses in Dresden 1948[166], die Errichtung der Komischen Oper in Berlin, die unter Walter Felsenstein ein realistisches Musiktheater beispielhaft entwickelte, sowie die Gründung des Berliner Ensembles durch Bertolt Brecht 1949 unterstreichen die Absicht, trotz Trümmerelend und Alltagssorgen für die sowjetische Zone und die spätere DDR eine führende Rolle in der deutschen Kultur in Anspruch zu nehmen. In der späteren Entwicklung des Theaters haben besonders die bahnbrechenden Inszenierungen der Stücke Brechts durch das seit 1954 in einem eigenen Haus, dem ehemaligen Theater am Schiffbauerdamm, spielende «Berliner Ensemble» eine nicht nur gesamtdeutsche, sondern auch eine große internationale Ausstrahlung gehabt. Brechts «Mutter Courage und ihre Kinder», am 11. 1. 1949 am Deutschen Theater für Deutschland erstaufgeführt, gehört sicher nicht nur für mich zu den unvergeßlichen Theatererlebnissen der Nachkriegszeit in Berlin.

In der bildenden Kunst hat sich die DDR dagegen – im Gegensatz zur Bundesrepublik – von der Moderne und der internationalen Entwicklung durch die einseitige Protegierung des aus der Sowjetunion importierten sozialistischen Realismus und die Verurteilung jeder abstrakten Kunst abgekoppelt.

Im Film verfügte die spätere DDR über ausgezeichnete Ausgangsbedingungen, waren doch die großen Anlagen der UFA in Potsdam-Babelsberg fast unzerstört erhalten geblieben, so daß die 1946 neugegründete Deutsche Film-AG (DEFA) unter Verwendung dieser Anlagen und mit Hilfe des alten technischen Personals bereits im Mai 1946 ihre Nachkriegsproduktion beginnen konnte[167]; am 15. Oktober hatte Wolfgang Staudtes «Die Mörder sind unter uns» Premiere. Der permanente Blick zurück, die Auseinandersetzung mit dem Nationalsozialismus und seine Folgen zog sich durch die DDR-Filme bis in die späten 70er Jahre: Staudtes «Rotation» (1948) und «Der Untertan» (1951), Kurt Maetzigs «Ehe im Schatten» (1947), Konrad Wolfs und Frank Beyers «Jakob der Lügner» (1974) waren Beispiele hierfür. Probleme der Einsamkeit und des Individuums in einer Gesellschaft, die Individualismus ablehnte, behandelten etwa Heiner Carows «Die Legende von Paul und Paula» (1973) und «Coming out» (1989) oder Konrad Wolfs «Solo Sunny» (1979). Die Filme aus Babelsberg wollten und sollten einen anderen deutschen Film präsentieren; das schloß die Propagandafilme des sozialistischen Realismus mit ein, die Utopie von sozialer Gleichheit ebenso wie ideologischen Kitsch, aber auch die kaum verdeckte, kritische Auseinandersetzung mit der tristen Realität der DDR und ihren Auswirkungen auf die Menschen.[168] Dabei war die Angst vor Veränderungen eines der Hauptmerkmale der Filmpolitik in der DDR. Staatliche Zensur gab es offiziell nicht – tatsächlich hatten die Filmemacher ständig damit zu rechnen. Den deutlichsten Einschnitt erlebten die Regisseure der DEFA im Dezember 1965, als auf Beschluß des 11. Plenums des ZK der SED zwei Drittel der Jahresproduktion gekippt wurden. Erst 1989 kamen «Verbotsfilme» wie Frank Beyers «Spur der Steine» oder Kurt Maetzigs «Das Kaninchen bin ich» in die Kinos.

Das Pressewesen[169] wurde nach einigen pluralistischen Anfängen personalpolitisch und ideologisch völlig gleichgeschaltet und politisch über das Zentralkomitee der SED, in dem es eine Abteilung Agitation und Sektionen für Presse, Rundfunk usw. gab, gesteuert. Daneben hatte auch der Ministerrat Lenkungskompetenzen.[170]

Die offiziell – unter anderem durch die Vergabe großzügiger Stipendien und den Bau von Schriftstellererholungsheimen – privilegierte Literatur der DDR hatte eine schwierige Gratwanderung zwischen Korrumpierung und Anpassung auf der einen Seite und der Gefahr des Verbotes oder der Verstümmelung der Werke durch die Zensur auf der anderen Seite zu bewerkstelligen.[171] Dabei mußte der Umfang des Freiraums, den man den Autoren abhängig von der jeweiligen Parteilinie der SED zubilligte, stets neu ausgelotet werden. Es ist erstaunlich, daß unter diesen Bedingungen eine bedeutende Literatur entstand. Diese wurde keineswegs allein von Autoren getragen, die wie Uwe Johnson, Günter Kunert, Sarah Kirsch, Jurek Becker, Wolf Biermann, Reiner Kunze und Monika Maron mit der DDR brachen und in die Bundesrepublik übersiedelten oder ausgebürgert wurden, sondern auch von Schriftstellern wie Günter de Bruyn, Christoph Hein, Stefan Heym, Heiner Müller, Ulrich Plenzdorf und Christa Wolf repräsentiert. Letztere blieben in der DDR und ließen es meist – bei aller kritischen Distanz zum häßlichen Alltag und zur Perversion sozialistischer Ideale in der DDR – nicht grundsätzlich zum Bruch mit dem Staat und mit dem Experiment der Verwirklichung des Sozialismus kommen.[172] Indem sie die Widersprüche zwischen Ideal und Wirklichkeit aufdeckten und – oft nur implizit – die Verbiegung der Menschen durch Anpassung an die vom Staat geforderte Untertanenmentalität zur Darstellung brachten, schufen sie eine Ersatzöffentlichkeit, die eine der Wurzeln von Resistenz, Dissidenz und Opposition in der DDR wurde.

Kennzeichnend ist auch die Rezeption westlicher Literatur in der DDR. Den stärksten Einfluß hat von den bundesdeutschen Autoren offenbar der frühe Heinrich Böll ausgeübt, später kamen Hans Magnus Enzensberger, Peter Weiss, Rolf Hochhuth, Martin Walser und mit einer gewissen Verzögerung, da er in der DDR nicht verlegt wurde, auch Günter Grass dazu. Wichtig war dabei offensichtlich, daß sie die weitverbreitete Kritik an der Bundesrepublik zu bestätigen schienen.[173] Erstaunlich ist dagegen, daß Uwe Johnson, der in den 1959 veröffentlichten «Mutmassungen über Jakob» die Befindlichkeit der Menschen seiner mecklenburgischen Heimat, die zwischen Fluchtgedanken und Bleiben hin- und herschwankten, wie kein anderer DDR-Schriftsteller verdeutlicht hat, offenbar auch unter Dissidenten und Opponenten faktisch nicht rezipiert wurde.[174] Ist das nur damit zu erklären, daß seine Werke in der DDR nicht veröffentlicht werden durften? Wohl kaum, denn solches hat im Fall anderer Autoren die Wirkung nur begrenzt und verzögert, aber nicht verhindert. Wahrscheinlich ging die Schilderung der DDR-Wirklichkeit mit der immer präsenten Stasi und der beklemmenden Darstellung, wie sich die Forderungen des Regimes auf das Leben der Menschen auswirkten, bis hin zu der Konfrontation mit der sich Jakob stellenden Alternative zu fliehen oder vom System verschlungen zu werden, zu sehr unter die Haut. Instinktiv wollte man wohl diesem bis heute bedeutendsten Roman über die deutsche Teilung und den Schmerz und das Elend, die sie über die Menschen der DDR brachte, aus dem Wege gehen.

Der Charakter der DDR Gesellschaft

Welchen Charakter hatte nun die DDR? War sie eine totalitäre Gesellschaft wie Deutschland in der Zeit des Nationalsozialismus und die Sowjetunion in der Zeit Stalins? Die DDR, eine zutiefst «durchherrschte Gesellschaft»[175], hat sich im Lauf ihrer Geschichte trotz des immer weiteren Ausbaus des Staatssicherheitsdienstes und dessen allgegenwärtiger Präsenz von einer totalitären zu einer autoritären Diktatur mit erheblichen totalitären Elementen entwickelt.[176] Die Problematik der neueren Versuche, die Besonderheit der DDR und ihrer Gesellschaft – auch im Vergleich zum Nationalsozialismus, zur Sowjetunion, zu anderen sozialistischen Staaten des Ostblocks und natürlich auch zur Bundesrepublik und zu älteren deutschen Gesellschaften – auf einen Begriff zu bringen, der nach Möglichkeit auch die Entwicklungen in den vier Jahrzehnten ihrer Geschichte widerspiegelt, können hier nur kurz angedeutet, nicht aber systematisch diskutiert werden.

Die Analyse der DDR als bürokratischer Gesellschaft[177] betont einen Aspekt, den sie mit vielen modernen Gesellschaften gemeinsam hat. Typisch für die DDR ist eher, daß bürokratische Rationalität immer wieder durch politische Vorgaben und den Primat der Herrschaftssicherung außer Kraft gesetzt wurde. Das in Anlehnung an Max Weber geprägte Bild einer «sozialistischen Ständegesellschaft»[178] weist zu Recht auf Hierarchien und Privilegien in der Gesellschaft hin, geht aber an der Bedeutung der Bürokratie, der mangelnden Abschottung der neuen Stände, dem Fehlen einer autonomen Interessenvertretung sowie dem Eingriff des Staates in alle gesellschaftlichen Verhältnisse vorbei und wird vor allem dem Charakter der DDR als moderner Industriegesellschaft nicht gerecht. Die These Sigrid Meuschels von der entdifferenzierten, egalitären, nivellierten Gesellschaft[179] hebt richtig die mangelnde Autonomie der Wirtschaft und der gesellschaftlichen Subsysteme als Ursache der geringen Effizienz der DDR hervor, schenkt aber dem sich entwickelnden hierarchischen Charakter der DDR-Gesellschaft und ihrer relativen Komplexität weniger Beachtung.

Eine Charakterisierung als «moderne Industriegesellschaft» betont die Parallelen zur Entwicklung im Westen[180] und stellt nicht genügend die mangelnde Modernität in der lange andauernden Konzentration auf die Schwerindustrie, der Abschottung von der internationalen Arbeitsteilung und der Vernachlässigung des tertiären Sektors heraus. Sie ignoriert zudem den fundamentalen Unterschied zwischen Demokratie und Diktatur.[181] Diesem trägt der von Jürgen Kocka geprägte Begriff der «modernen Diktatur» Rechnung[182], der aber ebenfalls die unmodernen Züge der DDR, zu denen auch die erwähnte mangelnde Ausdifferenzierung der Subsysteme, die weitgehende Ausschaltung intermediärer Institutionen und die Eintönigkeit des Konsums gehören, vernachlässigt. Detlef Pollack, der seine Charakterisierung der DDR als «Organisationsgesellschaft» vor allem aus einer Untersuchung über die Lage der evangelischen Kirchen entwickelt hat[183], weist zwar auf die Anhebung des Komplexitätsniveaus und funktionale Differenzierungen hin, kommt aber zu dem Schluß, daß diese für alle hochindustrialisierten Gesellschaften typischen Differenzierungsprozesse zwischen Wirtschaft, Politik, Wissenschaft, Recht, Kunst und Religion durch einen politisch bedingten gegenläufigen Prozeß der Entdifferenzierung, zentralen Steuerung und Unterstellung aller gesellschaftlichen Teilsysteme unter den Primat der SED-Herrschaft entscheidend gehemmt wurden. Aus der Gegenläufigkeit von Differenzierung und Entdifferenzierung entstand so eine «semimoderne Mischgesellschaft»[184], in der der latente Widerspruch zwischen Ideologie und Effizienz letztlich immer wieder zugunsten der Ideologie und der die gesellschaftliche Differenzierung unterdrückenden «Organisationsgesellschaft» aufgelöst wurde.

Zu Recht wird in der neuen Forschung der hierarchische Charakter der DDR, in der man geradezu eine neue Form von Klassengesellschaft sehen kann, betont. Während die alten politischen und sozialen Führungseliten beseitigt wurden, entstand eine neue Hierarchie politischer und funktionaler Eliten, die von dem jeweiligen Ausmaß an politischer, ökonomischer und technologischer Verfügungsgewalt bestimmt wurde. An der Spitze der Gesellschaft stand die Nomenklatura der Parteielite als herrschende Klasse, darunter die administrative Dienstklasse, die die leitenden Positionen in der staatlichen Verwaltung, der Wirtschaft, der Wissenschaft, dem Militär sowie den gesellschaftlichen Organisationen und die Führungspositionen der SED auf regionaler Ebene innehatte und ihrerseits von der operativen Dienstklasse der mittleren Führungskader unterstützt wurde, bei der neben politischer Zuverlässigkeit auch besondere Qualifikationen eine Rolle spielten. Die unterste Klasse bildete die Klasse der Arbeitnehmer. Die wenigen Selbständigen und Kleinbauern und die in Genossenschaften tätigen Handwerker und Bauern sind wohl zwischen der operativen Dienstklasse und der Klasse der Arbeitnehmer einzuordnen.[185]

Kennzeichnend ist nun, daß es den privilegierten Klassen zunehmend gelang, ihren Kindern einen erleichterten Zugang zu den Dienstklassen zu vererben, während es Arbeiterkinder seit den 1970er Jahren immer schwieriger hatten, in diese aufzusteigen. Auch die Heiratschancen der Töchter wurden wesentlich von der Klassenlage der Eltern und dem weitgehend erfolgreichen Bestreben der sozialistischen Dienstklassen, ihre

Privilegien an ihre Kinder zu vererben, bestimmt.[186] In den Bildungs- und Mobilitätschancen, aber auch hinsichtlich der materiellen Lebensbedingungen – so gehörte der Besitz eines Telefons zu den Privilegien der Dienstklassen[187] – war die DDR so keine wirklich egalitäre Gesellschaft. Auch die Unterschiede in der Verteilung von Vermögen und Einkommen zwischen den sozialen Gruppen, die im Vergleich zur Bundesrepublik allerdings erheblich geringer waren, haben sich im Laufe der Geschichte der DDR, vor allem seit den 1970er Jahren, nicht verringert, sondern vergrößert.

Es ist den neuen Eliten jedoch nicht gelungen, sich kulturell abzusetzen und für die Gesamtgesellschaft stilbildend zu wirken.[188] Insofern blieb die DDR eine «Kleine Leute»-Gesellschaft. Erhellend ist Martin Kohlis Charakterisierung der DDR als «Arbeitsgesellschaft».[189] Sie verweist auf den großen Stellenwert der Arbeit im Leben und Denken der Menschen, die sehr hohe Erwerbsquote, insbesondere der Frauen, und die große Bedeutung des Betriebes für das System der sozialen Sicherheit, aber auch für die Organisation kultureller und anderer Freizeitaktivitäten, sowie die Vernachlässigung der nicht oder nicht mehr Arbeitsfähigen (Kriegsopfer, Behinderte, Rentner, nicht erwerbstätige Witwen). Der Begriff läßt aber die mangelnde Demokratie und Rechtstaatlichkeit im Bereich der Herrschaft und die Versuche zur ideologischen Gleichschaltung der Gesellschaft außer acht.

Sehr interessant ist der Versuch von Konrad H. Jarausch, die DDR mit dem Begriff der «Fürsorgediktatur» zu erfassen und sie in die preußische Tradition eines autoritären Wohlfahrtsstaates zu stellen.[190] Damit wird zu Recht unterstrichen, daß die Sozialpolitik vor allem für den gehorsamen Untertanen gedacht war und mit der Gewährung «sozialer Sicherheit und Geborgenheit» zudem – besonders in der Ära Honecker – politische Loyalität gefördert und – wie übrigens auch in demokratischen Staaten – ein wichtiger Beitrag zur Legitimation des Staates geleistet werden sollte.

Trotzdem dürfen die Unterschiede zur älteren deutschen Tradition und die Grenzen des Konzepts für die Analyse der DDR nicht übersehen werden. Die DDR-Sozialpolitik war produktionsorientiert und hatte die Sicherung einer möglichst hohen Erwerbstätigkeit und gerade nicht, wie die traditionelle preußische Armenhilfe, die Fürsorge für die aus dem Erwerbsleben herausgefallenen Armen, Gebrechlichen und Schwachen zum Ziel. Das Prinzip der Subsidiarität, unter anderem durch die weitgehende Einbeziehung kirchlicher Wohlfahrtsorganisationen, war für die Armenhilfe, aber auch für die spätere Fürsorge und Sozialhilfe in Preußen, im Deutschen Reich und in der Bundesrepublik zentral. Es spielte in der DDR nur eine untergeordnete Rolle und widersprach dem weitgehenden Monopol des Staates in der Sozialpolitik.

Besonders deutlich sind die Unterschiede in der Sozialversicherungspolitik. Diese wurde vom Kaiserreich bis zur Bundesrepublik vom traditionellen Familienbild des Mannes als Ernährer und der Frau als Hausfrau, Mutter und Zuverdienerin bestimmt. Sie gab daher, zumindest seit der Reichsversicherungsordnung und der Angestelltenversicherung von 1911, Leistungen für Frauen, die aus der Erwerbstätigkeit des Mannes abgeleitet wurden, einen hohen Stellenwert. Im Einklang mit der Auffassung von einer Gleichberechtigung, die sich vor allem in der eigenen Erwerbstätigkeit der Frauen manifestiert, wurden solche Leistungen in der DDR auf ein Minimum reduziert. In der traditionellen deutschen Sozialversicherung war der Staatsanteil an der Finanzierung – auch im Vergleich mit anderen westlichen Industriestaaten – gering, in der DDR dagegen sehr hoch. Die Verbilligung des Konsums für die breiten Massen war ein wichtiges Element der Sozialpolitik der DDR, das weder im Kaiserreich mit seiner Verteuerung der Brotpreise durch die Schutzzölle noch in der Bundesrepublik mit der Anhebung der Agrarpreise über das Weltmarktniveau durch den europäischen Agrarmarkt eine Entsprechung findet.

Vor allem aber der rechtsstaatliche und emanzipatorische Charakter der seit den 1880er Jahren bestehenden Sozialversicherung unterscheidet diese vom älteren autoritären preußischen Wohlfahrtsstaat wie von der DDR-Sozialpolitik. Ebenso wichtig ist, daß die Sozialversicherung mit der weitgehenden Verlagerung der Neben- und Folgekosten der Arbeit aus den Betrieben eine typische Begleiterscheinung moderner Marktwirtschaften ist, während die überwiegend betriebsbezogene Sozialpolitik der DDR eine Konsequenz der Planwirtschaft bildete.

Das im modernen Sozialstaat stets neu zu bestimmende Spannungsverhältnis von Eigeninitiative, gesellschaftlicher Solidarität und der staatlichen Gesamtverantwortung ist also in der traditionellen deutschen Sozialversicherung im Unterschied zu der einseitig staatlich dominierten Sozialpolitik der DDR von Anfang an gegeben. Der von Jarausch neben der Sozialpolitik besonders auf die Kulturpolitik angewendete Begriff der «Fürsorgediktatur» versucht den Widerspruch zwischen den proklamierten emanzipatorischen Plänen und der repressiven Praxis der DDR zu erfassen und gibt so durchaus den paternalistischen, bevormundenden und die Bürger kontrollierenden Charakter der DDR wieder. Er übersieht aber die Priorität der Produktionssteigerung gegenüber der Fürsorge für Bedürftige und weicht in zentralen Elementen von der behaupteten Anknüpfung an ältere preußisch-deutsche Traditionen vor allem seit Einführung der Sozialversicherung ab. Er tendiert zu einer Unterbewertung der ideologischen, terroristischen, aber auch der zentralistisch-planwirtschaftlichen Elemente in einem System, das immer am Primat der politischen Herrschaft der ihrerseits von der Sowjetunion abhängigen Parteielite festhielt.

Freiräume und informelle Netzwerke

Allerdings gab es schließlich zunehmend tolerierte Freiräume einer relativen Autonomie: Dazu zählten der Kult der Datschen und Schrebergärten und die nicht effektiv unterdrückte, sondern offenbar stillschweigend geduldete Schattenwirtschaft mit dem Tausch knapper Güter und Dienstleistungen, die faktisch einige Marktelemente in das rigide System der Planwirtschaft einbrachte. In diesem System informeller Netzwerke[191] war die Beziehung zwischen Ehegatten sowie Eltern und Kindern am wichtigsten, aber auch die weiteren Verwandten, Freunde, Bekannten, Nachbarn, schließlich auch die Arbeitskollegen gehörten zu dieser Substruktur der Gesellschaft, die dem einzelnen in vielen Fällen ein Gefühl von Nestwärme, Geborgenheit, Hilfe und Solidarität geben konnte. Die Einbettung in das Kollektiv am Arbeitsplatz hatte viel mit Kumpanei und wenig mit Konkurrenz zu tun, führte aber auch zu einem hohen Grad an sozialer Kontrolle. Wichtig war zudem, gute Beziehungen – wie in der Nazizeit «Vitamin B» genannt – zu haben oder selbst aufgrund der Hilfe durch Verwandte im Westen, dank der beruflichen Stellung oder besonderer Qualifikationen über knappe Ressourcen zu verfügen. Die Ungleichheit in der Gesellschaft wurde dadurch erhöht, daß gerade die Gruppen ohne besondere Qualifikationen mit niedrigem Einkommen und ohne Zugang zu Devisen ein besonders geringes ‹soziales Kapital› hatten.[192] Auch war dieses System mit einem erheblichen Ausmaß an Klientelismus, Korruption und Privatisierung öffentlicher Ressourcen verbunden[193]. Es hat so die Effizienz der Wirtschaft beeinträchtigt, ihr Wachstum gebremst und zu ökonomischer Stagnation und langfristig zum Zusammenbruch des Staates beigetragen. Andererseits hat es jedoch das Leben in der Diktatur durch die Möglichkeit des Rückzugs in politikfreie – wenn auch nicht IM-freie – private «Nischen»[194] erträglicher gemacht.

Die Kirchen

Eine wichtige, in der Forschung der letzten Jahrzehnte stark beachtete Rolle spielten die Kirchen. Die in der DDR relativ kleine katholische Kirche verblieb in bewußter Distanz zum Regime, ohne dieses zu irgendeinem Zeitpunkt ernsthaft zu gefährden. Es handelt sich um eine Diaspora-Kirche, die nicht zuletzt dank enger Verbindungen zum westdeutschen Katholizismus überleben konnte. Die SED-Führung hat zwar vor allem in den 1970er Jahren mit Nachdruck versucht, den Katholizismus in Ost und West zu trennen. Dabei strebte sie eine Änderung der Diözesangrenzen gemäß der Staatsgrenze und die Herauslösung der ostdeutschen Bischöfe aus der gesamtdeutschen Bischofskonferenz an. In beidem erreichte sie aber nur Teilerfolge, die die innerdeutsche Verbindung des Katholizismus kaum schmälerten. Da im kirchlichen Rahmen erhebliche materielle Transfers von West nach Ost flossen, konnte die SED-Führung darin auch gewisse Vorteile sehen.[195]

Der im Gebiet der DDR dominierenden evangelischen Kirche ist es zunächst gelungen, das protestantische Milieu der Pfarrhäuser und der kirchlichen Institutionen über den Zusammenbruch des Nationalsozialismus und den Neuaufbau in der sowjetischen Zone und der DDR zu retten.[196] So konnte die Kirche ihren Grundbesitz trotz der Bodenreform behaupten und wurde von der in anderen Bereichen in der sowjetischen Zone so rigorosen Entnazifizierung kaum betroffen. Die kirchlichen Ausbildungsstätten blieben erhalten und die diakonische Arbeit, vor allem in der Alten- und Behindertenpflege, konnte wegen des Mangels an adäquaten staatlichen Institutionen fortgesetzt werden.[197] Sehr weitgehend war die soziale Kontinuität in der Rekrutierung der Pfarrer, die immerhin zu einem Viertel Pfarrerssöhne waren, während ein Fünftel der Pfarrfrauen als Töchter von Pfarrern aufgewachsen waren.[198]

Das wechselvolle, spannungsgeladene Verhältnis von SED und evangelischer Kirche[199] kann hier nur kurz angedeutet werden. Die SED propagierte zeitweise einen militanten Atheismus und versuchte vor allem, den Einfluß der Kirche auf die Jugend zu brechen, die Bevölkerung, von der am Ende des Regimes nur noch höchstens ein Drittel einer Kirche angehörte[200], zu entchristianisieren und die Kirchen – sofern sie nicht zur Unterstützung bestimmter Kampagnen nützlich waren – aus der Öffentlichkeit zu verdrängen. Es gelang ihr, mit der aus der Tradition der Arbeiterbewegung kommenden Jugendweihe, die 1968/69 bereits von 90,9 % der Jugendlichen gewählt wurde[201], ein Ersatzritual für die Konfirmation zu etablieren und die Bildungschancen von Mitgliedern der Jungen Gemeinde wie überhaupt von christlich erzogenen Jugendlichen zu beeinträchtigen.[202] 1969 wurde mit der Gründung des «Bundes der Evangelischen Kirchen in der DDR» die faktisch schon vorher vollzogene Trennung der Landeskirchen der DDR von der gesamtdeutschen Organisation des Rates der Evangelischen Kirche Deutschlands (EKD) vollendet. Schließlich suchte der Vorsitzende dieses Kirchenbundes, Bischof Albrecht

Schönherr, 1971 mit dem Konzept der «Kirche im Sozialismus»[203] bewußt einen Ausgleich auf der Basis der grundsätzlichen Akzeptanz des Staates durch die Kirche. War die Kirche so zu einer «Gratwanderung»[204] zwischen den Abgründen von Opposition und Opportunismus gezwungen, so schwankte die SED zwischen dem Anspruch auf totale Unterwerfung und Gleichschaltung der Kirche und dem Wunsch, die Kirche für ihre politischen Ziele zu instrumentalisieren. Sie brauchte die Kirche zur Förderung ihrer Anerkennungspolitik in internationalen kirchlichen Gremien und die westdeutsche Kirche für die Beeinflussung der bundesdeutschen Öffentlichkeit, für die Glaubwürdigkeit ihrer Friedenspropaganda, aber auch den kirchlichen West-Ost Transfer von internationalen Devisen.[205]

Insbesondere die DDR-Kirchenführer und Kirchenjuristen haben sich auf eine weitgehende Kollaboration mit dem SED-Staat, der zudem die Kirche systematisch durch die Gewinnung «Inoffizieller Mitarbeiter» der Staatssicherheit zu unterwandern und zu steuern versuchte[206], eingelassen.[207] Das geschah vielfach auf der Suche nach einem «dritten Weg zwischen Kapitalismus und Sozialismus», bei dem der Sozialismus auch bewußt als zumindest kleineres Übel, als «gerechtere» Ordnung verglichen mit dem «westlichen Kapitalismus», akzeptiert wurde. Trotzdem ist es der Kirche als einziger größerer gesellschaftlicher Organisation gelungen, einen gewissen Grad an Autonomie zu bewahren, so daß einige mutige Pastoren einen Freiraum für die Verbreitung abweichender Meinungen und schließlich sogar für die Organisation von Protesten schaffen konnten.

Opposition, Resistenz und Dissidenz

Eine teils anpassungsbereite, teils widerständige Kirche bot so ein Dach, unter dem sich in Friedens-, Umwelt-, Frauen- und Menschenrechtsgruppen eine Alternativkultur formieren konnte, die zum wesentlichen Träger der Bürgerrechtsbewegung wurde und schließlich die friedliche Revolution von 1989 auslöste.[208]

Einen Höhepunkt der klaren Opposition gegen das Regime bildete der schließlich auf Wiedervereinigung zielende Volksaufstand vom 17. 6. 1953[209] – eine traumatische Erfahrung sowohl für die Vertreter des DDR-Regimes, als auch für die erfolglos Opponierenden und für den hilflos dessen brutale Niederschlagung beobachtenden Westen. Neben der konspirativen Arbeit organisierter Widerstandsgruppen, oder dem offenen Widerspruch von Bürgerinitiativen zu einzelnen Aspekten der Politik des Regimes existierte ein breites Spektrum von individuellem Protest, demonstrativem Aufbegehren, partieller Opposition auch im Rahmen der SED, Verweigerung, mangelnder Anpassung oder Resistenz, die auf eine Begrenzung des Herrschaftsanspruches des Staates in bestimmten Bereichen abzielte.[210] Diese Resistenz[211], die durchaus mit partieller Zustimmung zum Regime verbunden sein konnte, war im allgemeinen in bestimmten lokalen, regionalen oder sozialen Milieus, in der Tradition bestimmter Institutionen, in sittlich-religiösen Normen verwurzelt oder konnte, wie der «Eigen-Sinn» der Arbeiterschaft, ein Ausdruck der Artikulation spezifischer Interessen sein. Das Regime mit seinem immer mehr ausufernden Kontrollapparat der Staatssicherheit, der viel größer als der der Gestapo im NS-Regime war[212], hat – vor allem gegenüber den Jugendlichen – oft relativ harmlose Formen mangelnder Anpassung und des Nonkonformismus überhaupt erst zur Opposition hochstilisiert und damit seine eigene Basis geschwächt.

Während es Widerstand und Resistenz auch im Nationalsozialismus gab, ist das Aufkommen und die zunehmende Bedeutung der Dissidenten eine spezifische Erscheinung der osteuropäischen Staaten und auch der DDR. Kulturorientiert statt machtorientiert, basisdemokratisch statt formell organisiert, von der Staatsmacht genau beobachtet und unterwandert, vielfach behindert, aber nicht, wie das im Nationalsozialismus der Fall gewesen wäre, brutal unterdrückt, entwickelten die sehr heterogenen Dissidentengruppen eine Art Alternativkultur zum herrschenden System, die in einer Krise politisch aktiviert werden konnte. Die Opposition, die aus dieser Subkultur erwuchs, zielte dabei nicht auf die Beseitigung, sondern auf die grundlegende Reform des bestehenden Systems und die Erweiterung der Freiräume von Individuen und Gruppen. Spezifisch für die DDR – im Gegensatz etwa zu Polen und Ungarn – war dabei, daß nationale Motive keine sichtbare Rolle für die Dissidenten spielten und die Frage der Wiedervereinigung tabuisiert wurde. Das hing mit der von den meisten Dissidenten geteilten Kritik am «westlichen Kapitalismus» in der Bundesrepublik und deren Einbindung in die NATO zusammen, war aber auch eine Konsequenz der Erfahrung des 17. Juni 1953 und der Furcht, daß die Sowjetunion notfalls militärisch gegen eine Wiedervereinigung intervenieren werde. Dann würde – so die Angst – jede Reformbewegung zerschlagen oder gar bei einer Unterstützung der Wiedervereinigung durch die Westmächte ein großer Atomkrieg ausgelöst.

Der Zusammenbruch der 1989 ökonomisch auf einen Bankrott zutreibenden DDR durch eine Kombination von inneren und äußeren Kräften – beginnend mit Gorbatschows Perestroika über den Massenexodus nach dem Westen bis zu den Massendemonstrationen und der Bildung oppositioneller Gruppen und Parteien – kann hier nicht analysiert werden. Das Gleiche gilt für die dramatischen Prozesse, die in weniger als einem Jahr nach dem Fall der Mauer und der Nichtintervention der Sowjets zugunsten des SED-Regimes vom Konzept einer reformierten, auf einem humanitären Sozialismus beruhenden DDR unter dem Druck der Bevölkerung zum Beitritt der wiedererrichteten sogenannten «neuen Bundesländer» in die Bundesrepublik führten.

IV

Ein Staat, zwei Gesellschaften. Deutschland nach der Vereinigung

Berlin ist nicht Bonn, wird aber auch nicht wieder Weimar werden. Die Republik, die sich langsam herausbildet, ist nicht nur größer als die alte Bundesrepublik, sie ist auch heterogener. Sie wird mehr soziale und politische Konflikte, mehr Reibungen zwischen unterschiedlichen Mentalitäten zu ertragen haben.

Sie trägt eine größere internationale Verantwortung, wie die deutsche Beteiligung an friedensbewahrenden internationalen Streitkräften in Bosnien bald zeigte. Auch bei der Einbeziehung der mittelosteuropäischen Staaten in die Europäische Union und in die NATO sowie bei der politischen und ökonomischen Stabilisierung der Nachfolgestaaten der Sowjetunion spielt die Bundesrepublik wegen ihrer geographischen Lage, aber auch ihrer Wirtschaftskraft eine wesentliche Rolle und wird sie auch in Zukunft behalten. Sie wird sich dabei von deutschen Interessen leiten lassen, die jedoch mit einer aktiven, konstruktiven Mitarbeit in internationalen Institutionen und der Europäischen Union und dem Verzicht auf eine isolierte Großmachtpolitik und eine Hegemonialstellung in Europa einhergehen. Das ist nicht nur eine Lehre aus den historischen Erfahrungen der letzten Jahrhunderte, sondern auch wegen unserer großen Abhängigkeit vom Export und wegen unseres Interesses an einer engen europäischen Zusammenarbeit, der Bewahrung der Freundschaft mit Frankreich und der engen Anbindung an die Vereinigten Staaten notwendig.

Das Gewicht des deutschen Beitrages zur Stabilisierung Europas und zur Lösung globaler Probleme wird dabei wesentlich davon abhängen, ob es gelingt, die langfristigen materiellen und mentalen Folgen von Mißwirtschaft und Diktatur in der Ex-DDR zu beheben, ein größeres Maß an innerer Einheit zwischen den neuen und den alten Bundesländern herzustellen und damit zu verhindern, daß auf Dauer in einem gemeinsamen Staat zwei deutlich voneinander geschiedene Gesellschaften nebeneinander existieren.

Die Ostdeutschen und die Verfassung

Mit der Vereinigung haben die neuen Bundesländer neben der Währung mit wenigen Übergangsbestimmungen den gesamten Komplex der politischen, ökonomischen und sozialen Institutionen und der sie regelnden Rechtsnormen der alten Bundesrepublik übernommen. Die Alternative zum Beitritt der inzwischen wiederbegründeten Länder der DDR zur Bundesrepublik nach Artikel 23 des Grundgesetzes – die Ausarbeitung einer neuen gemeinsamen Verfassung nach Artikel 146 – ist wegen des Zeitdrucks, unter dem die deutsche Vereinigung angesichts des erst mit der Währungsunion gestoppten Massenexodus aus der DDR und der unsicheren Lage vor allem in der Sowjetunion stand, nie wirklich ernsthaft erwogen worden. Dafür war auch die Anerkennung des Grundgesetzes als einer in vier Jahrzehnten bewährten Verfassung zu hoch.[1]

Die Ostdeutschen hätten gerne in einer neuen Verfassung oder durch Ergänzung des Grundgesetzes einige der sogenannten «sozialen Errungenschaften» der DDR, wie zum Beispiel das Recht auf Arbeit und Wohnung, verankert gesehen, meist ohne sich darüber im klaren zu sein, daß solche Rechte in einem marktwirtschaftlichen System vom Staat nicht effektiv garantiert werden können. Hätte man indes die Grundrechte auf vage Erklärungen politischer Ziele reduziert, wäre deren Charakter als Grundrechte des Einzelnen, die notfalls über das Bundesverfassungsgericht eingeklagt werden können, grundlegend verändert worden.

Die tatsächlichen Verfassungsänderungen, die, von einer Gemeinsamen Verfassungskommission von Bundestag und Bundesrat vorbereitet[2], am 27. 10. 1994 beschlossen wurden, haben ältere Verfassungsdiskussionen aufgenommen oder

Konsequenzen aus dem weitergehenden europäischen Einigungsprozeß gezogen. Das gilt insbesondere für die Einführung des Staatszieles «Schutz der natürlichen Lebensgrundlagen» (Artikel 20a), aber auch das Diskriminierungsverbot für Behinderte, die Stärkung der Selbstverwaltung der Kommunen durch die Gewährleistung der Grundlagen ihrer finanziellen Eigenverantwortung und für die bereits vorher erfolgte Verabschiedung eines Europaartikels (neuer Artikel 23), der den europäischen Integrationsprozeß mit der föderativen Struktur Deutschlands zu vereinbaren sucht. Eine spezifische Orientierung an den Interessen der neuen Bundesländer enthält am ehesten noch die bereits erwähnte neue Bestimmung in Artikel 3 über die Gleichheit vor dem Gesetz, nach der der Staat «die tatsächliche Durchsetzung der Gleichberechtigung von Frauen und Männern» fördert und «auf die Beseitigung bestehender Nachteile» hinwirkt.[3]

Die im Osten Deutschlands bestehenden Verfassungsvorstellungen lassen sich an den 1992/93 geschaffenen Verfassungen der neuen Bundesländer ablesen.[4] Die meisten weisen umfassende Grundrechts- und Staatszielkataloge auf, die aufgrund der Erfahrungen der letzten Jahrzehnte in der DDR von starkem Mißtrauen gegen den Staat geprägt sind. Die Kontrollrechte der Opposition, wie überhaupt Minderheitsrechte bei der Kontrolle der Regierung, werden betont. Typisch sind ferner starke plebiszitäre Elemente, die zum Beispiel dazu führen, daß nach den Verfassungen von Brandenburg, Sachsen und Sachsen-Anhalt Volksinitiativen bereits mit einer geringen Zahl von ein bis zwei Prozent der Wahlberechtigten realisiert werden können. Die Verfassung von Sachsen versucht zudem eine Verarbeitung der Vergangenheit, wenn sie in der Präambel ausdrücklich die «leidvollen Erfahrungen nationalsozialistischer und kommunistischer Gewaltherrschaft» erwähnt und in Artikel 117 fordert, daß das Land im Rahmen seiner Möglichkeiten dazu beiträgt, «die Ursachen individuellen und gesellschaftlichen Versagens in der Vergangenheit abzubauen, die Folgen verletzter Menschenwürde zu mindern und die Fähigkeit zu selbstbestimmter und eigenverantwortlicher Lebensgestaltung zu stärken.»[5]

Der Neuaufbau der Länder

Der Neuaufbau und Umbau politischer und gesellschaftlicher Institutionen und die Übernahme eines neuen Rechtssystems im Rahmen eines gewaltigen Transformationsprozesses ist auch durch die Unterstützung der neuen Bundesländer von seiten ihrer westdeutschen Partnerländer, etwa mit der Entsendung von Beamten und anderen Fachkräften, relativ schnell und reibungslos verlaufen. In vielen Bereichen war dieser Prozeß mit einer Ersetzung der bisherigen durch eine neue Elite verbunden. Allerdings gibt es in der Arbeitsweise der Institutionen und der Zusammensetzung der neuen Eliten oft deutliche Unterschiede zum Westen. Das zeigt sich besonders bei den Ländern und Kommunen.

Auf der Ebene der Länder, die ja neu geschaffen werden mußten, fand ein sehr weitgehender Elitenwechsel statt.[6] Von den am 14. 10. 1990 in den neuen Ländern gewählten Landtagsabgeordneten waren 77 % vor dem Fall der Mauer nicht politisch aktiv gewesen. Allerdings setzte von diesen etwa die Hälfte eine nach der «Wende» begonnene Politikerkarriere als Abgeordnete der im März 1990 gewählten Volkskammer oder als Mandatsträger in einer Kommune fort. «Altpolitiker» gab es fast nur bei der PDS, der CDU und der FDP. Von den 509 neuen Landtagsabgeordneten hatten nur fünf der sozialistischen Volkskammer der DDR vor 1989 angehört. Die meisten «Altpolitiker» waren entweder Mandatsträger in einer örtlichen Volksvertretung auf Bezirks-, Kreis- oder Gemeindeebene gewesen oder hatten exekutive Führungspositionen in einer regionalen und lokalen Verwaltung wahrgenommen. Allerdings dominierten auch unter den «Neupolitikern» in der CDU, FDP und besonders in der PDS, in der nur etwa 10 % der Landtagsabgeordneten nicht vorher der SED angehört hatten, die Abgeordneten, die vorher Mitglied einer der Blockparteien gewesen waren, ohne jedoch in dieser politische Karriere gemacht zu haben. Insbesondere in der CDU-Fraktion ist es zunächst zu Dissonanzen zwischen den sogenannten «Blockflöten» und den neuen Parteimitgliedern gekommen.

Unter den im Oktober 1990 gewählten Landesparlamentariern dominierten eindeutig Abgeordnete, mit einem Ausbildungs- und Berufsprofil als Ingenieure, Techniker, Mediziner und Naturwissenschaftler. Damit unterschieden sich die ostdeutschen Landtage von westdeutschen Parlamenten, in denen Juristen und Personen, die aus einer Verwaltungskarriere kommen, besonders stark vertreten sind.

Sie unterschieden sich aber auch von den Regierungen und der Ministerialbürokratie der neuen Länder. Während von den Abgeordneten nur 2,4 % aus Westdeutschland stammten, kam ein Drittel der Ministerpräsidenten und Minister in der ersten Wahlperiode 1990–1994 und ein offenbar noch höherer Anteil der leitenden Ministerialbeamten, besonders der Staatssekretäre und Abteilungsleiter, aus Westdeutschland. In Sachsen und Brandenburg, für die es genauere Untersuchungen über drei Ministerien 1991 gibt, waren von den Abteilungs- und Referatsleitern im Innenministerium, in dem die juristische Kompetenz für besonders wichtig angesehen wurde, 78,8 %, im Umweltministerium 47,6 % und im Sozialministerium 45,1 % Westdeutsche.[7]

Im Verwaltungsaufbau unterhalb der Landesebene verzichteten – im Unterschied zu fast allen westdeutschen Ländern und zum Teil gegen deren Rat – Brandenburg, Thüringen und Mecklenburg-Vorpommern, im Gegensatz zu Sachsen und zu der zunächst allerdings unter Vorbehalt stehenden Regelung in Sachsen-Anhalt, auf eine behördliche Mittelinstanz – die Regierungsbezirke. Das hing vor allem mit den sehr schlechten Erfahrungen zusammen, die man mit den von der SED dominierten Bezirken der DDR gemacht hatte.[8]

Kommunalverfassung und Kommunalverwaltung

Auf der Ebene der Landkreise und Gemeinden hatte bereits die Volkskammer der DDR am 17. 5. 1990 eine neue Kommunalverfassung geschaffen[9], die an westdeutsche Vorbilder, aber auch an ältere deutsche Selbstverwaltungstraditionen vor der NS-Zeit anknüpfte; die Betonung basisdemokratischer und partizipatorischer Elemente, wie Bürgerantrag, Bürgerentscheid und Bürgerbegehren, nahm zudem die Ideen der friedlichen Revolution von 1989 auf. Diese Elemente blieben auch in den neuen Kommunalverfassungen[10], die sich die ostdeutschen Länder 1993/94 gaben, erhalten. Sie wurden zudem durch die Direktwahl der Bürgermeister, die sich auch in den westlichen Bundesländern nach dem Vorbild der Länder der amerikanischen Zone mehr und mehr durchgesetzt hatte, und durch Regelungen zur Abwahl von Bürgermeistern über Bürgerbegehren in Brandenburg und Sachsen ergänzt. Die bewußt gesuchte Nähe zu den Bürgern zeigt sich auch darin, daß man auf eine aus finanziellen Gründen durchaus wünschenswerte Zusammenfassung verschiedener Gemeinden durch eine Gemeindegebietsreform auf dem Wege der Gesetzgebung verzichtete, da man darin eine Beschränkung lokaler Demokratie und Selbstverwaltung sah.

Auch in den Kommunen setzten sich neue Eliten durch.[11] Etwa drei Viertel der in den Kommunalwahlen vom 6. Mai 1990 gewählten Volksvertreter waren «Neupolitiker» und selbst in der CDU und PDS bildeten diese unter den kommunalen Abgeordneten die Mehrheit. Vor allem wegen der drastischen Reduzierung der Zahl der Landkreise und der Mitglieder der Kommunalvertretungen, aber auch wegen der Gewinne der PDS fand mit den zweiten Kommunalwahlen am 5. 12. 1993 in Brandenburg und am 12. 6. 1994 in den vier anderen neuen Bundesländern[12] ein weiterer, allerdings weniger einschneidender Wechsel von Eliten statt. Trotz der reduzierten Zahl der Kommunalvertreter entfielen fast 60 % der Mandate in den kreisfreien Städten und Landkreisen auf Abgeordnete, die nicht Mitglieder der Kommunalvertretungen der ersten Wahlperiode gewesen waren. Der Anteil der «Altpolitiker» stieg auf etwa ein Drittel. Unter den PDS-Abgeordneten machten sie nun etwa die Hälfte, unter den CDU-Abgeordneten 30 % aus.

Wie bei den Landtagsabgeordneten stellten in den ostdeutschen Städten mit 25 000 bis 250 000 Einwohnern – im Unterschied zu westdeutschen Städten – Mitte 1995 Personen mit einem technischen, naturwissenschaftlichen oder medizinischen Ausbildungsprofil über 70 % der Kommunalvertreter, während unter 10 % – im Vergleich zu fast 40 % in westdeutschen Städten – ein juristisches, verwaltungs- oder wirtschaftsbezogenes Ausbildungsprofil hatten.[13]

Ebenso weitgehend war der Elitenaustausch an der Spitze der Kommunalverwaltungen.[14] Von den etwa 4000 Räten der 26 kreisfreien Städte und der 191 Landkreise – der kommunalpolitischen Machtelite des SED-Regimes – wurde etwa ein Drittel oft in niedrigeren Positionen weiter beschäftigt. Besonders gute Chancen hatten Angehörige der Blockpartei CDU und Räte, die in eher politikfernen Bereichen wie Umwelt, Energie, Bau- und Wohnungswesen beschäftigt gewesen waren. In den kreisangehörigen Städten und Gemeinden lag der Anteil der weiterbeschäftigten Räte deutlich höher. Auch unter den Bürgermeistern und Landräten, die in großen Städten und Landkreisen, nicht aber in kleinen ländlichen Gemeinden, fast vollständig ausgewechselt wurden, überwogen eindeutig die «Neupolitiker». Sie haben sich offenbar überwiegend in der Praxis bewährt, da 1993/94 über 55 % der Landräte und (Ober-) Bürgermeister der kreisfreien Städte wiedergewählt wurden.

Bei den administrativen Führungspositionen der Beigeordneten/Dezernenten und der mittleren Leitungsebene der Amtsleiter dominieren – wie bei den Landtagsabgeordneten und den Kommunalvertretern – in den größeren ostdeutschen Städten mit 25 000 bis 250 000 Einwohnern Personen mit einem technischen, naturwissenschaftlichen und medizinischen Ausbildungsprofil mit 68 % bzw. 64 %; Führungskräfte mit einem juristischen, verwaltungs- und wirtschaftsbezogenen Ausbildungsprofil sind dagegen mit 14 % bei den Beigeordneten/Dezernenten bzw. 20 % bei den Amtsleitern vor allem im Vergleich zu westdeutschen Städten (57 % bei Beigeordneten/Dezernenten, 71 % bei Amtsleitern) relativ schwach vertreten. Natürlich ist dieser Unterschied vor allem dadurch zu erklären, daß juristische Fachleute im alten System der DDR mit der Übernahme der Rechtsordnung der Bundesrepublik ihre Qualifikation weitgehend verloren haben und Verwaltungserfahrungen unter dem alten Regime nach dem Umbruch keine Empfehlung waren. Westdeutsche stellen auf den beiden Leitungsebenen der Beigeordneten/Dezernenten und der Amtsleiter etwa 15 % des Personals und sind überwiegend in Verwaltungsstellen beschäftigt, die besondere juristische Fachkenntnisse erfordern.[15]

Nur detaillierte Fallstudien über einzelne Städte und Landkreise[16] können klären, ob sich aufgrund der unterschiedlichen sozialen Zusammensetzung der kommunalpolitischen Eliten in Ostdeutschland auch ein anderer Stil der Kommunalpolitik und Kommunalverwaltung als in Westdeutschland herausgebildet hat. Aufgrund der Unsicherheit bei der Anwendung des neuen Rechts ergaben sich Schwierigkeiten, die die Tendenz zum Ausweichen vor verantwortlichen Entscheidungen einzelner bestärkten. Auch der von der vorangegangenen sozialistischen Kaderverwaltung völlig vernachlässigte Aufbau der bürotechnischen Grundlagen einer leistungsfähigen Verwaltung, einschließlich ihrer EDV-Ausstattung, sowie das Problem, die notwendige Fort- und Weiterbildung der Verwaltungsangestellten mit der Aufrechterhaltung der laufenden Geschäfte zu vereinbaren, erwiesen sich als Hindernisse. Die starke Rolle von Verwaltungsneulingen mit einem anderen Berufsprofil in Ostdeutschland gegenüber dem in der Verwaltungspraxis vorgebildeten, im höheren Dienst vom Juristenmonopol bestimmten kommunalpolitischen Leitungspersonal in Westdeutschland bot aber auch neue, offenbar in einigen ostdeutschen Kommunen genutzte Chancen. So konnte man versuchen, die Tendenz zur Abschottung der Verwaltung von Wirtschaft und Wissenschaft zu überwinden und das Verwaltungshandeln weniger an einem starren bürokratischen Legalismus als an Erfahrungen der Praxis und der pragmatischen Lösung konkreter Aufgaben auszurichten.[17]

Eine der schwierigsten Aufgaben war der Abbau des in der DDR-Zeit stark aufgeblähten Staatsapparates. Das ist trotz des im Einigungsvertrag vorgesehenen und bis Ende 1993 verlängerten ordentlichen Sonderkündigungsrechts wegen mangelnden Bedarfs oder wegen mangelnder Qualifikation und trotz des außerordentlichen Kündigungsrechts, vor allem wegen Stasi-Mitarbeit, nur teilweise gelungen. Die Länder und vor allem die Kommunen, die im großen Umfang das Personal betrieblicher Einrichtungen aus dem Gesundheits-, Sozial- und Freizeitsektor übernommen hatten, sträubten sich unter dem Druck ihrer Personalräte und aus Furcht vor arbeitsrechtlichen Prozessen gegen betriebsbedingte Kündigungen. Das Personal der Gemeinden lag so trotz eines Abbaus von knapp 200 000 Stellen noch 1994 mit 30,7 Beschäftigten pro 1000 Einwohner um etwa 50 % über dem Durchschnitt westdeutscher Gemeinden (20,2 %).[18]

Die Transformation des Rechtswesens und die Auflösung des diplomatischen Dienstes und der Nationalen Volksarmee der DDR

Im Rechtswesen stand man zunächst vor dem Problem der Auswechslung besonders belasteter Richter und Staatsanwälte, bei dem in den neuen Bundesländern mit unterschiedlicher Schärfe vorgegangen wurde.[19] Während in Ostberlin fast das gesamte Personal ausgetauscht wurde, prüfte man in den anderen Ländern jeden einzelnen Fall. Als Resultat wurden trotz der Mitgliedschaft fast aller Richter und Staatsanwälte in der SED zwischen 26,1 % (Mecklenburg-Vorpommern) und 55,4 % (Brandenburg) der Staatsanwälte und zwischen 39,7 % (Mecklenburg-Vorpommern) und 48,7 % (Sachsen) der Richter übernommen, wobei Bewerber aus dem Zivil- und besonders dem Familienrecht die besten Chancen hatten. Der Anteil ehemaliger DDR-Richter und Staatsanwälte war jedoch bereits zum 1. 1. 1995 wegen des starken Ausbaus des Rechtswesens nach der Vereinigung mit 33,4 % bei den Staatsanwälten und 18,2 % bei den Richtern viel geringer.[20]

Besonders die Arbeits-, Sozial- und Verwaltungsgerichtsbarkeit mußten faktisch aus dem Nichts heraus neu geschaffen werden. In der Arbeitsgerichtsbarkeit, die wegen des Rechtsstreits über die massenhaft ausgesprochenen Kündigungen besonders belastet war, ist es zunächst zu erheblichen Engpässen gekommen, die nur durch den Einsatz von zeitweise bis zu 78 Arbeitsrichtern aus den alten Bundesländern überwunden werden konnten.[21] Auch die Möglichkeiten des Verwaltungs- und

Sozialrechts sind von den neuen Bundesbürgern zunehmend in Anspruch genommen worden.[22] Während sich im Rechtswesen Teile der funktionalen Eliten der DDR trotz ihrer einseitigen politisch-ideologischen Ausrichtung halten konnten, sind die Angehörigen des diplomatischen Dienstes der DDR, wenn man von einigen Dolmetschern absieht, vollständig entlassen worden und auch von den Berufssoldaten der Nationalen Volksarmee wurden keine Generäle, nur 3027 Offiziere und 7639 Unteroffiziere in die in ihrem Personalbestand reduzierte Bundeswehr übernommen.[23]

Der Umbau des Bildungswesens und der Forschung

Das zentralistische Schulwesen der DDR veränderte sich durch die Einführung der föderalistischen Struktur des Bildungswesens der Bundesrepublik und die Ablösung der sozialistischen Einheitsschule, die einem Nebeneinander von verschiedenen Schularten wich. Es blieben jedoch wesentliche Unterschiede: etwa in der Festlegung einer zehn- statt neunjährigen Vollzeitschulpflicht in Brandenburg, der acht- statt neunjährigen Dauer der Gymnasialausbildung bis zum Abitur und damit zur Erlangung der Hochschulreife in den neuen Bundesländern außer Brandenburg, vor allem jedoch in der Schulstruktur und den Schularten.[24] So wurde in den neuen Ländern bis auf Mecklenburg-Vorpommern auf eine eigenständige Hauptschule verzichtet. Entscheidend wird jedoch sein, ob es gelingt, mit den ganz überwiegend übernommenen, bis zur «Wende» an sozialistischen Bildungsidealen ausgerichteten Lehrern, die aber wegen der Überbesetzung des Lehrkörpers und der zurückgehenden Kinderzahl nur langsam durch nach 1990 ausgebildete Lehrer ersetzt werden können, die neuen Bildungsideale einer demokratisch-pluralistischen Gesellschaft und einer europäisch ausgerichteten Allgemeinbildung zu vermitteln.

Die Universitäten und Hochschulen der früheren DDR und einige der Fakultäten und Fachdisziplinen wurden einem Prozeß der Evaluation und Neuordnung unterzogen, bei dem aufgrund eines Auftrages in Artikel 38 des Einigungsvertrages der

Wissenschaftsrat eine wesentliche Rolle spielte.[25] Während die besonders eng mit dem SED-Regime verbundenen Einrichtungen «abgewickelt» wurden, konnte das neu entstehende föderalistisch geprägte Hochschulsystem weitgehend auf die vorhandenen Einrichtungen aufbauen. In Erfurt und in Frankfurt/Oder wurden neue Universitäten mit einer betont europäischen Ausrichtung geschaffen. Eine Neuentwicklung war die auf eine Empfehlung des Wissenschaftsrates[26] zurückgehende Errichtung von 28 allgemeinen Fachhochschulen an 35 Standorten[27], die meist auf bisherige Fachschulen oder ehemalige Ingenieurhochschulen – ihrerseits am Ende der 1980er Jahre zu Technischen Universitäten umgewandelt – aufbauen konnten und bereits 1994/95 knapp 40 000 Studenten hatten. Die Fachhochschulen sollen vor allem dem großen Bedarf an einer anwendungsorientierten Forschung und Lehre und einer berufsbezogenen, aber wissenschaftlich angeleiteten Ausbildung entsprechen.[28]

In den Universitäten war wegen der einseitigen Ausrichtung der Fächer am Marxismus/Leninismus und an den Erfordernissen des SED-Regimes ein völliger Neuaufbau der Rechtswissenschaften, der Wirtschaftswissenschaften und großer Teile der Sozialwissenschaften notwendig. Aber auch Fächer wie die Politikwissenschaft, die Philosophie, die Erziehungswissenschaften und die Neuere Geschichte mußten vor allem mit Hochschullehrern aus den alten Bundesländern neu aufgebaut oder umfassend reformiert werden. Diese personelle Erneuerung der Hochschulen ebenso wie der Bau neuer und die Sanierung alter Einrichtungen, die verbesserte Ausstattung der Hochschulen mit wissenschaftlichen Großgeräten und Computern sowie die Aufstockung des Bücherbestandes ihrer Bibliotheken wurden mit erheblichen Mitteln des Bundes unterstützt.

Die Erneuerungsabsichten zielten nicht nur auf die Beseitigung der einseitigen ideologischen Ausrichtung und politischen Gängelung der Universitäten durch die Stärkung ihrer Autonomie und Selbstverwaltung und die Garantie der Freiheit von Forschung und Lehre. Vielmehr ging es auch darum, die durch die Verdrängung der Forschung in die Akademien in vielen Fächern ausgetrocknete Hochschulforschung neu zu beleben. Dieses Ziel wurde, wie die Errichtung von Sonderforschungseinrichtungen und Graduiertenkollegs an vielen Hochschulen im Osten zeigt[29], weitgehend erreicht. Daneben war auch die Vermehrung des Angebots an Studienplätzen beabsichtigt. Der Anteil der Studienanfänger der entsprechenden Altersjahrgänge lag in der DDR 1989 nur bei etwa der Hälfte des Anteils in der Bundesrepublik[30], so daß das Potential an Begabungen, zumal bei der Auslese der Studenten die politische Loyalität eine wesentliche Rolle gespielt hatte, bis 1989/90 nicht annähernd ausgeschöpft wurde. Die Zahl der Studenten ist inzwischen um etwa 60 % von 131 000 auf über 208 000 im Jahre 1997 angestiegen. Noch immer liegt aber der Anteil der Studienanfänger an einem Jahrgang mit 24 % deutlich unter dem in den alten Bundesländern (32 %). Trotz des erheblichen Abbaus des aufgeblähten Personalbestandes der DDR-Hochschulen in den neuen Bundesländern ist das Verhältnis von Lehrenden zu Studenten mit 8:1 sehr viel günstiger als in den alten Bundesländern (16:1)[31] und die wissenschaftliche Betreuung der Studenten daher intensiver als in den seit Jahrzehnten in ihrer Mehrheit völlig überlasteten Universitäten in Westdeutschland.

Die außeruniversitäre Forschung der DDR wurde durch die Abwicklung der Akademien mit ihren über 30 000 Beschäftigten – darunter 14 000 Wissenschaftlern – und der dem Zentralkomitee der SED unterstellten gesellschaftswissenschaftlichen Großinstitute sowie durch die Auflösung der großen Kombinate als Hauptträger der Industrieforschung von Grund auf verändert.[32] Hinzu kam die Ausrichtung der Forschung nach den zentralen Grundsätzen der bundesdeutschen Forschung: Autonomie, Selbstverwaltung und Subsidiarität der außeruniversitären Forschung gegenüber der in der DDR stark vernachlässigten Hochschulforschung. An die Stelle der zentralistischen Planung der Forschung trat das Zusammenwirken verschiedener autonomer Forschungsinstitutionen mit den Wissenschaftsministerien der Länder und dem Bundesministerium für Forschung und Technologie. Ein Teil des wissenschaftlichen und sonstigen Personals konnte in drei neu gegründeten Großforschungseinrichtungen, in Instituten und Außenstellen der Max-Planck-Gesellschaft, in Instituten der Fraunhofer-Gesellschaft, in neuen Forschungseinrichtungen der sogenannten Blauen Liste, in Bundes- und Landeseinrichtungen mit Forschungs- und Entwicklungsaufgaben und in sieben geisteswissenschaftlichen Forschungszentren sowie in Unternehmen der Privatwirtschaft aufgefangen werden. Angesichts des Kampfes um das wirtschaftliche Überleben, der zum Abbau von Forschungskapazität führte, erlitt jedoch vor allem die Industrieforschung einen tiefen Einbruch.[33] Trotz erheblicher finanzieller Unterstützung der ostdeutschen Industrieforschung durch den Bund ist der Anteil der neuen Länder an Forschung und Entwicklung Gesamtdeutschlands noch immer relativ gering. So kamen Anfang 1998 nur rund 2 % der forschungsintensiven deutschen Exporte aus den neuen Ländern.[34]

Die Kirchen

In ihrer äußeren Verfassung sind die Kirchen vom Prozeß der Transformation von allen großen Institutionen der DDR wohl am wenigsten erfaßt worden. Während die katholische Kirche in der DDR ihren traditionellen Charakter weitgehend erhalten konnte und sich nie ganz aus der gesamtdeutschen Kirchenorganisation löste, trat die evangelische Kirche unter Auflösung des Bundes der Evangelischen Kirchen der DDR erst am 27. 6. 1991 wieder dem Rat der Evangelischen Kirche Deutschlands (EKD) bei. Das Sekretariat des Kirchenbundes ging dabei in der Außenstelle des Kirchenamtes der EKD in Berlin auf.[35] Einige der Kirchenführer, die sich besonders intensiv mit dem SED-Regime eingelassen hatten, wurden in den Hintergrund gedrängt. Das Personal der Kirche blieb aber – im Gegensatz zu den Betrieben der Wirtschaft, der Verwaltung und den anderen Institutionen des Landes – trotz des langfristig geplanten Abbaus von Pfarrstellen zunächst ohne wesentliche Einbußen erhalten.

In ihrer inneren Situation wurde jedoch die evangelische

Kirche von einer Debatte erschüttert, die die Stasiverfilzung nicht weniger ihrer Mitarbeiter und den weit verbreiteten Opportunismus in den Reihen der Kirchenführungen, aber auch vieler Pfarrer gegenüber dem SED-Regime thematisierte. Dazu kamen Auseinandersetzungen über das Verhältnis zum neuen Staat der Bundesrepublik, die sich etwa an den Fragen der Mitwirkung in der Militärseelsorge[36], der Entsendung von Religionslehrern an die staatlichen Schulen und der Einziehung der Kirchensteuern durch den Staat entzündeten.

Vor allem aber waren die Kirchen enttäuscht, daß das starke Engagement überzeugter Protestanten im Vorfeld des Umbruchs in kirchlichen Basisgruppen und die bedeutende Rolle von evangelischen Pfarrern an den Runden Tischen, in den neugebildeten Parteien und als Minister der Landesregierungen nicht in einen kirchlichen Aufbruch mündete und die Kirche nicht zu *der* richtungweisenden moralischen Instanz der neuen Bundesländer wurde. Die Restauration der evangelischen Kirche erfolgte in Anlehnung an das westdeutsche Vorbild. So übernahm man das an Beamtenbezügen orientierte, von Zuschüssen aus den westdeutschen Landeskirchen abhängige Besoldungssystem an Stelle einer direkten Bezahlung der Pfarrer durch die Gemeinden.

Nach dem Verlust ihrer Sonderstellung fanden es die Kirchen im Osten Deutschlands schwer, sich auf das neue pluralistische Umfeld einzustellen und in einer wirklich überzeugenden Missionsarbeit die Menschen im Osten für den Glauben und die Kirchen zurückzugewinnen. Statt des zunächst erwarteten starken Zustroms neuer Mitglieder ging die ohnehin geringe Mitgliederzahl der evangelischen Kirchen zwischen 1991 und 1994 von 4,2 auf 3,6 Millionen um ein Siebtel zurück.[37] Nur in wenigen Gebieten, wie dem pietistisch geprägten Erzgebirge, hat sich der Protestantismus als kulturelle Kraft erhalten; insbesondere in den großen Städten, in denen oft weniger als 15 % der Bevölkerung der Kirche angehören, ist er trotz der Versuche der Kirche, sich verstärkt der sozialen Anliegen der Menschen in der früheren DDR anzunehmen, weitgehend obsolet geworden. Obwohl auch im Westen Deutschlands die Bindung der Menschen an die Kirchen abnimmt, besteht in der

Haltung zur Kirche und zum Glauben – nur 28 % der Westdeutschen, aber 70 % der Ostdeutschen erklären, niemals zu beten[38] – ein wesentlicher Unterschied zwischen dem Westen und dem Osten des vereinigten Deutschlands.

Die Massenmedien

In der Medienlandschaft – vor allem den Printmedien – gab es im Osten Deutschlands ebenfalls erhebliche Kontinuitäten zwischen der Zeit vor und nach der «Wende».[39]

Der zentralistische, eng von der SED gesteuerte und kontrollierte Rundfunk sowie das Fernsehen hatten sich in der DDR-Zeit nur schwer gegenüber dem attraktiveren Angebot aus dem Westen, das mehr und mehr das Bild der Bundesrepublik in der DDR bestimmte, behaupten können. Nach der «Wende» erfolgte zunächst eine Ersetzung der Leitungskader durch einen Prozeß der Selbstreinigung. Nach der Einigung wurde die föderale Struktur des öffentlich-rechtlichen Rundfunks auch auf Ostdeutschland übertragen. Sachsen, Sachsen-Anhalt und Thüringen schufen den Mitteldeutschen Rundfunk, während das Land Brandenburg mit dem Ostdeutschen Rundfunk Brandenburg einen eigenen Sender gründete und Mecklenburg-Vorpommern sich dem Norddeutschen Rundfunk anschloß. Der Sender Freies Berlin dehnte sein Sendegebiet auf den Ostteil der Stadt aus.

Schon vor der Bildung der neuen Sender war es zum Abbau des viel zu hohen Personalbestandes und zu einer Überprüfung der politischen Vergangenheit der Mitarbeiter durch eine Kontrollkommission gekommen. Insbesondere beim Mitteldeutschen Rundfunk sind die Führungspositionen zunächst fast ausschließlich mit Westdeutschen besetzt worden. Das wurde, wie auch der große Einfluß der Parteien und der Länderregierungen auf den Aufbau der neuen Sender, scharf kritisiert.[40] Die Zulassung privater Anstalten mit speziellen Programmen für die einzelnen Bundesländer seit 1992 hat schließlich für einen etwas größeren Pluralismus gesorgt.

In der Struktur des Zeitungswesens kam es zu relativ wenigen Änderungen. Die Anfangsphase des Transformationsprozesses führte zu einem Elitenwechsel bei den Chefredakteuren der den Zeitungsmarkt dominierenden SED-Zeitungen. Sodann zeigten sich Tendenzen zu einer Fragmentierung des Zeitungsmarktes, da etwa 30 Tages- und Wochenzeitungen von der Bürgerbewegung und etwa 60 neue Tageszeitungen von kleineren und mittleren westdeutschen Verlagen gegründet wurden. Diese Neugründungen haben sich jedoch mit wenigen Ausnahmen nicht behaupten können. Die ehemaligen 15 Bezirksorgane der SED, die im Zuge der Privatisierung mit ihren Druckereien von westdeutschen Großverlagen aufgekauft wurden und in den Chefredaktionen einen Elitenwechsel erlebten, dominieren nun mit über 70 % der Gesamtauflage (1995) die Tagespresse.[41] Kennzeichnend für das Pressewesen der ostdeutschen Länder ist, daß es unterhalb der Ebene der Chefredakteure keinen größeren Personalaustausch gegeben hat, daß die Versuche westdeutscher überregionaler Zeitungen, aber auch Westberliner Zeitungen sich auf Ostdeutschland und Ostberlin auszudehnen, weitgehend erfolglos waren, wie umgekehrt ostdeutsche Zeitungen in Westdeutschland und Westberlin bis heute so gut wie keine Leser finden. Neben dem hohen Grad der Konzentration und der im Vergleich zum Westen geringen Pluralität des Pressewesens im Osten, sorgt die starke personelle Kontinuität – insbesondere bei den Nachfolgezeitungen der SED-Bezirkspresse – sowie die weitgehende Abschottung von westlichen Zeitungen dafür, daß die Unterschiede in der Sozialisation und häufig damit auch in den Mentalitäten zwischen Ost- und Westdeutschen nach der Vereinigung nicht abgebaut, sondern eher bewahrt und verstärkt werden.

Eliten in Ost- und Westdeutschland im Vergleich

Das Ausmaß der Transformation der ostdeutschen Eliten nach der «Wende», die Rolle der Ostdeutschen in den gesamtdeutschen Eliten der verschiedenen Bereiche von Politik, Staat, Wirtschaft und Gesellschaft nach der Vereinigung sowie die Gemeinsamkeiten und Unterschiede zwischen den Eliten der alten und neuen Bundesländer sind für 1995 in einer großangelegten Potsdamer Studie über Rekrutierung und Integration der Eliten in Deutschland systematisch untersucht worden.[42] Dabei wurde der Begriff der Eliten auf Spitzenstellungen in den jeweiligen Bereichen, insgesamt ein Kreis von knapp 4000 Personen, von denen 2341 (59,4 %) interviewt wurden, sehr eng eingeschränkt.

Die Ostdeutschen waren mit einem Anteil unter den Eliten von knapp 12 % bei einem Bevölkerungsanteil von etwa 20 % unterrepräsentiert.[43] Da aber immerhin 60 % der 402 Elitenpositionen in den neuen Bundesländern von Ostdeutschen besetzt waren, ist der oft erhobene Vorwurf der personellen Kolonisierung des Ostens durch westliche Eliten insgesamt nicht aufrechtzuerhalten. In manchen Bereichen wie der Wirtschaft – fast alle großen Unternehmen haben ihren Hauptsitz und damit ihren Vorstand im Westen –, den obersten Spitzen der Verwaltung (von den Staatssekretären bis zu den Unterabteilungsleitern in den Bundesministerien, den Staatssekretären und Regierungspräsidenten in den Ländern), der Generalität im Militär und den Spitzen der Justiz waren Ostdeutsche aber gar nicht oder nur minimal vertreten. Am stärksten waren sie mit 32,1 % in der politischen Elite, zu der unter anderem die Spitzen der Fraktionen der Landtage und Parteien der Länder gerechnet wurden, repräsentiert. Bei den Gewerkschaften, den Massenmedien und im Bereich der Kultur entsprach der Anteil Ostdeutscher mit ca. 12 % ihrem Anteil an allen untersuchten Eliten.

Die neue ostdeutsche Elite nach der Vereinigung unterschied sich grundlegend von der alten Elite in der Endphase der DDR. Der Frauenanteil lag nun bei 30 % statt 5 %, das Durchschnittsalter bei 47 statt 62 Jahren. Nur 12 % der Leitungskader der DDR hatte überhaupt einen Hochschulabschluß gehabt, der zudem meist auf einer SED-Parteihochschule oder einen besonderen Akademie, nicht aber an einer regulären Universität erworben worden war. Innerhalb der neuen Eliten hatten 215 von 270, das heißt fast 80 % – im Vergleich zu 77 % in Westdeutschland –, einen akademischen Abschluß, der mit wenigen Ausnahmen an einer regulären Hochschule erworben wurde.[44] Politisch hatten 28 % der neuen Eliten der SED, 17,5 % den anderen Blockparteien angehört, während 30,3 % als parteipolitisch ungebunden und 24,2 % als DDR-Oppositionelle eingestuft wurden. Kennzeichnend ist aber, daß die weit überwiegende Mehrheit der Parteimitglieder (90 von 122) unter diesen herausgehobenen Eliten keine parteipolitische Funktion auch nur auf lokaler Ebene ausgeübt hatte, die alten Kader also – wenn man von wenigen Funktionären der PDS und der anderen Blockparteien absieht – so gut wie völlig ersetzt wurden.[45]

Sehr kennzeichnend ist auch das unterschiedliche soziale Profil der gegenwärtigen ost- und westdeutschen Eliten. Eine Konsequenz des Umbruchs war, daß die neuen Angehörigen der ostdeutschen politischen Elite bei ihrem Parteieintritt mit 39 Jahren wesentlich älter waren als ihre westdeutschen Mitstreiter und Konkurrenten, daß sie dann aber schneller politische Karriere machten, daß sie sehr viel häufiger vor dem Eintritt in die Politik eine abgeschlossene Berufsausbildung hatten und die Politik viel seltener als erste Tätigkeit nannten.[46] Auffällig und damit die bereits erwähnten Ergebnisse der Studien über die natürlich sehr viel niedriger einzustufenden landes- und kommunalpolitischen Eliten bestätigend ist der hohe Anteil der Absolventen eines naturwissenschaftlichen und technischen Studiums. Diese stellten im Osten 45 %, im Westen nur 16 % der Akademiker im Durchschnitt der Eliten aller Bereiche. Dagegen überwogen im Westen die «Staatswissenschaftler» – fast ausschließlich Juristen – mit 39 %, gefolgt von den knapp 20 % Wirtschaftswissenschaftlern, die im Osten nur minimal (1,9 % Staatswissenschaftler) oder sehr viel schwächer (7,6 % Wirtschaftswissenschaftler) vertreten waren.[47] Kennzeichnend ist auch der mit 8,1 % im Osten hohe Anteil der Theologen (Westen: 2,1 %), die sogar 23 % der ostdeutschen Regierungsmitglieder stellten.[48]

Angesichts der starken Unterschiede in der Sozialisation und dem Ausbildungs- und Berufsprofil sowie des noch zu erörternden unterschiedlichen Staatsverständnisses ist es bemerkenswert, daß mit Ausnahme der PDS, die 1995 eher eine Randstellung im politischen System einnahm, die Eliten aus dem Osten in die Netzwerke und Kommunikationssysteme innerhalb und zwischen den Eliten der verschiedenen Sektoren voll eingebunden waren[49] und sogar noch seltener als westdeutsche Eliten den Vorwurf mangelnder Kooperation in der Führungsschicht erhoben.[50]

Auf den oberen Funktionsebenen von Politik und Gesellschaft kann man also – wenn man von der PDS absieht – nicht von Ausschließung und mangelnder Integration der ostdeutschen Eliten sprechen. Angesichts ihrer wichtigen Aufgabe bei der Vermittlung der Werte der westlichen Demokratie und der Marktwirtschaft an die Bevölkerung in Ostdeutschland wäre es daher sehr wünschenswert, wenn ihre Unterrepräsentation insgesamt und vor allem in einigen wichtigen Bereichen der Gesellschaft bald beendet würde.

Die ostdeutsche Wirtschaft

Im Bereich der Wirtschaft fand der schwierigste und in seiner Bedeutung folgenreichste Transformationsprozeß statt. Die Probleme, die mit der Umstellung auf eine neue Währung und mit dem Übergang von der zentralistischen, weitgehend auf Staatsbetrieben in der Industrie und Zwangsgenossenschaften in Landwirtschaft und Handwerk bestehenden Planwirtschaft der DDR zu einer kapitalistischen, überwiegend auf dem Privateigentum an den Unternehmen beruhenden Marktwirtschaft verbunden waren, sind offensichtlich nicht nur im Osten, sondern auch im Westen der Bundesrepublik erheblich unterschätzt worden. Mit der Übernahme der DM – der ursprünglichen Hauptforderung vieler Menschen im Osten – und der Umstellung von Löhnen und Gehältern im Verhältnis 1:1 wurde die Wirtschaft in den neuen Bundesländern gleichsam zu einem «Kaltstart»[51] gezwungen und konnte nicht, wie die Wirtschaft in Polen, Ungarn oder Tschechien, ihre Wettbewerbsfähigkeit durch niedrige Wechselkurse und um den Preis niedriger Löhne behaupten oder neu gewinnen.

Die Umstellung der Währung entsprach nach dem geheimgehaltenen Umrechnungskurs der DDR für Exporterlöse von

4,4:1 einer abrupten Aufwertung von 340 %.[52] In den dreieinhalb Jahren nach der Währungsreform vom 1. Juli 1990 bis Ende 1993 ist auch die tarifliche Grundentlohnung von ca. 35 % auf 80 % der Westlöhne angestiegen und lag – nach einer Verlangsamung des Aufholprozesses – Ende 1997 bei 89,5 %.[53] Obwohl der Unterschied in den effektiven Verdiensten größer ist, da in den neuen Bundesländern für weniger Unternehmen Tarifbindung besteht und im Westen vielfach Zusatzleistungen wie Urlaubsgeld, dreizehntes Monatseinkommen und vermögenswirksame Leistungen vereinbart werden wie auch viel mehr Arbeitnehmer eine übertarifliche Bezahlung erhalten, ist doch die Lohnentwicklung der Entwicklung der Produktivität weit vorangegangen. Während die Effektivlöhne 1997 bei 77,2 % des westdeutschen Niveaus lagen, konnte die Produktivität von 1991 bis 1997 im Durchschnitt nur von 30 % auf 60,4 % gesteigert werden[54], wobei es erhebliche Unterschiede zwischen den einzelnen Gewerbezweigen gibt.[55] Auch im Frühjahr 1998 liegen die Lohnstückkosten, also die Lohnkosten für die Herstellung eines Produkts, noch um durchschnittlich 23 % über dem westdeutschen Niveau[56] und beeinträchtigen damit die Wettbewerbschancen der ostdeutschen Wirtschaft.

Es war eine Illusion anzunehmen, daß Löhne und Gehälter im Osten nur im Gleichschritt mit der Zunahme der Produktivität steigen würden. Dagegen sprachen der Grundsatz des gleichen Lohns für gleiche Arbeit, das Eintreten der Gewerkschaften für ihre neuen Mitglieder im Osten, die Möglichkeit der Abwanderung insbesondere von Fachkräften nach dem Westen, aber auch ein elementares Gefühl sozialer Gerechtigkeit. Es ist so zum Beispiel kaum möglich einem Orchestermusiker in der Staatsoper Unter den Linden in Berlin, einem Polizisten oder einer Krankenschwester in Ostberlin, die dieselbe Arbeit leisten wie ihre Westberliner Kolleginnen und Kollegen, zu erklären, daß sie dafür erheblich weniger Geld erhalten sollen.

Die wirtschaftliche Situation wurde durch den weitgehenden Zusammenbruch der Märkte im Osten, vor allem der der Sowjetunion, auf die man zunächst große Hoffnungen gesetzt hatte, erschwert. Hinzu kamen die mit der Produktionsorientierung der DDR-Industrie zusammenhängenden Defizite in der Herstellung absatzfähiger Produkte und ihrer Vermarktung, aber auch die Schwierigkeit, in einer Zeit der Verschärfung des internationalen Wettbewerbs in neue Märkte einzudringen.

Die Entwicklung des Arbeitsmarktes im Osten

Eine Konsequenz des dramatischen Umbruchs der wirtschaftlichen Grundbedingungen waren der Verlust von etwa vier Millionen Arbeitsplätzen vor allem im industriellen Sektor.[57] Ein Teil der Verluste an Arbeitsplätzen konnte durch den erleichterten Übergang von etwa 800 000 Personen im Alter von über 55 Jahren in den vorzeitigen Ruhestand, durch Hunderttausende von Auspendlern, die ohne Wechsel ihres Wohnsitzes im Osten eine Arbeit in Westberlin und in Westdeutschland antraten, durch die dauerhafte Übersiedlung aus den neuen in die alten Bundesländer sowie vor allem durch den Ausbau der aktiven Arbeitsmarktpolitik aufgefangen werden. So wurden im ersten Quartal 1991 fast zwei Millionen Kurzarbeiter, die in mehr als der Hälfte der Fälle einen Arbeitsausfall von über 50 % hatten, unterstützt. Ein Jahr später war es nur noch knapp eine halbe Million, während nun 400 000 Personen im Osten in Arbeitsbeschaffungsmaßnahmen tätig waren und knapp eine halbe Million von Maßnahmen der Fortbildung und Umschulung erfaßt wurden.[58] Auf diesem zweiten Arbeitsmarkt waren so im ersten Quartal 1991 über 2,2 Millionen, ein Jahr später knapp 1,4 Millionen, das heißt zwei Drittel, bzw. über die Hälfte der Erwerbspersonen ohne reguläre Beschäftigung tätig. Auch heute noch spielen Maßnahmen der Arbeitsbeschaffung, Fortbildung und Umschulung, in denen im Osten 1997 587 000 Personen mit 1998 wieder steigender Tendenz erfaßt wurden[59], als Mittel zur Reduzierung der offenen Arbeitslosigkeit und zur Erhaltung der Arbeitsfähigkeit der Betroffenen eine wesentliche Rolle.[60] Diese umfangreichen staatlichen Maßnahmen können allerdings auf Dauer nicht die notwendige Konsolidierung des normalen Arbeitsmarktes ersetzen.

Die Zahl der offiziell ausgewiesenen Arbeitslosen in den neuen Bundesländern stieg bereits im ersten Quartal 1991 auf über 800000 und lag ein Jahr später bei über 1,2 Millionen.[61] Nachdem 1994 der Anteil der Arbeitslosen im Osten erstmals zurückgegangen war, ist er inzwischen wieder stark gestiegen.[62] Auch die Anzeichen einer Umkehr des Trends steigender Arbeitslosigkeit im Westen seit dem Frühjahr 1998 sind im Osten, wo vor allem der Einbruch des in den ersten Jahren nach der Vereinigung boomenden Baugewerbes die Arbeitslosenziffern in die Höhe treibt, noch kaum zu spüren. Im Februar 1998, dem Höhepunkt der saisonalen Arbeitslosigkeit, waren über 1,6 Millionen, oder 21,3 % aller zivilen Erwerbspersonen arbeitslos. Damit lag die Arbeitslosigkeit mehr als doppelt so hoch wie in Westdeutschland (10,4 %).

Kennzeichnend für den Osten Deutschlands ist die besonders verbreitete Arbeitslosigkeit der Frauen, die 1992 bis 1995 mit 19,3 % bis 21,5 % bei den abhängigen zivilen Erwerbspersonen etwa doppelt so hoch wie die der Männer (10,5 %–11 %) war.[63] Das hat mehrere Gründe. Frauen waren in der DDR vor allem in solchen Produktionsbereichen beschäftigt, die – wie Landwirtschaft, Textil- und Bekleidungsindustrie, Nahrungs- und Genußmittelindustrie, Chemie und Leichtindustrie – besonders starke Einbrüche erlitten. Ferner nahmen sie überproportional geringer qualifizierte Arbeitsplätze ein, die nach der Umstrukturierung der ostdeutschen Wirtschaft besonders gefährdet waren.[64] Außerdem waren sie wegen ihrer familiären Bindungen weniger mobil als die Männer. Sicher kommt noch hinzu, daß wegen des Wegfalls der besonderen Vergünstigungen für alleinerziehende Frauen und Ehefrauen mit kleinen Kindern und des Rückgangs der Plätze in Kinderkrippen Beruf und Erziehung kleiner Kinder schwerer zu vereinbaren waren. Auch die Betriebe waren angesichts des Überangebots an Arbeitskräften weniger bereit, auf die spezifische Situation von Frauen mit kleinen Kindern Rücksicht zu nehmen. Sehr besorgniserregend ist auch der besonders hohe Anteil der Frauen unter den Langzeitarbeitslosen (September 1995: 76,7 %).[65]

An den Maßnahmen der Arbeitsmarktpolitik waren Frauen zunächst unterproportional beteiligt. Seitdem 1993 eine Vorschrift in Kraft trat, daß Frauen entsprechend ihrem Anteil an den Arbeitslosen gefördert werden sollten, ist ihr Anteil an Arbeitsbeschaffungs-, Fortbildungs- und Umschulungsmaßnahmen 1994/95 auf über 60 % stark gestiegen.[66] In den letzten Zahlen der Arbeitslosenstatistik vom April 1998 haben sich – zum Teil wegen des tiefen Einbruchs im Baugewerbe, in dem ganz überwiegend Männer beschäftigt werden – die Arbeitslosenquoten von Frauen und Männern (22,9 % bzw. 18,8 %) unter den abhängigen zivilen Erwerbspersonen[67] durch die überproportionale Zunahme der Männerarbeitslosigkeit wieder angenähert. Der Unterschied ist aber noch immer signifikant.

Man hat in Westdeutschland teilweise argumentiert, daß mit dem Rückgang der angeblich künstlich überhöhten Erwerbstätigkeit der Frauen im Osten nur der auch im Westen bestehende «Normalzustand» einer deutlich geringeren Beteiligung der Frauen als der Männer am Erwerbsleben erreicht werde.[68] Dabei übersieht man jedoch, daß die Erwerbsneigung der Frauen in den neuen Bundesländern aus ökonomischen, aber auch aus privaten Gründen – z. B. aus Furcht vor dem Verlust der mit dem Beruf verbundenen sozialen Kontakte und Anregungen – weiterhin sehr hoch ist und die langfristige Lebensplanung der Frauen mit wenigen Ausnahmen das Nebeneinander und nicht das Nacheinander von Beruf und Mutterschaft vorsieht.[69]

Auch für die überwiegende Mehrheit der im Berufsleben stehenden Menschen im Osten, die nicht arbeitslos wurden, war die Umstellung von der Planwirtschaft zur Marktwirtschaft mit einschneidenden Änderungen ihrer Arbeitsverhältnisse verbunden. Zum Jahresende 1993 waren nur noch 29 % der im November 1989 Erwerbstätigen ununterbrochen im selben Betrieb tätig. Besonders junge Frauen haben neben den älteren, die jedoch in den Vorruhestand gehen konnten, eine enorme Anpassungsleistung tragen müssen. Nur 20 % der unter 25jährigen Frauen konnten so in den Umbruchjahren bis Ende 1993 ihren Arbeitsplatz behalten.[70] Die subjektive Reaktion der Frauen auf diese Veränderungen äußerte sich bei vielen in der Zurückstellung des Kinderwunsches, der Intensivierung der Beziehungen zum Partner – die Zahl der Scheidungen ging stark zurück –, in Klagen über soziale Kälte und die Gefahr des Ausschlusses vom gesellschaftlichen Leben, selten aber in Resignation. Daneben werden auch die Vorzüge der neuen Ordnung – Reisefreiheit, die Reichhaltigkeit des Warenangebots – klar erkannt[71]. Vor allem die besonders qualifizierten Frauen, unter denen nicht wenige eigene mittelständische Betriebe gegründet haben[72], konnten ihre Situation gegenüber der Zeit vor der «Wende» wesentlich verbessern.

Die Wirtschafts- und Sozialstruktur im Osten und Westen Deutschlands im Vergleich

Die Wirtschafts- und Sozialstruktur im Osten Deutschlands hat sich inzwischen derjenigen der alten Bundesländer stark angenähert. Der Anteil der Erwerbstätigen in der Landwirtschaft ist von 1989–1993 von 10,8 % auf 4,2 % um über 60 % zurückgegangen und lag damit nur noch wenig über dem westdeutschen Niveau von 3,3 %.[73] Von den ca. 850000 Arbeitsplätzen in der Landwirtschaft (einschließlich der nichtlandwirtschaftlichen Nebenbetriebe) sind 1997 nur 150000 – davon zwei Drittel in Vollzeitbeschäftigung – übrig geblieben. Im Unterschied zu den alten Bundesländern handelte es sich dabei ganz überwiegend um familienfremde Arbeitskräfte, die nicht auf Bauernhöfen, sondern in Personen- und Kapitalgesellschaften sowie Genossenschaften tätig sind.[74]

Während man allenfalls in der Landwirtschaft von einem Gesundschrumpfen sprechen kann, gilt das nicht für den sekundären Sektor von Industrie, Handwerk, Bergbau und Baugewerbe, dessen Anteil an den Erwerbstätigen im gleichen Zeitraum von 50,1 % auf 37,6 % um ein Viertel unter den Stand Westdeutschlands (39,1 %) fiel und nach dem Einbruch im Baugewerbe noch weiter sinkt. Im Umfang des tertiären Sektors von Handel, Verkehr, Banken, Versicherungen und anderen Dienstleistungen hat der Osten schon 1993 mit einer Steigerung des Anteils an den Erwerbstätigen von 39,1 % auf 58,2 % den Westen (57,6 %) nicht nur eingeholt, sondern sogar leicht überholt. Das ist aber nicht ein Zeichen besonderer Modernität, sondern Ausdruck des Zusammenbruchs großer Teile der Industrie und einer damit verbundenen wirtschaftlichen Verödung weiter Gebiete der neuen Bundesländer. Diese benötigen, wenn man von den zum Teil aufblühenden Erholungsgebieten und den großstädtischen Dienstleistungszentren absieht, auch für die Sicherung und den Ausbau des tertiären Sektors eine leistungsfähige Industrie.

Der Änderung der Wirtschaftsstruktur entsprach der Wandel der Sozialstruktur in den neuen Bundesländern und Ostberlin.[75] Der Anteil der Selbständigen stieg von etwa 2 % 1989 auf 7 % 1994 und näherte sich damit dem Anteil in Westdeutschland (9,6 %) an. Dagegen gibt es weiterhin in Ostdeutschland mit 0,2 % (Westen: 1,6 %) kaum mithelfende Familienangehörige. Der Anteil der Angestellten übertrifft in den neuen Ländern mit 49 % 1994 inzwischen den der Arbeiter (41,5 %); beide Berufsgruppen stellen einen höheren Anteil der Erwerbstätigen als in Westdeutschland (Angestellte: 46,2 %; Arbeiter: 34,7 %). Im Unterschied dazu lag als Konsequenz der bewußt zurückhaltenden Verbeamtungspraxis in den ostdeutschen Ländern und Kommunen der Anteil der Beamten (einschließlich der Soldaten) 1994 mit nur 2,3 % weit unter deren Anteil von 7,9 % bei den Erwerbstätigen in Westdeutschland. Auch 1997 war der Anteil der Beamten in den alten Bundesländern noch mehr als doppelt so hoch als in den neuen (8,2: 4,0 %).[76]

Leistungen und Defizite der Wirtschaftspolitik gegenüber den neuen Bundesländern

Angesichts der sich ständig verändernden Verhältnisse ist es noch immer schwierig, die Leistungen und die Defizite in der Wirtschaftspolitik gegenüber den neuen Bundesländern fair zu bilanzieren. Zu den Leistungen gehören der Abbau von Umweltbelastungen und vor allem der sehr weitgehende Ausbau und die Modernisierung der Infrastruktur. Mehr als die Hälfte der Wohnungen in der früheren DDR wurde mit Bundesmitteln saniert oder modernisiert. 5,7 Millionen modernste Telefonanschlüsse wurden geschaffen, 11 500 Kilometer Fernstraßen modernisiert und ausgebaut und 5300 Kilometer an Schienenwegen überholt. Weiterhin entstanden weitgehend aus dem Nichts heraus bis Frühjahr 1998 510 000 mittelständische Unternehmen, in denen 3,2 Millionen Menschen – mehr als die Hälfte aller Erwerbstätigen im Osten – beschäftigt werden.[77] Während viele der Kleinbetriebe schwer ums Überleben kämpfen, haben einige inzwischen, mit modernsten Maschinen ausgerüstet, in ihrer Produktivität und der Qualität ihrer Produkte das Niveau westdeutscher Betriebe erreicht oder sogar übertroffen. Die privaten und öffentlichen Bruttoanlageinvestitionen pro Kopf der Bevölkerung, die 1991 und 1992 unter dem Stand in Westdeutschland lagen, sind 1994 auf 134 % des westdeutschen Niveaus gestiegen[78] und nehmen weiter zu. Die Investitionsquote pro Einwohner lag 1997 mit 12 619 DM in den neuen Bundesländern um mehr als die Hälfte höher als in den alten Bundesländern (8278 DM). Trotz der hohen staatlichen und privaten Investitionen seit 1991 liegt aber die Realkapitalaustattung ostdeutscher Unternehmen Anfang 1998 erst bei 55 % des westdeutschen Niveaus[79], so daß zum Aufbau des Kapitalstocks weitere hohe Investitionen erforderlich sind.

Das Bruttoeinkommen aus unselbständiger Arbeit je Beschäftigtem im Osten, das 1991 46,7 % des Westeinkommens betrug, hat sich bis 1997 auf 74,3 % des Westniveaus erhöht.[80] Angesichts der im Durchschnitt trotz der hohen Mietsteigerungen seit 1990 noch immer niedrigeren Mieten[81] – vor allem der Altbauwohnungen – und der progressiven Besteuerung ist bei den Nettorealeinkommen das Verhältnis für die Erwerbstätigen im Osten noch günstiger. Diese Höhe der Einkommen ist allerdings nur durch gewaltige Transferleistungen aus Westdeutschland für den Ausbau der Infrastruktur, für die Wirtschaft und vor allem für das System der sozialen Sicherheit zu erreichen. Von 1991–1998 betrugen diese unter Abzug aller Rückflüsse 1031 Milliarden Mark.[82] Die Transferleistungen flossen allerdings zum weit überwiegenden Teil vor allem in den ersten Jahren in den Konsum[83], während Investitionen, durch hohe steuerliche Subventionierung begünstigt, in viel zu starkem Maße in den Immobiliensektor gingen, in dem nunmehr in den meisten Städten ein Überangebot von Wohnungen und Geschäftsräumen besteht.

Die Fehlleitung öffentlicher und privater Mittel ist neben dem großzügigen Umstellungskurs und den schnellen Lohnerhöhungen, die den Produktionsfaktor Arbeit verteuerten und damit zum Abbau von Beschäftigung durch Rationalisierungsinvestitionen und die Verlagerung von Produktionsstätten ins Ausland beitrugen, ein wesentlicher Grund für die anhaltende Krise der ostdeutschen Wirtschaft. Diese ist allerdings mit der Hypothek einer jahrzehntelangen staatssozialistischen Mißwirtschaft schwer belastet. Auf weitere aus der DDR-Zeit herrührende Schwächen – die einseitige Orientierung des Managements an der Steigerung der Produktion statt an der Vermarktung der hergestellten Artikel, die Geringschätzung der Dienstleistungen, die mangelnde Effizienz in der Organisation der Arbeit und der Betriebe – ist bereits hingewiesen worden. Auch gibt es Tendenzen in nicht wenigen westdeutschen Unternehmen, die Betriebe im Osten aufgekauft haben, bei einer Verschlechterung der Absatzchancen eher Arbeitsplätze im Osten als im Westen abzubauen. Leider haben auch nur wenige große, global operierende deutsche Unternehmen, wie die Jenoptik AG, ihren Hauptsitz in den neuen Bundesländern genommen.

Von 1992 bis 1995 haben, allerdings von einem sehr niedrigen Ausgangsniveau ausgehend, die Wachstumsraten in Ostdeutschland weit über denen der westdeutschen Wirtschaft gelegen, so daß der Osten langsam aufholen konnte. Dennoch hat das reale Bruttoinlandsprodukt in den neuen Ländern erst 1994 wieder den Stand von 1990 erreicht. Danach hat sich dieser Trend durch den Einbruch der Bauindustrie im Osten und die starke Abhängigkeit des Konjunkturaufschwungs 1997/98 vom Export, der im Osten ein geringeres Gewicht als im Westen hat, wieder umgekehrt, und die neuen Bundesländer verloren 1997 gegenüber dem Westen Deutschlands weiter an Boden.[84] Der Anteil der neuen Bundesländer am Bruttoinlandsprodukt Gesamtdeutschlands ist zwar von 1991–1997 von

7,2 % auf 9,3 % gestiegen, liegt aber immer noch bei weniger als der Hälfte ihres Bevölkerungsanteils (1991: 19,9 %, 1997: 18,8 %).[85]

Selbst wenn im Osten, in dem sich die Industrie inzwischen auf Expansionspfad befindet[86], wieder ein stärkerer Aufschwung einsetzt und anhaltend höhere Wachstumsraten als im Westen erreicht werden, wird es noch mehrere Jahrzehnte dauern, ehe der wirtschaftliche Stand Westdeutschlands annähernd erreicht wird. Ohne Transferleistungen großen Stils bestünde die Gefahr, daß in Deutschland zwischen dem Westen und dem Osten ein ökonomisches und soziales Gefälle erhalten bleibt. Man denke nur an Italien, wo nach der Vereinigung des Landes vor über 130 Jahren die soziale und ökonomische Trennung zwischen einem reichen Norden und einem armen Süden bis heute nicht überwunden werden konnte. Sollten aber die östlichen Länder – vielleicht ohne Sachsen und Ostberlin – zum Armenhaus der Bundesrepublik werden, würde das auf Dauer den inneren Zusammenhalt des Staates und die Solidarität der Gesellschaft gefährden.

Die Transformation des ostdeutschen Sozialsystems

Das Solidaritätsprinzip hat sich bisher bewährt, um die Übernahme des westdeutschen Systems der sozialen Sicherheit in den neuen Bundesländern zu finanzieren. Es stellte einen wohl entscheidenden Beitrag zur Abfederung der wirtschaftlichen Erschütterung und zur Bewältigung der sozialen Konsequenzen des Übergangs von der Plan- zur Marktwirtschaft dar. So sind nach dem Sozialbericht 1997 etwa 280 Milliarden Mark Transferleistungen allein auf die Einführung und Aufrechterhaltung der Sozialversicherung in den neuen Ländern entfallen.[87] Wegen des geringen Beitragsaufkommens im Osten mußten dabei nur zur Sicherung der Zahlungsfähigkeit der Renten- und Arbeitslosenversicherung (einschließlich des Bundeszuschusses zur Bundesanstalt für Arbeit) z. B. im Jahre 1993 50 Milliarden transferiert werden.[88] 1997 sind allein von den westdeutschen Beitragszahlern in der Rentenversicherung 18 Milliarden, in der Arbeitslosenversicherung 17,6 Milliarden für Versicherte in Ostdeutschland aufgebracht worden. Ab 1999 werden für 3 Jahre auch in der gesetzlichen Krankenversicherung jährlich 1,2 Milliarden in einem gesamtdeutschen Risikostrukturausgleich für den Osten zur Verfügung gestellt.[89] Diese notwendigen Leistungen, die eigentlich vollständig aus Steuermitteln hätten finanziert werden sollen, stellen eine spezifische Belastung der Versichertengemeinschaft – Arbeitnehmer und Arbeitgeber – dar.

Bei den Verhandlungen über die zum 1. Juli 1990 geschaffene Währungs-, Wirtschafts- und Sozialunion haben die Vertreter der damals noch bestehenden DDR größten Wert darauf gelegt, daß das System der sozialen Sicherheit der Bundesrepublik ohne Abstriche auf den Osten übertragen wird und daß darüber hinausgehende Regelungen der DDR, etwa im Kündigungsrecht, im Mutterschutz und in der Unterstützung Alleinerziehender, als «soziale und familienpolitische Errungenschaften» erhalten bleiben. Sie wurden dabei von der SPD, die über Sonderregelungen für Ostdeutschland ihre eigenen sozialpolitischen Ziele, wie die Verankerung von Mindestrenten, die Ausdehnung der Sozialversicherungspflicht, aber auch die volle paritätische Mitbestimmung vorantreiben wollte, und dem DGB unterstützt.[90] Die Deutsche Bundesbank, das Bundesfinanzministerium und die Arbeitgeber sind dagegen für eine nach ihrer Meinung notwendige Verschlankung des deutschen Sozialstaates und die Reduzierung der Kosten der Vereinigung eingetreten. Dazu gehörte für sie der Abbau von Leistungen, z. B. durch den Verzicht auf die Verabschiedung von Sozialplänen bei den notwendig werdenden Massenentlassungen. Sie setzten sich auch für die Abschaffung von Bestimmungen ein, die die Flexibilität des Arbeitsmarktes in Deutschland einschränken.[91] Durchgesetzt hat sich letztlich der Standpunkt des Bundesarbeitsministeriums, das auf einer vollständigen Übernahme des westdeutschen Rechts mit einigen Übergangsregelungen bestand.[92] So wurden zum Beispiel, da in der DDR ein System der Sozialhilfe erst aufgebaut werden mußte und man einen Ausgleich für den Wegfall der Subventionen für Grundnahrungsmittel, Mieten etc. schaffen wollte, niedrige

Renten durch Sozialzuschläge auf eine Mindesthöhe von 495 Mark monatlich angehoben.[93]

Über die Frage, ob Elemente des Sozialsystems der DDR dauerhaft zu übernehmen wären oder die Vereinigung Anlaß sein sollte, die westdeutschen Systeme der sozialen Sicherheit und der Arbeitsbeziehungen grundlegend zu reformieren, hat keine ernsthafte öffentliche Diskussion stattgefunden. Dem standen schon der extreme Zeitdruck, aber auch die rechtlichen und verwaltungstechnischen Schwierigkeiten entgegen. Hätte man die teilweise Orientierung am DDR-Modell gewünscht, wäre es theoretisch denkbar gewesen, die nach Risiken und Berufsgruppen organisierte deutsche Sozialversicherung durch eine Einheitsversicherung oder wenigstens die gegliederte durch eine einheitliche Krankenversicherung zu ersetzen. Auch eine weitere Gleichstellung von Arbeitern und Angestellten im Sozial- und Arbeitsrecht war eine mögliche Alternative.

Unter den wenigen sozialpolitischen Institutionen der DDR, die schließlich in den deutschen Sozialstaat eingebracht wurden, waren die Polikliniken und Ambulatorien, von denen allerdings nur wenige die «Wende» überlebten. Nachdem die urspüngliche Befristung ihrer Zulassung bis zum 31. 12. 1995 durch das Gesundheitsstrukturgesetz von 1992[94] aufgehoben worden ist, spielen sie noch heute in der ambulanten medizinischen Versorgung in den neuen Bundesländern neben den niedergelassenen Ärzten eine allerdings im Vergleich zur Zeit bis 1990 äußerst eingeschränkte Rolle.

Die Übernahme des westdeutschen Sozialsystems in den neuen Bundesländern bedeutete die schnelle Schaffung neuer sozialpolitischer Institutionen wie der Arbeitsverwaltung, der Arbeits- und Sozialgerichtsbarkeit, der Betriebsräte, der Sozialhilfebehörden, der Krankenkassen, der Rentenversicherungsträger, der berufsständischen Versorgungswerke für die freien Berufe, der Berufsgenossenschaften als Träger der Unfallversicherung und der Institutionen der Kriegsopferversorgung. Auch die Organisationen der sozialpolitischen Akteure mußten vom Westen auf den Osten ausgedehnt werden. Dazu gehören etwa die Gewerkschaften, die auf den Mitgliederbestand der Industriegewerkschaften des FDGB zurückgreifen konnten, die völlig aus dem Nichts aufzubauenden Organisationen der Arbeitgeber und die Organisationen der freien Wohlfahrtspflege, die nur im kirchlichen Bereich an Organisationen in der DDR anknüpfen konnten. Im Gesundheitswesen sind hier etwa der Hartmannbund als Vertretung der Ärzte, die kassenärztliche Bundesvereinigung und die Krankenkassenverbände, die deutsche Krankenhausgesellschaft und der Verband der Pharmazeutischen Industrie zu nennen.

So bemerkenswert die Leistungen des Bundes, der Länder, einzelner Personen und Organisationen der alten Bundesrepublik gewesen sind, die ihre Unterstützung nicht nur auf die Schaffung dieser neuen Akteure und eines flächendeckenden Systems neuer sozialpolitischer und zum Teil auch politischer Institutionen ausdehnten, sondern auch bei der Umstellung auf die neuen Normen halfen, noch größer waren die Leistungen der Menschen in den neuen Bundesländern. Diese mußten gleichsam über Nacht den Übergang von einem relativ einfachen zu einem ungewöhnlich komplizierten System bewältigen, in dem auch viele Westdeutsche nicht genau über ihre Rechte, etwa im Steuer- und Sozialbereich, Bescheid wissen. So ist zum Beispiel das Sozialsystem des Ostens mit etwa 10% des Normenbestandes der alten Bundesrepublik ausgekommen.[95]

Die Auswirkung der Vereinigung auf die Lebenslage sozialer Gruppen im Osten

Insgesamt ist der Lebensstandard der Mehrheit der Menschen im Osten, selbst der meisten Arbeitslosen, seit der Vereinigung gestiegen. Das gilt insbesondere für die Masse der Rentner, wenn man von einer relativ kleinen Zahl von zum Teil besonders regimenahen Rentnern absieht, deren Zusatz- oder Sonderversorgungen gekappt wurden oder deren hoher Verdienst bei der Rentenberechnung nur bis zu einer gewissen Grenze berücksichtigt wurde. Durch das Rentenangleichungsgesetz der DDR vom 28.6. 1990 wurden vor allem die älteren Bestandsrenten zum 1. 7. 1990 erheblich aufgestockt. So erhielt ein Rentner, der nach 45 Arbeitsjahren 1970 in Rente gegangen war, eine sofortige Erhöhung seiner Rente um 43 %.[96] Danach wurden die Renten im Osten vor allem in den ersten Jahren in kurzen Abständen immer wieder erheblich erhöht. Der durchschnittliche Ostrentner erhielt im Juli 1997 mit 1404 DM fast das Dreifache der Nettorente, die er im Juni 1990, unmittelbar vor der Vereinigung, mit 475.– in Ostmark erhalten hatte.[97] Allerdings waren damals seine Lebenshaltungskosten durch die Subventionierung von Nahrungsmitteln, Mieten etc. verringert worden.

Mit der Überleitung des Rentenrechts der Bundesrepublik auf die neuen Bundesländer am 1. Januar 1992 wurden für die Rentner im Osten, die sonst eine geringere Rente als vorher erhalten hätten, die Renten durch sogenannte Auffüllbeiträge erhöht. Man hat berechnet, daß insgesamt 2462808 oder 83,5 % aller versicherten Rentner, darunter fast zwei Millionen Frauen (96,8 % aller versicherten Rentnerinnen) und etwa 476000 Männer (53 % aller versicherten Rentner), Auffüllbeträge in einer durchschnittlichen Höhe von 222,60 DM monatlich (Männer 166,76 DM; Frauen 235,96 DM) erhielten.[98] Allerdings wurden ab 1996 diese Auffüllbeträge bei weiteren Rentensteigerungen um ein Fünftel, mindestens aber 20 DM jährlich abgeschmolzen, wenn dadurch keine Absenkung der Gesamtrente erfolgte. Bei der Umrechnung der Bestandsrenten aus der DDR wurde zudem – vor allem wegen der fehlenden älteren Unterlagen zur individuellen Rentenbiographie – nur der Durchschnitt der Arbeitsverdienste der letzten 20 Jahre vor der Verrentung und nicht, wie im Westen, das Durchschnittseinkommen der gesamten Versicherungszeit zugrunde gelegt.[99] Für die Mehrzahl der Ostrentner, die in den letzten 20 Jahren ihres Erwerbslebens eher mehr als in den ersten Jahrzehnten ihres Erwerbslebens verdienten, hat das zu einer Erhöhung ihrer Renten geführt.

Besonders stark hat sich die Situation der Witwen durch die völlige Neuordnung der Hinterbliebenenrenten, die in der DDR nur unter sehr restriktiven Bedingungen vor der Erreichung des Rentenalters der Frauen und danach nur selten als volle Leistung gezahlt wurden, verbessert. Die Zahl der Witwen- und Witwerrenten stieg von knapp 80000 am 30. 6. 1990 auf 938066 am 1. 1. 1992.[100] Die durchschnittliche Witwenrente ist von 100 Ostmark am 30. 6. 1990 auf 943 DM am 1. Juli 1997 gestiegen.[101]

Schon 1994 lag das durchschnittliche Niveau der Renten der Männer im Osten bei 88,5 % und der Frauen, die meist eine viel längere Erwerbstätigkeit als die Frauen im Westen nachweisen können, bei 128 % der Westrenten.[102] Mit der weiteren sukzessiven Angleichung der sogenannten Eckrenten – das heißt der Altersrenten von Durchschnittsverdienern mit 45 Versicherungsjahren, deren Höhe im Osten im 2. Halbjahr 1997 bei 85,2 % der Westrenten lag[103] – werden die Renten trotz der erwähnten Abschmelzung von Auffüllbeiträgen in den neuen Bundesländern auch in den nächsten Jahren stärker als im Westen Deutschlands ansteigen. Zum 1. Juli 1997 lagen die durchschnittlichen Altersrenten und Renten wegen verminderter Erwerbsfähigkeit in den neuen Bundesländern bei 109,4 % der entsprechenden Renten in Westdeutschland.[104] Dabei betrug die Durchschnittsrente der Männer 101,2 %, die der Frauen 135,4 % der westdeutschen Renten.[105] Besonders groß war der Unterschied in der Rentenversicherung der Arbeiter, in der bereits zum 1. Juli 1996 im Osten die Männer 106,6 %, die Frauen sogar 165,9 % der durchschnittlichen Westrenten erhielten.[106] Die relativ niedrigen Durchschnittsrenten aus eigener Erwerbstätigkeit der Frauen im Westen erklären sich vor allem dadurch, daß viele Frauen nur kurze Zeit vor der Ehe oder der Geburt ihres ersten Kindes berufstätig waren und ihre Altersversorgung vor allem über die Rente des Ehemanns oder durch eine Hinterbliebenenrente gesichert wird. So bezogen in der Rentenversicherung der Arbeiter 48,9 %, in der der Angestellten 24,4 % aller Rentnerinnen in den alten Bundesländern am 1. Juli 1996 eigene Renten von weniger als 500 DM; in den neuen Bundesländern lag der entsprechende Anteil nur bei 4,9 %, bzw. 6,2 %.[107]

Bei einem Vergleich der Lebenssituation älterer Ehepaare und alleinstehender älterer Männer und Frauen im Westen und im Osten Deutschlands muß man jedoch bedenken, daß die aus dem Arbeitsprozeß ausgeschiedenen älteren Menschen im Osten meist fast ausschließlich auf die Einkünfte aus der gesetzlichen Rentenversicherung für ihren Lebensunterhalt angewiesen sind, während im Westen bei vielen Betriebspensionen, private Lebensversicherungen oder Einkommen aus eigenem Vermögen einen oft erheblichen Anteil der Gesamteinnahmen im Alter ausmachen und viel mehr alte Menschen ein eigenes Haus oder eine eigene Wohnung haben. Die Nettoeinkommen der Haushalte von Menschen über 65 Jahren lagen daher im Osten bei allen Haushaltstypen – Verheirateten, bei alleinstehenden Männern sowie bei Witwen und geschiedenen oder ledigen Frauen – erheblich unter denen im Westen.[108]

Die soziale Abfederung des Umbruchs der Wirtschaft im Osten vor allem durch die Arbeitslosenversicherung, die aktive Arbeitsmarktpolitik und die Schaffung neuer bzw. die Erhöhung bestehender Leistungen im System der sozialen Sicherheit hat zu einer sprunghaften Erhöhung des Sozialbudgets, das heißt der Gesamtausgaben der Gesellschaft für soziale Leistungen, geführt. Die Sozialleistungen stiegen von 731,5 Milliarden oder 29,0 % des Bruttoinlandsprodukts im Jahre 1990, in dem für die zweite Jahreshälfte bereits die neuen Bundesländer berücksichtigt wurden, auf 1236,1 Milliarden oder 34,9 % des Bruttoinlandsproduktes 1996. Wenn man die neuen Bundesländer allein betrachtet, lag dort die Sozialleistungsquote 1992 bei 66,8 %, um dann bis 1996 auf 56 % zu fallen.[109] Das bedeutet, daß ohne die Transfers aus dem Westen zwischen der guten Hälfte und zwei Dritteln des erwirtschafteten Sozialprodukts allein für Sozialleistungen ausgegeben worden wäre. Zieht man vergleichend die alten Bundesländer heran, so ist auch hier die Sozialleistungsquote – vor allem wegen der steigenden Arbeitslosigkeit und der hohen Ausgaben für Invalidität – auf 32,1 % 1996 gestiegen. Trotzdem lägen die Beiträge der Rentenversicherung weiterhin deutlich unter 20 %, die aller Sozialversicherungen unter 40 %, wenn es die gewaltigen Transferleistungen in den Osten auch innerhalb der Versicherungssysteme nicht gäbe.

Neben den Rentnern gehören die Kriegsopfer, die in der DDR keine besondere Versorgung erhielten, zu den Gewinnern der Einheit. Insgesamt gab es 1996 im Osten etwa 200 000 Personen, die nach dem Bundesversorgungsgesetz als Beschädigte oder Hinterbliebene Ansprüche auf laufende Versorgungsbezüge hatten.[110] Auch die Lage der Behinderten und Pflegebedüftigen hat sich durch die allerdings nur allmähliche Behebung der oft katastrophalen baulichen und sanitären Mängel der Behindertenheime, die Intensivierung der Pflege, der auch die Leistungen der Pflegeversicherung zugute kommen, und die umfassendere medizinische Betreuung von Behinderten verbessert. Dagegen sind sie sehr viel stärker als in der DDR aus dem Arbeitsmarkt ausgegrenzt worden.[111]

Der Anteil der Sozialhilfeempfänger ist in den neuen Bundesländern signifikant geringer als in Westdeutschland. Von der Gesamtheit der Empfänger von laufender Hilfe zum Lebensunterhalt von etwa 2,6 Millionen Ende 1995 lebten bei einem Bevölkerungsanteil von ca. 20 % nur etwa 11 % in den neuen Bundesländern.[112] Arbeitslosigkeit war dabei, nach Angaben über das Jahr 1993, in sehr viel stärkerem Maße als in Westdeutschland die Hauptursache des Sozialhilfebezugs. Besonders niedrig war dagegen im Osten der Anteil von Personen im Alter von über 65 Jahren bei den Sozialhilfeempfängern.[113] Offenbar konnten ältere Menschen mit wenigen Ausnahmen ihren Unterhalt durch die Rente bestreiten.

Sehr hoch, aber doch deutlich niedriger als im Westen war der Anteil der Sozialhilfeempfänger unter den alleinerziehenden Frauen, vor allem wenn sie zwei oder mehr Kinder hatten.[114] Alleinerziehende Frauen waren noch stärker als der Durchschnitt der Frauen in den neuen Bundesländern vom Einbruch des Arbeitsmarktes und dem Abbau der Institutionen der Kinderbetreuung betroffen. 1995 waren nur noch 29 % der Alleinerziehenden erwerbstätig und nur 4 % nahmen an Arbeitsbeschaffungs- oder Fortbildungs- und Umschulungsmaßnahmen teil. 73 % erklärten aber, daß sie voll erwerbstätig, 15 %, daß sie teilerwerbstätig sein wollten.[115] Erstaunlich ist, daß die Alleinerziehenden, die im Unterschied zu vielen Alleinerziehenden im Westen kein Singlebewußtsein haben, sondern in ihrer weit überwiegenden Mehrheit eine Partnerschaft suchen[116], offenbar nicht resignieren, sondern sich pragmatisch an die neue Situation im vereinten Deutschland anzupassen versuchen. Typisch dafür, aber auch für ihr Streben nach einer erneuten Erwerbstätigkeit sind ihre Bemühungen, ihre Qualifikationen aufrechtzuerhalten und nach dem Wegfall öffentlicher Einrichtungen alternative Möglichkeiten für die Betreuung ihrer Kinder zu suchen.[117]

Die Situation und die Haltung der Jugendlichen im Osten[118] nach der Vereinigung ist je nach der persönlichen Lebenslage, aber auch dem Zeitpunkt der Untersuchung unterschiedlich. Während in den ersten Jahren nach der Vereinigung vor allem die neuen Chancen gesehen wurden, nehmen angesichts der kritischen Lage auf dem Arbeitsmarkt – der Schwierigkeit, eine Lehrstelle im gewünschten Beruf zu bekommen und auch nach der Lehre eine der Qualifikation angemessene Arbeit zu finden – die pessimistischen Stimmen zu. Gewaltbereitschaft und Ausländerfeindlichkeit sind bei Jugendlichen im Osten stärker ausgeprägt als bei denen im Westen.[119] Es ist noch nicht klar, ob sich diese Einstellungen in einer dauerhaften Präferenz eines größeren Teils der Jugendlichen für rechtsradikale und rechtsextreme Parteien niederschlagen werden oder es bei Protesten in einzelnen Wahlen, wie der weit überproportionalen Stimmabgabe männlicher Jugendlicher für die DVU bei der Landtagswahl in Sachsen-Anhalt im April 1998[120] bleibt. Das wird entscheidend von der Höhe der Arbeitslosigkeit im Osten und dem Fortschreiten des Prozesses der inneren Einigung abhängen.

Umfragen im Osten ergeben, daß die meisten eine Verbesserung ihrer persönlichen materiellen Situation feststellen, daß sie aber die allgemeine Situation schlechter als ihre individuelle Situation beurteilen und vor allem den Verlust an sozialer Sicherheit und sozialer Geborgenheit, die die DDR auf allerdings niedrigem Niveau gewährleistete, beklagen.[121] Für diese Defizite wird in viel größerem Umfang als im Westen von den Eliten – aber noch mehr von der breiten Bevölkerung – der Staat verantwortlich gemacht. Im Gegensatz zu Westdeutschland, wo vor allem unter den Eliten eine Reduzierung der Staatsintervention und ein Abbau des Sozialstaates vielfach als Voraussetzungen für einen erneuten Aufschwung und die dauernde Sicherung des Wirtschaftsstandorts Deutschland angesehen werden, sind die Erwartungen an den Staat im Osten weiterhin sehr hoch.[122] Die Differenz im Staatsverständnis, die durch die Sozialisation in zwei völlig verschiedenen politischen, wirtschaftlichen und sozialen Systemen, aber auch die sehr viel stärkere Krise im Osten zu erklären ist, betrifft nachhaltig unsere politische Kultur. Sie verlangt von seiten der politischen Eliten ein hohes Maß an Fingerspitzengefühl, Verständnis und Kompromißbereitschaft, um eine verhängnisvolle, offene politische Konfrontation zwischen Ost- und Westdeutschland zu verhindern.

Die Etablierung eines neuen Systems der Arbeitsbeziehungen im Osten Deutschlands

Neben dem System der sozialen Sicherheit wurden auch die Arbeitsverfassung, die Betriebsverfassung, die Festlegung der Löhne und Gehälter durch Tarifverträge und damit das System der Arbeitsbeziehungen Westdeutschlands in den neuen Bundesländern übernommen.

Im Laufe dieses Prozesses sind die Gewerkschaften der DDR, die zunächst noch ihre Position auszubauen versuchten, von den westdeutschen Gewerkschaften aufgesogen worden. Die ostdeutschen Gewerkschaften, die mit einem Organisationsgrad von 95%–99% der Beschäftigten ihrer Branche 1989[123] faktisch Zwangsorganisationen waren und mit Hilfe der Betriebsgewerkschaftsleitungen ein Monopol in der Interessenvertretung der Arbeiter auf Betriebsebene behaupteten, haben sich zunächst gegen die bereits seit Dezember 1989 spontan in einzelnen Betrieben entstehenden Betriebsräte gewandt. Sie sahen durch diese Institution die Stellung der Gewerkschaften in den Betrieben geschwächt und – im Fall der Funktionäre – ihre berufliche Existenz gefährdet.[124]

Kaum bekannt ist der Versuch der ostdeutschen Gewerkschaften nach der «Wende», durch Änderung der DDR-Verfassung und die Verabschiedung eines Gewerkschaftsgesetzes durch die nicht demokratisch legitimierte Volkskammer der DDR noch vor der demokratischen Neuwahl am 18.3.1990 einen von ihnen eindeutig dominierten sozialistischen Gewerkschaftsstaat zu errichten. So forderte der Außerordentliche FDGB-Kongreß vom 31. 1.–1. 2. 1990, auf dem Wege der Verfassungsänderung die Gewerkschaften als Interessenvertretung nicht nur ihrer Mitglieder, sondern «aller Werktätigen» anzuerkennen, Aussperrungen zu verbieten und jede Art der Behinderung oder Einschränkung ihrer Tätigkeit und ihrer Kampfmaßnahmen zu unterbinden. Weiterhin wurden weitgehende Rechte wie die Gesetzesinitiative und der Einspruch bei Gesetzesanträgen, an deren Einbringung sie nicht beteiligt waren, reklamiert wie auch die Kontrolle der Einhaltung aller Gesetze und weiterer Rechtsvorschriften, insbesondere zum Recht auf Arbeit, zur Sozialpolitik und zu den Arbeits- und Lebensbedingungen der Werktätigen in Anspruch genommen.[125] Im Entwurf des FDGB für ein «Gesetz über die Rechte der Gewerkschaften in der Deutschen Demokratischen Republik»[126] wurden diese Forderungen konkretisiert: Ausdrücklich forderte man weiter das Recht zur Ausrufung von Generalstreiks, und es wurden betriebliche Fonds zur Bezahlung freigestellter Gewerkschaftsfunktionäre vorgesehen. Nachdem ein Generalstreik angedroht worden war, verabschiedete die Volkskammer tatsächlich das Gesetz mit einigen Streichungen, die zum Beispiel das Recht auf Ausrufung eines Generalstreiks oder das Vetorecht der Gewerkschaften in der Gesetzgebung betrafen.[127] Faktisch wurde das Gesetz aber nach der Volkskammerwahl vom 18. 3. 1990 obsolet, als der Einigungsprozeß sich beschleunigte und die westdeutsche Arbeitsverfassung einschließlich der Betriebsräte durch die Währungs-, Wirtschafts- und Sozialunion vom 1. 7. 1990 schließlich übernommen wurde.

Auch die westdeutschen Gewerkschaften, die zunächst auf die Kooperation mit reformierten ostdeutschen Gewerkschaften und die Fusion mit ihnen als gleichberechtigte Partner gesetzt hatten, änderten ihre Strategie angesichts des Wandels der politischen Rahmenbedingungen, der offenkundigen Reformunfähigkeit der FDGB-Gewerkschaften und der immer deutlicher werdenden mangelnden Legitimation der ostdeutschen Gewerkschaften in der Bevölkerung.[128] Noch vor der formellen Auflösung des FDGB und der Einzelgewerkschaften der DDR haben der DGB und die westdeutschen Industriegewerkschaften – teilweise über die Übergangsform einer für wenige Monate neugegründeten DDR-Gewerkschaft – sich auf Ostdeutschland ausgedehnt und dabei im unterschiedlichen Maß bisherige Funktionäre aus dem Osten übernommen. In der Festlegung der Gewerkschaftspolitik in den neuen Bundesländern haben die Funktionäre aus dem Westen eindeutig dominiert. Von den Mitgliedern des DGB kamen 1991 noch 35 %, drei Jahre später aber nur noch 26 % aus den neuen Bundesländern.[129] Die Arbeitgeberverbände[130] mußten völlig neu aus dem Westen aufgebaut werden, wobei man aber vielfach örtlich und regional auf Kombinats- und Betriebsdirektoren aus der DDR-Zeit zurückgriff.

Eine Schwäche des Systems der Arbeitsbeziehungen im Osten bestand vor allem in den ersten Jahren darin, daß die Interessenlage einseitig vom Westen definiert wurde und die spezifischen Probleme der Wirtschaft des Ostens bewußt oder wegen mangelnden Verständnisses weitgehend ignoriert wurden. Das trifft nicht nur für die Gewerkschaften, sondern auch für die Verbände auf Arbeitgeberseite zu, in denen die neuen «mittelständischen» ostdeutschen Unternehmer zunächst keinen wesentlichen Einfluß ausüben konnten. Indem die Arbeitgeberverbände an überbetrieblichen Flächentarifverträgen festhielten und die Politik einer schnellen Anpassung der Ost- an die Westlöhne akzeptierten, haben sie versucht, die eigenen Organisationen, die bei Betriebsvereinbarungen überflüssig zu werden drohten, zu sichern, ihre Zuverlässigkeit als Verhandlungspartner der Gewerkschaften zu beweisen und die Abwanderung von Arbeitskräften von Ost- nach Westdeutschland zu verhindern.[131] Damit wurde aber auch der Entstehung gefährlicher Konkurrenten für westdeutsche Unternehmen durch ein Niedriglohngebiet im Osten Deutschlands verhindert. Die spätere Änderung dieser Strategie und der Versuch der Arbeitgeberverbände durch eine Verlangsamung der tariflichen Angleichung und eine Ankoppelung der Tarife an die Produktivitätsentwicklung, besonders deutlich in der Aufkündigung des Stufentarifvertrages am 18. 2. 1993 durch Gesamtmetall[132], die

Organisation der Metallarbeitgeber, hat in der Metallindustrie, wie der Streik in Sachsen vom 3.–14. 5. 1993 zeigt, zu einer scharfen Polarisierung von Arbeitgebern und Arbeitnehmern geführt. Er hat aber auch die Alternative der Verabschiedung von Betriebsvereinbarungen statt von Flächentarifverträgen stärker bewußt gemacht.

Kennzeichnend für die gegenwärtige Situation ist jedoch nicht die Herausbildung einer spezifischen Tarifpolitik für den Osten Deutschlands, sondern die Tarifflucht – der Nichteintritt in die Arbeitgeberverbände oder der Austritt aus diesen – besonders von mittelständischen Unternehmen.[133] Immer mehr Unternehmer im Osten fühlen sich – oft mit stillschweigender oder sogar ausdrücklicher Zustimmung ihrer Betriebsräte – an die in den Tarifverträgen ausgehandelten Löhne, Gehälter und Arbeitszeitbedingungen nicht gebunden, weil es oft um die Existenz der Unternehmen geht. Die Erosion der Arbeitgeberverbände und damit die Gefährdung des bestehenden Systems der Tarifautonomie kann nur durch eine stärkere Berücksichtigung der spezifischen Situation einzelner Unternehmen aufgehalten werden.

Auch innerhalb der Gewerkschaften ist es zu Spannungen zwischen der Interessenlage der ost- und westdeutschen Mitglieder gekommen. Dabei haben sich die Betriebsräte im Osten, die stark von der Situation der einzelnen Betriebe bestimmt werden, und mit dieser Haltung einen Faktor der Kontinuität zur Zeit vor dem Umbruch darstellen[134], als Vertreter der Interessen der Betriebsangehörigen zum Teil auch gegen ihre Gewerkschaften profiliert. Ein besonders eindrucksvolles Beispiel dafür bildet die Braunkohlenindustrie des Ostens. Im Kampf um die Erhaltung eines wenn auch stark geschrumpften Braunkohlenreviers im Osten ist es den Betriebsräten nach innerverbandlichen Konflikten mit der Führung der IG Bergbau und Energie, die zunächst einseitig die Interessen der im Steinkohlenbergbau arbeitenden westdeutschen Mitglieder vertrat, gelungen, durch die Mobilisierung ihrer Mitglieder, durch massiven Druck auf die Gewerkschaftsleitung und durch das geschickte Zusammenspiel mit Landespolitikern die weitere Braunkohleförderung in Ostdeutschland zu sichern.[135] Entscheidend ist, daß durch eine Sonderregelung im Energiewirtschaftsgesetz neue Kraftwerke – wie das am 3. Juni 1998 eröffnete Braunkohlenkraftwerk in der Lausitzer Gemeinde Schwarze Pumpe – entstehen, die auf die Verwendung von Braunkohle festgelegt sind. Ob solch ein Fall einer erfolgreichen, selbstbewußten, pragmatischen Interessenvertretung Schule macht und die Ostdeutschen auch in anderen Verbänden die Dominanz westdeutscher Interessenpolitik abschütteln können, bleibt abzuwarten.

Entstehung und Entwicklung des Parteiensystems in Ostdeutschland

Die Schwierigkeiten mit der Vereinigung spiegeln sich im Parteiensystem des Ostens vor allem in der Stärke der PDS wider. In einer ersten Phase des Umbruchs ist es in der DDR zum Legitimationsverlust der SED und der anderen Blockparteien und zur parallelen Herausbildung neuer politischer Parteien und Gruppierungen[136] mit einem hohen Grad an Fragmentierung gekommen. Ihren Ursprung hatten diese neuen politischen Organisationen in alternativ-oppositionellen Gruppen, die sich in den 1980er Jahren meist unter dem schützenden Dach der evangelischen Kirche entwickelt hatten und nun unter den verschiedensten Namen – wie Neues Forum, Demokratischer Aufbruch, Bündnis Demokratie Jetzt, Initiative Frieden und Menschenrechte, Vereinigte Linke, Grüne Liga, Grüne Partei, Unabhängiger Frauenverband und Sozialdemokratische Partei in der DDR (SDP) – an die Öffentlichkeit traten. Bei aller Diversifizierung in ihren Programmen und ihrer sozialen Verankerung forderten sie doch gemeinsam eine Überwindung des Machtmonopols der SED und eine grundlegende Reform der DDR.

Die Entwicklung vom Fall der Mauer am 9. 11. 1989 bis zu den Volkskammerwahlen vom 18. 3. 1990 war gekennzeichnet durch Versuche, die Blockparteien zu reformieren und einen Teil dieser Oppositionsgruppen als Parteien zu organisieren, während andere am Konzept einer offenen basisdemokratischen Sammlungsbewegung festhielten. Daneben entstanden neue Parteien ohne Verankerung in der Oppositionsbewegung vor dem Herbst 1989. Die Option zwischen einer Vereinigung mit der Bundesrepublik oder einer Reform der DDR wurde zur zentralen politischen Frage. Gleichzeitig griffen die westdeutschen Parteien nach Ostdeutschland aus. Die SDP wurde bereits im Dezember 1989 als Schwesterpartei von der SPD im Westen anerkannt, die allerdings den bereits seit Januar 1990 auf die deutsche Einheit zusteuernden Kurs ihres ostdeutschen Partners, der den Namen SPD übernahm, nur zögernd unterstützte.[137] Entscheidend für die Intervention der westdeutschen Parteien in die Parteiverhältnisse im Osten war die Erwartung, daß der Ausgang der Volkskammerwahlen wesentliche Signale für den Gewinn der Mehrheit im vereinigten Deutschland bei den bevorstehenden Bundestagswahlen setzen würde.

Die CDU Westdeutschlands, besonders Bundeskanzler Kohl, hat nach der Reform der alten Blockpartei CDU, die bereits Anfang November ihren bisherigen Parteivorstand ersetzte, sich Mitte Dezember ein neues Parteistatut gab und die Wiederbegründung von Landesverbänden der Partei beschloß, darauf gedrängt, daß sich die Ost-CDU mit unbelasteten Organisationen, wie dem Demokratischen Aufbruch und der konservativ orientierten Deutschen Sozialen Union (DSU), zur «Allianz Für Deutschland» im Wahlkampf verbündete.[138]

Im liberalen Lager, in dem sich eine weitergehende Reform der LDPD bis zu einem Sonderparteitag im Februar 1990 verzögerte, kam es unter dem Druck der FDP der Bundesrepublik zur Gründung des «Bundes Freier Demokraten» aus der Vereinigung der inzwischen in LDP umbenannten Blockpartei mit der Deutschen Forumpartei – einer Absplitterung des Neuen Forums – und einer in Ost-Berlin am 4. 2. 1990 nach bundesdeutschem Vorbild neugegründeten FDP.[139] Auch die SED versuchte, den Machtverfall der Partei durch die Ablösung der alten Parteiführung, die Verabschiedung eines neuen Parteistatuts und die Namensänderung in «Partei des Demokratischen Sozialismus» (PDS) – zunächst mit dem Zusatz «SED», der noch vor der Volkskammerwahl fallengelassen wurde – zu stoppen. Die PDS hielt aber, vor allem um Teile des Parteivermögens, der Organisation und der rapide zurückgehenden Mitgliedschaft zu retten, an der Kontinuität zur SED fest.

Mit dem wachsenden Einfluß der Westparteien, die wesentlich zur Finanzierung des Volkskammerwahlkampfes beitrugen, begann ein Prozeß der Konzentration des Parteiensystems im Osten. Nachdem auch einige der Bürgerrechtsgruppen sich zusammengeschlossen hatten, waren in der Volkskammer, für deren Wahl ein reines Verhältniswahlrecht ohne Sperrklauseln galt und Listenverbindungen zulässig waren, zwölf Parteien und politische Gruppen – darunter die drei Bündnispartner der «Allianz für Deutschland» – durch eigene Abgeordnete vertreten. Entgegen den Erwartungen der Sozialdemokratie, die aufgrund der traditionellen Stärke ihrer Partei vor allem in Sachsen und Thüringen im Kaiserreich und in der Weimarer Republik auf die absolute, zumindest aber die relative Mehrheit der Mandate gehofft hatte[140], war bei einer extrem hohen Wahlbeteiligung von 93,4 % die «Allianz für Deutschland» mit 48 % der Stimmen – unter ihnen die CDU mit 40,8 % – die eindeutige Gewinnerin der Wahl. Diese wurde zudem als Votum für die Vereinigung Deutschlands verstanden.[141]

Nach der Volkskammerwahl setzte sich zunächst der Prozeß der Übertragung des westdeutschen Parteiensystems auf den Osten Deutschlands fort. Nach schwierigen Verhandlungen vereinigten sich die bei den Kommunalwahlen vom 6. Mai 1990 im Osten noch getrennt auftretenden Gruppierungen des Bundes Freier Demokraten und der Blockpartei NDPD (Nationaldemokratische Partei Deutschlands) mit der FDP Westdeutschlands. Der CDU schloß sich neben dem Demokratischen Aufbruch auch die Demokratische Bauernpartei Deutschlands (DBD) an – eine frühere Blockpartei, die bei den Volkskammerwahlen, wie die NDPD, noch eigene Kandidaten aufgestellt hatte. Die DSU versuchte, ihre separate Existenz zu bewahren, scheiterte aber bei der Bundestagswahl vom 2. 12. 1990 mit nur 1 % der Stimmen im Osten an der 5 %-Sperrklausel. Die Ost-SPD, die nach ihrer Wahlniederlage in eine innere Krise geraten war, vereinigte sich mit der West-SPD. Von den aus der oppositionellen Bürgerbewegung hervorgegangenen Parteien konnten sich bei der Bundestagswahl nur Bündnis 90/Grüne als eigene Partei mit 6,8 % der Stimmen im Wahlgebiet Ost behaupten; sie schlossen sich aber mit den Grünen im Westen, die bei der Bundestagswahl 1990 knapp an der 5 %-Klausel im Wahlgebiet West scheiterten, nach sehr schwierigen Verhandlungen unter dem Namen Bündnis 90/Die Grünen zusammen.

Die PDS

Bei den ersten gesamtdeutschen Wahlen am 2. 12. 1990[142] entfielen nur 18 % der Stimmen in den neuen Bundesländern auf spezifisch ostdeutsche Parteien. Darunter waren 11,1 % für die PDS, die damit ein Drittel ihres Anteils an den Wählerstimmen bei den Volkskammerwahlen (16,4 %) verlor. Es schien nur noch eine Frage von wenigen Jahren zu sein, ehe die etablierten westdeutschen Parteien die völlige Kontrolle des Parteiensystems im Osten übernehmen würden. Die Gemeindewahlen in Brandenburg im Dezember 1993 brachten dann jedoch zum ersten Mal einen starken Anstieg der PDS auf etwa 20 % der Stimmen. Ähnliche Ergebnisse bei den Wahlen zum Europaparlament am 12. 6. 1994, den Landtagswahlen in den neuen Ländern 1994 und der Bundestagswahl vom Oktober 1994[143] sowie zuletzt der Landtagswahl in Sachsen-Anhalt vom 26. 4. 1998 zeigten schließlich, daß sich die PDS im Osten Deutschlands als dritte große politische Kraft mit etwa 20 % der Wählerstimmen etablieren konnte. Es gelang ihr zudem, trotz der 5 %-Sperrklausel, die bei den Bundestagswahlen von 1994 nicht mehr nur für die getrennten Wahlgebiete West und Ost, sondern für das gesamte Bundesgebiet galt, mit vier der fünf Direktmandate in Ost-Berlin bei 4,4 % der Wählerstimmen im gesamten Bundesgebiet – wie schon 1990, als sie aber nur 2,4 % erhielt – in den Bundestag einzuziehen.

Die PDS mit ihren Hochburgen in den früheren Bezirkshauptstädten der DDR und besonders in Ost-Berlin, wo sie bei der letzten Stadtverordnetenwahl vom 22. Oktober 1995 mit 36,3 % der Stimmen die mit Abstand stärkste Partei vor der CDU (23,6 %) und der SPD (20,2 %) wurde, ist eine in ihrer

Ideologie, in ihrer politischen Ausrichtung und der sozialen Zusammensetzung ihrer Mitglieder und Wähler sehr heterogene Partei.[144] Ihr Rückgrat bilden die verbliebenen früheren Mitglieder der SED – die PDS ist im Osten vor der CDU und der sehr mitgliederschwachen SPD die Partei mit den höchsten Mitgliederzahlen[145] – sowie die politischen und funktionalen Eliten des alten Regimes, die voller Ressentiments über ihren Machtverlust die neue Ordnung innerlich nicht akzeptiert haben. Ihre Wählerschaft rekrutiert sich jedoch auch aus vielen anderen Elementen, darunter nicht wenigen Dissidenten und jungen Wählern.

Die PDS hat es im Osten verstanden sich als Protestpartei gegen den Einfluß der «Wessis» und als politische Repräsentation der spezifischen Interessen des Ostens, deren Vertreter in allen anderen Parteien nur eine Minderheit bilden, zu etablieren. Sie ist zudem die einzige Partei, die eindeutig die neue landsmannschafliche Identität im Osten artikuliert. Mit ihrer sehr starken Vertretung in vielen Kommunen, ihren hauptamtlichen Funktionären, vor allem aber ihrer «Rentnerbrigade», den vielen älteren Mitgliedern der früheren SED, die nach dem Verlust ihrer Arbeitsstellen in den Vorruhestand getreten sind und unbezahlte Parteiarbeit leisten, hat die PDS starke Wurzeln im lokalen Milieu besonders der größeren Städte. Eine ihrer wesentlichen Stärken liegt darin, daß sie den Menschen hilft, ihre Rechte im neuen System, zum Beispiel durch das Ausfüllen von Anträgen auf Sozialhilfe, Renten oder Wohngeld, wahrzunehmen, und alte Formen der Kommunikation und des Feierns wiederbelebt. Natürlich kommt ihr auch eine gewisse DDR-Nostalgie zugute: Typisch dafür ist die Ablehnung einer scharfen Verurteilung des oft mit dem eigenen Lebensweg so eng verknüpften Staates.[146]

Die PDS wird inzwischen von der Mehrheit der Bevölkerung im Osten als normale Partei angesehen, die man politisch nicht isolieren dürfe. Bisher (Juni 1998) hat sie sich jedoch noch nicht eindeutig von der DDR distanziert und zu den Grundlagen der bundesdeutschen Ordnung, wie der repräsentativen Demokratie und der sozialen Marktwirtschaft, bekannt. Auch hat sie die Einbindung in das westliche Bündnissystem und die

Orientierung an westlichen Werten noch nicht akzeptiert. Sie hat ihr Ressentiment gegen die alte Bundesrepublik, das ihre Ausdehnung nach Westdeutschland bisher verhindert hat, noch nicht abgeschüttelt und gegenüber der deutschen Einheit bisher keine klar positive Haltung eingenommen.[147]

Auch ohne den inneren Wandel, der von Teilen der Parteiführung gefördert wird, hat die Stärke der PDS bereits das politische System im Osten Deutschlands stark verändert. Klare Mehrheiten der SPD beziehungsweise der CDU gibt es nach den Landtagswahlen 1994 nur in Brandenburg und Sachsen. Dagegen war die SPD in den anderen Ländern und in Berlin entweder gezwungen, gegen erhebliche Widerstände in den Reihen ihrer Mitglieder eine Große Koalition als Juniorpartner der CDU einzugehen oder – wie in Sachsen-Anhalt – eine von der PDS tolerierte, nach der Landtagswahl 1998 fortgesetzte Minderheitsregierung zu bilden. Vieles deutet darauf hin, daß es der PDS gelingt, diese Position als «Zünglein an der Waage»[148] in der Politik der neuen Bundesländer auszubauen und vielleicht auch an Landesregierungen im Osten beteiligt zu werden. Das wäre ein erster Schritt, um über den Bundesrat ihre zur Zeit noch bestehende bundespolitische Isolierung zu überwinden.

Die Unterschiede im Parteiensystem und im Charakter der Parteien in Ost- und Westdeutschland

Schon jetzt haben sich im Osten und im Westen Deutschlands verschiedene Parteiensysteme herausgebildet. Im Westen besteht ein System von zwei großen Volksparteien (CDU-CSU und SPD) und zwei kleineren Parteien (Bündnis 90/Die Grünen und FDP), die in ihrer Existenz auf Landesebene – vor allem im Falle der FDP – immer wieder gefährdet sind. Im Osten gibt es dagegen drei große Parteien, von denen eine – die PDS – eine ausgesprochene Regionalpartei ist. Die FDP, die noch bei der Bundestagswahl 1990 im Wahlgebiet Ost, auch wegen der Popularität von Hans-Dietrich Genscher, fast 13 % der Stimmen gewinnen konnte, blieb sowohl bei der Bundestagswahl 1994 wie bei allen Landtagswahlen im Osten seit 1994 weit unter 5 % und ist inzwischen in keinem der Landtage in den neuen Bundesländern mehr vertreten. Ebenso ergeht es Bündnis 90/Die Grünen, die von 1994–1998 mit einem hauchdünn über der 5 %-Hürde liegenden Ergebnis (5,1 %) fünf Abgeordnete für den Landtag von Sachsen-Anhalt stellten.

Aber nicht nur das Parteiensystem, auch der Charakter der Parteien im Osten weist Besonderheiten auf. Die Ost-Parteien unterscheiden sich von den West-Parteien einmal in ihrer Herkunft, entweder aus Regime-Parteien der DDR (PDS, Teile von CDU und FDP) oder der Bürgerbewegung (SPD, Bündnis 90/Die Grünen, Teile von CDU und FDP). Die Ost-Parteien, mit Ausnahme der PDS, haben zudem – bezogen auf ihre Wähler – sehr viel weniger Mitglieder als die Parteien im Westen. Das gilt besonders für die SPD, die mit knapp 27000 Mitgliedern am 31. 12. 1996 in allen fünf neuen Bundesländern nicht mehr Mitglieder hat als der kleine Parteibezirk Weser-Ems im Westen. Bündnis 90/Die Grünen sind mit insgesamt 2763 Mitgliedern im Osten in vielen Kommunen überhaupt nicht vertreten.[149] Die Mandatsträger im Osten sind vor allem auf kommunaler Ebene stärker an den Wünschen der Bevölkerung als an der Partei- und Fraktionspolitik ausgerichtet und Elemente der direkten Demokratie spielen eine größere Rolle. Der Zusammenhang zwischen Sozialstruktur und Parteiensystem, der auch in der alten Bundesrepublik im Lauf ihrer Geschichte lockerer geworden ist, ist noch weniger ausgeprägt als im Westen. So haben bei den Bundestagswahlen 1994 im Osten – im Unterschied zum Westen – Arbeiter häufiger die CDU als die SPD gewählt.[150] Die Präferenz für bestimmte Kandidaten wie Stolpe (SPD) in Brandenburg und Biedenkopf (CDU) in Sachsen spielt eine noch größere Rolle als im Westen; die Identifikation der Wähler mit einer bestimmten Partei ist weniger fest verwurzelt[151], so daß die Wähler häufiger in ihrer Stimmabgabe die Partei wechseln.

Ähnliche Tendenzen einer Entwicklung weg von den in bestimmten Sozialstrukturen verankerten Volks- und Mitgliederparteien zu lockeren, stark an den Medien orientierten Rahmenparteien, deren Erfolg in hohem Maße von der Popularität einzelner Politiker abhängt, lassen sich auch in Westdeutschland beobachten. Sie hängen generell mit dem Bedeutungsverlust der politischen und sozialen Großorganisationen zusammen, den wir auch bei den Kirchen, den Gewerkschaften und Arbeitgeberorganisationen beobachten können. Speziell ist aber auch eine deutlich stärker werdende Distanzierung der Bevölkerung von den Parteien und ihren Versuchen zur Monopolisierung der politischen Willensbildung auffällig. Politikwissenschaftler, Soziologen und Journalisten haben daher seit etwa einem Jahrzehnt und besonders vor der Bundestagswahl 1994 viel über Politik- und Parteiverdrossenheit, das Aufkommen von Protestparteien und die Unfähigkeit der beiden großen Volksparteien, die Massen der Wähler weiter zu integrieren, gesprochen[152] und auch auf den Rückgang der Wahlbeteiligung hingewiesen. Dabei hatte man auch das Beispiel Italiens vor Augen, wo das nach dem Krieg etablierte Parteiensystem aus Protest gegen die Unfähigkeit und Korruption der Politiker völlig zusammengebrochen ist. Eine ähnliche Entwicklung ist bisher in der Bundesrepublik nicht eingetreten, aber es gibt zweifellos Zeichen des Wandels in der Einstellung zur Politik und zu den bisherigen Parteien. Das auf Parteien basierende politische System der Bundesrepublik ist so – nicht zuletzt durch Anstöße aus dem Osten Deutschlands – stärker in Fluß geraten, und es bleibt abzuwarten, ob es in die alten Formen zurückkehrt, sich in einer neuen Form verfestigt oder wir in Zukunft mit einem größeren Maß an Instabilität und wohl auch einer geringeren Konsensfähigkeit der politischen Kräfte rechnen müssen.

Mentalitäten in Ost und West nach der Vereinigung

Das unterschiedliche Parteiensystem und die Differenzen im Charakter der Parteien verweisen darauf, daß sich im Osten und Westen Deutschlands vielfach andere Mentalitäten herausgebildet haben. Diese liegen nicht nur auf politischem Gebiet. So wird zum Beispiel im Osten der Arbeit, die nach sozialistischer Auffassung das wichtigste Merkmal zur Unterscheidung des Menschen vom Tier darstellt[153], ein sehr viel höherer Stellenwert als im Westen eingeräumt und hedonistische Haltungen, die im Westen vor allem unter jungen Menschen stark verbreitet sind, treffen auf wenig Verständnis.[154] Dagegen wird dem Umweltschutz im Osten weniger Bedeutung als im Westen beigemessen.[155]

Sehr erheblich sind die Unterschiede in der politischen Kultur. So hielten 1997 68 % der Ostdeutschen, aber nur 33 % der Westdeutschen den Sozialismus für eine gute Idee, die schlecht ausgeführt wurde.[156] Während das Bekenntnis zu den Grundprinzipien der Demokratie, wie Opposition, freie Meinungsäußerung, Mehrparteiensystem, Demonstrationsrecht, in beiden Teilen Deutschlands mit über 90 % sehr hoch liegt[157], ist das Vertrauen in die Demokratie der Bundesrepublik und ihre Fähigkeit, die entscheidenden Probleme zu lösen, im Osten signifikant geringer als im Westen. Besonders groß ist die Enttäuschung über die Marktwirtschaft, die allerdings auch im Westen als Konsequenz der Massenarbeitslosigkeit der letzten Jahre stark zugenommen hat.[158]

Die egalitäre Prägung der früheren Bürger der DDR drückt sich auch darin aus, daß Gerechtigkeit – vor allem soziale Gerechtigkeit – für sie einen besonders hohen Stellenwert hat. Als im August 1995 gefragt wurde, wie man sich entscheiden würde, wenn man zur Wahl zwischen Freiheit und Gerechtigkeit oder zwischen Freiheit und Gleichheit gezwungen würde, haben sich sehr viel mehr Ostdeutsche für Gerechtigkeit und Gleichheit und mehr Westdeutsche für Freiheit ausgesprochen.[159] Kennzeichnend ist auch, daß Ostdeutsche politische Institutionen vor allem nach ihren Ergebnissen beurteilen und ein relativ kritisches Verhältnis zu den Verfahren der Demokratie und des Rechtstaates haben.[160] Man findet kaum die Position des Verfassungspatriotismus[161], die vor allem das Verhältnis vieler Intellektueller in der alten Bundesrepublik zu ihrem Staat prägte.

Schnell nach der Vereinigung hat sich auch eine spezifische Identität der Ostdeutschen herausgebildet. Nachdem im März 1990 – also zur Zeit der Volkskammerwahlen – 61 % der befragten Ostdeutschen sich eher als Deutsche und nur 32 % eher als Ostdeutsche fühlten, war das Ergebnis im Januar 1992 (35:60) fast umgekehrt.[162] Im Juni 1998 fühlten sich allerdings nur noch 36 % der Bürger der neuen Bundesländer, aber 60 % der Anhänger der PDS, primär als Ostdeutsche und nicht als Deutsche oder Landsleute (Thüringer, Sachsen etc.).[163]

Zweifellos sind viele Ostdeutsche mit den Ergebnissen der Vereinigung unzufrieden. Das Problem des Zurechtfindens in einer neuen Welt, der Verlust an alten Bindungen, die Sorge über steigende Kriminalität, die Beschädigung des Selbstwertgefühls durch den Verlust des Arbeitsplatzes und durch die Entwertung bisheriger Qualifikationen sowie das oft spannungsgeladene Zusammentreffen von Ost- und Westdeutschen – all diese Schwierigkeiten werden ohne billiges Moralisieren in dem «Roman aus der ostdeutschen Provinz», den «Simple Storys» von Ingo Schulze deutlich[164], der die ungeheure Vielfalt widerspiegelt, mit der die Vereinigung auf die Lebensläufe der Menschen im Osten einwirkte und weiter einwirkt. Der Zusammenstoß zweier Systeme und der durch sie geprägten Menschen sowie die Probleme einer Übergangsgesellschaft verdichten sich hier in der Schilderung von etwa einem Dutzend Menschen in der thüringischen Kleinstadt Altenburg.

So schwierig die Orientierung in den neuen Verhältnissen auch ist und so hart insbesondere die hohe Arbeitslosigkeit in die Lebenspläne vieler Menschen – vor allem der Frauen – eingreift, so wäre es doch falsch, die Vereinigung unter dem Strich als Verlust für die Menschen in Ostdeutschland zu bilanzieren. Es geht ihnen zweifellos besser als den Menschen in den anderen sozialistischen Staaten des früheren Ostblocks, die fast ohne Hilfe von außen viel größere Probleme beim Übergang von der Plan- zur Marktwirtschaft und von der Diktatur zur Demokratie zu bewältigen haben. Kaum jemand, nicht einmal die Mehrheit der PDS-Wähler, wünscht ernsthaft eine Rückkehr zu den früheren Verhältnissen. Die These, daß eine «Kolonisierung Ostdeutschlands» durch Westdeutschland stattgefunden habe, hat sich ebensowenig durchgesetzt wie die polemische Bezeichnung der Vereinigung als eines «Anschlusses». Auch hat die «Transplantation» der westdeutschen Institutionen nicht zu einer Art «Immunreaktion» gegen diese und zu deren Abstoßung geführt. Im Gegenteil, sie haben sich insgesamt gut bewährt.[165] Insbesondere das Grundgesetz bietet gute Chancen, die spezifischen Interessen und Werte Ostdeutschlands einzubringen, wenn man sich an seine allerdings bisher nicht verwirklichte Forderung der «Herstellung gleichwertiger Lebensverhältnisse im Bundesgebiet» (Artikel 72.2) hält und die im Grundgesetz verankerten, über ihren Bevölkerungsanteil hinausgehende starke Vertretung der fünf neuen Bundesländer im Bundesrat[166] in Rechnung stellt. Es ist wichtig, daß auch weiterhin durch großzügige Hilfe aus dem Westen die schwere Krise der Wirtschaft und die Massenarbeitslosigkeit in Ostdeutschland überwunden und eine demokratische politische Kultur ausgebaut und befestigt wird. Falsch wäre es aber, von den – wie auch die Menschen vieler westdeutscher Länder – stark landsmannschaftlich geprägten Ostdeutschen einen Verzicht auf ihre eigene kulturelle und politische Identität zu fordern und damit zu vergessen, daß gerade in der Vielfalt sich die Einheit der Nation bewähren muß.

Zu den Ansichten, in denen sich Ost- und Westdeutsche deutlich unterscheiden, gehören auch die über die deutsche Vergangenheit. Bei Fragen des Allensbacher Instituts für Demoskopie in den Jahren nach 1989, was die Besonderheit der deutschen Geschichte ausmache, hat jeder zweite Westdeutsche den Nationalsozialismus genannt, wobei die Hinweise auf die Verbrechen der Nazis immer eindeutiger wurden. Im Osten wurde von den Befragten die deutsche Neigung, Kriege mit den Nachbarn zu beginnen, am häufigsten erwähnt. Es folgten die Teilung Deutschlands und die Berliner Mauer und danach die Wiedervereinigung. Die Nationalsozialisten und die mit ihnen verbundenen Verbrechen wurden dagegen 1990 nur von 4 %, im April 1995 allerdings bereits von 17 % der Befragten genannt.[167] Das bedeutet natürlich nicht, daß die Ostdeutschen die Verbrechen der Nationalsozialisten entschuldigen oder gar gutheißen. Es zeigt jedoch, daß die Sozialisation in zwei voneinander scharf abweichenden politischen und gesellschaftlichen Systemen und unterschiedliche

Erfahrungen über mehr als vier Jahrzehnte in diesen wie in anderen Bereichen zu divergierenden Mentalitäten, Auffassungen und Werten geführt haben.

Gegenwartsprobleme deutscher Politik

Die Wiedervereinigungskrise ist nur eines, wenn auch das zur Zeit wohl schwierigste der vielen Probleme, vor denen die erweiterte Bundesrepublik bei ihren Versuchen zur Anpassung an den rapiden Wandel der Umweltbedingungen, der Kommunikationssysteme, der Wirtschafts- und der Machtverhältnisse in der Welt steht.

Dabei gerät insbesondere der Sozialstaat auf den Prüfstand, obwohl er tief in der deutschen Geschichte wurzelnd, seit 1949 wesentlich die Legitimation der Bundesrepublik begründete und seine Übertragung nach Ostdeutschland verhinderte, daß die schwere Krise der dortigen Wirtschaft sich zum sozialen Elend und zu einer viel weitergehenden politischen Radikalisierung ausweitete. Die Europäisierung und die sogenannte Globalisierung der Wirtschaft, die einen neuen Anstoß durch den Zusammenbruch der sozialistischen Planwirtschaft in den mittel-osteuropäischen Ländern und den Staaten der ehemaligen Sowjetunion erhalten hat, haben in den letzten Jahren zu tiefen Einbrüchen auch auf dem Arbeitsmarkt der alten Bundesländer geführt. Das war unter anderem eine Folge der Verlagerung von Produktionsstandorten aus Deutschland mit seinen hohen Löhnen und hohen Steuern in Länder mit niedrigen Löhnen und besonderen Steuervergünstigungen für investierende Unternehmen.

Deutschland ist von der Verschärfung des internationalen Wettbewerbs besonders betroffen, da der Anteil der international exponierten Bereiche – vor allem der Exportindustrie, des transnationalen Verkehrs und der unternehmensbezogenen Dienstleistungen – und der davon berührten Arbeitsplätze in der deutschen Wirtschaft, etwa im Vergleich zu den Vereinigten Staaten, besonders hoch ist.[168] Wie die steigenden Exportziffern der Bundesrepublik zeigen, hat sich die deutsche Wirtschaft in diesem immer härter werdenden internationalen Konkurrenzkampf bisher relativ gut behaupten können. Für die Beschäftigten, die die Verlagerung eines Teils ihrer Arbeitsplätze in das Ausland erleben mußten, bedeutet aber die notwendige Anpassung an die raschen Veränderungen der Märkte weniger stabile Arbeitsverhältnisse und die Umstellung auf rasch wandelnde Qualifikationsanforderungen im Umgang mit neuen Techniken und Kommunikationssystemen. Arbeitsplätze für Personen mit geringer Qualifikation und geringer Qualifizierbarkeit gehen dabei als erste verloren.[169]

Ein weiterer Grund für die hohen Arbeitslosenziffern Deutschlands liegt in der ungenügenden Entwicklung des vom internationalen Wettbewerb geschützten lokalen Dienstleistungsbereiches. In diesem Wirtschaftssektor – etwa dem Einzelhandel, dem Hotel- und Gaststättengewerbe, den Haushalten, aber auch dem Bildungs- und Gesundheitswesen und in den sozialen Diensten – sind in Deutschland nur 28 % der Erwerbstätigen beschäftigt, im Vergleich zu 41 % in den Vereinigten Staaten und 39 % in Schweden.[170]

Das hängt entscheidend mit der Struktur unseres Systems sozialer Sicherheit zusammen. Den Kern des deutschen Sozialstaates machen große Transferleistungen aus, etwa für Arbeitslose, Rentner und Empfänger von Sozialhilfe, während in den ebenfalls sehr teuren Sozialstaaten Dänemark und Schweden beschäftigungswirksame soziale Dienstleistungen im öffentlichen Sektor eine viel größere Rolle spielen. Dagegen sind die Arbeitsplätze für einfache soziale Dienstleistungen im privaten Bereich, die in den Vereinigten Staaten mit ihrer vergleichsweise sehr niedrigen Unterstützung von Armen in den letzten Jahren wesentlich zum Abbau der Arbeitslosigkeit beitrugen, zu teuer. Die weit überwiegende Finanzierung der Sozialleistungen durch Beiträge der Arbeitgeber und Arbeitnehmer, die seit der Bismarckzeit ein Kennzeichen des deutschen Systems ist, treibt die Lohnnebenkosten und damit die Kosten der Arbeit und indirekt auch die Arbeitslosigkeit in die Höhe.

Ein Umbau des deutschen Sozialstaates, der diese besonderen Belastungen der deutschen Wirtschaft reduziert, wird seit Jahren intensiv diskutiert[171], scheiterte aber bisher an unserer politischen und sozialen Verfassung. Diese ist – auch als Antwort auf die Konzentration der Macht und deren Mißbrauch im NS-Staat – gekennzeichnet durch ein im internationalen Vergleich besonders weitgehendes System der Gewaltenteilung und der Zersplitterung der Macht. Dazu gehört der spezifische Charakter des deutschen Föderalismus mit der starken Position der Regierungen der Länder in dem seit Jahren von einer Mehrheit der Oppositionsparteien bestimmten Bundesrat. Auch das Wahlrecht, das fast notwendig zu einem System von mehr als zwei Parteien und damit zu Koalitionsregierungen führt, deren Partner erhebliche Abstimmungsprobleme gerade in sozialpolitischen Fragen haben, ist an dieser Stelle zu nennen wie außerdem der große politische Einfluß von Bundesverfassungsgericht und Deutscher Bundesbank. Weiter ist auf das Vetorecht mächtiger Interessenverbände hinzuweisen, die etwa im Gesundheitswesen oder im System der Arbeitsbeziehungen die sozialen Besitzstände bestimmter Bevölkerungsgruppen und Berufe verteidigen und weitergehende Reformen erschweren oder verhindern. Es ist nur zu hoffen, daß die in den letzten Jahren besonders deutlichen Tendenzen zum politischen Immobilismus durch gegenseitige Blockierung der politischen Kräfte nach der Bundestagswahl 1998 überwunden werden können.

Allerdings gibt es auch strukturelle Ursachen der Krise des Sozialstaates, für die sich deutliche Parallelen in den anderen westlichen Industrienationen zeigen. Zu ihnen gehört die Krise der Arbeitsgesellschaft, die Tendenz zur Bildung eines immer größer werdenden Grundstocks von Arbeitslosen durch Rationalisierungsmaßnahmen der Betriebe und strukturelle Veränderungen der Wirtschaft. Dem könnte wohl nur der Ausbau des privaten und öffentlichen Dienstleistungssektors wirksam entgegensteuern. Da das Finanzierungssystem der sozialen Sicherheit in Deutschland in besonders starkem Maße auf einer bis zur Verrentung andauernden Vollerwerbstätigkeit der arbeitsfähigen und arbeitswilligen Bevölkerung beruht, wirkt sich die Krise auf dem Arbeitsmarkt auf den deutschen Sozialstaat noch schärfer als auf das Sozialsystem anderer westlicher Länder aus. Nicht nur, daß die Arbeitslosen unterstützt werden müssen, auch die Beitragseinnahmen aller Sozialversicherungen gehen zurück.

Die Alterung moderner Industriegesellschaften durch den Geburtenrückgang und die steigende Lebenserwartung erschwert zudem die auf dem Umlageverfahren und damit auf dem Generationenvertrag beruhende Finanzierung der Altersrenten. Gleichzeitig werden die Kosten des Gesundheitswesens und der Pflegedienste wegen der größeren Anfälligkeit älterer Menschen für akute und besonders für chronische Krankheiten und wegen der Pflege hochbetagter, oft hilfsbedürftiger Menschen in die Höhe getrieben.

Sehr bedeutsam sind schließlich auch die Konsequenzen, die sich für den deutschen Sozialstaat aus den im Osten Deutschlands besonders weitgehenden Veränderungen traditioneller Lebensformen – vor allem der vermehrten Erwerbstätigkeit und dem gewandelten Rollenverständnis der Frauen und aus der Zunahme nichtehelicher Lebensgemeinschaften – ergeben. Einerseits wird durch die Steigerung des Anteils der erwerbstätigen Frauen und damit der Beitragszahler der Sozialstaat finanziell entlastet, sofern es genügend Arbeitsmöglichkeiten gibt. Andererseits gefährdet der Rückgang der Geburten den Generationenvertrag und verteuert die starke Zunahme der Ein-Personen-Haushalte, deren Mitglieder bei schwerer Krankheit oder Behinderung von der gesetzlichen Pflegeversicherung und der Sozialhilfe besonders abhängig sind, das System der sozialen Sicherheit. Es kommt hinzu, daß im deutschen Sozialsystem die Leistungen in der Kindererziehung bisher nicht genügend honoriert werden und es – im Unterschied etwa zu Frankreich – einen Lastenausgleich zwischen Einzelpersonen beziehungsweise Ehepaaren ohne Kindern und Familien mit mehreren Kindern erst in ungenügenden Ansätzen gibt.[172]

Die Auswirkungen der europäischen Währungsunion auf die Wirtschaft und die Erwerbstätigkeit in Deutschland sind schwer vorauszusagen. Die deutsche Wirtschaft mit ihrer starken Exportorientierung wird sicher davon profitieren, daß die Kosten des Umtausches von Währungen in Europa wegfallen und vor allem eine größere Kalkulationssicherheit durch das

Ende des ständigen Schwankens der Wechselkurse unter den Mitgliedern der Währungsunion gewährleistet ist. Andererseits werden aber auch die Zusammenhänge zwischen Lohnkosten, den Lohnnebenkosten zur Finanzierung der sozialen Sicherungssysteme sowie der Flexibilität der Arbeitsmärkte einerseits und der Beschäftigtensituation andererseits noch transparenter werden und sich damit die Tendenzen zur Verlagerung von Arbeitsplätzen ins Ausland und der Druck zur Reduzierung sozialer Leistungen verschärfen.

Die hier als Beispiele thematisierten Gegenwartsprobleme der deutschen Wirtschaft und besonders des Sozialstaates bilden nur einen Ausschnitt aus den Herausforderungen, aber auch den Chancen, vor denen die neue Bundesrepublik steht. Mit der Erweiterung der Europäischen Union und der NATO und der Veränderung ihrer Aufgaben muß sie ihren Platz in diesen Organisationen neu bestimmen. Sie muß eine realistische, von humanitären Erwägungen, aber vor allem auch von deutschen Interessen bestimmte Einwanderungspolitik beschließen, das deutsche Staatsbürgerrecht den gewandelten Bedingungen eines gegen den eigenen Wunsch zum Einwanderungsland gewordenen Staates anpassen und einen wichtigen Beitrag zur Lösung internationaler Probleme leisten, wenn es gilt, die Isolation Rußlands zu verhindern und den sozialen Ausgleich zwischen einem reichen Norden und einem armen Süden in der Welt voranzutreiben. Vor allem aber muß die Bundesrepublik alles tun, um eine weitere Entfremdung zwischen den Deutschen im Osten und Westen zu verhindern.

Für die Bewältigung aller dieser Aufgaben brauchen wir eine vorurteilsfreie, auf hohem Niveau stehende, öffentliche Diskussion, eine größere Flexibilität unserer Institutionen und Organisationen – vor allem der Parteien – sowie die Konsens- und Kompromißfähigkeit der politischen Eliten. Wir brauchen aber auch Politiker mit Visionen, die dennoch in der Realität wurzeln und die nach den berühmten Worten von Max Weber bereit und fähig sind für «ein starkes, langsames Bohren von harten Brettern mit Leidenschaft und Augenmaß zugleich».[173] Ich kann solche Politiker und solche Männer und Frauen in anderen Bereichen des heutigen Deutschland zur Zeit nicht sehen. Die Geschichte der Bundesrepublik in den fast fünf Jahrzehnten ihrer bisherigen Existenz mit der bemerkenswerten Mischung von Kontinuität und Wandel zeigt aber, daß es ihr immer wieder geglückt ist, sich an neue Bedingungen anzupassen, so daß wir darauf auch in Zukunft hoffen dürfen.

Anmerkungen

I
Kontinuitäten und Diskontinuitäten in staatlichen und gesellschaftlichen Institutionen Westdeutschlands nach 1945

* Jeder Titel in den Anmerkungen wird bei der ersten Nennung in *jedem* Kapitel voll zitiert. Bei weiteren Erwähnungen in demselben Kapitel werden nur der Nachname des Verfassers oder Herausgebers und ein Kurztitel angegeben.

1 Fritz René Allemann, Bonn ist nicht Weimar, Köln/Berlin 1956.

2 Hans Werner Richter, Deutschland ist ein Land ..., in: Der Ruf, 15. 11. 1946.

3 Walter Dirks, Der restaurative Charakter der Epoche, in: Frankfurter Hefte 5, 1950, S. 942–954.

4 Eugen Kogon, Die Aussichten der Restauration. Über die gesellschaftlichen Grundlagen der Zeit, in: Frankfurter Hefte 7, 1952, S. 165–177.

5 Rolf Badstübner, Restauration in Westdeutschland 1945–1949, Berlin (Ost) 1965.

6 Das wird stark betont von Hans-Peter Schwarz, dem führenden Historiker über die Adenauerzeit, in seinem Kapitel «Der Geist der fünfziger Jahre», in: Schwarz, Die Ära Adenauer. Gründerjahre der Republik 1949–1957, Stuttgart/Wiesbaden 1983, S. 375–464; vgl. weiter ders., Modernisierung oder Restauration? Einige Vorfragen zur künftigen Sozialgeschichtsforschung über die Ära Adenauer, in: Kurt Düwell/Wolfgang Köllmann (Hg.), Rheinland-Westfalen im Industriezeitalter, Bd. 3: vom Ende der Weimarer Republik bis zum Land Nordrhein-Westfalen, Wuppertal 1984, S. 278–293; Michael Prinz, Demokratische Stabilisierung, Problemlagen von Modernisierung im Selbstbezug und historische Kontinuität – Leitbegriffe einer Zeitsozialgeschichte, in: Westfälische Forschungen 43, 1993, S. 655–675.

7 Martin Broszat/Klaus-Dietmar Henke/Hans Woller (Hg.), Von Stalingrad zur Währungsreform. Zur Sozialgeschichte des Umbruchs in Deutschland, München 1988.

8 Wolfgang Koeppen, Tauben im Gras, 1. Aufl. Stuttgart 1951. Hier nach der Taschenbuchausgabe, Frankfurt a. M. 1980.

9 Das betont Thomas Nipperdey, 1933 und die Kontinuität der deutschen Geschichte, zuerst veröffentlicht in: Historische Zeitschrift 227, 1978, Wiederabdruck in: ders., Nachdenken über die deutsche Geschichte. Essays, München 1986, S. 186–205.

10 Für den tiefgreifenden Wandel der Gesellschaft vgl. besonders Axel

Schildt/Arnold Sywottek (Hg.), Modernisierung im Wiederaufbau. Die westdeutsche Gesellschaft der 50er Jahre, Bonn 1993.

11 Vgl. Paul Erker, Revolution des Dorfes? Ländliche Bevölkerung zwischen Flüchtlingszustrom und landwirtschaftlichem Strukturwandel, in: Broszat/Henke/Woller (Hg.), Von Stalingrad zur Währungsreform, S. 367–425, hier S. 382f.

12 Statistisches Bundesamt (Hg.), Bevölkerung und Wirtschaft 1872–1972, Stuttgart/Mainz 1972, S. 106.

13 Vgl. dazu Christoph Kleßmann, Kontinuitäten und Veränderungen im protestantischen Milieu; Karl Gabriel, Die Katholiken in den 50er Jahren: Restauration, Modernisierung und beginnende Auflösung eines konfessionellen Milieus, beide Artikel in: Schildt/Sywottek (Hg.), Modernisierung, S. 403–417, 418–430; vgl. weiter für die Katholiken: Arbeitskreis für kirchliche Zeitgeschichte (AKKZG) Münster, Katholiken zwischen Tradition und Moderne. Das katholische Milieu als Forschungsaufgabe, in: Westfälische Forschungen 43, 1993, S. 588–646; Frank Nienhaus, Transformations- und Erosionsprozesse des katholischen Milieus in einer ländlich-textilindustrialisierten Region: Das Westmünsterland 1914–1968, in: Matthias Frese/Michael Prinz (Hg.), Politische Zäsuren und Gesellschaftlicher Wandel im 20. Jahrhundert. Regionale und vergleichende Perspektiven, Paderborn 1996, S. 597–629, bes. S. 618–622.

14 Vgl. Karl-Egon Lönne, Katholizismus 1945: Zwischen gequälter Selbstbehauptung gegenüber dem Nationalsozialismus und Öffnung zur pluralistischen Gesellschaft, in: Hans-Erich Volkmann (Hg.), Ende des Dritten Reiches – Ende des Zweiten Weltkriegs. Eine perspektivische Rückschau, München/Zürich 1995, S. 745–769, bes. S. 757f; Wilhelm Damberg, Abschied vom Milieu? Der Katholizismus im Bistum Münster und in den Niederlanden 1945–1980, Paderborn 1997.

15 Vgl. die ausgezeichnete Studie von Karl Schmitt, Konfession und Wahlverhalten in der Bundesrepublik Deutschland, Berlin 1989. Das Buch analysiert die Bundestagswahlen bis 1983.

16 Vgl. Bundestagswahl 1994. Eine Analyse der Wahl zum 13. Deutschen Bundestag am 16. Oktober 1994, Berichte der Forschungsgruppe Wahlen e. V., Mannheim Nr. 76, 21. Oktober 1994, S. 24.

17 Vgl. Ulrich Scheuner, Die Stellung der evangelischen Kirche und ihr Verhältnis zum Staat in der Bundesrepublik 1949–1963, in: Anton Rauscher (Hg.), Kirche und Staat in der Bundesrepublik 1949–1963, Paderborn/München/Wien/Zürich 1979, S. 121–150.

18 Abgedruckt in: Frederic Spotts, Kirchen und Politik in Deutschland, Stuttgart 1976, S. 17.

19 Vgl. Die Denkschriften der Evangelischen Kirche in Deutschland, Bd. I/1, S. 77–126.

20 Briefwechsel zwischen dem polnischen und deutschen Episkopat. Dokumentation, München 1966.

21 Vgl. dazu Bernhard Diestelkamp, Kontinuität und Wandel in der Gesellschafts- und Rechtsordnung vor und nach 1945, in: ders. u. a. (Hg.), Zwischen Kontinuität und Fremdbestimmung. Zum Einfluß

der Besatzungsmächte auf die deutsche und japanische Rechtsordnung 1945 bis 1950. Deutsch-japanisches Symposion in Tokio vom 6. bis 9. April 1994, Tübingen 1996, S. 15–35.

22 Zur Entwicklung des Steuersystems und der Steuerpolitik vgl. Volker Hentschel, Steuersystem und Steuerpolitik in Deutschland 1890–1970, in: Werner Conze/M. Rainer Lepsius (Hg.), Sozialgeschichte der Bundesrepublik Deutschland. Beiträge zum Kontinuitätsproblem, Stuttgart 1983, S. 256–295.

23 Vgl A. J. Nicholls, Freedom with Responsibility. The Social Market Economy in Germany 1918–1963, Oxford 1994; Gerold Ambrosius, Die Durchsetzung der Sozialen Marktwirtschaft in Westdeutschland 1945–1949, München 1977.

24 Ludwig Erhard, Wohlstand für alle, Düsseldorf 1957.

25 Vgl. Hans Hattenhauer, Besatzungsmächte und Beamtentum, in: Diestelkamp u. a. (Hg.), Zwischen Kontinuität und Fremdbestimmung, S. 113–136.

26 Vgl. Ulrich Reusch, Deutsches Berufsbeamtentum und britische Besatzung 1943–1947, Stuttgart 1985.

27 Vgl. Udo Wengst, Beamtentum zwischen Reform und Tradition. Beamtengesetzgebung in der Gründungsphase der Bundesrepublik Deutschland 1948–1953, Düsseldorf 1988, S. 34–48.

28 Text des Gesetzes in: Beilage Nr. 2 zum Gesetzblatt der Verwaltung des Vereinigten Wirtschaftsgebietes, Jg. 1949, S. 1–8.

29 Die Kabinettsprotokolle der Bundesregierung, Bd. 1: 1949, bearbeitet von Ulrich Enders und Konrad Reiser, Boppard 1982, S. 345 f.

30 Abdruck des Gesetzes in: Bundesgesetzblatt 1951, Teil 1, S. 307 ff.

31 Zu den verschiedenen Gruppen der 131er und dem Anteil der NSDAP-Mitglieder unter ihnen vgl. Curt Garner, Der öffentliche Dienst in den 50er Jahren: Politische Weichenstellungen und ihre sozialgeschichtlichen Folgen, in: Schildt/Sywottek (Hg.), Modernisierung, S. 759–790, hier S. 771 f., 788.

32 So Lutz Niethammer, Die Mitläuferfabrik. Die Entnazifizierung am Beispiel Bayerns, Berlin/Bonn 1982; vgl. weiter Clemens Vollnhals (Hg.), Entnazifizierung. Politische Säuberung und Rehabilitierung in den vier Besatzungszonen 1945–1949, München 1991, S. 7–64.

33 Clemens Vollnhals, Evangelische Kirche und Entnazifizierung 1945–1949. Die Last der nationalsozialistischen Vergangenheit, München 1989.

34 Vgl. Rudolf Morsey, Personal- und Beamtenpolitik im Übergang von der Bizone zur Bundesverwaltung (1947–1950). Kontinuität oder Neubeginn, in: ders. (Hg.), Verwaltungsgeschichte. Aufgaben, Zielsetzungen, Beispiele, Berlin 1977, S. 191–238.

35 Ebda., S. 210–219; für die Frage nach der Kontinuität von Bürokratie und Beamten in den Länderverwaltungen vgl. die Fallstudie von Michael Ruck, Korpsgeist und Staatsbewußtsein. Beamte im deutschen Südwesten 1928 bis 1972, München 1996.

36 Morsey, Personal- und Beamtenpolitik, S. 199.

37 Curt Garner, Public Service Personnel in West Germany in the 1950s:

Controversial policy decisions and their effects on social composition, gender structure, and the role of former Nazis, in: Journal of Social History 29, 1995, S. 25–80, hier S. 35.

38 Udo Wengst, Staatsaufbau und Verwaltungspraxis 1948–1953. Zur Geschichte der Verfassungsorgane der Bundesrepublik Deutschland, Düsseldorf 1984, S. 177–181.

39 Vgl. Garner, Öffentlicher Dienst, S. 769.

40 Vgl. Wengst, Staatsaufbau, S. 174–177.

41 Vgl. Vollnhals, Evangelische Kirche, S. 160 sowie Björn Mensing, Pfarrer und Nationalsozialismus. Geschichte einer Verstrickung am Beispiel der Evangelisch-Lutherischen Kirche in Bayern, Göttingen 1998. Vgl. weiter zur weitgehend gescheiterten «Selbstreinigung» und Entnazifizierung die Fallstudie von Klaus Erich Pollmann, Die Entnazifizierung in der Braunschweigischen Landeskirche nach 1945, in: ders.(Hg.), Der schwierige Weg in die Nachkriegszeit. Die Evangelisch-lutherische Landeskirche in Braunschweig 1945–1950, Göttingen 1994, S. 26–99.

42 Vgl. Hermann-Josef Rupieper, Die Wurzeln der westdeutschen Nachkriegsdemokratie. Der amerikanische Beitrag 1945–1952, Opladen 1993, S. 110–132.

43 Vgl. dazu die ausgezeichnete Studie von Winfried Müller, Schulpolitik in Bayern im Spannungsfeld von Kultusbürokratie und Besatzungsmacht 1945–1949, München 1995.

44 Anselm Doering-Manteuffel, Dimensionen von Amerikanisierung in der deutschen Gesellschaft, in: Archiv für Sozialgeschichte 35, 1995, S. 1–34, hier S. 15.

45 Vgl. Statistisches Jahrbuch der Bundesrepublik Deutschland 1952, S. 62; 1972, S. 76; 1989, S. 345.

46 Statistisches Jahrbuch der Bundesrepublik Deutschland 1994, S. 406–411.

47 Vgl. Rupieper, Wurzeln, S. 137.

48 Vgl. am Beispiel Berlin Wolfram Fischer u. a.(Hg.), Exodus von Wissenschaften aus Berlin. Fragestellungen – Ergebnisse – Desiderate. Entwicklungen vor und nach 1933, Berlin/New York 1994.

49 Nach Rupieper, Wurzeln, S. 152 kamen von rund 1000 emigrierten Hochschullehrern bis 1952 131 mit amerikanischer Hilfe zurück.

50 Vgl. Thomas Stamm, Zwischen Staat und Selbstverwaltung. Die deutsche Forschung im Wiederaufbau 1945–1965, Köln 1981, S. 65–67; Kurt Jürgensen, The Concept and Practice of «Re-education» in Germany 1945–1950, in: Nicholas Pronay/Keith Wilson (Hg.), The Political Re-education of Germany & her Allies After World War II, London 1985, bes. S. 92 f.

51 Manfred Heinemann, Der Wiederaufbau der Kaiser-Wilhelm-Gesellschaft und die Neugründungen der Max-Planck-Gesellschaft (1945–1949), in: Rudolf Vierhaus/Bernhard vom Brocke (Hg.), Forschung im Spannungsfeld von Politik und Gesellschaft. Geschichte und Struktur der Kaiser-Wilhelm-/Max-Planck-Gesellschaft, Stuttgart 1990, S. 407–470.

52 Ebda., S. 424–428, 441 f., 454 f.

53 Vgl. Otto Gerhard Oexle, Wie in Göttingen die Max-Planck-Gesellschaft entstand, in: Max-Planck-Gesellschaft Jahrbuch 1994, S. 43–60.
54 Vgl. Winfried Schulze unter Mitarbeit von Sven Bergmann und Gerd Helm, Der Stifterverband für die Deutsche Wissenschaft 1920–1995, Berlin 1995, S. 96–141.
55 Stamm, Zwischen Staat und Selbstverwaltung, S. 126–141; Kurt Zierold, Forschungsförderung in drei Epochen. Deutsche Forschungsgemeinschaft. Geschichte, Arbeitsweise, Kommentar, Wiesbaden 1968, S. 284–306.
56 Vgl. deren Eingabe an den Parlamentarischen Rat vom 15. 12. 1948, die vom Vorsitzenden des Hauptausschusses Carlo Schmid verlesen wurde: Parlamentarischer Rat, Verhandlungen des Hauptausschusses 1948/49, 30. Sitzung, 6. 1. 1949, Stenographische Berichte, S. 362.
57 Artikel 91a und 91b des Grundgesetzes.
58 Stamm, Zwischen Staat und Selbstverwaltung, S. 222 f.
59 Vgl. zur Gründungs- und Frühgeschichte der Fraunhofer-Gesellschaft die Aufzeichnungen des langjährigen Generalsekretärs der Gesellschaft August Epp, Die ersten 25 Jahre der Fraunhofer-Gesellschaft, 2 Teile, Wörthsee-Steinebach 1984, Ms., Teil I, S. 1–12; Hans-Willy Hohn/Uwe Schimank, Konflikte und Gleichgewichte im Forschungssystem. Akteurkonstellationen und Entwicklungspfade in der staatlich finanzierten außeruniversitären Forschung, Frankfurt/New York 1990, S. 181–183.
60 Vgl. Gerhard A. Ritter, Großforschung und Staat in Deutschland. Ein historischer Überblick, München 1992.
61 Vgl. Johannes Bähr, Die «amerikanische Herausforderung». Anfänge der Technologiepolitik in der Bundesrepublik Deutschland, in: Archiv für Sozialgeschichte 35, 1995, S. 115–130. Der Begriff «amerikanische Herausforderung» geht auf ein vielbeachtetes Buch des französischen Publizisten Jean-Jacques Servan-Schreiber mit diesem Titel (deutsche Übersetzung 1968) zurück.
62 Vgl. Barbara Mettler, Demokratisierung und Kalter Krieg. Zur amerikanischen Informations- und Rundfunkpolitik in Westdeutschland 1945–1949, Berlin 1975; vgl. die Beiträge von Wolfgang Schütte, Barbara Mettler und Dierk L. Schaaf, in: Winfried B. Lerg/Rolf Steininger (Hg.), Rundfunk und Politik 1923–1973. Beiträge zur Rundfunkforschung, Berlin 1975; Hans Bausch, Rundfunkpolitik nach 1945, Erster Teil: 1945–1962, München 1980, S. 217–241, 243–260, 295–309.
63 Vgl. Hans J. Kleinsteuber, Hörfunk und Populärkultur in den USA der 50er Jahre, in: Schildt/Sywottek (Hg.), Modernisierung, S. 513–529, bes. S. 525–528.
64 Vgl. Rolf Steininger, Rundfunkpolitik im ersten Kabinett Adenauer, in: Lerg/Steininger (Hg.), Rundfunk und Politik, S. 341–384; vgl. weiter Norbert Frei, Hörfunk und Fernsehen, in: Wolfgang Benz (Hg.), Die Geschichte der Bundesrepublik Deutschland, Bd. 4: Kultur, Frankfurt am Main 1989, S. 417–463, bes. S. 433–437.
65 Vgl. Bausch, Rundfunkpolitik, S. 430–438 mit der Kurzfassung des Urteils durch die Pressestelle des Bundesverfassungsgerichts.
66 Ebda., S. 415 ff.

67 Vgl. zur Pressepolitik der alliierten Besatzungsmächte Kurt Koszyk, Pressepolitik für Deutschland 1945–1949. Geschichte der deutschen Presse, Teil IV, Berlin 1986; Norbert Frei, Die Presse, in: Benz (Hg.), Geschichte, Bd. 4, S. 370–416, bes. S. 370–383.

68 Vgl. Hans Habe, Im Jahre Null. Ein Beitrag zur Geschichte der deutschen Presse, München 1966; Harold Hurwitz, Die Stunde Null. Die amerikanische Pressepolitik in Deutschland 1945–1949, Köln 1972, S. 100–110, 261–269.

69 Vgl. dazu Heidrun Holzbach, Das System Hugenberg. Die Organisation bürgerlicher Sammlungspolitik vor dem Aufstieg der NSDAP, München 1981.

70 Vgl. Koszyk, Pressepolitik, S. 319–324 sowie am Beispiel Südost-Oberbayerns Norbert Frei, Amerikanische Lizenzpolitik und deutsche Pressetradition. Die Geschichte der Nachkriegszeitung Südost-Kurier, München 1986, bes. S. 139–157.

71 Kurt Koszyk, Presse und Pressekonzentration in den 50er Jahren, in: Schildt/Sywottek (Hg.), Modernisierung, S. 439–457, bes. S. 454.

72 Ludolf Herbst, Der Totale Krieg und die Ordnung der Wirtschaft. Die Kriegswirtschaft im Spannungsfeld von Politik, Ideologie und Propaganda 1939–1945, Stuttgart 1982, bes. S. 341 ff.; Klaus-Dietmar Henke, Die amerikanische Besetzung Deutschlands, München 1995, bes. S. 449–480.

73 Henke, Amerikanische Besetzung, S. 561 ff.

74 Vgl. Volker R. Berghahn, The Americanisation of West German Industry 1945–1973, Leamington Spa/New York 1986, bes. S. 40 ff.

75 Vgl. Werner Bührer, Technologischer Wandel, Industrie und Beschäftigungsstruktur in der Bundesrepublik Deutschland, in: Archiv für Sozialgeschichte 35, 1995, S. 91–113, bes. S. 104 f.

76 Vgl. Berghahn, Americanisation, bes. S. 230 ff. Meines Erachtens ignoriert Berghahn in seiner grundlegenden Studie über die Amerikanisierung der deutschen Industrie die viel stärkere Bedeutung der sozialstaatlichen Tradition, die die deutsche Wirtschaft von der eher dem Ideal einer «reinen Marktwirtschaft» entsprechenden amerikanischen Wirtschaft unterscheidet, in der zudem die Gewerkschaften eine viel schwächere Stellung haben.

77 Ebda., S. 321–325.

78 Zu dessen Entstehung vergleiche Nicholls, Freedom, bes. S. 325–338; Rüdiger Robert, Konzentrationspolitik in der Bundesrepublik. Das Beispiel der Entstehung des Gesetzes gegen Wettbewerbsbeschränkungen, Berlin 1976.

79 Vgl. die Fallstudie über das Nachkriegsschicksal der Kreisleiter der NSDAP in Bayern von Barbara Fait, Die Kreisleiter der NSDAP – nach 1945, in: Broszat/Henke/Woller (Hg.), Von Stalingrad zur Währungsreform, S. 212–299.

80 Vgl. Norbert Frei, Vergangenheitspolitik. Die Anfänge der Bundesrepublik und die NS-Vergangenheit, München 1996, S. 361–396; Ulrich Herbert, Best. Biographische Studien über Radikalismus, Weltanschauung und Vernunft 1903–1989, Bonn 1996, S. 461–476; Heinz

Georg Marten, Die unterwanderte FDP. Politischer Liberalismus in Niedersachsen – Aufbau und Entwicklung der Freien Demokratischen Partei 1945–1955, Göttingen/Frankfurt a. M./Zürich 1978.

81 Friedrich Karl Fromme, Von der Weimarer Verfassung zum Bonner Grundgesetz. Die verfassungspolitischen Folgerungen des Parlamentarischen Rates aus Weimarer Republik und nationalsozialistischer Diktatur, 2. Aufl., Tübingen 1960.

82 Vgl. Bernhard Diestelkamp, Rechtsgeschichte als Zeitgeschichte. Historische Betrachtungen zur Entstehung und Durchsetzung der Theorie vom Fortbestand des Deutschen Reiches als Staat nach 1945, in: Zeitschrift für Neuere Rechtsgeschichte 7, 1985, S. 181–207.

83 Vgl. Hans Günter Hockerts, Gab es eine Stunde Null? Die politische, gesellschaftliche und wirtschaftliche Situation Deutschlands nach der bedingungslosen Kapitulation, in: Stefan Krimm/Wieland Zirbs (Hg.), Nachkriegs-Zeiten – Die Stunde Null als Realität und Mythos in der deutschen Geschichte. Acta Hohenschwangau 1995, München 1996, S. 119–156, hier S. 122f.

84 Vgl. Barbara Fait, «In einer Atmosphäre von Freiheit». Die Rolle der Amerikaner bei der Verfassungsgebung in den Ländern der US-Zone 1946, in: Vierteljahrshefte für Zeitgeschichte 33, 1985, S. 420–455, hier S. 454.; Adolf M. Birke, Der Beitrag der Alliierten zur Neuordnung der Kommunal- und Länderverfassungen in Deutschland, in: Diestelkamp u. a. (Hg.), Zwischen Kontinuität und Fremdbestimmung, S. 79–96, hier S. 91.

85 Grundlegend zur Wiedergutmachung Ludolf Herbst/Constantin Goschler (Hg.), Wiedergutmachung in der Bundesrepublik Deutschland, München 1989; Constantin Goschler, Wiedergutmachung. Westdeutschland und die Verfolgten des Nationalsozialismus (1945–1954), München 1992.

86 Vgl. Der Parlamentarische Rat 1948–1949. Akten und Protokolle. Bd. 8: Die Beziehungen des Parlamentarischen Rates zu den Militärregierungen. Bearb. von Michael F. Feldkamp. Hg. vom Deutschen Bundestag und vom Bundesarchiv unter Leitung von Rupert Schick und Friedrich P. Kahlenberg, Boppard am Rhein 1995; vgl. weiter am Beispiel des Einflusses der Briten Adolf M. Birke, Großbritannien und der Parlamentarische Rat, in: Vierteljahrshefte für Zeitgeschichte 42, 1994, S. 313–359.

87 Vgl. dazu Barbara Fait, Demokratische Erneuerung unter dem Sternenbanner. Amerikanische Kontrolle und Verfassungsgebung in Bayern 1946, Düsseldorf 1998.

88 Abdruck in: Der Parlamentarische Rat 1948–1949, Bd. I: Vorgeschichte, bearb. von Johannes Volker Wagner, Boppard 1975, S. 30–36. Vgl. zur Diskussion dieser Dokumente vor allem durch die Ministerpräsidenten der deutschen Länder Bettina Blank, Die westdeutschen Länder und die Entstehung der Bundesrepublik. Zur Auseinandersetzung um die Frankfurter Dokumente vom Juli 1948, München 1995.

89 Vgl. Ernst Rudolf Huber, Deutsche Verfassungsgeschichte seit 1789, Bd. 6: Die Weimarer Reichsverfassung, Stuttgart 1981, S. 99f.

90 Reinhard Schiffers (Bearb.), Grundlegung der Verfassungsgerichtsbarkeit. Das Gesetz über das Bundesverfassungsgericht vom 12. März 1951, Düsseldorf 1984.

91 Vgl. Rainer Wahl/Frank Rottmann, Die Bedeutung der Verfassung und der Verfassungsgerichtsbarkeit in der Bundesrepublik – im Vergleich zum 19. Jahrhundert und zu Weimar, in: Conze/Lepsius (Hg.), Sozialgeschichte, S. 339–386; Ulrich Scheuner, Die Überlieferung der deutschen Staatsgerichtsbarkeit im 19. und 20. Jahrhundert, in: Christian Starck (Hg.), Bundesverfassungsgericht und Grundgesetz. Festgabe aus Anlaß des 25-jährigen Bestehens des Bundesverfassungsgerichts, Bd. 1, Tübingen 1976, S. 1–62.

92 Bernhard Diestelkamp, Kontinuität und Wandel in der Rechtsordnung, 1945–1955, in: Ludolf Herbst (Hg.), Westdeutschland 1945 bis 1955. Unterwerfung, Kontrolle, Integration, München 1986, S. 85–105, bes. S. 90.

93 Vgl. dazu Norbert Horn, Arbeitsrecht und soziale Beziehungen in der Bundesrepublik in historischer Sicht, in: Conze/Lepsius (Hg.), Sozialgeschichte, S. 324–338.

94 Vgl. Thomas Nipperdey, Der Föderalismus in der deutschen Geschichte, in: Nipperdey, Nachdenken, S. 60–109.

95 Vgl. Marie Elise Foelz-Schroeter, Föderalistische Politik und nationale Repräsentation 1945–1947. Westdeutsche Länderregierungen, zonale Bürokratien und politische Parteien im Widerstreit, Stuttgart 1974.

96 Vgl. dazu als Beispiel die kluge Studie über das Konzept der Heimat in der Rheinpfalz von Celia Applegate, A Nation of Provincials. The German Idea of Heimat, Berkeley/Los Angeles/Oxford 1990.

97 Vgl. Rudolf Morsey, Die Entstehung des Bundesrates im Parlamentarischen Rat, in: Bundesrat (Hg.), Der Bundesrat als Verfassungsorgan und politische Kraft. Beiträge zum fünfundzwanzigjährigen Bestehen des Bundesrates der Bundesrepublik Deutschland, Bad Honnef/Darmstadt 1974, S. 63–77.

98 Vgl. zur Herkunft dieses Begriffes und zum «kooperativen Föderalismus» in den Vereinigten Staaten W. Kewenig, Kooperativer Föderalismus und bundesstaatliche Ordnung. Bemerkungen zur Theorie und Praxis des kooperativen Föderalismus in den USA unter besonderer Berücksichtigung der «grants in aid», der Bundeshilfeprogramme, in: Archiv des Öffentlichen Rechts 93, 1968, S. 433 ff.

99 Vgl. W. Leisner, Schwächung der Länderparlamente durch den grundgesetzlichen Föderalismus. Vertikale gegen horizontale Gewaltenteilung, in: Die öffentliche Verwaltung 21, 1968, S. 389–396.

100 Der langjährige Präsident des Bundesverfassungsgerichts und spätere Bundespräsident Roman Herzog hat die Rechtsprechung des Bundesverfassungsgerichts, das diese Entwicklung förderte, 1979 als «lasterhaft» bezeichnet: Roman Herzog, Wandel des Föderalismus in der Bundesrepublik Deutschland, in: Detlef Merten/Rudolf Morsey (Hg.), 30 Jahre Grundgesetz. Vorträge und Diskussionsbeiträge der 47. Staatswissenschaftlichen Fortbildungstagung 1979 der Hochschule für Verwaltungswissenschaften Speyer, Berlin 1979, S. 51–54, hier S. 42.

101 Artikel 91a und 91b des Grundgesetzes. Vgl. dazu Siegfried Marnitz, Die Gemeinschaftsaufgaben des Art. 91a GG als Versuch einer verfassungsrechtlichen Institutionalisierung der bundesstaatlichen Kooperation. Eine verfassungsrechtliche und verfassungspolitische Untersuchung, Berlin 1974.

102 Herzog, Wandel des Föderalismus, S. 46.

103 Vgl. Kirsten Schmalenbach, Der neue Europaartikel 23 des Grundgesetzes im Lichte der Arbeit der Gemeinsamen Verfassungskommission. Motive einer Verfassungsänderung, Berlin 1996.

104 Vgl. Wolfgang R. Krabbe, Kommunalpolitik und Industrialisierung. Die Entfaltung der städtischen Leistungsverwaltung im 19. und frühen 20. Jahrhundert. Fallstudien zu Dortmund und Münster, Stuttgart/Köln/Mainz 1985.

105 Vgl. Heidrun Homburg, Vom Arbeitslosen zum Zwangsarbeiter. Arbeitslosenpolitik und Fraktionierung der Arbeiterschaft in Deutschland am Beispiel der Wohlfahrtserwerbslosen und der kommunalen Wohlfahrtshilfe, in: Archiv für Sozialgeschichte 25, 1985, S. 251–298.

106 Vgl. Horst Matzerath, Nationalsozialismus und kommunale Selbstverwaltung, Stuttgart 1970.

107 Vgl. Christian Engeli, Neuanfänge der Selbstverwaltung nach 1945, in: Günter Püttner unter Mitarbeit von Michael Borchmann (Hg.), Handbuch der kommunalen Wissenschaft und Praxis, Bd. I: Grundlagen, 2. Aufl., Berlin/Heidelberg/New York 1981, S. 114–132.

108 Vgl. Birke, Beitrag, bes. S. 81–87.

109 Vgl. Wolfgang Rudzio, Die Neuordnung des Kommunalwesens in der Britischen Zone. Zur Demokratisierung und Dezentralisierung der politischen Struktur: eine britische Reform und ihr Ausgang, Stuttgart 1968; Friedrich D. Bachmeister, Die Reform des deutschen Kommunalverwaltungsrechts durch die britische Besatzungsmacht. Wiedereinführung einer demokratischen Stadtverfassung in Lüneburg 1945 und die Neufassung der deutschen Gemeindeordnung 1946, Frankfurt a. M. u. a. 1988.

110 Vgl. Ulrich Reusch, Deutsches Berufsbeamtentum, S. 240–281.

111 Im Grundgesetz wird die Bundesrepublik in Artikel 20 als «ein demokratischer und sozialer Bundesstaat» bezeichnet. Nach Artikel 28 muß die verfassungsmäßige Ordnung der Länder «den Grundsätzen des republikanischen, demokratischen und sozialen Rechtsstaates im Sinne dieses Grundgesetzes entsprechen». – In Artikel 3 der Bayerischen Verfassung von 1946 wird Bayern als «Rechts-, Kultur- und Sozialstaat» bezeichnet. – Zum Sozialstaatsprinzip in der Verfassung vgl. Hans F. Zacher, Das soziale Staatsziel, in: Josef Isensee/Paul Kirchhof (Hg.), Handbuch des Staatsrechts der Bundesrepublik Deutschland, Bd. 1, Heidelberg 1987, S. 1045–1111.

112 Johannes Bähr, Staatliche Schlichtung in der Weimarer Republik. Tarifpolitik, Korporatismus und industrieller Konflikt zwischen Inflation und Deflation 1919–1932, Berlin 1989.

113 Michael Schneider, Kleine Geschichte der Gewerkschaften. Ihre Entwicklung in Deutschland von den Anfängen bis heute, Bonn 1989,

bes. S. 236ff. Vgl. weiter die Bände 6–8 und 11 der «Quellen zur Geschichte der deutschen Gewerkschaftsbewegung im 20. Jahrhundert» über den organisatorischen Aufbau, die Rolle der Gewerkschaften in Politik, Wirtschaft und Gesellschaft, die Gewerkschaften und die Angestelltenfrage 1945–1949 und die Entwicklung des Deutschen Gewerkschaftsbundes 1949–1956, Köln 1987, 1988, 1989, 1996.

114 Vgl. Werner Link, Deutsche und amerikanische Gewerkschaften und Geschäftsleute 1945–1975. Eine Studie über transnationale Beziehungen, Düsseldorf 1978, bes. S. 44–82.

115 Vgl. Timothy W. Mason, Zur Entstehung des Gesetzes zur Ordnung der nationalen Arbeit vom 20. Januar 1934. Ein Versuch über das Verhältnis «archaischer» und «moderner» Momente in der neuesten deutschen Geschichte, in: Hans Mommsen/Dietmar Petzina/Bernd Weisbrod (Hg.), Industrielles System und politische Entwicklung in der Weimarer Republik. Verhandlungen des Internationalen Symposions in Bochum vom 12.–17. Juni 1972, Düsseldorf 1974, S. 322–351.

116 Vgl. Ulrich Engelhardt, Strukturelemente der Bundesrepublik Deutschland. Überlegungen zum Problem historischer Kontinuität am Beispiel der Betriebsverfassung, in: Vierteljahrschrift für Sozial- und Wirtschaftsgeschichte 69, 1982, S. 373–392; speziell zum Betriebsverfassungsgesetz vergleiche Dorothee Buchhaas, Parteien und Verbände zwischen Kontinuität und Neubeginn (1945–1952). Eine Untersuchung zur Entstehung des Schulordnungsgesetzes in Nordrhein-Westfalen und des Betriebsverfassungsgesetzes, Düsseldorf 1985.

117 Vgl. Gabriele Müller-List (Bearb.), Montanmitbestimmung. Das Gesetz über die Mitbestimmung der Arbeitnehmer in den Aufsichtsräten und Vorständen der Unternehmen des Bergbaus und der Eisen und Stahl erzeugenden Industrie vom 21. Mai 1951, Düsseldorf 1984.

118 Gabriele Müller-List (Bearb.), Neubeginn bei Eisen und Stahl im Ruhrgebiet. Die Beziehungen zwischen Arbeitgebern und Arbeitnehmern in der nordrhein-westfälischen Eisen- und Stahlindustrie 1945–1948, Düsseldorf 1990.

119 Bundesgesetzblatt 1972, I, S. 13–43, bes. §§ 111–113.

120 Vgl. Horst Ehmann, Der Schutzzweck des Sozialplans – Verwandler des ganzen Arbeitsrechts?, in: ders./Wolfgang Herfermehl/Adolf Laufs (Hg.), Privatautonomie, Eigentum und Verantwortung. Festgabe für Hermann Weitnauer zum 70. Geburtstag, Berlin 1980, S. 3–66, bes. S. 18–23.

121 Vgl. Jürgen Kädtler, Gewerkschaften und Arbeitslosigkeit. Zwischen Vollbeschäftigungsziel und selektiver Besitzstandwahrung, Göttingen 1986, bes. S. 234–249.

122 Vgl. Gerhard A. Ritter, Der Sozialstaat. Entstehung und Entwicklung im internationalen Vergleich, 2. Aufl., München 1991, S. 176f.

123 Vgl. Ulrich Engelhardt, Das deutsche industrielle Verbandswesen und seine Stellung in der westdeutschen Marktwirtschaft, Staatswiss. Diss., Ms., Bonn 1954.

124 Ingo Tornow, Die deutschen Unternehmerverbände 1945–1950. Kontinuität oder Diskontinuität? in: Josef Becker/Theo Stammen/Peter

Waldmann (Hg.), Vorgeschichte der Bundesrepublik Deutschland. Zwischen Kapitulation und Grundgesetz, München 1979, S. 235–260.

125 Ebda., S. 251 f.

126 Vgl. zur Entwicklung des Sozialversicherungssystems in der NS-Zeit Karl Teppe, Zur Sozialpolitik des Dritten Reiches am Beispiel der Sozialversicherung, in: Archiv für Sozialgeschichte 17, 1977, S. 195–250; Wolfgang Scheur, Einrichtungen und Maßnahmen der sozialen Sicherheit in der Zeit des Nationalsozialismus, Wirtschafts- und sozialwissenschaftliche Diss., Köln 1967; Marie-Luise Recker, Nationalsozialistische Sozialpolitik im Zweiten Weltkrieg, München 1985.

127 Vgl. Hans Günter Hockerts, Sozialpolitische Entscheidungen im Nachkriegsdeutschland. Alliierte und deutsche Sozialversicherungspolitik 1945 bis 1957, Stuttgart 1980, S. 63–67.

128 Rainer Hudemann, Sozialpolitik im deutschen Südwesten zwischen Tradition und Neuordnung 1945–1953. Sozialversicherung und Kriegsopferversorgung im Rahmen französischer Besatzungspolitik, Mainz 1988.

129 Eckart Reidegeld, Die Sozialversicherung zwischen Neuordnung und Restauration. Soziale Kräfte, Reformen und Reformpläne unter besonderer Berücksichtigung der Versicherungsanstalt Berlin (VAB), Frankfurt a. Main 1982.

130 Michael Stolleis, Entstehung und Entwicklung des Bundessozialgerichts, in: ders., Recht im Unrecht. Studien zur Rechtsgeschichte des Nationalsozialismus, Frankfurt a. Main 1994, S. 275–305.

131 Grundlegend dazu Hockerts, Sozialpolitische Entscheidungen.

132 Vgl. Margarete Landenberger, Pflegeversicherung als Vorbote eines anderen Sozialstaates, in: Zeitschrift für Sozialreform 40, 1994, S. 314–342.

133 Vgl. Hans Georg Wieck, Die Entstehung der CDU und die Wiedergründung des Zentrums im Jahre 1945, Düsseldorf 1953; ders., Christliche und Freie Demokraten in Hessen, Rheinland-Pfalz, Baden und Württemberg 1945/46, Düsseldorf 1958; Günter Buchstab/Klaus Gotto (Hg.), Die Gründung der Union, München 1981; Horstwalter Heitzer, Die CDU in der britischen Zone. Gründung, Organisation, Programm und Politik, Düsseldorf 1988; Winfried Becker, CDU und CSU 1945–1950. Vorläufer, Gründung und regionale Entwicklung bis zum Entstehen der CDU-Bundespartei, Mainz 1987; Hans-Otto Kleinmann, Geschichte der CDU 1945–1982, Stuttgart 1993.

134 Dorothee Buchhaas, Die Volkspartei. Programmatische Entwicklung der CDU 1950–1973, Düsseldorf 1981; Rudolf Uertz, Christentum und Sozialismus in der frühen CDU. Grundlagen und Wirkungen der christlich-sozialen Ideen in der Union 1945–1949, Stuttgart 1981.

135 Vgl. Ute Schmidt, Zentrum oder CDU. Politischer Katholizismus zwischen Tradition und Anpassung, Opladen 1987.

136 Wulf Schönbohm, Die CDU wird moderne Volkspartei. Selbstverständnis, Mitglieder, Organisation und Apparat 1950–1980, Stuttgart 1985.

137 Vgl. Barbara Fait/Alf Mintzel unter Mitarbeit von Thomas Schlemmer

(Hg.), Die CSU 1945–1948. Protokolle und Materialien zur Frühgeschichte der Christlich-Sozialen Union, 3 Teilbände, München 1993; Barbara Fait, Die Anfänge der CSU 1945–1948. Der holprige Weg zur Erfolgspartei, München/Landsberg a. Lech 1995; Thomas Schlemmer, Aufbruch, Krise und Erneuerung. Die Christlich-Soziale Union 1945 bis 1955, München 1998.

138 Ilse Unger, Die Bayernpartei. Geschichte und Struktur 1945–1957, Stuttgart 1979.

139 Alf Mintzel, Die CSU. Anatomie einer konservativen Partei 1945–1972, 2. Aufl., Opladen 1978; ders., Geschichte der CSU. Ein Überblick, Opladen 1977.

140 Vgl. Kurt Klotzbach, Der Weg zur Staatspartei. Programmatik, praktische Politik und Organisation der deutschen Sozialdemokratie 1945 bis 1965, Berlin/Bonn 1982, bes. S. 54 ff.

141 Typisch dafür ist die Bundestagsfraktion der SPD 1949–1953, von deren 136 Mitgliedern 112 (82,4 %) schon vor 1933 sich der sozialistischen Bewegung angeschlossen hatten und 97 (71,3 %) 1949 älter als 45 Jahre waren. Vgl. Petra Weber (Bearb.), Die SPD-Fraktion im Deutschen Bundestag, Sitzungsprotokolle 1949–1957, I. Halbband, Düsseldorf 1993, S. XII–XVI.

142 Vgl. Stefan Goch, Sozialdemokratische Arbeiterbewegung und Arbeiterkultur im Ruhrgebiet. Eine Untersuchung am Beispiel Gelsenkirchen 1848–1975, Düsseldorf 1990, bes. S. 419–544.

143 Vgl. Peter Lösche/Franz Walter, Die SPD: Klassenpartei – Volkspartei – Quotenpartei. Zur Entwicklung der Sozialdemokratie von Weimar bis zur deutschen Vereinigung, Darmstadt 1992, S. 184–192.

144 Vgl. Franz Urban Pappi, Sozialstruktur, gesellschaftliche Wertorientierung und Wahlabsicht. Ergebnisse eines Zeitvergleichs des deutschen Elektorats 1953 und 1976, in: Politische Vierteljahresschrift 13, 1977, S. 195–229. Peter Gluchowski u. Hans-Joachim Veen, Nivellierungstendenzen in den Wähler- und Mitgliedschaften von CDU/CSU und SPD 1959 bis 1979, in: Zeitschrift für Parlamentsfragen 10, 1979, S. 312–331; Hans-Joachim Veen/Peter Gluchowski, Sozialstrukturelle Nivellierung bei politischer Polarisierung – Wandlungen und Konstanten in der Wählerstruktur der Parteien 1953–1987, in: Zeitschrift für Parlamentsfragen 19, 1988, S. 225–248; Dieter Oberndörfer/Hans Rattinger/Karl Schmitt (Hg.), Wirtschaftlicher Wandel, religiöser Wandel und Wertewandel. Folgen für das politische Verhalten in der Bundesrepublik Deutschland, Berlin 1985.

145 Vgl. Gerhard A. Ritter/Merith Niehuss, Wahlen in Deutschland 1946–1991. Ein Handbuch, München 1991, S. 226; dies., Wahlen in Deutschland 1990–1994, München 1995, S. 51.

146 Vgl. Hans Kluth, Die KPD in der Bundesrepublik. Ihre politische Tätigkeit und Organisation 1945–1956, Opladen 1959.

147 Zur Entstehung und Frühgeschichte der FDP vgl. Dieter Hein, Zwischen liberaler Milieupartei und nationaler Sammlungsbewegung. Gründung, Entwicklung und Struktur der Freien Demokratischen Partei 1945–1949, Düsseldorf 1985; Karsten Schröder, Die FDP in der

britischen Besatzungszone 1946–1948. Ein Beitrag zur Organisationsstruktur der Liberalen im Nachkriegsdeutschland, Düsseldorf 1985.

148 Vgl. dazu die Edition von Udo Wengst (Bearb.), FDP-Bundesvorstand, Sitzungsprotokolle 1949–1954. Die Liberalen unter dem Vorsitz von Theodor Heuss und Franz Blücher, 2 Halbbände, Düsseldorf 1990; Sitzungsprotokolle 1954–1960. Die Liberalen unter dem Vorsitz von Thomas Dehler und Reinhold Maier, Düsseldorf 1991.

149 Vgl. für die Wahlergebnisse Ritter/Niehuss, Wahlen 1946–1991, S. 100–102.

150 Vgl. Christiane Olligs, Die Entwicklung der Landtags- und Kommunalwahlgesetze in den Ländern der Britischen Zone 1946–1958, Phil. Diss., München 1990.

151 Vgl. die Wahlergebnisse in Ritter/Niehuss, Wahlen 1946–1991, S. 147, 158–163, 166f.

152 Vgl. Erhard A. M. Lange, Der Parlamentarische Rat und die Entstehung des ersten Bundeswahlgesetzes, in: Vierteljahrshefte für Zeitgeschichte 20, 1972, S. 280–318.

153 Zur Entwicklung und Diskussion des Wahlrechts vgl. Erhard A. M. Lange, Wahlrecht und Innenpolitik. Entstehungsgeschichte und Analyse der Wahlgesetzgebung und Wahlrechtsdiskussion im westlichen Nachkriegsdeutschland 1945–1956, Meisenheim am Glan 1975; Eckhard Jesse, Wahlrecht zwischen Kontinuität und Reform. Eine Analyse der Wahlrechtsdiskussion und der Wahlrechtsänderungen in der Bundesrepublik Deutschland 1949–1983, Düsseldorf 1985; Ritter/Niehuss, Wahlen 1946–1991, S. 89–93, 127–133, 143–145, 151–157.

154 Franz Neumann, Der Block der Heimatvertriebenen und Entrechteten 1950–1960. Ein Beitrag zur Geschichte und Struktur einer politischen Interessenpartei, Meisenheim am Glan 1968.

155 Hermann Meyn, Die Deutsche Partei. Entwicklung und Problematik einer national-konservativen Rechtspartei nach 1945, Düsseldorf 1965.

156 Vgl. Otto Büsch/Peter Furth, Rechtsradikalismus im Nachkriegsdeutschland. Studien über die «Sozialistische Reichspartei» (SRP), Berlin/Frankfurt a. M. 1957.

157 Vgl. Oliver Sowinski, Die Deutsche Reichspartei 1950–1965. Organisation und Ideologie einer rechtsradikalen Partei, Frankfurt am Main u. a. 1998.

158 Vgl. Hans Maier/Hermann Bott, Die NPD. Struktur und Ideologie einer «nationalen Rechtspartei», München 1968.

159 Vgl. Thomas Scharf, The German Greens. Challenging the Consensus, Oxford/Providence 1994.

160 Für die zunehmende Bedeutung «postmaterieller» Werte und die kulturellen Veränderungen, die damit verbunden sind, vgl. Ronald Inglehart, The Silent Revolution: Changing Values and Political Styles among Western Publics, Princeton 1977; Ronald Inglehart, Kultureller Umbruch. Wertewandel in der westlichen Welt, Frankfurt a. M. 1990; Helmut Klages, Wertorientierungen im Wandel. Rückblick, Gegenwartsanalyse, Prognosen, Frankfurt a. M./New York 1984. – Für die Wähler der Grünen vgl. Wilhelm Bürklin/Russel J. Dalton, Das Er-

grauen der Grünen, in: Dieter Klingemann/Max Kaase (Hg.), Wahlen und Wähler. Analysen aus Anlaß der Bundestagswahlen 1990, Opladen 1994, S. 264–302.

II
Wirtschaft und Gesellschaft der Bundesrepublik im Wandel

1 Für diese und die folgenden Zahlen über den Wandel der wirtschaftlichen und sozialen Struktur vgl. Gerhard A. Ritter, Zum Wandel der deutschen Gesellschaft seit dem Kaiserreich, in: Karl Dietrich Bracher u. a. (Hg.), Staat und Parteien. Festschrift für Rudolf Morsey zum 65. Geburtstag, Berlin 1992, S. 453–488, bes. S. 466f; zur Situation der Landwirtschaft und der Bauern im Industrialisierungsprozeß und zur landwirtschaftlichen Modernisierung vgl. Paul Erker, Der lange Abschied vom Agrarland. Zur Sozialgeschichte der Bauern im Industrialisierungsprozeß, in: Matthias Frese/Michael Prinz (Hg.), Politische Zäsuren und gesellschaftlicher Wandel im 20. Jahrhundert. Regionale und vergleichende Perspektiven, Paderborn 1996, S. 327–360.

2 Vgl. Paul Erker, Ernährungskrise und Nachkriegsgesellschaft. Bauern und Arbeiterschaft in Bayern 1943–1953, Stuttgart 1990.

3 Vgl. zur Situation in der Landwirtschaft und zur Landwirtschaftspolitik des NS-Regimes Gustav Corni/Horst Gies, Brot, Butter, Kanonen. Die Ernährungswirtschaft in Deutschland unter der Diktatur Hitlers, Berlin 1997.

4 Vgl. dazu für die erste Phase Paul Erker, Revolution des Dorfes?, Ländliche Bevölkerung zwischen Flüchtlingsstrom und landwirtschaftlichem Strukturwandel, in: Martin Broszat/Klaus-Dietmar Henke/Hans Woller (Hg.), Von Stalingrad zur Währungsreform. Zur Sozialgeschichte des Umbruchs in Deutschland, München 1988, S. 367–425; vgl. weiter die Fallstudie über die drei Dörfer Ottmarsbocholt, Heek und Rödinghausen in Westfalen von Peter Exner, Ländliche Gesellschaft und Landwirtschaft in Westfalen 1919–1969, Paderborn 1997 sowie Andreas Eichmüller, Landwirtschaft und bäuerliche Bevölkerung in Bayern. Ökonomischer und sozialer Wandel 1948–1970. – Eine vergleichende Untersuchung der Landkreise Erding, Kötzing und Obernburg, München 1997.

5 Michael C. Krause, Flucht vor dem Bombenkrieg. «Umquartierungen» im Zweiten Weltkrieg und die Wiedereingliederung der Evakuierten in Deutschland 1943–1963, Düsseldorf 1997; Gerhard Kock, «Der Führer sorgt für unsere Kinder …». Die Kinderlandverschikkung im Zweiten Weltkrieg, Paderborn u. a. 1997.

6 Erker, Revolution des Dorfes?, S. 380.

7 Vgl. für die geschilderten Einstellungen vor allem Exner, Ländliche Gesellschaft, der besonders die Eliterekrutierung in den Gemeinden,

das Vereins- und Festwesen auf den Dörfern und das Heiratsverhalten untersucht.

8 Gerold Ambrosius, Wirtschaftlicher Strukturwandel und Technikentwicklung, in: Axel Schildt/Arnold Sywottek (Hg.), Modernisierung im Wiederaufbau. Die westdeutsche Gesellschaft der 50er Jahre, Bonn 1993, S. 107–128, hier S. 110.

9 Werner Bührer, Technologischer Wandel, Industrie- und Beschäftigungsstruktur in der Bundesrepublik Deutschland, in: Archiv für Sozialgeschichte 35, 1995, S. 91–113, bes. S. 95–100.

10 Ebda., S. 101.

11 Vgl. Hein Ulrich Brinkmann, Wahlverhalten der «neuen Mittelschicht» in der Bundesrepublik Deutschland, in: Aus Politik und Zeitgeschichte, B 30/31, 22.7. 1988, S. 19–32, hier S. 25. Die Ergebnisse beruhen auf Wählerumfragen.

12 Statistisches Taschenbuch 1980. Arbeits- und Sozialstatistik, Bonn 1980, 1.1 und 1.2; Statistisches Bundesamt (Hg.), Statistisches Jahrbuch der Bundesrepublik Deutschland 1990, S. 574.

13 Gerhard A. Ritter/Merith Niehuss, Wahlen in Deutschland 1946–1991. Ein Handbuch, München 1991, S. 65 f.

14 Vgl., allerdings für die Zeit bis 1913 auf den Jahresverdienst und für die Folgezeit nur auf Arbeiter bezogen: Gerd Hohorst/Jürgen Kocka/Gerhard A. Ritter, Sozialgeschichtliches Arbeitsbuch, Bd. II: Materialien zur Statistik des Kaiserreichs 1870–1914, 2. Aufl., München 1978, S. 107; Dietmar Petzina/Werner Abelshauser/Anselm Faust, Sozialgeschichtliches Arbeitsbuch, Bd. III: Materialien zur Statistik des Deutschen Reiches 1914–1945, München 1978, S. 98.

15 Oswald Angermann/Günter Weinreich, Von 66 Minuten zu 9 Minuten Arbeit für 250 g Butter – Verdienste und Kosten der Lebenshaltung, in: Egon Hölder (Hg.), Im Zug der Zeit. Ein Bilderbogen durch vier Jahrzehnte, Wiesbaden 1989, S. 235–246, bes. S. 243–246. – Es handelt sich um eine Veröffentlichung des Statistischen Bundesamtes.

16 Statistisches Bundesamt (Hg.), Bevölkerung und Wirtschaft 1872–1972, Stuttgart/Mainz 1972, S. 205. – Zur Motorisierung vgl. Thomas Südbeck, Motorisierung, Verkehrsentwicklung und Verkehrspolitik in der Bundesrepublik Deutschland der 1950er Jahre, Stuttgart 1994.

17 Statistisches Jahrbuch 1989 für die Bundesrepublik Deutschland, Stuttgart 1989, S. 275.

18 Vgl. Axel Schildt, Gesellschaftliche Entwicklung, in: Deutschland in den fünfziger Jahren, Informationen zur politischen Bildung 256, 1997, S. 3–10, hier S. 7.

19 Vgl. Günther Schulz, Wiederaufbau in Deutschland. Die Wohnungsbaupolitik in den Westzonen und der Bundesrepublik von 1945 bis 1957, Düsseldorf 1994.

20 Schildt, Gesellschaftliche Entwicklung, S. 8.

21 Christoph Dubral, Vom Trümmergrundstück zum Eigenheim – 40 Jahre Wohnungsbau, in: Hölder (Hg.), Zug der Zeit, S. 69–80, hier S. 73 f.

22 Jürgen Angele, Vom Waschbrett zur programmierbaren Waschmaschi-

ne – technischer Fortschritt im Haushalt, in: Hölder (Hg.), Zug der Zeit, S. 81–88, hier S. 83.

23 Vgl. dazu Michael Wildt, Am Beginn der «Konsumgesellschaft». Mangelerfahrung, Lebenshaltung, Wohlstandshoffnung in Westdeutschland in den fünfziger Jahren, Hamburg 1994.

24 Ebda., S. 77f.

25 Ebda., S. 178.

26 Vgl. zu diesen Entwicklungen Hartmut Kaelble, Europäische Besonderheiten des Massenkonsums, in: Hannes Siegrist/Hartmut Kaelble/Jürgen Kocka (Hg.), Europäische Konsumgeschichte. Zur Gesellschafts- und Kulturgeschichte des Konsums (18. bis 20. Jahrhundert), Frankfurt am Main/New York 1997, S. 169–203.

27 Axel Schildt, Moderne Zeiten. Freizeit, Massenmedien und «Zeitgeist» in der Bundesrepublik der 50er Jahre, Hamburg 1995, S. 182.

28 Elisabeth Noelle-Neumann/Edgar Piel (Hg.), Eine Generation später. Bundesrepublik Deutschland 1953–1979, Institut für Demoskopie Allensbach, München/New York/London/Paris 1983, S. 184f.

29 Ebda., S. 152f, 189, 192f.

30 Ebda., S. 119.

31 Vgl. Schildt, Moderne Zeiten, S. 195–202.

32 Christine Flachmann, Von der Sommerfrische zum Massentourismus – Reisen als Teil des modernen Lebens, in: Hölder (Hg.), Zug der Zeit, S. 137–154, hier S. 146.

33 Schildt, Gesellschaftliche Entwicklung, S. 10.

34 Vgl. Josef Reindl, Die elektrotechnische Industrie der Bundesrepublik Deutschland und Großbritanniens zwischen 1945 und den späten 1960er Jahren, Phil. Diss., München 1996, Ms., bes. S. 372 ff.

35 Schildt, Moderne Zeiten, S. 218.

36 Wildt, Beginn der «Konsumgesellschaft», S. 70.

37 Schildt, Moderne Zeiten, S. 268.

38 Claus Eurich/Gerd Würzberg, 30 Jahre Fernsehalltag. Wie das Fernsehen unser Leben verändert hat, Reinbek bei Hamburg 1983, S. 140.

39 Vgl. die Statistik der Spielfilm-Produktion und des Kinobesuches 1946–1987, in: Friedrich P. Kahlenberg, Film, in: Wolfgang Benz (Hg.), Die Geschichte der Bundesrepublik Deutschland, Bd. 4: Kultur, Frankfurt a. Main 1989, S. 464–512, hier S. 502f.

40 Axel Schildt, Der Beginn des Fernsehzeitalters: Ein neues Massenmedium setzt sich durch, in: Schildt/Sywottek (Hg.), Modernisierung, S. 477–492, bes. S. 483.

41 Josef Mooser, Abschied von der «Proletarität». Sozialstruktur und Lage der Arbeiterschaft in der Bundesrepublik in historischer Perspektive, in: Werner Conze/M. Rainer Lepsius (Hg.), Sozialgeschichte der Bundesrepublik Deutschland. Beiträge zum Kontinuitätsproblem, Stuttgart 1983, S. 143–189. Vgl. weiter die ausgezeichnete Studie von Mooser, Arbeiterleben in Deutschland 1900–1970. Klassenlagen, Kultur und Politik, Frankfurt a. Main 1984.

42 Vgl. dazu für die Zeit des Kaiserreiches Gerhard A. Ritter, Arbeiterkultur im Deutschen Kaiserreich. Probleme und Forschungsansätze,

in: ders. (Hg.), Arbeiterkultur, Königstein/Ts. 1979, S. 15–39; Gerhard A. Ritter/Klaus Tenfelde, Arbeiter im Deutschen Kaiserreich 1871 bis 1914, Bonn 1992, S. 781–838.

43 Ritter/Tenfelde, Arbeiter im Deutschen Kaiserreich, S. 691–780; Thomas Rohkrämer, Der Militarismus der «kleinen Leute». Die Kriegervereine im Deutschen Kaiserreich 1871–1914, München 1990.

44 Vgl. Hans-Georg Fleck, Sozialliberalismus und Gewerkschaftsbewegung. Die Hirsch-Dunckerschen Gewerkvereine 1868–1914, Köln 1994.

45 Klaus J. Mattheier, Die Gelben. Nationale Arbeiter zwischen Wirtschaftsfrieden und Streik, Düsseldorf 1973.

46 Michael Schneider, Die Christlichen Gewerkschaften 1894–1933, Bonn 1982.

47 Heinrich August Winkler, Der Schein der Normalität. Arbeiter und Arbeiterbewegung in der Weimarer Republik 1924 bis 1930, 2. Aufl., Berlin/Bonn 1988, bes. S. 702 ff.

48 Heinrich August Winkler, Der Weg in die Katastrophe. Arbeiter und Arbeiterbewegung in der Weimarer Republik 1930 bis 1933, 2. Aufl., Bonn 1990, S. 689–692; Jürgen W. Falter, Hitlers Wähler, München 1991, bes. S. 198–230.

49 Hans-Ulrich Thamer, Verführung und Gewalt. Deutschland 1933–1945, Berlin 1986.

50 Vgl. Wolfgang Kaschuba, Arbeiterkultur heute: Ende oder Transformation?, in: ders./Gottfried Korff/Bernd Jürgen Warneken (Hg.), Arbeiterkultur seit 1945 – Ende oder Veränderung?, Tübingen 1991, S. 31–53, bes. S. 36.

51 Michael Prinz, Das Ende der Konsumvereine in der Bundesrepublik Deutschland. Traditionelle Konsumentenorganisation in der historischen Kontinuität, in: Jahrbuch für Wirtschaftsgeschichte 1993, S. 159–188.

52 Vgl. zu deren Entstehung Barbara Bichler, Die Formierung der Angestelltenbewegung im Kaiserreich und die Entstehung des Angestelltenversicherungsgesetzes von 1911, Frankfurt a. M. etc. 1997.

53 Vgl. Michael Prinz, Vom neuen Mittelstand zum Volksgenossen. Die Entwicklung des sozialen Status der Angestellten in der Weimarer Republik bis zum Ende der NS-Zeit, München 1986, bes. S. 18–51.

54 Für die Entwicklung der Angestelltenschaft in der NS-Zeit vgl. neben Prinz, Vom neuen Mittelstand zum Volksgenossen, weiter ders., Der unerwünschte Stand. Lage und Status der Angestellten im «Dritten Reich», in: Historische Zeitschrift 242, 1986, S. 327–359.

55 Vgl. Johannes Frerich/Martin Frey, Handbuch der Geschichte der Sozialpolitik in Deutschland, Bd. 3: Sozialpolitik in der Bundesrepublik Deutschland bis zur Herstellung der Deutschen Einheit, 2. Aufl., München/Wien 1996, S. 52 f.

56 Vgl. Gerhard A. Ritter, Der Sozialstaat. Entstehung und Entwicklung im internationalen Vergleich, 2. Aufl., München 1991, S. 191.

57 Jürgen Kocka/Michael Prinz, Vom «neuen Mittelstand» zum angestellten Arbeitnehmer. Kontinuität und Wandel der deutschen Ange-

stellten seit der Weimarer Republik, in: Conze/Lepsius (Hg.), Sozialgeschichte, S. 210–255.

58 Jürgen W. Falter, Hitlers Wähler, München 1991, S. 248–266.

59 Vgl. zur Mittelstandspolitik der Nationalsozialisten Adelheid von Saldern, Mittelstand im «Dritten Reich». Handwerker – Einzelhändler – Bauern, Frankfurt a. Main 1979; Peter Hüttenberger, Interessenvertretung und Lobbyismus im Dritten Reich, in: Gerhard Hirschfeld/Lothar Kettenacker (Hg.), Der «Führerstaat». Mythos und Realität. Studien zur Struktur und Politik des Dritten Reiches, Stuttgart 1981, S. 429–457.

60 Vgl. Christoph Boyer, Von der Gewerbezulassung zur Gewerbefreiheit. Handwerk und Gewerbepolitik in der amerikanischen Zone 1945–1949, dargestellt am Beispiel Bayerns, München 1990.

61 Vgl. für die folgenden Ausführungen über den «alten» gewerblichen Mittelstand die wichtige Studie von Abdolreza Scheybani, Handwerk und Kleinhandel in der Bundesrepublik Deutschland. Sozialökonomischer Wandel und Mittelstandspolitik 1949–1961, München 1996.

62 Ebda., S. 115–126.

63 Das zeigt am Beispiel Bayern die Studie von Franz J. Bauer, Flüchtlinge und Flüchtlingspolitik in Bayern 1945–1950, Stuttgart 1982.

64 Klaus Peter Krause, Der Lastenausgleich – was er war und was er heute noch ist, in: Frankfurter Allgemeine Zeitung, 24. 2. 1996.

65 Everhard Holtmann, Flüchtlinge in den 50er Jahren: Aspekte ihrer gesellschaftlichen und politischen Integration, in: Schildt/Sywottek (Hg.), Modernisierung, S. 349–361, bes. S. 351 f.

66 Vgl. dazu Paul Lüttinger (unter Mitwirkung von Rita Rossmann), Integration der Vertriebenen. Eine empirische Analyse, Frankfurt a. M./New York 1989; ders., Der Mythos der schnellen Integration. Eine empirische Untersuchung der Integration der Vertriebenen und Flüchtlinge in der Bundesrepublik Deutschland bis 1971, in: Zeitschrift für Soziologie 15, 1986, S. 20–36.

67 Vgl. Ulrike Haerendel, Berufliche Mobilität von Flüchtlingen im Nachkriegsbayern, Frankfurt a. Main u. a. 1994.

68 Vgl. Helge Heidemeyer, Flucht und Zuwanderung aus der SBZ/DDR 1945/49–1961. Die Flüchtlingspolitik der Bundesrepublik Deutschland bis zum Bau der Berliner Mauer, Düsseldorf 1994.

69 Vgl. Rainer Münz/Wolfgang Seifert/Ralf Ulrich, Zuwanderung nach Deutschland. Strukturen, Wirkungen, Perspektiven, Frankfurt a. Main/New York 1997, S. 28.

70 Für die verschiedenen Phasen der bundesdeutschen Ausländerpolitik vgl. Karl-Heinz Meier-Braun, Integration und Rückkehr? Zur Ausländerpolitik des Bundes und der Länder, insbesondere Baden-Württembergs, Mainz/München 1988; Klaus J. Bade, Ausländer, Aussiedler, Asyl. Eine Bestandsaufnahme, München 1994.

71 Vgl. Münz/Seifert/Ulrich, Zuwanderung, bes. S. 70–80.

72 Vgl. Hohorst/Kocka/Ritter, Sozialgeschichtliches Arbeitsbuch, Bd. II, S. 66; Petzina/Abelshauser/Faust, Sozialgeschichtliches Arbeitsbuch, Bd. III, S. 54.

73 Ritter/Niehuss, Wahlen 1946–1991, S. 52.
74 Ebda., S. 58.
75 Ritter/Tenfelde, Arbeiter, S. 216–218.
76 So waren beispielsweise 1907 52,6 % bzw. ohne die mithelfenden Familienangehörigen 47 % der Witwen und Geschiedenen unter 70 Jahren, dagegen nur 26,4 % bzw. 8,7 % der verheirateten Frauen entsprechenden Alters erwerbstätig. Eigene Berechnungen nach den Zahlen in der Berufsstatistik von 1907, Statistik des Deutschen Reichs, Bd. 211, S. 18–21, 44. Der Anteil der geschiedenen an den verwitweten und geschiedenen Frauen betrug damals weniger als 4 %.
77 Vgl. Ute Frevert, Frauengeschichte. Zwischen Bürgerlicher Verbesserung und Neuer Weiblichkeit, Frankfurt a. Main 1986, S. 290.
78 Vgl. zu den Zahlen für 1992: Statistisches Bundesamt (Hg.), Statistisches Jahrbuch der Bundesrepublik Deutschland 1994, Wiesbaden 1994, S. 109, 128. Der Anteil der erwerbstätigen verheirateten Frauen wäre noch höher, wenn Frauen im Alter zwischen 60 und 65 Jahren, von denen nur 9,8 % erwerbstätig waren, nicht berücksichtigt worden wären.
79 Ritter, Wandel, S. 477.
80 Vgl. Süddeutsche Zeitung, 18.10.1995.
81 Ritter/Niehuss, Wahlen 1946–1991, S. 224–226; Gerhard A. Ritter/Merith Niehuss, Wahlen in Deutschland 1990–1994, München 1995, S. 51.
82 Eine Fülle von Material dazu enthält die noch unveröffentlichte Münchner ‹Habilitationsschrift› von Merith Niehuss, Strukturgeschichte der Familie in Westdeutschland 1945 bis 1960.
83 Die Veränderung der Stellung der Mütter nach der Rückkehr der Männer aus Krieg und Gefangenschaft verdeutlicht sehr gut der Roman von Monika Maron, «Animal triste», Frankfurt a. Main 1996.
84 Niehuss, Strukturgeschichte, Ms., bes. S. 300–308.
85 Klaus-Jörg Ruhl, Verordnete Unterordnung. Berufstätige Frauen zwischen Wirtschaftswachstum und konservativer Ideologie in der Nachkriegszeit (1945–1963), München 1994, bes. S. 116–127; ders. (Hg.), Frauen in der Nachkriegszeit 1945–1963, München 1988, bes. S. 39–106.
86 Curt Garner, Public Service Personnel in West Germany in the 1950s: Controversial policy decisions and their effects on social composition, gender structure, and the role of former Nazis, in: Journal of Social History 29, 1995, S. 25–80, hier S. 53 f.
87 Vgl. Merith Niehuss, Eheschließung im Nationalsozialismus, in: Ute Gerhard (Hg.), Frauen in der Geschichte des Rechts. Von der Frühen Neuzeit bis zur Gegenwart, München 1997, S. 851–870, hier S. 855–857.
88 Garner, Public Service Personnel, S. 56–59.
89 Niehuss, Strukturgeschichte, Ms., S. 292 ff.
90 Vgl. Dorothee Klinksiek, Die Frau im NS-Staat, Stuttgart 1982.
91 Vgl. Barbara Böttger, Das Recht auf Gleichheit und Differenz. Elisabeth Selbert und der Kampf der Frauen um Art. 3 II GG, Münster 1990; Antje Späth, Vielfältige Forderungen nach Gleichberechtigung

und «nur» ein Ergebnis: Artikel 3, Absatz 2 GG, in: Anna-Elisabeth Freier/Annette Kuhn (Hg.), Frauen in der Geschichte V. «Das Schicksal Deutschlands liegt in der Hand seiner Frauen» – Frauen in der deutschen Nachkriegsgeschichte, Düsseldorf 1984, S. 122–167.

92 Vgl. Hanna Schissler, Rebuilding West German Society: A Gendered View, in: Central European History 26, 1993, S. 326–334, bes. S. 327 f.; vgl. weiter Robert G. Moeller, Geschützte Mütter. Frauen und Familien in der westdeutschen Nachkriegspolitik, München 1997, bes. S. 69 ff.

93 Entscheidungen des Bundesverfassungsgerichts, Bd. 3, Tübingen 1954, Nr. 15, S. 225–248; vgl. weiter Ines Reich-Hilweg, Männer und Frauen sind gleichberechtigt. Der Gleichberechtigungsgrundsatz (Art. 3 Abs. 2 GG) in der parlamentarischen Auseinandersetzung 1948–1957 und in der Rechtssprechung des Bundesverfassungsgerichts 1953–1975, Frankfurt a. M. 1979.

94 Entscheidungen des Bundesverfassungsgerichts, Bd. 10, Tübingen 1960, Nr. 5, S. 59–89. Das Gesetz ist veröffentlicht in: Bundesgesetzblatt 1957, S. 609–640. Vgl. weiter Gabriele Müller-List (Bearb.), Gleichberechtigung als Verfassungsauftrag. Eine Dokumentation zur Entstehung des Gleichberechtigungsgesetzes vom 18. Juni 1957, Düsseldorf 1996.

95 Jutta Limbach, Die Entwicklung des Familienrechts nach 1949, in: Rosemarie Nave-Herz (Hg.), Wandel und Kontinuität der Familie in der Bundesrepublik Deutschland, Stuttgart 1988, S. 11–35.

96 Vgl. zur Entstehungsgeschichte dieses Zusatzes: Theresia Degener, Der Streit um Gleichheit und Differenz in der Bundesrepublik Deutschland seit 1945, in: Gerhard (Hg.), Frauen, S. 871–899, bes. S. 886–888.

97 Urteil abgedruckt in: Entscheidungen des Bundesarbeitsgerichts, Bd. 1, Berlin 1955, Nr. 63, S. 258–272.

98 Vgl. Ruhl, Verordnete Unterordnung, S. 277–279.

99 Vgl. Merith Niehuss, French and German Family Policy 1945–1960, in: Contemporary European History 4, 1995, S. 293–313, hier S. 311.

100 Ritter/Niehuss, Wahlen 1946–1991, S. 30.

101 Vgl. Gerd-Rüdiger Rückert, Die Kinderzahl der Ehen in der Bundesrepublik Deutschland im Intergenerationenvergleich, in: Heinrich Tegtmeyer (Hg.), Soziale Strukturen und Individuelle Mobilität. Beiträge zur sozio-demographischen Analyse der Bundesrepublik Deutschland, Boppard am Rhein 1979, S. 319–335.

102 Ritter/Tenfelde, Arbeiter, S. 560–564.

103 Rückert, Kinderzahl, S. 326.

104 Elisabeth Noelle-Neumann, Die Verwandlung der Frauen, in: dies./Edgar Piel (Hg.), Eine Generation später, S. 16–19, hier S. 17.

105 Diskussionsbeitrag von Noelle-Neumann, in: Ebda., S. 26.

106 Noelle-Neumann, Verwandlung, S. 17.

107 Vgl. Bernd Rüthers, Werden wir eine statische Gesellschaft? Zum Wandel der beruflichen Mobilität in einer Generation, in: Noelle-Neumann/Piel (Hg.), Eine Generation später, S. 28–33; Hartmut Kaelble, Wertewandel in Frankreich und Deutschland. Wieviel natio-

nale Divergenz, wieviel europäische Konvergenz?, in: Renate Köcher/ Joachim Schild (Hg.), Wertewandel in Deutschland und Frankreich. Nationale Unterschiede und europäische Gemeinsamkeiten, Opladen 1988, S. 309–324.

108 Vgl. Hans Bertram/Simone Kreher, Lebensformen und Lebensverläufe in diesem Jahrhundert, in: Aus Politik und Zeitgeschichte, B 42/96, 11. 10. 1996, S. 18–30, hier S. 19f.

109 Eigene Berechnungen nach Zahlen in: Der Bundesminister für Arbeit und Sozialordnung, Arbeits- und Sozialstatistik. Hauptergebnisse 1996, S. 35.

110 Bertram/Kreher, Lebensformen, S. 19.

111 Schildt, Gesellschaftliche Entwicklung, S. 6.

112 Bertram/Kreher, Lebensformen, S. 19–22.

113 Vgl. Arbeits- und Sozialstatistik. Hauptergebnisse 1996, S. 34.

114 Vgl. Thomas Gensicke, Sozialer Wandel durch Modernisierung, Individualisierung und Wertewandel, in: Aus Politik und Zeitgeschichte B 42/96, 11. 10. 1996, S. 3–17, bes. S. 10f. Umfrage ohne DDR bzw. die neuen Bundesländer. In einigen Fällen wurde mehr als ein Erziehungsziel genannt.

115 Vgl. die Fallstudie von Heidrun Homburg, Rationalisierung und Industriearbeit. Arbeitsmarkt-Management. Arbeiterschaft im Siemens-Konzern Berlin 1900–1939, Berlin 1991.

116 Vgl. David Brody, The Rise and Decline of Welfare Capitalism, in: ders., Workers in Industrial America: Essays on the Twentieth Century Struggle, New York/Oxford 1980, S. 48–81; Anselm Doering-Manteuffel, Dimensionen von Amerikanisierung in der deutschen Gesellschaft, in: Archiv für Sozialgeschichte 35, 1995, S. 1–34, bes. S. 4–6.

117 Doering-Manteuffel, Dimensionen von Amerikanisierung, bes. S. 7–10.

118 Vgl. am Beispiel des Jazz Michael H. Kater, Different Drummers. Jazz in the Culture of Nazi Germany, New York/Oxford 1992. Hollywood-Filme wurden in den 1930er Jahren weiter viel in Deutschland gespielt.

119 Schildt, Gesellschaftliche Entwicklung, S. 5.

120 Vgl. Harm G. Schröter, Die Amerikanisierung der Werbung in der Bundesrepublik Deutschland, in: Jahrbuch für Wirtschaftsgeschichte 1997, S. 93–115.

121 Henning Rischbieter, Theater, in: Benz (Hg.), Geschichte, Bd. 4, S. 86–130, bes. S. 86–93.

122 Walter Schwab/Volker Kordsmeyer, Vom Kino zum Heimkino – Möglichkeiten der Freizeitgestaltung, in: Hölder (Hg.), Zug der Zeit, S. 155–172, hier S. 160f.

123 Vgl. Hans-Joachim Manske, Anschlußsuche an die Moderne: Bildende Kunst in Westdeutschland, in: Schildt/Sywottek (Hg.), Modernisierung, S. 563–582.

124 Hans-Peter Schwarz, Die Ära Adenauer. Gründerjahre der Republik 1949–1957, Stuttgart/Wiesbaden 1983, S. 425.

125 Heinrich Vormweg, Literatur, in: Benz (Hg.), Geschichte, Bd. 4, S. 53–85, hier S. 54f. – Ein Versuch zum «Zusammensehen» der Literatur

in den verschiedenen politischen Systemen der DDR und der Bundesrepublik sowie die Herausarbeitung der Differenzen, Parallelen, aber auch der gegenseitigen Befruchtung unternimmt die von Wilfried Barner herausgegebene «Geschichte der deutschen Literatur von 1945 bis zur Gegenwart», München 1994.

126 Vgl. Ludwig Fischer (Hg.), Literatur in der Bundesrepublik Deutschland bis 1967, München 1986. Vgl. weiter «Kindlers» Literaturgeschichte der Gegenwart. Die deutschsprachige Literatur seit 1945, 1973 ff., die aktualisiert 1980 in einer zwölfbändigen Taschenbuchausgabe beim Fischer Taschenbuch Verlag in Frankfurt am Main erschienen ist.

127 Das wird herausgearbeitet von Gabriele Lange, Das Kino als moralische Anstalt. Soziale Leitbilder und die Darstellung gesellschaftlicher Realität im Spielfilm des Dritten Reiches, Frankfurt am Main etc. 1994.

128 Peter Pleyer, Deutscher Nachkriegsfilm 1946–1948, Münster 1965.

129 Kahlenberg, Film, bes. S. 467, 478.

130 Ebda., S. 483 f.

131 Vgl Marlene Wöste, Öffentlich-rechtliches Fernsehen: Aufträge an die Filmwirtschaft [von 1960–1986] für 10,6 Mrd. DM, in: Media-Perspektiven 1987, S. 753–759, hier S. 755.

132 Anna J. Merritt/Richard L. Merritt (Hg.), Public Opinion in Occupied Germany. The OMGUS Surveys, 1945–1949, Urbana/Chicago/London 1970, S. 38.

133 Ebda., S. 32f, 171 f.

134 Elisabeth Noelle/Erich Peter Neumann (Hg.), Jahrbuch der öffentlichen Meinung 1947–1955, 3. Aufl., Allensbach 1956, S. 134.

135 Ebda., S. 147, 199.

136 Ebda., S. 125.

137 Elisabeth Noelle/Erich Peter Neumann (Hg.), Jahrbuch der öffentlichen Meinung 1968–1973, Allensbach/Bonn 1974, S. 209.

138 Ebda., S. 200 f.

139 Elisabeth Noelle-Neumann/Renate Köcher (Hg.), Allensbacher Jahrbuch der Demoskopie 1984–1992, München etc. 1993, S. 375.

140 Vgl. Noelle-Neumann/Piel (Hg.), Eine Generation später, S. 201.

141 Merritt/Merritt (Hg.), Public Opinion, S. 33–38, 93 f., 154 f.

142 Alexander Mitscherlich/Friedrich Mielke (Hg.), Medizin ohne Menschlichkeit. Dokumente des Nürnberger Ärtzeprozesses, Heidelberg 1949. Die Ärztekammern hatten versucht, die Informationen über die Menschenversuche in den KZs zu unterdrücken und offenbar die erste Auflage dieser Dokumentation über die Nürnberger Ärzteprozesse aufgekauft und vernichtet. Nach dem Erscheinen des Buches 1949 wurde es in den medizinischen Fachzeitschriften nicht rezensiert.

143 Vgl. Michael Stolleis, Recht im Unrecht. Studien zur Rechtsgeschichte des Nationalsozialismus, Franfurt a. Main 1994.

144 Bernhard Diestelkamp, Die Justiz nach 1945 und ihr Umgang mit der eigenen Vergangenheit, in: ders./Michael Stolleis (Hg.), Justizalltag im Dritten Reich, Frankfurt am Main 1988, S. 131–166, hier S. 133.

145 Ebda., S. 140–145.

146 Vgl. Cornelia Rauh-Kühne, Die Entnazifizierung und die deutsche Gesellschaft, in: Archiv für Sozialgeschichte 35, 1995, S. 35–70, hier S. 55; Clemens Vollnhals (Hg.), Entnazifizierung. Politische Säuberung und Rehabilitierung in den vier Besatzungszonen 1945–1949, München 1991.

147 Vgl. Norbert Frei, Vergangenheitspolitik. Die Anfänge der Bundesrepublik und die NS-Vergangenheit, München 1996, Kap. I, S. 25–131.

148 Ruth Bettina Birn, Die Strafverfolgung nationalsozialistischer Verbrecher, in: Hans Erich Volkmann (Hg.), Ende des Dritten Reiches – Ende des Zweiten Weltkrieges. Eine perspektivische Rückschau, München 1995, S. 393–418, hier S. 396f.

149 Frei, Vergangenheitspolitik, bes. Kap. II, S. 133–306.

150 Vgl. Constantin Goschler, Wiedergutmachung. Westdeutschland und die Verfolgten des Nationalsozialismus (1945–1954), München 1992; Ludolf Herbst/Constantin Goschler (Hg.), Wiedergutmachung in der Bundesrepublik Deutschland, München 1989.

151 Zur Neubewertung des Widerstandes vgl. Peter Steinbach, Vergangenheitsbewältigung. Vom Erkennen nationalsozialistischer Verbrechen zur «Wiedergutmachung», in: Rainer A. Roth/Walter Seifert (Hg.), Die zweite deutsche Demokratie. Ursprünge – Probleme – Perspektiven, Köln/Wien 1990, S. 109–160, hier S. 117–129.

152 Vgl. Jürgen Weber/Peter Steinbach (Hg.), Vergangenheitsbewältigung durch Strafverfahren? NS-Prozesse in der Bundesrepublik Deutschland, München 1984.

153 Vgl. Peter Steinbach, Nationalsozialistische Gewaltverbrechen. Die Diskussion in der deutschen Öffentlichkeit nach 1945, Berlin 1981.

154 Doering-Manteuffel, Dimensionen von Amerikanisierung, S. 18.

155 Richard von Weizsäcker, Zum 40. Jahrestag der Beendigung des Krieges in Europa und der nationalsozialistischen Gewaltherrschaft. Ansprache am 8. Mai 1985 in der Gedenkstunde im Plenarsaal des Deutschen Bundestages, Bonn 1985.

156 Erklärung von Bundespräsident Roman Herzog, Presse- und Informationsamt der Bundesregierung, Bonn 3. 1. 1996.

III
Brüche und ältere Traditionen in der DDR

1 Vgl. Adolf Weber, Umgestaltung der Eigentumsverhältnisse und der Produktionsstruktur in der Landwirtschaft der DDR, in: Materialien der Enquete-Kommission «Aufarbeitung von Geschichte und Folgen der SED-Diktatur in Deutschland» (12. Wahlperiode des Deutschen Bundestages). Hg. vom Deutschen Bundestag, Bd. II: Machtstrukturen und Entscheidungsmechanismen im SED-Staat und die Frage der Verantwortung, Baden-Baden 1995, S. 2809–2888.

2 Statistisches Jahrbuch 1986 der Deutschen Demokratischen Republik, hg. von der Staatlichen Zentralverwaltung für Statistik, Jg. 31, Berlin

1986, S. 110. – Vgl. zur Verdrängung der Privatwirtschaft Hannsjörg F. Buck, Formen, Instrumente und Methoden zur Verdrängung, Einbeziehung und Liquidierung der Privatwirtschaft in der SBZ/DDR, in: Materialien, Bd. II, S. 1070–1213.

3 Vgl. Herbert Wolf/Friederike Sattler, Entwicklung und Struktur der Planwirtschaft der DDR, in: Materialien, Bd. II, S. 2889–2940.

4 Vgl. Wolfgang Zank, Wirtschaft und Arbeit in Ostdeutschland 1945–1949. Probleme des Wiederaufbaus in der Sowjetischen Besatzungszone Deutschlands, München 1987, bes. S. 18–29.

5 Ebda., S. 183.

6 Ebda., bes. S. 189–191. – Vgl. weiter Lothar Baar/Rainer Karlsch/Werner Matschke, Kriegsschäden, Demontagen und Reparationen, in: Materialien, Bd. II, S. 868–988; Christoph Buchheim, Kriegsschäden, Demontagen und Reparationen. Deutschland nach dem Zweiten Weltkrieg, in: ebda., S. 1030–1069.

7 Hermann Weber, Die DDR 1945–1990, 2. Aufl., München 1993, S. 11 f.

8 Vgl. Alfred Schüller/Hannelore Hamel, Die Integration der DDR-Wirtschaft in den RGW, in: Materialien, Bd. II, S. 2692–2808.

9 Helga A. Welsh, ‹Antifaschistische-demokratische Umwälzung und politische Säuberung in der sowjetischen Besatzungszone Deutschlands›, in: Klaus-Dietmar Henke/Hans Woller (Hg.), Politische Säuberung in Europa. Die Abrechnung mit Faschismus und Kollaboration nach dem Zweiten Weltkrieg, München 1991, S. 84–107.

10 Die Instrumentalisierung der Entnazifizierungspolitik unter anderem zur Umgestaltung der Eigentumsverhältnisse zeigen auch die Dokumente aus dem SED-Archiv: Ruth-Kristin Rößler (Hg.), Die Entnazifizierungspolitik der KPD/SED 1945–1948. Dokumente und Materialien, Goldbach 1994.

11 Vgl. Christoph Kleßmann, Zur Sozialgeschichte des protestantischen Milieus in der DDR, in: Geschichte und Gesellschaft 19, 1993, S. 29–53, hier S. 34 f.

12 Vgl. Heinz Domeinski, Die Entnazifizierung der Ärzteschaft im Lande Thüringen, in: Achim Thom/Horst Spaar (Hg.), Medizin im Faschismus. Symposion über das Schicksal der Medizin in der Zeit des Faschismus 1933–1945, Berlin [Ost] 1985, S. 250 ff.; Anna-Sabine Ernst, Von der bürgerlichen zur sozialistischen Profession? Ärzte in der DDR 1945–1961, in: Richard Bessel/Ralph Jessen (Hg.), Die Grenzen der Diktatur, Göttingen 1996, S. 25–48.

13 Vgl. Helga A. Welsh, Revolutionärer Wandel auf Befehl? Entnazifizierungs- und Personalpolitik in Thüringen und Sachsen (1945–1948), München 1989; Wolfgang Meinicke, Zur Entnazifizierung in der sowjetischen Besatzungszone unter Berücksichtigung von Aspekten politischer und sozialer Veränderungen, 1945 bis 1948, Diss. A, Berlin Humboldt-Universität 1983; Damian van Melis, Herrschaft, Verwaltung und Entnazifizierung in Mecklenburg-Vorpommern 1945–1948. – Die Dissertation von van Melis wird in der Reihe «Studien zur Zeitgeschichte» des Instituts für Zeitgeschichte in München veröffentlicht werden.

14 Welsh, Umwälzung, S. 95f und Clemens Vollnhals in Zusammenarbeit mit Thomas Schlemmer (Hg.), Entnazifizierung, Politische Säuberung und Rehabilitierung in den vier Besatzungszonen 1945–1949, München 1991, S. 52 ff. gehen sogar von einer noch geringeren, meines Erachtens aber zu niedrigen Zahl von Entlassungen aus.

15 Welsh, Revolutionärer Wandel, S. 87–109.

16 Welsh, Umwälzung, S. 98.

17 Welsh, Revolutinärer Wandel, S. 133.

18 Vgl. zur politischen Säuberung der Justiz und zu den Volksrichtern Welsh, Umwälzung, S. 98–100; Welsh, Wandel, S. 131–165; Michael Stolleis, Rechtsordnung und Justizpolitik 1945–1949, in: Norbert Horn (Hg.), Europäisches Rechtsdenken in Geschichte und Gegenwart. Festschrift für Helmut Coing zum 70. Geburtstag, München 1982, Bd. 1, S. 383–407, bes. S. 391–394; Hermann Wentker, Volksrichter in der SBZ/DDR. Ausbildung, Weiterbildung und Einsatz einer neuen Juristenelite, in: Heiner Timmermann (Hg.), Diktaturen in Europa im 20. Jahrhundert – der Fall DDR, Berlin 1996, S. 95–112; Hermann Wentker (Hg.), Volksrichter in der SBZ/DDR 1945 bis 1952. Eine Dokumentation, München 1997; Heike Amos, Justizverwaltung in der SBZ/DDR. Personalpolitik bis Anfang der 50er Jahre, Köln/Weimar/Wien 1996.

19 Paul Siegel, Die ersten Jahre des Aufbaus einer antifaschistisch-demokratischen Justiz, in: Neue Justiz 39, 1985, S. 184.

20 Welsh, Revolutionärer Wandel, S. 164.

21 Vgl. Günter Fippel, Antifaschismus als Integrationsideologie und Herrschaftsinstrument; Manfred Wilke, Der instrumentelle Antifaschismus der SED und die Legitimation der DDR, in: Materialien, Bd. III: Rolle und Bedeutung der Ideologie, integrativer Faktoren und disziplinierender Praktiken in Staat und Gesellschaft der DDR, Baden-Baden 1995, S. 110–120; 120–140.

22 Zur sowjetischen Besatzung und ihrem Einfluß vgl. die grundlegende Studie von Norman M. Naimark, Die Russen in Deutschland. Die Sowjetische Besatzungszone 1945 bis 1949, Berlin 1997.

23 Abdruck ausführlicher Auszüge aus den Gründungsaufrufen, in: Christoph Kleßmann, Die doppelte Staatsgründung. Deutsche Geschichte 1945–1955, Göttingen 1982, S. 411–414, 415–417, 421–422, 429–432.

24 Das wird deutlich aus den Protokollen des Zentralausschusses der Blockparteien: Siegfried Suckut (Hg.), Blockpolitik in der SBZ/DDR 1945–1949. Die Sitzungsprotokolle des zentralen Einheitsfront-Ausschusses. Quellenedition, Köln 1986.

25 Vgl. dazu Hermann Weber, Zum Transformationsprozeß des Parteiensystems in der SBZ/DDR, in: Hermann Weber (Hg.), Parteiensystem zwischen Demokratie und Volksdemokratie. Dokumente und Materialien zum Funktionswandel der Parteien und Massenorganisationen in der SBZ/DDR 1945–1950, Köln 1982, S. 11–50; Manfred Koch, Blockpolitik und Parteiensystem in der SBZ/DDR 1945–1950, in: Aus Politik und Zeitgeschichte, B 37/1984, S. 3–14; Jürgen Fröhlich (Hg.), «Bürgerliche Parteien» in der SBZ/DDR. Zur Geschichte von

CDU, LDPD, DBD und NDPD 1945–1953, Köln 1995; Michael Richter, Entstehung und Transformation des Parteiensystems in der SBZ und Berlin 1945–1950, in: Materialien, Bd. II, S. 2509–2586.

26 Vgl. zur Ost-CDU Siegfried Suckut, Der Konflikt um die Bodenreformpolitik in der Ost-CDU 1945. Versuch einer Neubewertung der ersten Führungskrise der Union, in: Deutschland Archiv 15, 1982, S. 1080–1095; Michael Richter, Die Ost-CDU 1948–1952. Zwischen Widerstand und Gleichschaltung, Düsseldorf 1990; zur LDPD vgl. Ekkehart Krippendorf, Die Liberal-Demokratische Partei Deutschlands in der Sowjetischen Besatzungszone 1945/48. Entstehung, Struktur, Politik, Düsseldorf 1961; Siegfried Suckut, Die LDP(D) in der DDR. Eine zeitgeschichtliche Skizze, in: Aus Politik und Zeitgeschichte B16–17/96, 12. 4. 1996, S. 31–38; Gerhard Papke, Rolle, Bedeutung und Wirkungsmöglichkeiten der Blockparteien – Die LDPD, in: Materialien, Bd. II, S. 2399–2463.

27 Vgl. zur Haltung der SPD zur Einheitsparole und zur Gründung der SED Frank Moraw, Die Parole der ‹Einheit› und die Sozialdemokratie. Zur parteiorganisatorischen und gesellschaftspolitischen Orientierung der SPD in der Periode der Illegalität und in der ersten Phase der Nachkriegszeit 1933–1948, Bonn-Bad Godesberg 1973; Werner Müller, Die Gründung der SED. Alte Kontroversen und neue Positionen um die Zwangsvereinigung 1946, in: Jahrbuch für Historische Kommunismusforschung 1996, S. 163–180; Helga Grebing/Christoph Kleßmann/Klaus Schönhoven/Hermann Weber, Zur Situation der Sozialdemokratie in der SBZ/DDR 1945–1950, Marburg/Berlin 1992; Andreas Malycha, Auf dem Weg zur SED. Die Sozialdemokratie und die Bildung einer Einheitspartei in den Ländern der SBZ. Eine Quellenedition, Bonn 1995.

28 Vgl. zu den Auseinandersetzungen in Berlin die Dokumentation von Norbert Podewin/Manfred Teresiak, «Brüder, in eins nun die Hände ...». Das Für und Wider um die Einheitspartei in Berlin, Berlin 1996.

29 Vgl. Bernhard Wernet-Trietz, Bauernverband und Bauernpartei in der DDR. Die VdgB und die DBD 1945–1952. Ein Beitrag zum Wandlungsprozeß des Parteiensystems der SBZ/DDR, Köln 1984; Christel Nehrig, Rolle, Bedeutung und Wirkungsmöglichkeiten der Blockparteien. Die DBD, in: Materialien, Bd. II, S. 2375–2398; Roderich Kuhlbach/Hermann Weber, Parteien im Blocksystem der DDR. Funktion und Aufbau der LDPD und NDPD, Köln 1969; Dietrich Staritz, Die National-Demokratische Partei Deutschlands 1948–1953. Ein Beitrag zur Untersuchung des Parteiensystems der DDR, Diss. FU Berlin 1968; Jürgen Fröhlich, Transmissionsriemen, Interessenvertretung des Handwerks oder Nischenpartei? Zu Rolle, Bedeutung und Wirkungsmöglichkeiten der NDPD, in: Materialien, Bd. II, S. 1542–1578.

30 Vgl. die auf einer Auswertung von Interviews des Ostbüros der SPD beruhende Studie von Beatrix Bouvier, Ausgeschaltet: Sozialdemokraten in der Sowjetischen Besatzungszone und in der DDR 1945–1953, Bonn 1996, sowie Harald Hurwitz, Die Stalinisierung der SED. Zum

Verlust von Freiräumen und sozialdemokratischer Identität in den Vorständen 1946 bis 1949, Opladen 1997.

31 Vgl. Hermann Weber, Die Sozialistische Einheitspartei Deutschlands 1946–1971, Hannover 1971.

32 Zu den hier erwähnten und anderen gesellschaftlichen Organisationen vgl. die entsprechenden Artikel in Martin Broszat/Hermann Weber (Hg.), SBZ-Handbuch. Staatliche Verwaltungen, Parteien, gesellschaftliche Organisationen und ihre Führungskräfte in der Sowjetischen Besatzungszone Deutschlands 1945–1949, München 1990, S. 619–811, sowie Rainer Eckert, Zur Rolle der Massenorganisationen im Alltag der DDR-Bevölkerung; Peter Hübner, Zur Rolle der «Massenorganisationen» im Alltag des DDR-Bürgers; Friederike Sattler, Die Funktion der Massenorganisationen, in: Materialien, Bd. II, S. 1243–1300, 1723–1769, 2639–2691.

33 Ernst Fraenkel, The Dual State. A Contribution to the Theory of Dictatorship, New York/London/Toronto 1941. – Das Werk liegt inzwischen auch in deutscher Übersetzung vor: Der Doppelstaat, Frankfurt a. M./Köln 1974.

34 Vgl. Gerhard A. Ritter/Merith Niehuss, Wahlen in Deutschland 1946–1991. Ein Handbuch, München 1991, S. 148.

35 Vgl. Henning Mielke, Die Auflösung der Länder in der SBZ/DDR. Von der deutschen Selbstverwaltung zum sozialistisch-zentralistischen Einheitsstaat nach sowjetischem Modell 1945–1952, Stuttgart 1995.

36 Vgl. für die Wahlergebnisse Ritter/Niehuss, Wahlen 1946–1991, S. 148.

37 Vgl. Dieter Marc Schneider, Kommunalverwaltung und -verfassung, in: Broszat/Weber (Hg.), SBZ Handbuch, S. 297–319.

38 Herwig Roggemann, Die DDR-Verfassungen. Einführung in das Verfassungsrecht der DDR. Grundlagen und neuere Entwicklungen, 4. Auflage, Berlin 1989, S. 426.

39 Ebda., S. 394.

40 Vgl. Friedrich-Ebert-Stiftung, Honeckers Parteiprogramm, 3. Auflage, Bonn 1986.

41 Für die Entwicklung der Geschichtsauffassung und besonders der Diskussion über «Erbe und Tradition» vgl. Helmut Meier/Walter Schmidt (Hg.), Erbe und Tradition in der DDR. Die Diskussion der Historiker, Köln 1989; Günther Heydemann, Geschichtsbild und Geschichtspropaganda in der Ära Honecker. Die ‹Erbe-und-Tradition› Konzeption der DDR, in: Ute Daniel/Wolfram Siemann (Hg.), Propaganda, Meinungskampf, Verführung und politische Sinnstiftung (1789–1989), Frankfurt a. M. 1994, S. 161–171; Jan-H. Brinks, Die DDR-Geschichtswissenschaft auf dem Weg zur deutschen Einheit. Luther, Friedrich II. und Bismarck als Paradigmen politischen Wandels, Franfurt a. M. 1992. Vgl. weiter zum Erbeverständnis der DDR Manfred Ackermann, Phasen und Zäsuren des Erbeverständnisses der DDR; Charlotte Schubert, Phasen und Zäsuren des Erbe-Verständnisses der DDR, in: Materialien, Bd. III, S. 768–795, 1773–1811.

42 Vgl. zum anhaltenden Zusammengehörigkeitsgefühl der DDR-Bür-

ger mit den Deutschen in der Bundesrepublik Anne Köhler, Nationalbewußtsein und Identitätsgefühl der Bürger der DDR unter besonderer Berücksichtigung der deutschen Frage, in: Materialien, Bd. V: Deutschlandpolitik, innerdeutsche Beziehungen und internationale Rahmenbedingungen, Baden-Baden 1995, S. 1636–1675; Speziell zur Einstellung der Jugendlichen 1966–1989 vgl. Peter Förster, Die deutsche Frage im Bewußtsein der Bevölkerung in beiden Teilen Deutschlands. Das Zusammengehörigkeitsgefühl der Deutschen. Einstellungen junger Menschen in der DDR, in: ebda., S. 1212–1380.

43 Vgl. Klaus-Georg Riegel, Klientelnationen: Der Fall der DDR, in: Bernd Estel/Tilman Mayer (Hg.), Das Prinzip Nation in modernen Gesellschaften. Länderdiagnosen und theoretische Perspektiven, Opladen 1994, S. 219–241.

44 Abdruck in: Kleßmann, Doppelte Staatsgründung, S. 391 f.

45 «Gesetz zur Demokratisierung der deutschen Schule für die Provinz Sachsen» vom 22. 5. 1946, in: Dokumente aus den Jahren 1945–1949. Um ein antifaschistisch-demokratisches Deutschland, Berlin (Ost) 1968, S. 274 f. – Fast gleichlautende Gesetze wurden auch für Thüringen, Mecklenburg-Vorpommern, Brandenburg und das Land Sachsen im Frühjahr 1946 veröffentlicht.

46 Vgl. Oskar Anweiler, Das Bildungswesen, in: Eckhard Jesse (Hg.), Bundesrepublik Deutschland und Deutsche Demokratische Republik. Die beiden deutschen Staaten im Vergleich, Bonn 1980, S. 231–237. Udo Margedant, Bildungs- und Erziehungssystem der DDR – Funktion, Inhalte, Instrumentalisierung, Freiräume, in: Materialien, Bd. III, S. 1489–1529.

47 Kleßmann, Doppelte Staatsgründung, S. 283.

48 Vgl. «Gesetz über die sozialistische Entwicklung des Schulwesens in der Deutschen Demokratischen Republik» vom 2. 12. 1959, Abdruck in: Christoph Kleßmann, Zwei Staaten, eine Nation. Deutsche Geschichte 1955–1970, Bonn 1988, S. 568–570.

49 Ebda., § 3 des Gesetzes.

50 Herbert Stallmann, Die Anfänge des Arbeiter- und Bauernstudiums in der SBZ/DDR, in: Manfred Heinemann (Hg.), Umerziehung und Wiederaufbau. Die Bildungspolitik der Besatzungsmächte in Deutschland und Österreich, Stuttgart 1981, S. 268–277.

51 Vgl. Arnim Mitter/Stefan Wolle, Untergang auf Raten. Unbekannte Kapitel der DDR-Geschichte, München 1993, S. 268–271.

52 Kleßmann, Zwei Staaten, eine Nation, S. 353.

53 Vgl. zur Entbürgerlichung der Professorenschaft Ralph Jessen, Professoren im Sozialismus. Aspekte des Strukturwandels der Hochschullehrerschaft in der Ulbricht-Ära, in: Hartmut Kaelble/Jürgen Kocka/Hartmut Zwahr (Hg.), Sozialgeschichte der DDR, Stuttgart 1994, S. 217–253.

54 Abdruck des «Gesetz[es] über das einheitliche sozialistische Bildungssystem», in: Kleßmann, Zwei Staaten, eine Nation, S. 570–572.

55 Für die «Erziehung zur sozialistischen Persönlichkeit» als zentrale Aufgabe des Erziehungswesens der DDR auf allen Ebenen vgl. die

Protokolle der 31. und 32. Sitzung der Enquete-Kommission «Aufarbeitung von Geschichte und Folgen der SED-Diktatur in Deutschland», in: Materialien, Bd. III, S. 202–356.

56 Kleßmann, Zwei Staaten, eine Nation, S. 354.

57 Vgl. Hedwig Rudolph/Rudolf Husemann, Hochschulpolitik zwischen Expansion und Restriktion. Ein Vergleich der Entwicklung in der Bundesrepublik Deutschland und der Deutschen Demokratischen Republik, Frankfurt a. M./New York 1984, S. 81–90.

58 Vgl. Klaus Bästlein, Funktion und Struktur der Justiz in autoritären Systemen am Beispiel der Justiz im NS-Staat und der DDR, in: Justizministerium des Landes NRW (Hg.), Juristische Zeitgeschichte, Bd. 2: Perspektiven und Projekte, Düsseldorf 1994, S. 39–51, hier S. 46.

59 Vgl. Hubert Rottleuthner unter Mitarbeit von Andrea Baer u. a., Steuerung der Justiz in der DDR. Einflußnahme der Politik auf Richter, Staatsanwälte und Rechtsanwälte, Köln 1994. Siehe weiter die «Materialien» der Enquete-Kommission, Bd. IV: Recht, Justiz und Polizei im SED-Staat, Baden-Baden 1995.

60 Vgl. Wolfgang Eisert, Die Waldheimer Prozesse. Der stalinistische Terror 1950, München 1993; grundlegend zur politischen Verfolgung durch die sowjetische Besatzungsmacht und die Instrumente des Justizwesens der DDR bis 1968 Karl Wilhelm Fricke, Politik und Justiz. Zur Geschichte der politischen Verfolgung 1945–1968. Bericht und Dokumentation, Köln 1979.

61 Bernhard Diestelkamp, Kontinuität und Wandel in der Gesellschafts- und Rechtsordnung vor und nach 1945, in: ders. u. a. (Hg.), Zwischen Kontinuität und Fremdbestimmung. Zum Einfluß der Besatzungsmächte auf die deutsche und japanische Rechtsordnung 1945 bis 1950. Deutsch-japanisches Symposion in Tokio vom 6. bis 9. April 1994, Tübingen 1996, S. 15–35, hier S. 20f.

62 Bästlein, Funktion, S. 43f.

63 Vgl. Bernhard Diestelkamp, Zur Rolle der Rechtswissenschaft in der sowjetisch besetzten Zone Deutschlands und der frühen Deutschen Demokratischen Republik, in: Zeitschrift für Neuere Rechtsgeschichte 18, 1996, S. 86–101, bes. S. 91–94; vgl. weiter Jörn Eckert (Hg.), Die Babelsberger Konferenz vom 2./3. April 1958, Rechtshistorisches Kolloquium 13.–16. Februar 1992. Christian-Albrechts-Universität zu Kiel, Baden-Baden 1993; vgl. weiter die Protokolle der 39. Sitzung der Enquete-Kommission «Aufarbeitung von Geschichte und Folgen der SED-Diktatur in Deutschland», die sich speziell mit der Babelsberger Konferenz befaßte, in: Materialien, Bd. IV, S. 67–116.

64 Vgl. dazu neben Diestelkamp, Rechtswissenschaft, den Sammelband von Rechtswissenschaftlern der Ex-DDR, die versuchen, die unterschiedliche Entwicklung in den einzelnen Rechtsgebieten herauszuarbeiten und bei aller Kritik an bestimmten Fehlentwicklungen das Rechtssystem in der DDR – vor allem in den Bereichen des Familienrechts, des Arbeitsrechts und des Zivilrechts – zu rechtfertigen: Uwe-Jens Heuer (Hg.), Die Rechtsordnung der DDR. Anspruch und Wirklichkeit, Baden-Baden 1995; zur Entwicklung des Rechts der DDR bis

Anfang der 1960er Jahre vgl. weiter die Aufsätze in: Die Lage des Rechts in Mitteldeutschland, Karlsruhe 1965.

65 Vgl. Anita Grandke, Familienrecht, in: Heuer (Hg.), Rechtsordnung, S. 173–209; vgl. weiter Spiros Simitis, Die Entwicklung des Familienrechts in der SBZ, in: Lage des Rechts, S. 53–78.

66 Diestelkamp, Rechtswissenschaft, S. 95–98.

67 Abdruck in: Gesetzblatt der Deutschen Demokratischen Republik, Teil I, Jg. 1968, S. 1–48.

68 Vgl. Kleßmann, Zwei Staaten, eine Nation, S. 368–370.

69 Diestelkamp, Rechtswissenschaft, S. 98–100.

70 Vgl. Axel Dost, Arbeitsrecht, in: Heuer (Hg.), Rechtsordnung, S. 95–145.

71 Vgl. Heinz Niemann, Meinungsforschung in der DDR. Die geheimen Berichte des Instituts für Meinungsforschung an das Politbüro der SED, Köln 1993, Dokument IX: Bericht über eine Umfrage zum Entwurf der Verfassung (28. 2. 1968), S. 277f. (S. 8 des Dokuments). – Dieses und das weitere Buch von Niemann, Hinterm Zaun. Politische Kultur und Meinungsforschung in der DDR – die geheimen Berichte an das Politbüro der SED, Berlin 1995 drucken Auszüge aus den Berichten über geheimgehaltene Meinungsumfragen des 1964 gegründeten, 1979 aufgelösten Instituts für Meinungsforschung der DDR ab. Entgegen der Auffassung von Heinz Niemann handelt es sich nicht um Umfragen, die zur Beurteilung der Ansichten der Befragten mit denen von Meinungsforschungsinstituten in der Bundesrepublik gleichgesetzt werden können. Die Befragten in der DDR konnten nicht sicher sein, daß die Zusicherung der Anonymität wirklich eingehalten wurde. Auch handelt es sich – gerade bei politischen Fragen – häufig um Suggestivfragen, deren Text zudem politisch genehmigt werden mußte. Trotzdem wurde die Quelle von mir herangezogen, da sie in den politisch nicht brisanten Bereichen – wie etwa in der Haltung zur Berufstätigkeit und Gleichberechtigung von Frauen oder der hier herangezogenen Frage nach den besonders bedeutsamen Artikeln des Verfassungsentwurfs von 1968 – Auskunft über die Haltung der Bevölkerung gibt, für die wir sonst keine quantifizierbaren Angaben haben. – In Meinungsumfragen vom November 1991 über wünschbare Änderungen des Grundgesetzes waren neben dem Umweltschutz (91 %) das Recht auf Wohnung (90 %), das Recht auf Arbeit (85 %) und das Recht auf einen Kindergartenplatz (83 %) die Ergänzungen, die von den meisten für sinnvoll gehalten wurden. 79 % wollten, daß Volksentscheide ermöglicht werden, damit die Bürger über die Gesetze abstimmen können. Vgl. Elisabeth Noelle-Neumann/Renate Köcher (Hg.), Allensbacher Jahrbuch der Demoskopie 1984–1992, München etc. 1993, S. 567.

72 Dost, Arbeitsrecht, S. 142.

73 Vgl. Hans Günter Hockerts, Soziale Errungenschaften? Zum sozialpolitischen Legitimationsanspruch der zweiten deutschen Diktatur, in: Jürgen Kocka/Hans-Jürgen Puhle/Klaus Tenfelde (Hg.), Von der Arbeiterbewegung zum modernen Sozialstaat. Festschrift für Gerhard A. Ritter zum 65. Geburtstag, München etc. 1994, S. 790–804, hier S. 794f.

74 Klaus Pötzsch, Von 5 Pfenningen für ein Brötchen bis 7000 Mark für ein Fernsehgerät – die Preise in der Planwirtschaft, in: Egon Hölder (Hg.), Im Trabi durch die Zeit – 40 Jahre Leben in der DDR, Wiesbaden 1992, S. 111–120, hier S. 114. Das Buch wurde nach der Vereinigung von früheren Mitarbeitern der «Staatlichen Zentralverwaltung für Statistik der DDR» erarbeitet, die inzwischen in der Zweigstelle Berlin des Statistischen Bundesamtes tätig sind. Hölder leitet das Statistische Bundesamt.

75 Vgl. zu dem Konzept der NÖS und seinem Scheitern die nach der Vereinigung geführten Gespräche mit leitenden Vertretern der DDR-Wirtschaft und Wirtschaftspolitik und die darauf aufbauenden Analysen durch die Autoren des folgenden Werkes: Theo Pirker/M. Rainer Lepsius/Rainer Weinert/Hans-Hermann Hertle, Der Plan als Befehl und Fiktion. Wirtschaftsführung in der DDR. Gespräche und Analysen, Opladen 1995.

76 Rainer Weinert, Wirtschaftsführung unter dem Primat der Parteipolitik, in: Pirker u. a., Plan, S. 285–308, hier S. 294.

77 Ebda., S. 298.

78 Vgl. die noch unveröffentlichte Dissertation in der politik- und gesellschaftswissenschaftlichen Abteilung des Europäischen Hochschulinstituts in Florenz von Agnes Charlotte Tandler, Geplante Zukunft. Wissenschaftler und Wissenschaftspolitik in der DDR, 1955–1971, 1997; Vgl. weiter Kurt Tessmann, Probleme der technisch-wissenschaftlichen Revolution, Berlin [O.] 1962; für die Forschungs- und Technologiepolitik der Ära Honecker-Mittag vgl. insbesondere am Beispiel der Elektroindustrie, des Maschinenbaus und der chemischen Industrie Raymond Bentley, Research and Technology in the Former German Democratic Republic, Boulder etc. 1992.

79 Vgl. dazu M. Rainer Lepsius, Die Institutionenordnung als Rahmenbedingung der Sozialgeschichte der DDR, in: Kaelble u. a. (Hg.), Sozialgeschichte, S. 17–30.

80 Günter Schabowski, Der Absturz, Berlin 1991, S. 126.

81 Jürgen Kalatz/Manfred Schindler, Von den Reparationen zum RGW-Lieferanten und zum Schalck-Imperium – der Außenhandel, in: Hölder (Hg.), Trabi, S. 175–184, hier S. 183.

82 Abdruck unter dem Titel «Schürers Krisen-Anyalyse», in: Deutschland Archiv 25, 1992, S. 1112–1120; vgl. weiter Wolf/Sattler, Entwicklung, bes. S. 2924–2934.

83 Zur Situation der DDR und ihrer Wirtschaft in den 1980er Jahren vgl. Eberhard Kuhrt (Hg. in Verbindung mit Hannsjörg F. Buck und Gunter Holzweißig), Die SED-Herrschaft und ihr Zusammenbruch; dies., (Hg.), Die wirtschaftliche und ökologische Situation der DDR in den 80er Jahren, Bände I und II von: Am Ende des realen Sozialismus. Beiträge zu einer Bestandsaufnahme der DDR-Wirklichkeit in den 80er Jahren, Opladen 1996; Charles S. Maier, Dissolution. The Crises of Communism and the End of East Germany, Princeton 1997.

84 Hans-Ulrich Saretzki/Reinhard Schenke/Günter Glende, Von der Lebensmittelkarte zur Warteliste für das Auto – die planwirtschaftliche

Entwicklung des Einzelhandels, in: Hölder (Hg.), Trabi, S. 139–152, hier S. 146–148.

85 Ebda., S. 145.

86 Statistisches Jahrbuch 1986 der DDR, S. 281.

87 Saretzki u. a., Lebensmittelkarte, in: Hölder (Hg.), S. 149.

88 Karl-Heinz Pesch, Von der Trümmerwüste zum Ausbau des Verkehrsnetzes – Straßen, Schienen und Wasserwege auf 108 332 km², in: Hölder (Hg.), Trabi, S. 209–228, hier S. 218.

89 Margot Münnich/Erhard König, Von der Not der Nachkriegsjahre zu gesicherten Einkommen – die Entwicklung des Lebensstandards, in: Hölder (Hg.), Trabi, S. 97–110, hier S. 110.

90 Bernd Petrauschke, Von der Enttrümmerung zur Plattenbauweise – 40 Jahre gebaut, in: Hölder (Hg.), Trabi, S. 239–250, hier S. 249.

91 Edith Dabbert, Von 280 Mark zu 11 830 Mark – 40 Jahre sparen, in: Hölder (Hg.), Trabi, S. 121–127, hier S. 127.

92 Vgl. Doris Schwarzer, Arbeitsbeziehungen im Umbruch gesellschaftlicher Strukturen. Bundesrepublik Deutschland, DDR und neue Bundesländer im Vergleich, Stuttgart 1996, S. 86 f.

93 Ebda., S. 88.

94 Vgl. Hilde Fiebiger, Von der zeitaufwendigen Hausarbeit zu mehr Freizeit – Zeitstrukturen im Alltagsleben, in: Hölder (Hg.), Trabi, S. 293–306, hier S. 304 f.

95 Hans-Ulrich Saretzki/Ursula Krohn, Vom gewerkschaftlich organisierten Urlaub zum begrenzten Tourismus – Reisen als Beitrag zur Lebensqualität, in: Hölder (Hg.), Trabi, S. 329–341.

96 Zahlen nach Schwarzer, Arbeitsbeziehungen, S. 82.

97 Vgl. Ritter/Niehuss, Wahlen 1946–1991, S. 52, 55.

98 Schwarzer, Arbeitsbeziehungen, S. 83.

99 Annette Sørensen/Heike Trappe, Frauen und Männer: Gleichberechtigung – Gleichstellung – Gleichheit?, in: Johannes Huinink u. a., Kollektiv und Eigensinn. Lebensverläufe in der DDR und danach, Berlin 1995, S. 189–222, hier S. 198 f. – Das Buch beruht auf einer Erhebung, in der zwischen September 1991 und Oktober 1992 vom «Max-Planck-Institut für Bildungsforschung» in Berlin 2331 Bewohner der ehemaligen DDR aus den Geburtsjahrgängen 1929–31, 1939–41, 1951–53 und 1959–61 ausführlich zu ihrem bisherigen Lebensverlauf befragt wurden. – Neben diesem Sammelband beruhen auch die später erwähnten Monographien von H. Trappe und Heike Solga auf dieser Erhebung.

100 Schwarzer, Arbeitsbeziehungen, S. 91.

101 Ebda., S. 92 f.; Rainer Geißler, Die Sozialstruktur Deutschlands. Ein Studienbuch zur sozialstrukturellen Entwicklung im geteilten und vereinten Deutschland, Opladen 1992, S. 214.

102 Vgl. Ritter/Niehuss, Wahlen 1946–1991, S. 259.

103 Vgl. Kleßmann, Sozialgeschichte des protestantischen Milieus, S. 29–53; ders., Relikte des Bildungsbürgertums in der DDR, in: Kaelble u. a. (Hg.), Sozialgeschichte, S. 254–270.

104 Katharina Belwe, Sozialstruktur und gesellschaftlicher Wandel in der

DDR, in: Werner Weidenfeld/Hartmut Zimmermann (Hg.), Deutschland-Handbuch. Eine doppelte Bilanz 1949–1989, Bonn 1989, S. 125–143, hier S. 131.

105 Vgl. Hockerts, Soziale Errungenschaftenf?, bes. S. 791–793, 798 f.

106 Niemann, Hinterm Zaun, S. 91 f. – 92,4 % betrachteten soziale Sicherheit, 57,9 % Demokratie als typische Merkmale der DDR. Es wurden hier die Angaben über die in den Betrieben befragten Personen genommen, die mir zuverlässiger erscheinen als die Zahlen über die Befragungen in den Bezirken.

107 Vgl. Siegfried Suckut, Die Betriebsrätebewegung in der sowjetischen Besatzungszone Deutschlands (1945–1948). Zur Entwicklung und Bedeutung von Arbeiterinitiative, betrieblicher Mitbestimmung und Selbstbestimmung bis zur Revision des programmatischen Konzeptes der KPD/SED vom «besonderen deutschen Weg zum Sozialismus», Frankfurt a. M. 1982.

108 Vgl. Ulrich Grill, FDGB. Die DDR-Gewerkschaft von 1945 bis zu ihrer Auflösung 1990, Köln 1991.

109 Vgl. Schwarzer, Arbeitsbeziehungen, S. 282.

110 Vgl. Peter Hübner, Konsens, Konflikt und Kompromiß. Soziale Arbeiterinteressen und Sozialpolitik in der SBZ/DDR 1945–1970, Berlin 1995, bes. S. 211–245; Jörg Roesler, Die Produktionsbrigaden in der Industrie der DDR. Zentrum der Arbeitswelt?, in: Kaelble u. a. (Hg.), Sozialgeschichte, S. 144–170.

111 Vgl. dazu Schwarzer, Arbeitsbeziehungen, S. 460–469.

112 Johannes Frerich/Martin Frey, Handbuch der Geschichte der Sozialpolitik in Deutschland, Bd. 2: Sozialpolitik in der Deutschen Demokratischen Republik, 2. Aufl., München/Wien 1996, S. 174 f.

113 Ebda., S. 175–183.

114 Ebda., S. 271, 275 f., 285.

115 Ebda., S. 291 f.

116 Ebda., S. 345.

117 Vgl. von DDR-Seite Herbert Püschl, Für jetzt und später, in: Sozialversicherung/Arbeitsschutz 17, Heft 7–8, 1971, S. 17–21.

118 Ingrid Oertel/Horst Ziesemer, Vom Aufbau des staatlich zentral gelenkten Gesundheits- und Sozialwesens zur kollektiv geleisteten Absicherung aller kritischen Lebenssituationen – das soziale und medizinische Netz, in: Hölder (Hg.), Trabi, S. 265–292, hier S. 286. Für Selbständige betrug die Durchschnittsrente sogar nur 520 Mark.

119 Gunnar Winkler (Hg.), Sozialreport '90. Daten und Fakten zur sozialen Lage in der DDR, Berlin 1990, S. 338.

120 Frerich/Frey, Sozialpolitik, S. 350–359; Gesetz zur Überführung der Ansprüche und Anwartschaften aus Zusatz- und Sonderversorgungssystemen des Beitrittsgebietes, in: Bundesgesetzblatt 1991, Teil I, S. 1677–1684.

121 Hans Günter Hockerts, Grundlinien und soziale Folgen der Sozialpolitik in der DDR, in: Kaelble u. a.(Hg.), Sozialgeschichte, S. 519–544, hier S. 529.

122 Ebda., S. 530.

123 Frerich/Frey, Sozialpolitik, S. 369. Für einen Vergleich des Systems der öffentlichen Fürsorge im NS-Staat, der DDR und der Bundesrepublik siehe Wilfried Rudloff, Öffentliche Fürsorge, in: Hans Günter Hokkerts (Hg.), Drei Wege deutscher Sozialstaatlichkeit. NS-Diktatur, Bundesrepublik und DDR im Vergleich, München 1998, S. 191–229.

124 Vgl. zum Fürsorgesystem der DDR sowie zum Aufbau der Sozialhilfe und der Freien Wohlfahrtspflege in den neuen Bundesländern nach der Vereinigung Manfred Wienand/Volker Neumann/Iris Brockmann, Fürsorge, Opladen 1997.

125 Winkler (Hg.), Sozialreport '90, S. 200.

126 Vgl. das Gesundheitswesen im vereinten Deutschland. Sachverständigenrat für die Konzertierte Aktion im Gesundheitswesen, Baden-Baden 1991, S. 102–151.

127 Das betont Philip Manow, Entwicklungslinien ost- und westdeutscher Gesundheitspolitik zwischen doppelter Staatsgründung, deutscher Einigung und europäischer Integration, in: Zeitschrift für Sozialreform 43, 1997, S. 101–131; vgl. weiter Winfried Süß, Gesundheitspolitik, in: Hockerts (Hg.), Drei Wege, S. 55–100.

128 Manow, Entwicklungslinien, S. 117; Jürgen Wasem, Vom staatlichen zum kassenärztlichen System. Eine Untersuchung des Transformationsprozesses der ambulanten ärztlichen Versorgung in Ostdeutschland, Frankfurt/New York 1991, S. 56.

129 Manow, Entwicklungslinien, S. 110–113.

130 Ebda., S. 112.

131 Ebda.; vgl. weiter zur Verteilung der ambulant tätigen Ärzte auf Bundesländer und Fachgebiete in den neuen Bundesländern, Wasem, Vom staatlichen zum kassenärztlichen System, S. 82.

132 Vgl. zur DDR und zur Transformation der Sozialeinrichtungen nach der Vereinigung Ingrid Deich/Wolfhard Kohte, Betriebliche Sozialeinrichtungen, Opladen 1997.

133 Vgl. zu den Begriffen der «Externalisierung» und «Internalisierung» sozialer Kosten Hans F. Zacher, Grundtypen des Sozialrechts, in: ders., Abhandlungen zum Sozialrecht, hg. von Bernd Baron von Maydell und Eberhard Eichenhofer, Heidelberg 1993, S. 257–278, bes. S. 262–264.

134 Eva-Maria Eisold, Von der «breiten Rollbahn zum Kommunismus» zur «Freizeit-Gasse» – Kultur und Kunst als Volksbildung und als «Nische», in: Hölder (Hg.), Trabi, S. 307–328, hier S. 308.

135 Vgl. Saretzki/Krohn, Vom gewerkschaftlich organisierten Urlaub zum Tourismus, S. 333–335.

136 Vgl. Jürgen Kocka, Ein deutscher Sonderweg. Überlegungen zur Sozialgeschichte der DDR, in: Aus Politik und Zeitgeschichte, B 40/94, 7. 10. 1994, S. 34–45, hier S. 39; Martin Kohli, Die DDR als Arbeitsgesellschaft? Arbeit, Lebenslauf und soziale Differenzierung, in: Kaelble u. a. (Hg.), Sozialgeschichte, S. 31–61, bes. S. 38–51; Roesler, Arbeitsbrigaden, in: ebda., S. 144–170.

137 Vgl. für die Bundesrepublik Ute Frevert, Frauen-Geschichte. Zwischen Bürgerlicher Verbesserung und Neuer Weiblichkeit, Frankfurt

a. Main 1986, S. 290; für die DDR Heike Trappe, Emanzipation oder Zwang? Frauen in der DDR zwischen Beruf, Familie und Sozialpolitik, Berlin 1995, S. 52f.

138 Vgl. Schwarzer, Arbeitsbeziehungen, S. 105.

139 Vgl. Jörg Roesler, Changes in the Employment of Women in East German Industry, 1945 to the Present, in: Erik Aerts u. a. (Hg.), Women in the Labor Force: Comparative Studies on Labour Market and Organization of Work since the 18th Century, Leuven 1990, S. 99–108; Christine von Oertzen/Almut Rietzschel, Das «Kuckucksei» Teilzeitarbeit. Die Politik der Gewerkschaften im deutsch-deutschen Vergleich, in: Gunilla-Friederike Budde (Hg.), Frauen arbeiten. Weibliche Erwerbstätigkeit in Ost- und Westdeutschland nach 1945, Göttingen 1997, S. 212–251; Trappe, Emanzipation oder Zwang?, S. 143–156.

140 Ingeburg Lange, Die Rolle der Frau im Produktionsprozeß bestimmt ihre Stellung in der Gesellschaft, in: Einheit 24, S. 339–347.

141 Vgl. Niemann, Hinterm Zaun, Dokument XVIII: Information über eine Meinungsumfrage zur Rolle der Frau in Familie und Gesellschaft, S. 215–212, hier S. 217.

142 Vgl. Johannes Huinink/Michael Wagner, Partnerschaft, Ehe und Familie in der DDR, in: Huinink u. a., Kollektiv und Eigensinn, S. 145–188, hier S. 148f. – Zur Familien- und Frauenpolitik der DDR vgl. weiter Gisela Helwig, Frauen im SED-Staat, in: Materialien, Bd. III, S. 1223–1274.

143 Barbara Janke/Manfred Ebert, Von «jeder zweiten» Frau zu «neun von zehn» Frauen – der Arbeitsmarkt gekennzeichnet durch viele berufstätige Frauen, in: Hölder (Hg.), Trabi, S. 89.

144 Statistisches Jahrbuch 1989 der Deutschen Demokratischen Republik, S. 365f., 1990, S. 403f.

145 Für eine Gegenüberstellung der frauenspezifischen arbeits- und sozialpolitischen Regelungen und Rahmenbedingungen in der DDR und der Bundesrepublik und die Regelungen nach der Vereinigung vgl. Trappe, Emanzipation oder Zwang?, S. 40–46.

146 Ebda., S. 89–91.

147 Vgl. Sørensen/Trappe, Gleichberechtigung, S. 190–193.

148 Helmut Schultze, Vom Flüchtlingsstrom zur Massenflucht – die Bevölkerungsentwicklung, in: Hölder (Hg.), Trabi, S. 33–48, hier S. 47.

149 Huinink/Wagner, Partnerschaft, bes. S. 148–158.

150 Ebda., S. 164–170.

151 Trappe, Emanzipation oder Zwang?, S. 83.

152 Ebda., S. 214–222.

153 Karl Ulrich Mayer, Kollektiv oder Eigensinn? Der Beitrag der Lebensverlaufsforschung zur theoretischen Deutung der DDR-Gesellschaft, in: Huinink u. a., Kollektiv und Eigensinn, S. 349–373, hier S. 364f.

154 Trappe, Emanzipation oder Zwang?, S. 197.

155 Schwarzer, Arbeitsbeziehungen, S. 107.

156 Abdruck des «Einigungsvertragsgesetzes» vom 23. 9. 1990, in: Bundesgesetzblatt 1990, Teil II, S. 885–1245, hier S. 900.

157 Statistisches Bundesamt (Hg.), Statistisches Jahrbuch 1994, S. 75.

158 Vgl. Lutz Niethammer/Alexander von Plato/Dorothee Wierling, Die volkseigene Erfahrung. Eine Archäologie des Lebens in der Industrieprovinz der DDR. 30 biographische Eröffnungen, Berlin 1991; Dorothee Wierling, Die Jugend als innerer Feind. Konflikte in der Erziehungsdiktatur der sechziger Jahre, in: Kaelble u. a. (Hg.), Sozialgeschichte, S. 404–425.

159 Vgl. Heike Solga, Auf dem Weg in eine klassenlose Gesellschaft? Klassenlage und Mobilität zwischen Generationen in der DDR, Berlin 1995, bes. S. 102–107.

160 Ulrich Plenzdorf, Die Leiden des jungen W., Frankfurt a. Main 1973, S. 30. – Der Titel des Dramas ist natürlich eine Anspielung auf Goethes berühmten Roman «Die Leiden des jungen Werther».

161 Ebda., S. 26f.

162 Johannes Huinink/Karl Ulrich Mayer/Heike Trappe, Staatliche Lenkung und individuelle Karrierechancen: Bildung und Berufsverläufe, in: Huinink u. a., Kollektiv und Eigensinn, S. 89–143, bes. S. 142f.

163 Zur Kultur und zur Kulturpolitik in der DDR vgl. die Protokolle der 35. und 36. Sitzung der Enquete-Kommission «Aufarbeitung von Geschichte und Folgen der SED-Diktatur in Deutschland», in: Materialien, Bd. III, S. 415–636.

164 Vgl. die eindrucksvollen Tagebücher und zeitgenössischen Dokumente in: Stefan Heym, Der Winter unseres Mißvergnügens. Aus den Aufzeichnungen des OV Diversant, München 1996; Manfred Krug, Abgehauen. Ein Mitschnitt und Ein Tagebuch, 5. Aufl., Düsseldorf 1996; vgl. weiter Günter Kunert, Erwachsenenspiele. Erinnerungen, München/Wien 1997, S. 374–390.

165 Vgl. Gerhard A. Ritter, Die Arbeiterbewegung im Wilhelminischen Reich. Die Sozialdemokratische Partei und die Freien Gewerkschaften 1890–1900, 2. Aufl., Berlin-Dahlem 1963, S. 218–227.

166 Eisold, Rollbahn, S. 313f. Vgl. weiter Brewster S. Chamberlin, Kultur auf Trümmern. Berliner Berichte der amerikanischen Information Control Section Juli–Dezember 1945, Stuttgart 1979, S. 148f.

167 Eisold, Rollbahn, S. 327.

168 Vgl. Kleßmann, Zwei Staaten, eine Nation, S. 390–392; Harry Blunk, Die DDR in ihren Spielfilmen. Reproduktion und Konzeption der DDR-Gesellschaft im neueren DEFA-Gegenwartsspielfilm, München 1984. Die Studie von Blunk beruht auf der genauen Analyse einzelner Spielfilme.

169 Kurt Koszyk, Pressepolitik für Deutsche 1945–1949, Geschichte der deutschen Presse, Teil IV, Berlin 1986, S. 325–363.

170 Zur Lenkung von Presse, Rundfunk und Fernsehen vgl. Gunter Holzweißig, Die Presse als Herrschaftsinstrument der SED; Ansgar Diller, Der Rundfunk als Herrschaftsinstrument der SED; Silvia Müller, Der Rundfunk als Herrschaftsinstrument der SED; Peter Ludes, Das Fernsehen als Herrschaftsinstrument der SED, in: Materialien, Bd. II, S. 1689–1722, 1214–1242, 2287–2326, 2194–2217.

171 Vgl. für die ersten Jahrzehnte Simone Barck/Martina Langermann/Siegfried Lokatis, «Jedes Buch ein Abenteuer». Zensursystem und

literarische Öffentlichkeit in der DDR bis Ende der sechziger Jahre, Berlin 1997. Theo Mechtenberg, Der Emanzipationsprozeß der DDR-Literatur von der Kulturpolitik unter Berücksichtigung repressiver Maßnahmen der Staatssicherheit, in: Materialien, Bd. III, S. 1598–1635.

172 Fritz Martini, Deutsche Literaturgeschichte von den Anfängen bis zur Gegenwart, 19. Auflage, Stuttgart 1991; Bernhard Mayer-Burger, Entwicklung und Funktion der Literaturpolitik der DDR (1945–1978), München 1984; Wolfgang Emmerich, Kleine Literaturgeschichte der DDR, erweiterte Neuauflage, Leipzig 1996; Wilfried Barner (Hg.), Geschichte der deutschen Literatur von 1945 bis zur Gegenwart, München 1994.

173 Vgl. Ursula Heukenkamp, Haben wir uns richtig verstanden? Die Literatur der Bundesrepublik – Erinnerungen aus der DDR, in: Aus Politik und Zeitgeschichte, B 13–14/96, 22. 3. 1996, S. 3–12.

174 Ebda., S. 11 f.; Monika Maron, Ein Schicksalsbuch. Warum ich in der DDR Uwe Johnson nicht las, in: Die Zeit, 28. 11. 1997; Jens Reich, Das sind wir, Figuren, federwerkgetrieben. Das verhinderte Kultbuch einer Generation in der DDR: Eine Neulektüre von Uwe Johnsons «Mutmaßungen über Jakob», in: Die Zeit, 18. 5. 1994.

175 Vgl. Jürgen Kocka, Eine durchherrschte Gesellschaft, in: Kaelble u. a. (Hg.), Sozialgeschichte, S. 547–553.

176 Eckehard Jesse, War die DDR totalitär?, in: Aus Politik und Zeitgeschichte B 40/94, S. 12–23.

177 Vgl. z. B. Gert-Joachim Glaeßner, Bürokratische Herrschaft. Konfliktbewältigung in der DDR, Köln 1986.

178 Vgl. Artur Meier, Abschied von der sozialistischen Ständegesellschaft, in: Aus Politik und Zeitgeschichte, B 16–17/90, S. 3–14.

179 Sigrid Meuschel, Legitimation und Parteiherrschaft. Zum Paradox von Stabilität und Revolution in der DDR 1945–1989, Frankfurt a. Main 1992; dies., Überlegungen zu einer Herrschafts- und Gesellschaftsgeschichte der DDR, in: Geschichte und Gesellschaft 19, 1993, S. 5–14.

180 Vgl. insbesondere die Untersuchungen von Peter Christian Ludz und seiner Schule zur Funktion des politischen und wirtschaftlichen Systems: Ludz, Parteielite im Wandel. Funktionsaufbau, Sozialstruktur und Ideologie der SED-Führung, 3. Aufl., Köln 1968; ders., Ideologiebegriff und marxistische Theorie. Ansätze zu einem immanenten Vergleich, 2. Auflage, Opladen 1977.

181 Vgl. zu letzterem die Kritik von Jens Hacker, Deutsche Irrtümer. Schönfärber und Helfershelfer der SED-Diktatur im Westen, 2. Aufl., Berlin 1992.

182 Vgl. Jürgen Kocka, Die Geschichte der DDR als Forschungsproblem. Einleitung, in: ders.(Hg.), Historische DDR-Forschung. Aufsätze und Studien, Berlin 1993, S. 9–26; ders., Sonderweg., S. 34–45.

183 Vgl. Detlef Pollack, Kirche in der Organisationsgesellschaft. Zum Wandel der gesellschaftlichen Lage der evangelischen Kirchen in der DDR, Stuttgart/Berlin/Köln 1994; ders., Das Ende einer Organisa-

tionsgesellschaft. Systemtheoretische Überlegungen zum gesellschaftlichen Umbruch in der DDR, in: Zeitschrift für Soziologie 19, 1990, S. 292–307.

184 Pollack, Kirche, S. 76.

185 Vgl. zu diesem Klassenschema Solga, Weg, bes. S. 63–91.

186 Ebda., S. 159–205.

187 Martin Diewald/Heike Solga, Soziale Ungleichheiten in der DDR. Die feinen, aber deutlichen Unterschiede am Vorabend der Wende, in: Huinink u. a., Kollektiv und Eigensinn, S. 261–305, hier S. 291 f.

188 Vgl. Wolfgang Engler, Die zivilisatorische Lücke. Versuche über den Staatssozialismus, Frankfurt a. Main 1992, S. 71.

189 Kohli, Die DDR als Arbeitsgesellschaft?, in: Kaelble u. a. (Hg.), Sozialgeschichte, S. 31–61.

190 Konrad H. Jarausch, Realer Sozialismus als Fürsorgediktatur. Zur begrifflichen Einordnung der DDR, in: Aus Politik und Zeitgeschichte, B 20/98, 8. 5. 1998, S. 33–46.

191 Martin Diewald, «Kollektiv», «Vitamin B» oder «Nische»? Persönliche Netzwerke in der DDR, in: Huinink u. a., Kollektiv und Eigensinn, S. 223–260.

192 Ebda., S. 253.

193 Ralph Jessen, Die Gesellschaft im Staatssozialismus. Probleme einer Sozialgeschichte der DDR, in: Geschichte und Gesellschaft 21, 1995, S. 96–110.

194 Der die Diktatur verharmlosende Begriff der «Nischengesellschaft» wurde von Günter Gaus geprägt: Nischengesellschaft, in: ders., Wo Deutschland liegt. Eine Ortsbestimmung, Hamburg 1983, S. 156–233.

195 Vgl. Ulrich von Hehl/Hans Günter Hockerts (Hg.), Der Katholizismus – gesamtdeutsche Klammer in den Jahrzehnten der Teilung? Erinnerungen und Berichte, Paderborn etc. 1996; Ulrich von Hehl/Wolfgang Tischner, Die katholische Kirche in der SBZ/DDR 1945–1989, in: Materialien, Bd. VI: Rolle und Selbstverständnis der Kirchen in den verschiedenen Phasen der SED-Diktatur, Baden-Baden 1995, S. 875–949.

196 Kleßmann, Sozialgeschichte des protestantischen Milieus, S. 29–53.

197 Vgl. zur Diakonie und Caritas in der DDR Volker Neumann/Iris Brockmann, Freie Wohlfahrtspflege in den neuen Bundesländern, in: Wienand u. a., Fürsorge, S. 61–133, bes. S. 64–92.

198 Kleßmann, Sozialgeschichte des protestantischen Milieus, S. 32.

199 Vgl. dazu vor allem das dreibändige Werk von Gerhard Besier: Der SED-Staat und die Kirche. Der Weg in die Anpassung, München 1993; Der SED-Staat und die Kirche 1969–1990. Die Vision vom «Dritten Weg»; Der SED-Staat und die Kirche 1983–1991. Höhenflug und Absturz, Berlin/Frankfurt a. Main 1995; vgl. weiter Martin G. Goerner, Die Kirche als Problem der SED. Strukturen kommunistischer Herrschaftsausübung gegenüber der evangelischen Kirche 1945–1958, Berlin 1997; Horst Dähn, Konfrontation oder Kooperation? Das Verhältnis von Staat und Kirche in der SBZ/DDR 1945–1980, Opladen 1982; Pollack, Kirche in der Organisationsgesellschaft. – Die kontroverse Beurteilung der Haltung der evangelischen Kirchen zum SED-Staat

spiegelt der bereits erwähnte VI. Band der «Materialien» der Enquete-Kommission wider.

200 Vgl. Detlef Pollack, Von der Volkskirche zur Minderheitskirche. Zur Entwicklung von Religiosität und Kirchlichkeit in der DDR, in: Kaelble u. a. (Hg.), Sozialgeschichte, S. 271–294. Die Angaben über den Anteil der Konfessionslosen 1990/91 schwanken zwischen 26 % und 35,3 % (S. 273).

201 Detlef Urban/Hans Willi Weinzen, Jugend ohne Bekenntnis? 30 Jahre Konfirmation und Jugendweihe im anderen Deutschland 1954–1984, Berlin 1984, S. 27.

202 Die Auswirkungen auf die Betroffenen wird deutlich in dem Roman «Ingrid Babendererde. Reifeprüfung 1953» von Uwe Johnson, für den die Spannungen vor dem 17. Juni 1953 den Hintergrund bilden. Der bereits am 22. 2. 1957 dem Verleger Peter Suhrkamp zur Veröffentlichung angebotene Roman ist erst 1985 vom Suhrkamp Verlag publiziert worden.

203 Dähn, Konfrontation oder Kooperation?, bes. S. 125–131.

204 Reinhard Henkeys im Vorwort zu Dähn, Konfrontation oder Kooperation?, S. 7.

205 Vgl. Heinz-Georg Binder, Die Bedeutung des finanziellen Transfers und der humanitären Hilfe zwischen den Kirchen im geteilten Deutschland, in: Materialien, Bd. VI, S. 559–582.

206 Vgl. Gerhard Besier, Die Rolle des MfS bei der Durchsetzung der Kirchenpolitik der SED und die Durchdringung der Kirchen mit geheimdienstlichen Mitteln; Ehrhart Neubert, Die Rolle des MfS bei der Durchsetzung der Kirchenpolitik der SED und die Durchdringung der Kirchen mit geheimdienstlichen Mitteln; in: Materialien, Bd. VI, S. 509–558, 1026–1047.

207 Vgl. für die Zeit 1969–1982 insbesondere Besier, Vision vom «Dritten Weg».

208 Christoph Kleßmann, Opposition und Resistenz in zwei Diktaturen in Deutschland, in: Historische Zeitschrift 262, 1996, S. 453–479.

209 Mitter/Wolle, Untergang, bes. S. 124, 128 ff.

210 Vgl. Karl Wilhelm Fricke, Opposition und Widerstand in der DDR, Köln 1984; Ulrike Poppe/Rainer Eckert/Ilko-Sascha Kowalczuk (Hg.), Zwischen Selbstbehauptung und Anpassung. Formen des Widerstandes und der Opposition in der DDR, Berlin 1995; Ehrhart Neubert, Geschichte der Opposition in der DDR 1949–1989, Berlin 1997; Wilfriede Otto/Thomas Klein/Peter Grieder, Visionen, Repression und Opposition in der SED (1949–1989), 2 Bde., Frankfurt/Oder 1996. Vgl. weiter den VII. Band der Enquete-Kommission «Aufarbeitung von Geschichte und Folgen der SED-Diktatur in Deutschland» mit dem Titel: Möglichkeiten und Formen abweichenden und widerständigen Verhaltens und oppositionellen Handelns, die friedliche Revolution im Herbst 1989, die Wiedervereinigung Deutschlands und Fortwirken von Strukturen und Mechanismen der Diktatur, Baden-Baden 1995.

211 Der aus der Medizin kommende Begriff der «Resistenz» wurde von

Martin Broszat im Zusammenhang mit dem Projekt des Münchner Instituts für Zeitgeschichte über «Bayern in der NS-Zeit» entwickelt. Er bezeichnet Bemühungen um Abwehr, Begrenzung und Eindämmung der NS-Herrschaft und ihres Anspruchs auf Gleichschaltung, gleichgültig von welchen Kräften diese getragen werden und auf welchen Motiven sie beruhen. Vgl. Broszat, Resistenz und Widerstand. Eine Zwischenbilanz des Forschungsprojekts, in: ders./Elke Fröhlich/Anton Grassmann (Hg.), Bayern in der NS-Zeit. Herrschaft und Gesellschaft im Konflikt, Bd. 4, München 1981, S. 691–709.

212 Das hängt damit zusammen, daß die Gestapo sehr viel mehr Unterstützung durch die Bevölkerung – vor allem durch freiwillige Denunziationen – fand. Vgl. Robert Gellately, The Gestapo and German Society, Oxford 1990.

IV

Ein Staat, zwei Gesellschaften. Deutschland nach der Vereinigung

1 Vgl. zur staatsrechtlichen Seite der Vereinigung Peter Lerche, § 194. Der Beitritt der DDR – Voraussetzungen, Realisierung, Wirkungen, in: Josef Isensee/Paul Kirchhof (Hg.), Handbuch des Staatsrechts der Bundesrepublik Deutschland, Bd. VIII, Die Einheit Deutschlands. – Entwicklung und Grundlagen, Heidelberg 1995, S. 403–446.

2 Vgl. zur Arbeit der Kommission: Bericht der Gemeinsamen Verfassungskommission, Deutscher Bundestag, 12. Wahlperiode, Drucksache 12/6000, 5. 11. 93; Hans-Jürgen Papier, Verfassungskontinuität und Verfassungsreform im Zuge der Wiedervereinigung, in: Michael Kloepfer u. a., Kontinuität und Diskontinuität in der deutschen Verfassungsgeschichte von der Reichsgründung zur Wiedervereinigung. Seminar zum 80. Geburtstag von Karl August Bettermann, Berlin 1994, S. 85–100.

3 Vgl. zu den Änderungen des Grundgesetzes, Deutscher Bundestag, 13. Wahlperiode, Drucksache 13/2280, 8. 5. 95: Unterrichtung durch die Bundesregierung. Materialien zur Deutschen Einheit und zum Aufbau in den neuen Bundesländern, S. 44–46.

4 Verfassung des Freistaates Sachsen vom 5. 6. 1992; des Landes Sachsen-Anhalt vom 16. 7. 1992; des Landes Brandenburg vom 20. 8. 1992; des Landes Mecklenburg-Vorpommern vom 23. 5. 1993; des Freistaates Thüringen vom 25. 10. 1993; Vgl. zum Text der Verfassungen und ihrer Würdigung Hans von Mangoldt, Die Verfassungen der neuen Bundesländer. Einführung und synoptische Darstellung. Sachsen, Brandenburg, Sachsen-Anhalt, Mecklenburg-Vorpommern, Thüringen, 2. Aufl., Berlin 1997.

5 Vgl. Michael Kloepfer, Verfassungsgebung als Zukunftsbewältigung aus Vergangenheitserfahrung. – Zur Verfassungsgebung im vereinten Deutschland, in: Kloepfer u. a., Kontinuität, S. 57–84, bes. S. 63 f.

6 Vgl. zum folgenden Hellmut Wollmann, Institutionenbildung in Ostdeutschland: Neubau, Umbau und «schöpferische Zerstörung», in: Max Kaase u. a., Politisches System. Bericht der Kommission für die Erforschung des sozialen und politischen Wandels in den neuen Bundesländern e. V. (KSPW), Bericht 3, Opladen 1996, S. 47–153, hier S. 77–79.

7 Ebda., S. 84. Vgl. für Brandenburg auch Jürgen Linde, Der Neuaufbau eines Landes: Das Beispiel Brandenburg, in: Staatswissenschaft und Staatspraxis 2, 1991, S. 282–303. – Nach einer Personalerhebung in den brandenburgischen Ministerien entfielen im Mai 1991 über die Hälfte der Stellen des höheren Dienstes auf Westdeutsche. Im Justiz-, Finanz-, Wirtschafts- und Innenministerium lag der Anteil der Westdeutschen sogar bei zwei Drittel und darüber.

8 Wollmann, Institutionenbildung, S. 86 f.

9 Vgl. Franz-Ludwig Knemeyer (Hg.), Aufbau kommunaler Selbstverwaltung in der DDR. Grundsatzfragen und Dokumentation zur Entstehung einer Kommunalverfassung, Baden-Baden 1990; Otto N. Bretzinger, Die Kommunalverfassung der DDR. Ihre Einordnung in die Tradition und ihr Beitrag zur Fortentwicklung des deutschen Kommunalrechts, Baden-Baden 1994.

10 Vgl. Hans-Ulrich Derlien, Kommunalverfassung zwischen Reform und Revolution, in: Oscar W. Gabriel/Rüdiger Voigt (Hg.), Kommunalwissenschaftliche Analysen, Bochum 1994, S. 47–78.

11 Wollmann, Institutionenbildung, S. 110–116.

12 Vgl. zu den Ergebnissen der Kommunalwahlen Gerhard A. Ritter/Merith Niehuss, Wahlen in Deutschland 1990–1994, München 1995, S. 32–34.

13 Wollmann, Institutionenbildung, S. 113.

14 Ebda., S. 120–127; zu Kontinuitäten und Neuanfang im kommunalen Verwaltungspersonal und dem Verhältnis zwischen «neuen Eliten» und «alten Kadern» vgl. Hellmut Wollmann/Wolfgang Jaedicke, Neubau der Kommunalverwaltung in Ostdeutschland – zwischen Kontinuität und Umbruch, in: Wolfgang Seibel/Arthur Benz/Heinrich Mäding (Hg.), Verwaltungsreform und Verwaltungspolitik im Prozeß der deutschen Einigung, Baden-Baden 1993, S. 98–116.

15 Wollmann, Institutionenbildung, S. 124 f.; Vgl. weiter Hellmut Wollmann/Frank Berg, Die ostdeutschen Kommunen: Organisation, Personal, Orientierungs- und Einstellungsmuster im Wandel, in: Hiltrud Naßmacher/Oskar Niedermayer/Hellmut Wollmann (Hg.), Politische Strukturen im Umbruch, Berlin 1994, S. 239–274. Wollmann und Berg stützen sich auf Fallstudien in den Städten Leipzig, Stadt und Kreis Straußberg, Borna und sechs kleineren Gemeinden in Brandenburg. Das Buch ist in der Schriftenreihe der KSPW «Transformationsprozesse» erschienen.

16 Vgl. als Beispiel Frank Berg, Transformation der kommunalen Verwaltungsinstitutionen in Stadt und Kreis Straußberg; Renate Hürtgen u. a., Sozialpolitische Interessenvermittlungsstrukturen im Transformationsprozeß in den regionalen Zentren Frankfurt (Oder) und Jena,

beide Aufsätze in: Naßmacher u. a. (Hg.), Politische Strukturen im Umbruch, S. 17–118 bzw. 181–238.

17 Wollmann, Institutionenbildung, bes. S. 135–153; Martin Osterland, Kommunale Demokratie in den neuen Bundesländern. Eine Bilanz, in: Aus Politik und Zeitgeschichte B 50/96, 6. 12. 1996, S. 41–46.

18 Wollmann, Institutionenbildung, S. 131–135.

19 Vgl. zum folgenden Hans Hubertus von Roenne, Politisch untragbar ...? Die Überprüfung von Richtern und Staatsanwälten der DDR im Zuge der Vereinigung Deutschlands, Berlin 1997.

20 Bundestags-Drucksache 13/2280, Materialien zur Deutschen Einheit, S. 322.

21 Ebda., S. 56f.

22 Vgl. die Zahlen über die Verfahren im Arbeits-, Verwaltungs- und Sozialrecht in den neuen Bundesländern 1990–1994, in: ebda., S. 314–320.

23 Ebda., S. 35–43.

24 Ebda., S. 216f., 502–505; Irmhild Rudolph, Vielfalt statt Einheitlichkeit. Zur Umgestaltung des Bildungssystems in den östlichen Bundesländern, in: Gert-Joachim Glaeßner (Hg.), Der lange Weg zur Einheit. Studien zum Transformationsprozeß in Ostdeutschland, Berlin 1993, S. 275–309, bes.275–292.

25 Vgl. Wissenschaftsrat, Empfehlungen zur Forschung und Lehre auf dem Gebiet der Rechtswissenschaft in den neuen Ländern, vom 13. 3. 1991, Drucksache 96/91; ders., Empfehlungen zum Aufbau der Wirtschafts- und Sozialwissenschaften an den Universitäten/Technischen Hochschulen in den neuen Bundesländern und im Ostteil von Berlin, vom 17. 5. 1991, Drucksache 254/91; Jürgen Kocka/Renate Mayntz (Hg.), Wissenschaft und Wiedervereinigung. Disziplinen im Umbruch, Berlin 1998; Gertraude Buck-Bechler/Heidrun Jahn (Hg.), Hochschulerneuerung in den neuen Bundesländern. Bilanz nach vier Jahren, Weinheim 1994; Renate Mayntz (Hg.), Aufbruch und Reform von oben. Ostdeutsche Universitäten im Transformationsprozeß, Frankfurt a. Main/New York 1994; Rudolph, Vielfalt, S. 293–309; Bundestags-Drucksache 13/2280, Materialien, S. 228–231.

26 Wissenschaftsrat, Empfehlungen zur Einrichtung von Fachhochschulen in den neuen Ländern, vom 5. 7. 1991, Drucksache 326/91.

27 Unterrichtung durch die Bundesregierung. Jahresbericht der Bundesregierung zum Stand der Deutschen Einheit 1998, Deutscher Bundestag, 13. Wahlperiode, Drucksache 13/10823, 27. 5. 98, S. 78.

28 Bundestags-Drucksache 13/2280, Materialien, S. 230.

29 Jahresbericht der Bundesregierung 1998, S. 80.

30 Vgl. «Förderungsprogramm für die Hochschulen in den fünf neuen Bundesländern», in: Das Hochschulwesen 39, 1991, Heft 1, S. 1–3, hier S. 1.

31 Jahresbericht der Bundesregierung 1998, S. 5, 78.

32 Vgl. Bundestags-Drucksache 13/2280, Materialien, S. 232–235; Wissenschaftsrat, Stellungnahme zu den außeruniversitären Forschungseinrichtungen in den neuen Ländern und in Berlin, Allgemeiner Teil,

Drucksache 320/91 vom 5. 7. 1991; ders., Stellungnahme zu den außeruniversitären Forschungseinrichtungen der ehemaligen Akademie der DDR auf dem Gebiet der Geisteswissenschaften, Drucksache 334/91, vom 5. 7. 1991; Renate Mayntz, Deutsche Forschung im Einigungsprozeß. Die Transformation der Akademie der Wissenschaften der DDR 1969 bis 1992, Frankfurt/Main 1994; Gerhard A. Ritter, Großforschung und Staat in Deutschland. Ein historischer Überblick, München 1992, S. 118–130.

33 Vgl. Der Bundesminister für Forschung und Technologie. Bericht an den Ausschuß für Forschung, Technologie und Technologiefolgenabschätzung des Deutschen Bundestages zur Vereinigungspolitik im Bereich von Forschung und Technologie, 8. 4. 1991, bes. S. 27–37. – Zum Stand der Förderung von Forschung und Entwicklung durch die Wirtschaft in den neuen Bundesländern 1995 vgl. Bundesministerium für Bildung, Wissenschaft, Forschung und Technologie (Hg.), Bundesbericht Forschung 1996, Bonn 1996, bes. S. 105–108. 1993 wurden je Erwerbstätigem von der Wirtschaft in den neuen Ländern 451 DM, in den alten Ländern 2092 DM für Forschung und Entwicklung ausgegeben (ebda., S. 93).

34 Jahresbericht der Bundesregierung 1998, S. 83.

35 Gerhard Besier, Der SED-Staat und die Kirche 1983–1991. Höhenflug und Absturz, Berlin/Frankfurt am Main 1995, S. IX, S. 455–481.

36 Die acht evangelischen ostdeutschen Landeskirchen sind bisher (Juni 1998) dem Militärseelsorgevertrag nicht beigetreten (Bericht der Bundesregierung 1998, S. 95).

37 Oskar Niedermayer, Das intermediäre System, in: Kaase u. a., Politisches System, S. 155–230, bes. S. 224. – Die katholische Kirche konnte ihre Mitgliederzahl von ca. 750 000 behaupten. Über zwei Drittel der Bevölkerung in den neuen Bundesländern sind konfessionslos.

38 Helmut Frank, Kreuz des Ostens. Die Volkskirche wurde nach westlichen Vorstellungen restauriert, aber das Volk im Osten kam nicht zurück, in: Die Zeit, 20. 6. 1997.

39 Vgl. Niedermayer, Intermediäres System, S. 207–210; Bundestags-Drucksache 13/2280, Materialien, S. 259–261; Irene Charlotte Streul, Die Umgestaltung des Mediensystems in Ostdeutschland. Strukturwandel und medienpolitische Neuorientierung in Rundfunk und Presse seit 1989, in: Aus Politik und Zeitgeschichte B 40/93, 1. Oktober 1993, S. 36–46.

40 Vgl. z. B. Götz Frank, Rundfunk in den neuen Bundesländern: Vom Partei- zum Parteienrundfunk. Die Ordnung einer zunächst revolutionären Situation durch das parteipolitische Kalkül, in: Kritische Justiz 25, 1992, S. 463–472.

41 Bundestags-Drucksache B/2280, Materialien, S. 260, 512 f.

42 Wilhelm Bürklin/Hilke Rebenstorf u. a., Eliten in Deutschland. Rekrutierung und Integration, Opladen 1997.

43 Jörg Machatzke, Die Potsdamer Elitenstudie – Positionsauswahl und Ausschöpfung, in: Bürklin/Rebenstorf u. a., Eliten, S. 35–68, hier S. 67. Dort auch die Verteilung auf die einzelnen Bereiche.

44 Christian Welzel, Rekrutierung und Sozialisation der ostdeutschen Elite – Aufstieg einer demokratischen Gegenelite?, in: Bürklin/Rebenstorf u. a., Eliten, S. 201–237, hier S. 209f.

45 Ebda., S. 219.

46 Hilke Rebenstorf, Karrieren und Integration – Werdegänge und Common language, in: Bürklin/Rebenstorf u. a., Eliten, S. 157–199, hier S. 163–169.

47 Welzel, Rekrutierung, S. 210.

48 Rebenstorf, Karrieren, S. 166.

49 Martina Sauer/Kai-Uwe Schnepp, Elitenintegration durch Kommunikation? Eine Analyse der Kontaktmuster der Positionseliten; Martina Sauer, Durchsetzungsfähigkeit und Kooperationspotential von Eliten als Bausteine der Elitenintegration, beide Aufsätze in: Bürklin/Rebenstorf u. a., Eliten, S. 239–283, bzw. S. 285–320.

50 Sauer, Durchsetzungsfähigkeit, S. 309.

51 Gerlinde Sinn/Hans-Werner Sinn, Kaltstart. Volkswirtschaftliche Aspekte der deutschen Vereinigung, 3. Aufl., München 1993.

52 Norbert Kloten, Deutsche Einheit: Die wirtschaftliche Last der Folgen für Ost und West. Vortrag im Rahmen einer Ringvorlesung der Universität Tübingen am 11. 1. 1996, in: Deutsche Bundesbank, Auszüge aus Presseartikeln, Nr. 8, 5. 2. 1996, S. 11–17.

53 Für das Lohnniveau zum Zeitpunkt der Vereinigung vgl. Hans-Werner Sinn, Volkswirtschaftliche Probleme der deutschen Vereinigung. Nordrhein-westfälische Akademie der Wissenschaften, Natur-, Ingenieur- und Wirtschaftswissenschaften, Vorträge N 421, Opladen 1996, S. 23. Für die weitere Entwicklung vgl. Bundesministerium für Arbeit und Sozialordnung (Hg.), Sozialpolitische Informationen, Jg. 32, Nr. 4, 28. 2. 1998, S. 2f.

54 Vgl. Helmut Hesse, Arbeitslosigkeit und Geldpolitik 1997. Rede des Präsidenten der Landeszentralbank in der Freien Hansestadt Bremen, Niedersachsen und Sachsen-Anhalt anläßlich des Bankenempfangs der Landeszentralbank in Magdeburg am 21. Januar 1997, in: Deutsche Bundesbank, Auszüge aus Presseartikeln, Nr. 5, 23. 1. 1997, S. 6–14; Jahresbericht der Bundesregierung 1998, S. 19.

55 Vgl. Klaus Peter Schmid, Der Knödel und sein Preis. Warum die Ostdeutsche Wirtschaft bei der Produktivität dem Westen hinterherhinkt, in: Die Zeit, 5. 12. 1997.

56 Jahresbericht der Bundesregierung 1998, S. 19.

57 Sinn, Volkswirtschaftliche Probleme, bes. S. 7–12.

58 Zahlen nach Johannes Frerich/Martin Frey, Handbuch der Geschichte der Sozialpolitik in Deutschland, Bd. 3: Sozialpolitik in der Bundesrepublik Deutschland bis zur Herstellung der Deutschen Einheit, 2. Aufl., München/Wien 1996, S. 598.

59 Jahresbericht der Bundesregierung 1998, S. 25, 130.

60 Vgl. Bundesanstalt für Arbeit, Presseinformationen, Nr. 27/98: Der Arbeitsmarkt im April 1998, Bundesgebiet Ost.

61 Frerich/Frey, Handbuch, Bd. 3, S. 598.

62 Bundesanstalt für Arbeit, Jahreszahlen 1996, S. 212.

63 Ebda.
64 Bundestags-Drucksache 13/2280, Materialien, S. 242.
65 Richard Hauser u. a., Ungleichheit und Sozialpolitik, Bericht 2 der KSPW, Opladen 1996, S. 329.
66 Bundestags-Drucksache 13/2280, Materialien, S. 242.
67 Bundesanstalt für Arbeit, Der Arbeitsmarkt im April 1998.
68 Vgl. z. B. Walter Heering/Klaus Schröder, Die DDR war kein Bollwerk der Emanzipation. Legenden und Wirklichkeit im ostdeutschen Transformationsprozeß: das Beispiel Frauenbeschäftigung, in: Frankfurter Allgemeine Zeitung, 21. 12. 1995.
69 Anne Hampele/Stefan Naevecke, Erwerbslosigkeit von Frauen in den neuen Bundesländern – Lebensmuster unter Druck, in: Glaeßner (Hg.), Weg, S. 107–141.
70 Vgl. Klaus-Peter Schwitzer, Die Rentner sind die Gewinner der Einheit, in: Das Parlament, 17./24. 1. 1997, S. 2.
71 Vgl. Ursula Schröter, Ostdeutsche Frauen im Transformationsprozeß. Eine soziologische Analyse zur sozialen Situation ostdeutscher Frauen (1990–1994), in: Aus Politik und Zeitgeschichte, B 20/95 12. 5. 1995, S. 31–42.
72 Bundesministerium für Arbeit und Sozialordung, Sozialbericht 1997, Bonn 1998, S. 18. – Der Frauenanteil an den Selbständigen in den neuen Bundesländern lag 1996 bei 31,5 %.
73 Für diese und die folgenden Zahlen zur Wirtschaftsstruktur in Ost- und Westdeutschland vgl. Schwarzer, Arbeitsbeziehungen, S. 116.
74 Jahresbericht der Bundesregierung 1998, S. 35.
75 Die folgenden auf dem Mikrozensus von 1994 beruhenden Zahlen nach: Der Bundesminister für Arbeit und Sozialordnung (Hg.), Arbeits- und Sozialstatistik. Hauptergebnisse 1996, Bonn 1996, S. 23 f.
76 Sozialbericht 1997, S. 187. Leider werden Selbständige und mithelfende Familienangehörige (Westen: 11,3 %; Osten: 8,5 %) und Arbeiter und Angestellte (Westen: 80,5 %; Osten: 87,5 %) nur zusammen erfaßt.
77 Jahresbericht der Bundesregierung 1998, S. 4, 33, 39–49.
78 Bundestags-Drucksache, 13/2280, Materialien, S. 413.
79 Jahresbericht der Bundesregierung 1998, S. 19, 134–138.
80 Ebda., S. 110.
81 Die Bruttokaltmiete lag Mitte 1996 in den neuen Bundesländern bei unter 20 %, in den alten Ländern bei ca. 25 % des verfügbaren Einkommens (ebda., S. 46).
82 Ebda., S. 30.
83 Vgl. Claus Noé, Mark, Markt und Macht, in: Die Zeit, 22. 9. 1995.
84 Vgl. für die Wachstumsrate 1992/93 Stephan Lorz, Verblühende Landschaften, in: Rheinischer Merkur, 9. 5. 1997, für 1994–1997, Sozialbericht 1997, S. 15.
85 Jahresbericht der Bundesregierung 1998, S. 110.
86 Ebda., S. 3. – 1997 ist auch der Export der ostdeutschen Industrie, allerdings von einer sehr niedrigen Basis aus, um knapp 26 % gestiegen. Der Anteil am deutschen Gesamtexport ist damit aber nur von 4,4 % 1996 auf 5,4 % 1997 gestiegen (S. 21).

87 Sozialbericht 1997, S. 8.

88 Bundesministerium für Arbeit und Sozialordnung, Sozialbericht 1993, Bonn 1994, S. 16.

89 Jahresbericht der Bundesregierung 1998, S. 31, 54.

90 Vgl. den Brief des führenden Sozialexperten und Stellvertretenden Vorsitzenden der Sozialdemokratischen Bundestagsfraktion Rudolf Dreßler an Regine Hildebrandt, die Ministerin für Arbeit und Soziales der DDR, vom 26. 4. 1990 mit der Beilage «Änderungsvorschläge zum Bereich «Sozialunion» im Entwurf des Staatsvertrages BRD/DDR (endgültiger Stand: 24. April 1990)» vom 26. 4. 1990, in: Archiv der sozialen Demokratie (AdsD) der Friedrich-Ebert-Stiftung, Bestand SPD-Fraktion der Volkskammer der DDR, 10. Wahlperiode, Mappe 5; DGB Bundesvorstand, Erste Bewertung des Entwurfs der Bundesregierung für einen Staatsvertrag mit der DDR vom 30. 4. 1990 (ebda., Mappe 27); Zuarbeit aus dem Kreis der SPD-Minister für die Erarbeitung einer gemeinsamen Verhandlungsposition des Ministerrates der DDR zum Vertrag über die Schaffung einer Währungsunion, Wirtschafts- und Sozialgemeinschaft zwischen der Bundesrepublik Deutschland und der Deutschen Demokratischen Republik, vom 2. 5. 1990 (ebda., Mappe 27); Zusammenstellung der Forderungen der SPD zum «Vertrag über die Schaffung einer Währungs-, Wirtschafts- und Sozialunion zwischen der Bundesrepublik Deutschland und der Deutschen Demokratischen Republik» und die erzielten Ergebnisse, Stand 19. 6. 1990, (ebda., Mappe 39).

91 Diese Positionen finden sich noch in dem Vertragsentwurf der Bundesregierung vom 24. 4. 1990: Arbeitspapier für die Gespräche mit der DDR für einen Vertrag über die Schaffung einer Währungsunion, Wirtschafts- und Sozialgemeinschaft zwischen der Bundesrepublik Deutschland und der Deutschen Demokratischen Republik, 24. April 1990, in: Dokumente zur Deutschlandpolitik. Deutsche Einheit. Sonderedition aus den Akten des Bundeskanzleramtes 1989/90. Bearb. von Hanns Jürgen Küsters/Daniel Hofmann, München 1998, S. 1034–1044.

92 Vgl. «Der Vertrag über die Schaffung einer Währungs-, Wirtschafts- und Sozialunion zwischen der Bundesrepublik Deutschland und der Deutschen Demokratischen Republik». Erklärungen und Dokumente, hg. vom Presse- und Informationsamt der Bundesregierung, Bonn 1990.

93 Vgl. Rentenangleichungsgesetz vom 28. 6. 1990, in: Gesetzblatt [der DDR] 1990, I., Nr. 38, 4. 7. 1990, S. 495 ff.

94 Vgl. Jürgen Wasem, Vom staatlichen zum kassenärztlichen System. Eine Untersuchung des Transformationsprozesses der ambulanten ärztlichen Versorgung in Deutschland, Frankfurt a. Main/New York 1997, S. 252–255.

95 Vgl. das handschriftliche Manuskript eines undatierten Vortrages von Dr. Martin Ammermüller über «Die Herausforderung der Sozialversicherung in den neuen Bundesländern», S. 1. Dr. Ammermüller vom Bundesministerium für Arbeit und Sozialordnung war u. a. als Berater von Staatssekretär Ziel im DDR-Ministerium für Arbeit und Soziales,

als einer der leitenden Mitarbeiter der Außenstelle des Bundesarbeitsministeriums in Berlin und als Geschäftsführer der «Überleitungsanstalt Sozialversicherung» wesentlich am Aufbau der Sozialversicherung im Osten beteiligt. Der Verfasser dankt Dr. Ammermüller für ein Gespräch und die Überlassung des Manuskripts.

96 Vgl. Rentenangleichungsgesetz vom 28. 6. 1990, in: Gesetzblatt 1990, I., Anlage zu den §§ 2 und 10 des Gesetzes, S. 500.

97 Sozialbericht 1997, S. 311.

98 Vgl. Walter Kiel/Hilmar Luckert, Finanzielle Auswirkungen der Umwertung der Bestandsrenten des Beitrittsgebiets nach dem Renten-Überleitungsgesetz, in: Deutsche Rentenversicherung 62, Heft 8/9, 1991, S. 555–602, hier S. 574.

99 Ebda., S. 556–560.

100 Gunnar Winkler u. a., Sozialreport 1992. Daten und Fakten zur sozialen Lage in den neuen Bundesländern, Berlin 1993, S. 249.

101 Jahresbericht der Bundesregierung 1998, S. 53.

102 Deutsche Bundesbank, Zur Finanzentwicklung der gesetzlichen Rentenversicherung seit Beginn der neunziger Jahre, Monatsbericht März 1995, 47, Nr. 3, S. 17–31, hier S. 24. – Die durchschnittliche versicherungspflichtige Erwerbstätigkeit der Frauen betrug im Osten 38, im Westen 24,5 Jahre.

103 Sozialbericht 1997, S. 310.

104 Ebda., S. 311.

105 Mitteilung des Bundesarbeitsministeriums an den Verfasser.

106 Eigene Berechnungen aufgrund der Zahlen in: Bundesministerium für Arbeit und Sozialordnung, Statistisches Taschenbuch 1997, Tabelle 8.6, 8.6A.

107 Ebda., Tabellen 8.5, 8.5A, 8.8, 8.8A.

108 Sozialbericht 1997, S. 51 f.; Vgl. weiter Winfried Schmähl/Uwe Fachinger, Einkommen und Vermögen älterer Haushalte. Anmerkungen zur heutigen Situation und zur künftigen Entwicklung, in: Dieter Farny/Peter Lütke-Bornefeld/Gertrud Zellenberg (Hg.), Lebenssituationen älterer Menschen. Beschreibung und Prognose aus interdisziplinärer Sicht, Berlin 1996, S. 93–124, bes. S. 104–106.

109 Sozialbericht 1997, S. 278 f.

110 Arbeits- und Sozialstatistik, Hauptergebnisse 1996, S. 227.

111 Hauser u. a., Ungleichheit, S. 293–300.

112 Sozialbericht 1997, S. 88.

113 Hauser u. a., Ungleichheit, S. 282–284.

114 Von allen Haushalten mit alleinstehenden Frauen erhielten 1993 in Westdeutschland 13,5 %, in Ostdeutschland 6,3 % Sozialhilfe (ebda., S. 285).

115 Ebda., S. 267.

116 Vgl. Petra Drauschke/Margit Stolzenburg, Familie, in: Gunnar Winkler (Hg.), Sozialreport 1995. Daten und Fakten zur sozialen Lage in den neuen Bundesländern, Berlin 1995, S. 276–328, hier S. 310; Stefan Hradil, Die «Single-Gesellschaft», München 1995, bes. S. 24 f.

117 Hauser u. a., Ungleichheit, S. 271 f.

118 Ebda., S. 312–327.
119 Ebda., S. 324f.
120 Nach einer Analyse der Mannheimer Forschungsgruppe Wahlen haben 30% der unter 30jährigen – davon junge Männer häufiger als junge Frauen – die DVU, die im Durchschnitt auf 12,9% der Stimmen kam, gewählt. In den Altersgruppen bis 30 Jahre war die DVU vor der SPD (22%) die stärkste Partei (Süddeutsche Zeitung, 28.4. 1998).
121 Martin Diewald/Johannes Huinink/Heike Solga/Annette Sørensen, Umbrüche und Kontinuitäten – Lebensverläufe und die Veränderung von Lebensbedingungen seit 1989, in: Huinink u.a., Kollektiv und Eigensinn. Lebensverläufe in der DDR und danach, Berlin 1995, S. 307–348, bes. S. 346–348.
122 Jörg Maschatzke, Einstellungen zum Umfang staatlicher Verantwortung – Zum Staatsverständnis der Eliten im vereinten Deutschland; Viktoria Kaina, Wertorientierungen im Eliten-Bevölkerungsvergleich: Vertikale Distanzen, geteilte Loyalitäten und das Erbe der Trennung, beide Aufsätze in: Bürklin/Rebenstorf u.a., Eliten, S. 321–350, bzw. S. 351–389.
123 Schwarzer, Arbeitsbeziehungen, S. 282.
124 Ebda., S. 202–216.
125 Abdruck in der Tageszeitung des FDGB «Tribüne» vom 2.2. 1990.
126 Abdruck in: Tribüne, 5.2. 1990.
127 Schwarzer, Arbeitsbeziehungen, S. 303.
128 Vgl. zur Haltung der westdeutschen Gewerkschaften gegenüber dem FDGB und seinen einzelnen Verbänden und zur Ausdehnung der westdeutschen Gewerkschaften auf den Osten, Schwarzer, Arbeitsbeziehungen, S. 306–329; Heinrich Tiemann, Gewerkschaftseinheit in Deutschland: Wege und Strategien, in: Frank Löbler/Josef Schmid/Heinrich Tiemann (Hg.), Wiedervereinigung als Organisationsproblem: Gesamtdeutsche Zusammenschlüsse von Parteien und Verbänden, Bochum 1992, S. 111–124; Helmut Martens, Gewerkschaftlicher Organisationsaufbau und Mitbestimmung in Ostdeutschland. Ein eigenständiger und schwieriger Institutionalisierungsprozeß und seine Folgen für die industriellen Beziehungen in der größer gewordenen Bundesrepublik, Dortmund 1992; Joachim Bergmann/Rudi Schmidt (Hg.), Industrielle Beziehungen. Institutionalisierung und Praxis unter Krisenbedingungen, Opladen 1996; Wolfgang Schroeder, Industrielle Beziehungen in Ostdeutschland: Zwischen Transformation und Standortdebatte, in: Aus Politik und Zeitgeschichte, B 40/96, 27.9. 1996, S. 25–34; Niedermayer, Das intermediäre System, S. 192–195; Michael Fichter/Hugo Reister, Die Gewerkschaften, in: Oskar Niedermayer (Hg.), Intermediäre Strukturen in Ostdeutschland, Opladen 1996, S. 309–333; Jürgen Pawelzig u.a., Die Arbeitsrechtsordnung, in: Bernd von Maydell u.a., Die Umwandlung der Arbeits- und Sozialordnung, Bericht 6 der KSPW, Opladen 1996, S. 15–182, hier S. 149–160.
129 Niedermayer, Das intermediäre System, S. 223.
130 Ebda., S. 188–192; Schwarzer, Arbeitsbeziehungen, S. 239–247; Fred

Henneberger, Arbeitgeber- und Wirtschaftsverbände in den neuen Bundesländern: Konfliktlinien und Organisationsprobleme, in: Josef Schmid/Frank Löbler/Heinrich Tiemann (Hg.), Organisationsstrukturen und Probleme von Parteien und Verbänden. Berichte aus den neuen Ländern, Marburg 1994; Pawelzig u. a., Kollektives Arbeitsrecht, S. 160–169; Fred Henneberger, Die Unternehmerverbände, in: Niedermayer (Hg.), Intermediäre Strukturen, S. 335–377.

131 Ingrid Artus, Tarifpolitik in den neuen Bundesländern: Akteure, Strategien, Problemlagen, in: Bergmann/Schmidt (Hg.), Industrielle Beziehungen, S. 71–100, bes. S. 84–87.

132 Schroeder, Industrielle Beziehungen, S. 32. Vgl. zur tarifpolitischen Wende 1992/93 und deren Ursachen und Hintergründe weiter Artus, Tarifpolitik, bes. S. 88–95.

133 Joachim Fels, Arbeitsmärkte und Währungsunion, in: Deutsche Bundesbank, Auszüge aus Presseartikeln, Nr. 3, 15. 1. 1997, S. 16f.; Vgl. weiter Schwarzer, Arbeitsbeziehungen, S. 243–252.

134 Schroeder, Industrielle Beziehungen, S. 29. Vgl. Renate Liebold, Innerbetriebliche Beziehungen in ostdeutschen Industriebetrieben: Die (ost-) deutsche Einheit zwischen Management und Betriebsrat, in: Bergmann/Schmidt (Hg.), Industrielle Beziehungen, S. 213–235.

135 Vgl. Hans-Peter Müller/Manfred Wilke, Braunkohlepolitik der Steinkohlegewerkschaft. Die Energiepolitik der Industriegewerkschaft Bergbau und Energie im Vereinigungsprozeß 1990 bis 1994, Berlin 1996.

136 Zur Entstehung des neuen Parteiensystems in der DDR 1989 und seine weitere Entwicklung bis zur Vereinigung und danach vgl. Andrea Volkens/Hans-Dieter Klingemann, Die Entwicklung der deutschen Parteien im Prozeß der Vereinigung, in: Eckhard Jesse/Armin Mitter (Hg.), Die Gestaltung der deutschen Einheit. Geschichte – Politik – Gesellschaft, Bonn/Berlin 1992, S. 189–214; Rainer Linnemann, Die Parteien in den neuen Bundesländern. Konstituierung, Mitgliederentwicklung, Organisationsstrukturen, Münster 1994; Niedermayer, Das intermediäre System, S. 167–188; Oskar Niedermayer/Richard Stöss (Hg.), Parteien und Wähler im Umbruch. Parteiensystem und Wählerverhalten in der ehemaligen DDR und den neuen Bundesländern, Opladen 1994.

137 Vgl. Petra Schuh/Bianca M. von der Weiden, Die deutsche Sozialdemokratie 1989/90. SDP und SPD im Einigungsprozeß, München 1997.

138 Zur Entwicklung der CDU in Ostdeutschland vgl. Ute Schmidt, Die CDU, in: Niedermayer (Hg.), Intermediäre Strukturen, S. 13–39; dies., Transformation einer Volkspartei – Die CDU im Prozeß der deutschen Vereinigung, in: Niedermayer/Stöss (Hg.), Parteien, S. 37–74.

139 Vgl. Hans Vorländer, Die FDP: Entstehung und Entwicklung; Theo Schiller/Kerstin Weinbach, Die FDP: Wahlen und Wähler, beide Aufsätze in: Niedermayer (Hg.), Intermediäre Strukturen, S. 113–133, bzw. S. 135–150.

140 Vgl. den SPD-Parteivorsitzenden Hans-Jochen Vogel in einem unter dem Titel «Wir standen unter dem Einfluß euphorischer Umfragen» veröffentlichten Interview mit der Süddeutschen Zeitung, 27/28. 10. 1990.

141 Wahlergebnisse insgesamt und nach den 15 Bezirken der DDR, in: Gerhard A. Ritter/Merith Niehuss, Wahlen in Deutschland 1946–1991. Ein Handbuch, München 1991, S. 190–199; – Zur Analyse der Volkskammerwahlen vgl. Matthias Jung, Parteiensystem und Wahlen in der DDR. Eine Analyse der Volkskammerwahl vom 18. März 1990 und der Kommunalwahlen vom 6. Mai 1990, in: Aus Politik und Zeitgeschichte B 27/90, S. 3–15; Dieter Roth, Die Wahlen zur Volkskammer in der DDR. Der Versuch einer Erklärung, in: Politische Vierteljahresschrift 31, 1990, S. 369–393.

142 Für die Wahlergebnisse vgl. Ritter/Niehuss, Wahlen in Deutschland 1946–1991, S. 104–124. Zur Analyse der Wahl vgl. Hans-Dieter Klingemann/Max Kaase (Hg.), Wahlen und Wähler. Analysen aus Anlaß der Bundestagswahl 1990, Opladen 1994.

143 Für die Ergebnisse der erwähnten Wahlen vgl. Gerhard A. Ritter/Merith Niehuss, Wahlen in Deutschland 1990–1994, München 1995, S. 32–42.

144 Vgl. für die PDS Jürgen P. Lang/Patrick Moreau, PDS. Das Erbe der Diktatur. Sonderdruck der Zeitschrift «Politische Studien», Jg. 45, Sept. 1994; Jürgen W. Falter/Markus Klein, Die Wähler der PDS bei der Bundestagswahl 1994. Zwischen Ideologie, Nostalgie und Protest, in: Aus Politik und Zeitgeschichte, B 51–52/94, 23. 12. 1994, S. 22–34; Henry Kreikenbom, Nachwirkungen der SED-Ära. Die PDS als Katalysator der Partei- und Wahlpräferenzen in den neuen Bundesländern, in: Zeitschrift für Parlamentsfragen 29, 1998, S. 24–46. Hasko Hüning/Gero Neugebauer, Die PDS, in: Niedermayer (Hg.), Intermediäre Strukturen, S. 67–85.

145 Vgl. Ursula Birsl/Peter Lösche, Parteien in West- und Ostdeutschland: Der gar nicht so feine Unterschied, in: Zeitschrift für Parlamentsfragen 29, 1998, S. 7–24, hier S. 11.

146 Nach Umfragen des Allensbacher Instituts für Demoskopie im Frühjahr 1998 waren 88 % der PDS-Anhänger der Meinung, daß die DDR «eigentlich» kein Unrechtsstaat gewesen sei. Nur 4 % hielten sie für einen Unrechtsstaat. Vgl. Elisabeth Noelle-Neumann, Die zwei Gesichter der PDS, in: Frankfurter Allgemeine Zeitung, 8. 7. 1998.

147 Nach der bereits erwähnten Umfrage des Allensbacher Instituts vom Frühjahr 1998 (ebda.) hielten 60 % der PDS-Anhänger die Demokratie nicht für die beste Staatsform, 70 % hatten eine «schlechte Meinung» vom Wirtschaftssystem der Bundesrepublik und 68 % hatten Zweifel, daß «das Gesellschaftssystem der Bundesrepublik verteidigungswert ist». Gefragt, ob sie die Empfindung haben: «Wir sind ein Volk», antworteten nur 23 % der PDS-Anhänger zustimmend, während 71 % angaben, daß sie nicht so empfänden.

148 Vgl. Jens Reich, Das Zünglein an der Waage, in: Die Zeit, 27. 6. 1997.

149 Birsl/Lösche, Parteien, S. 11.

150 Vgl. Bundestagswahl 1994. Eine Analyse der Wahl zum 13. Deutschen Bundestag am 16. 10. 1994. Berichte der Forschungsgruppe Wahlen e. V., Mannheim Nr. 76, 21. Oktober 1994, S. 21 f. Nach einer Umfrage am Wahltag nach Verlassen der Wahllokale wählten mit

ihrer Zweitstimme im Westen 35 % der Arbeiter die CDU/CSU und 49,5 % die SPD. Im Osten wählten 40,6 % der Arbeiter CDU und 35,1 % SPD.

151 Vgl. Hans Rattinger, Parteienidentifikationen in Ost- und Westdeutschland nach der Vereinigung, in: Oskar Niedermayer/Klaus von Beyme (Hg.), Politische Kultur in Ost- und Westdeutschland, Berlin 1994, S. 77–104, hier S. 83; Vgl. weiter den auf Umfrageergebnissen beruhenden Artikel von Renate Köcher, Am liebsten würden die Bürger der Entscheidung ausweichen, in: Frankfurter Allgemeine Zeitung, 20. 5. 1998.

152 Vgl. etwa Thomas Emmert/Andrea Stögbauer, Volksparteien in der Krise. Die Wahlen in Baden-Württemberg, Schleswig-Holstein und Hamburg, in: Wilhelm Bürklin/Dieter Roth (Hg.), Das Superwahljahr. Deutschland vor unkalkulierbaren Regierungsmehrheiten?, Köln 1994, S. 86–110; Ursula Feist/Hans-Jürgen Hoffmann, Die Hamburger Bürgerschaftswahl vom 19. September 1993: Rundumangriff auf die Etablierten, in: Zeitschrift für Parlamentsfragen 25, 1994, S. 217–234; Jürgen W. Falter in Zusammenarbeit mit Markus Klein, Wer wählte rechts? Die Wähler und Angehörigen rechtsextremistischer Parteien im vereinigten Deutschland, München 1994; Elmar Wiesendahl, Volksparteien im Abstieg. Nachruf auf eine zwiespältige Erfolgsgeschichte, in: Aus Politik und Zeitgeschichte B 34–35/92, 14. 8. 1992, S. 3–14; Vgl. weiter den Überblicksartikel in der Frankfurter Allgemeinen Zeitung vom 20. 12. 1993, S. 9–11: 1994 – Das Jahr der 19 Wahlen. Vier Jahre nach der Vereinigung sind die großen Volksparteien in Bedrängnis.

153 Vgl. Friedrich Engels, Anteil der Arbeit an der Menschwerdung des Affen, in: Karl Marx/Friedrich Engels, Ausgewählte Schriften in zwei Bänden, Berlin [O.] 1977, Bd. II, S. 68–79, hier S. 68: Die Arbeit «ist die erste Grundbedingung alles menschlichen Lebens, und zwar in einem solchen Grade, daß wir in gewissem Sinne sagen müssen: Sie hat den Menschen geschaffen».

154 Vgl. Wolfgang Thierse, Fünf Jahre deutsche Vereinigung: Wirtschaft-Gesellschaft-Mentalität, in: Aus Politik und Zeitgeschichte B 40/41/95, 29. 9. 1995, S. 3–7, bes. S. 6; Elisabeth Noelle-Neumann/Renate Köcher (Hg.), Allensbacher Jahrbuch der Demoskopie 1984–1992, Bd. 9, München etc.1993, S. 516; 833.

155 Vgl. den Artikel über Umfrageergebnisse des Allensbacher Instituts für Demoskopie von Renate Köcher, Das Umweltthema hat seinen Zenit überschritten, in: Frankfurter Allgemeine Zeitung, 14. 5. 1997. Allerdings ist die Bedeutung des Umweltthemas seit 1990 auch im Westen zurückgegangen.

156 Vgl. den. Artikel über das Ergebnis von Umfragen des Allensbacher Instituts für Demoskopie, in: Elisabeth Noelle-Neumann, Die PDS als Kristallationspunkt der Unterschiede, in: Frankfurter Allgemeine Zeitung, 10. 12. 1997. Die Zahl derer, die den Sozialismus für eine gute Sache halten, die nur schlecht ausgeführt wurde, nahm zwischen 1991–1996 nach anderen Umfragen noch zu. Vgl. Oscar W. Gabriel,

Politische Orientierungen und Verhaltensweisen, in: Kaase u. a., Politisches System, S. 231–319, hier S. 243.

157 Gabriel, Politische Orientierungen, S. 251.

158 Ebda., S. 256. Vgl. weiter die Artikel über Umfrageergebnisse des Allensbacher Instituts für Demoskospie von Elisabeth Noelle-Neumann, Die Einsamkeit der CDU-Wähler im Osten; dies., Eine Generation, zwei Gesellschaften; Renate Köcher, Die Zweifel wachsen in Ost und West, in: Frankfurter Allgemeine Zeitung, 17. 4. 1996, 16. 4. 1997, 16. 7. 1997.

159 Elisabeth Noelle-Neumann, Die linken und die rechten Werte. Ein Ringen um das Meinungsklima, in: Karl Graf Ballestrem/Henning Ottmann (Hg.), Theorie und Praxis. Festschrift für Nikolaus Lobkowicz zum 65. Geburtstag, Berlin 1996, S. 243–267, hier S. 248–250, 262–264.

160 Vgl. Jens Reich, Bescheidenheit war politisches Programm, in: Die Zeit, 18. 10. 1996.

161 Vgl. Bettina Westle, Traditionalismus, Verfassungspatriotismus und Postnationalismus im vereinigten Deutschland, in: Niedermayer/von Beyme, Politische Kultur, S. 43–76.

162 Noelle-Neumann/Köcher (Hg.), Allensbacher Jahrbuch 1984–1992, S. 486.

163 Vgl. Noelle-Neumann, Die zwei Gesichter der PDS. Leider wird nicht angegeben, wie hoch der Anteil derer war, die sich vor allem als Deutsche oder Landsleute sahen.

164 Ingo Schulze, Simple Storys. Ein Roman aus der ostdeutschen Provinz, Berlin 1998.

165 Das betont der sächsische Ministerpräsident Kurt Biedenkopf, Die Einheit: Eine einzigartige Leistung, in: Die Zeit, 29. 9. 1995.

166 Von den zunächst 68, seit Januar 1996, als Hessen mit dem Anstieg der Einwohnerzahl auf über 6 Millionen eine 5. Stimme erhielt, 69 Stimmen im Bundesrat entfallen 19 (27,5 %) auf die neuen Bundesländer, die ohne Ostberlin nur etwa 17 % der Bevölkerung stellen. Die fünf neuen Bundesländer haben zusammen weniger Einwohner als das Land Nordrhein-Westfalen, das über 6 Stimmen im Bundesrat verfügt.

167 Elisabeth Noelle-Neumann, Der geteilte Himmel. Geschichtsbewußtsein in West- und Ostdeutschland oder zwei Ansichten deutscher Geschichte, in: Frankfurter Allgemeine Zeitung, 3. 5. 1995.

168 Vgl. Fritz W. Scharpf, Nötig, aber ausgeschlossen. Die Malaise der deutschen Politik, in: Frankfurter Allgemeine Zeitung, 5. 6. 1997.

169 Vgl. Fritz W. Scharpf, Wege zu mehr Beschäftigung, in: Gewerkschaftliche Monatshefte 48, 1997, S. 203–216.

170 Vgl. Fritz W. Scharpf, Employment and the Welfare State: A Continental Dilemma, Ms., S. 6. Dieser Beitrag, für dessen Übersendung ich Prof. Scharpf danke, wird im Tagungsband des German-American Council veröffentlicht werden.

171 Vgl. z. B. Ludwig-Erhard-Stiftung, Umbau der Sozialsysteme, Krefeld 1994.; Für eine Zukunft in Solidarität und Gerechtigkeit. Wort des

Rates der Evangelischen Kirche in Deutschland und der Deutschen Bischofskonferenz zur wirtschaftlichen und sozialen Lage in Deutschland, Bonn 1997; Anton Rauscher (Hg.), Grundlagen des Sozialstaats, Köln 1998. Letzteres ist eine Veröffentlichung der Katholischen Sozialwissenschaftlichen Zentralstelle Mönchen-Gladbach.

172 Vgl. Thomas Bahle, Familienpolitik in Westeuropa. Ursprünge und Wandel im internationalen Vergleich, Frankfurt a. Main/New York 1995, bes. S. 124 f., 132 f., 140–145.

173 Max Weber, Politik als Beruf, in: ders., Wissenschaft als Beruf 1917/1919. Politik als Beruf 1919, Bd. I/17 der Studienausgabe der Max-Weber-Gesamtausgabe, hg. von Wolfgang J. Mommsen und Wolfgang Schluchter in Zusammenarbeit mit Birgitt Morgenbrod, Tübingen 1994, S. 88.